歡迎來到末日戰場哈米吉多頓

跟著考古隊重探聖經古戰場，
一段錯綜複雜的近代挖掘史詩

Eric H. Cline
艾瑞克·克萊恩 著　張毅瑄 譯

DIGGING UP ARMAGEDDON

The Search for the Lost City of Solomon

推薦序

FB馬雅國駐臺辦事處　馬雅人

「歡迎來到哈米吉多頓」，這是今日導遊對造訪遊客說的第一句話。遊客大多非常興奮，可以參觀這個末日戰場，但對大多數的臺灣人來說，卻是滿頭「黑人問號」。哈米吉多頓不像帝王谷、吳哥窟、提卡爾等等，不算是個聞名世界的考古遺址。但如果你是基督徒，又剛好讀熟讀《新約聖經・創世紀》，或是對於「聖經考古學」非常有興趣，甚至是個古代近東考古的練家子，那麼，你或許會對這個名字有點印象。

哈米吉多頓會在基督教世界馳名，莫過於它是聖經故事裡末日之戰的戰場。尋找古代文獻、傳說裡的失落城市，一向是考古學最讓大眾著迷的地方。像是眾所皆知的施里曼，他小時候閱讀《荷馬史詩》後，窮盡一生，終於找到傳說中的特洛伊遺址。又像是南美祕魯的馬丘比丘，也是在探險家賓漢（Hiram Bingham）追尋印加人的失落城市時發現的驚人遺址，雖然考古學家的研究告訴我們，馬丘比丘不僅不是什麼失落城市，也不是賓漢發現的。而聖經考古學的流行，則是這種吸引力的一種展現。

實際上，聖經不僅是部宗教經典，也包含古代近東諸文化，特別是猶太人的歷史。聖經裡提到的哈米吉多頓真有其地，在古埃及盧克索神廟的銘文中，就記載西元前一四七九年，法老圖特摩斯三世攻克哈米吉多頓的一場勝利。銘文寫道，攻占米吉多如同「攻占千座城市」。這段文獻資料凸顯了哈米吉多頓交通要衝的地位。

哈米吉多頓遺址位於今天以色列拿撒勒附近，是扼守耶斯列谷地的要塞。放大來說，更是歐亞大陸交通的要衝。正因如此，有許多大家耳熟能詳的人，都曾經在谷地一帶戰鬥。從埃及的法老到《聖經》中的諸王、十字軍、蒙古人、拿破崙，甚至第一次世界大戰，都曾在這塊「四戰之地」的歷史中參上一筆。

這個遺址大概在一九二〇年代被考古學家發現，本書《歡迎來到末日戰場哈米吉多頓》就是在講述二〇年代到四〇年代間，哈米吉多頓考古隊的工作成果。作者艾瑞克・克萊恩（Eric H. Cline）曾經在一九九四年到二〇一四年之間，多次在哈米吉多頓進行考古發掘。我想，由他來寫哈米吉多頓的「考古故事」，是再適合也不過了。

就像克萊恩在臺灣商務印書館翻譯出版的前一本書《時光出土：考古學的故事》一樣，作者並不以呈現完整的考古報告為目的，而是透過其中的故事來引出考古發現的意義，畢竟嚴謹的考古報告對於一般民眾來說，實在難以親近。這種有八卦、有知識的書寫方式，更適合將考古學推廣給一般民眾。閱讀《歡迎來到末日戰場哈米吉多頓》，透過作者輕鬆的筆法，就好像真的在觀看考古隊員之間的愛恨情仇，看著一場飽含學術知識的考古八點檔。

其實，考古學家也不全是一群嚴肅的人們。就我幾次在貝里斯、瓜地馬拉、墨西哥叢林裡考古、田野調查的經驗來說，很多考古從業人員都有種「革命情感」，並且熱情洋溢。讀者或許可以想像，一群平時住在大學城、大都市的考古人員，被丟到一個可能方圓十里都沒有村落的地方，甚或是一個名不見經傳的小村莊，一群人共同生活幾個月後，那種人際間的連結會有多強。

當我跟著身經百戰的馬雅銘文學家大衛・史都華（David Stuart）一起進入瓜地馬拉的叢林時，在晚上來罐超級奢侈品啤酒，總能從他與當地考古團隊的聊天對話中，聽到他們過去在哪個遺址做過哪些瘋狂的事情。這些休戚與共的記憶，彷彿就是考古學家茶餘飯後一定要拿出來好好回味一番的故事。

克萊恩雖然沒有參與一九二〇年代到一九三九年那段由巨賈洛克斐勒贊助的考古行動，但是他透過許多記憶、檔案、電報，串起整個考古的故事。與其說我們在裡面學習到許多考古的專業知識，不如說我們從中看到考古學的另一個面向。如何組織一群人，「人與人之間的連結」（無論是哪種連結），都是考古發掘之餘，最為難考古計畫主持人的一些瑣事——不好好處理，甚至就會壞了大事。

因此，克萊恩這本書不僅是哈米吉多頓的考古專著，更是哈米吉多頓考古隊的故事。裡面有當時政治、軍事變化對於考古隊的衝擊，例如大戰之時考古隊員被徵召的時代問題；也有個人私情如何造成考古隊麻煩，更有解僱、工作態度、主事者做事方式等日常問題，逼著整個考古隊一定要去解決。

還記得有次，我和一個考古學的學生坐在臺南某棵樹下吃著熱炒聊天。啤酒下肚，年輕的學生不禁感嘆，「考古最難的就是處理人與人之間的問題，根本就是管理學」（記得！在考古裡，沒有什麼事是一杯啤酒沒辦法解決的，有的話就喝三杯）。《歡迎來到末日戰場哈米吉多頓》不正也是在提醒我們這件事嗎？

目次

第三部 一九三五～一九三九

插圖

地圖

圖片

前言

歡迎來到哈米吉多頓

一年三百六十五天，每天早上九點過後，就會有一輛輛的遊覽車抵達米吉多，每輛車走下五十名遊客。等到下午五點景區關門之前，總共已有數十輛巴士載來數百名訪客。「歡迎來到哈米吉多頓，」導遊這樣說著，一邊如牧人般驅著遊客走上陡坡，通過古老的城門，一路復述著講過不知多少遍的成套話語。團員終於到達第一個休息點，他們在這裡停下來喘口氣，還常有些隊伍會突然發出唱誦聲或禱告聲，那些途經此地要去拿撒勒（Nazareth）的團體特別會這樣。拿撒勒的位置就在隔著谷地的正對面。

我們這一小群考古學家從日出前就待在這，面對此景只是寬容地笑著。憑著十字鎬、小平鏟（trowel）與畚箕，我們用剛挖開的泥土裝滿一個個桶子、一輛輛手推車，並玩起遊戲猜測每一群遊客的國籍；遊客會從距離我們四十幾公尺外的地方經過，爬完最後一段斜坡，然後通過我們的挖掘現場。他們登上附近的北觀景台，從一邊能望盡耶斯列谷地（Jezreel Valley），從另一邊則能俯視芝加哥大學考古隊的發掘探溝。菱格鋼絲網牆通常擋不住遊客進入發掘區（excavation area），我們在網牆上掛了塊開玩笑的牌子，上面寫「請勿餵食考古學家」。就算猜不對遊客國籍，也不妨礙我們期望他們身上會有些多餘零嘴。

希伯來聖經（Hebrew Bible）裡提到米吉多的地方有十二處，它在其他上古文獻裡露臉的次數也不少，但最著名的還是新約聖經中它被設定為善惡力量終極決戰的戰場。啟示錄十六章十六節告訴我們，敵對兩軍將集結「在希伯來文稱為哈米吉多頓的地方」。[1]

事實上，「哈米吉多頓」Armageddon 這個字本身就是從「Har Megiddo」而來，也就是希伯來文中的「米吉多之丘」或「米吉多之山」。到了中古時期，經過幾世紀不同國家不同語言的流傳，人們在這個字裡加入 n 並捨棄 h，將 Har Megiddo 改成 Harmageddon，最後就變成 Armageddon。[2]

在這古老遺址米吉多，其實已出現過許多次「哈米吉多頓」，千年以來此地的文明、族群、或是政治實體不斷更迭，一個世界結束、

圖一：米吉多早期景觀（歐柏林學院檔案館提供）

另一個世界開始，最早是迦南人（Cannanites），然後換成以色列人，接著又是新亞述帝國，新巴比倫帝國，波斯人，希臘人，以及羅馬人。跟在羅馬人後面一個一個來的是回教徒，十字軍，蒙古人，馬木留克（Mamluk）人，鄂圖曼土耳其人，直到最近的第一次世界大戰和一九四八年以色列獨立戰爭。[3] 然而，這其中最出名的還是新約聖經裡那個哈米吉多頓，此地吸引遊客的要素也在這裡。

這座上古高丘最高點在北方，過去曾比周遭平原高出三十六公尺。一九〇四年，有一名訪客對於它的高度頗感驚訝，此人原本預期看到一座矮丘，但見到的卻是「有模有樣的小山，傲立於平原上」。芝加哥大學考古隊挖掉最頂層的生活層（occupation leyers），因而減少了它的高度，但儘管如此它今日依舊在耶斯列谷地旁巍然聳立，高度絕對超過二十公尺，從很遠的地方就能清楚看見。[4]

老照片呈現這座土丘最壯觀的模樣，那時發掘者還沒拿著鏟子與十字鎬來染指它，如今散布在這地區的考古發掘廢土堆也都還沒出現。照片從北往南拍攝，拍出這土丘在遠方拔地而起的壯麗之姿，從這一側能清楚看出兩個不同的層：下層的頂部大約位於土丘一半高處，是一個幾乎呈完美水平的平臺，此地最早的發掘者戈特利布•舒馬赫（Gottlieb Schumacher）說他在這裡發現了保衛城市的城牆高壘遺跡。上層比較小一點，直接疊在下層上方，像是兩層樓房的二樓，或是雙層蛋糕上面那一層。[5]

我們現在知道，土丘內部埋藏著至少二十座上古城市的遺跡。這些城市的年代最早大約在西元前五千年，最晚的在西元前三百年之前不久，新的城市建在被掩埋的舊城市上頭，一座又一座。歷來發掘者都用羅馬數字給每一座城市編號，從I到XX，依照順序排列。最頂上的層位I時間離現在最近，建立於波斯時期。層位XX就位在原有的岩床上方，是此地最古老的聚落遺跡，建立於新石器時代。這些層位的年代橫跨黃銅、青銅與鐵器時代，其中包括了迦南人與以色列人的時代（見表一）。

表一：上古近東歷史編年與米吉多地層分層（Ussishkin 2018，所有年代皆為大略數字）

時期	米吉多地層層位	大約年代	大事記
新石器時代與銅石並用時代	XX	西元前五千年到三千四百年	尋獲動植物、發明陶器、使用黃銅
青銅時代早期與中間期	XIX-XIV	西元前三千四百年到二千年	發明／使用青銅、文字書寫、最早的城市
青銅時代中期	XIII-X	西元前二千年到一五五〇年	迦南人與希克索人的時代
青銅時代晚期	IX-VII	西元前一五五〇年到一一三〇年	埃及新王國時期
以色列人的時代（鐵器時代）	VI-IV	西元前一一三〇年到七三四年	早期以色列人、聯合王國、南北兩王國分裂
新亞述帝國時代	III-II	西元前七三四年到六〇〇年	新亞述帝國、以色列滅國
新巴比倫與波斯時代	I	西元前六〇〇到三三零年	新巴比倫帝國、耶路撒冷被毀、波斯居魯士大帝
希臘化時代	—	西元前三三〇年到三〇年	塞琉古（Seleucids）與托勒密王國（Ptolemies）、馬加比家族（Maccabees）
羅馬／拜占庭時代	—	西元第一到第六世紀	第一次與第二次猶太人起義、耶路撒冷再度被毀

我們很辛苦，每天凌晨五點就得到挖掘場開工——但這也實在沒辦法，只有如此才能在氣溫高到受不了之前做完每天八小時的工作。在我們住的基布茲（kibbutz，以色列集體農場）裡鬧鐘都設得非常早，我們在四點三十五分這種烏漆半夜的時辰就已經都被塞進幾輛大巴士和一小隊車子裡面（更精確的說法或許是一隊小車子）。我們總共有將近一百二十人，其中職業考古學家和研究生是專業工作人員，剩下的都是來自各行各業——醫生、律師、護士、會計師、學校教師、學生和其他——的志願者團體成員，來這裡進行「一生一次」的體驗。

所有工作人員都已經和我們在米吉多工作了好幾季，他們大多數都坐小車，但也有些和志願者一起搭乘巴士，一大清早躺在舒適空調空間裡極力爭取最後幾分鐘睡眠時間。我通常自己駕駛一部馬自達3，被我們用希伯來文暱稱為「小3」（shalosh），大部分以色列人似乎都開這種車，但我按喇叭的次數可遠不如他們。我在特拉維夫租車公司租下它的時候還是深藍色，但拜鋪滿車體每一寸外殼的泥塵所賜，它現在已經成了濃褐色。我在心裡提醒自己，工作季結束還車前記得開它去洗洗車，但我這回八成又會忘記，然後就得像過去好幾次那樣任憑租車公司宰割。發掘計畫的共同主持人伊色列•芬克斯坦（Israel Finkelstein）一如往常坐在車後座，他大概是當今在以色列工作的考古學家裡最出名的一個。我們高速通過黑暗，我專心開車以策安全。

大約二十五分鐘後，我們抵達米吉多，把車停在遊客中心旁邊的停車場。遊客中心是由原來的芝加哥大學發掘中心（最初建於一九二〇年代中期）建築遺留部分改建而成，現在它裡面有一間餐廳、有浴室、幾間禮品店、以及兩間展覽室介紹發掘工作簡史，還有一台呈現這處古代遺址的模型，如果你按對了按鈕，模型裡的東西就會開始動作。

我們走上古老土丘，挖掘工具、水壺與其他補給品被我們提在兩隻手上或是背在背上。我們腳下踩的是一層又一層往遠古延展的人類歷史遺跡，但我們睡眠不足的大腦此刻實在難以思考這回事。

青銅時代晚期的城門，年代比西元前十四世紀那個信異教的法老阿克納頓（Akhenaten）還要早；我們通過這座城門，沿著觀光客的步道一直走，終於登上丘頂。土丘表面放眼所見密密麻麻都是古代廢墟，點綴著一棵棵棕櫚樹。隊員在此分組，往各自的發掘區域去。

我們快手快腳豎起桿子，桿上撐著黑色布幕，覆蓋每一塊區域來為我們遮擋陽光，然後我們就可以休息個幾分鐘。拿著杯子喝咖啡、嚼著早餐穀物棒，我們看太陽從大博爾山（Mount Tabor）背後升起，曬乾耶斯列谷地裡的晨霧。清晨的氣溫已是攝氏二十一度，微風吹拂不足以驅走咬人的蚊子，但牠們也只能作亂一時，很快就會消失，因為接下來數小時內溫度會飆升到三十幾度。我們會在午後不久離開，那時這裡已經跟烤箱一樣。就算現在才六月，我們也很容易想像自己工作的地方就是「世界末日」；況且我們還算幸運，真正的高溫將在八月降臨，沒有任何神智正常的人會在那時進行挖掘，連考古學家都不會。

從一九九四到二〇一四，二十年來，每隔一年的夏天，米吉多就變成我的另一個家。我身為特拉維夫考察隊（Tel Aviv Expedition）隊員來此進行發掘的時間，幾乎就跟我與妻子黛安・哈里斯・克萊（Diane Harris Cline）結婚的時間一樣長，當初就是她發現了那張招募志願者與工作人員來此地參與一系列新的發掘工作的傳單。

我之所以想參加有幾個原因，一是因為事實上這一百多年來米吉多都是聖經考古學的重心，但另一個原因則是詹姆士•米奇納（James Michener）的書《源》（*The Source*），這本書我重複讀了六次，並因而影響了我的職業選擇。米奇納這本書在一九六五年出版，舉世佳評如潮，占據《紐約時報》（*New York Times*）暢銷書榜首將近一年。書裡，米奇納以戲劇化的筆法描述以色列一處考古遺址的歷史，以及發掘遺址的考古學家的故事。雖然他寫的這個「馬柯遺址」（Makor，希伯來文的「源」，也就是「水源」的意思）純屬虛構，但米奇納一九六三年住在海法（Haifa）迦密酒店（Dan Carmel Hotel）的時候確實去過米吉多與其他遺址，那時他正為了寫作這本書而進行研究。對於熟悉馬柯遺址與米吉多的人來說，兩者的相似處顯而易見。[6]

至於小說裡虛構的考古學家米奇納也是基於真人寫成，其中他還特別提到馬柯遺址發掘工作的主持人約翰•庫里南（John Cullinane）來自「芝加哥聖經博物館」，這一望即知是在向詹姆斯•亨利•布瑞斯提德致敬。此人是成就卓著的古埃及專家，也是芝加哥大學東方研究所（the Oriental Institute）的創辦人與董事，名聲響亮。他喜歡穿三件式西服套裝，戴無框眼鏡，留著溫文儒雅的小鬍子。是他從一九二五

圖二：詹姆斯•亨利•布瑞斯提德
（史密森尼學會檔案館提供）

年以降，開始派遣真正的考古專家組隊前往米吉多。

伊色列・芬克斯坦從一九九二年發掘計畫開始以來就是共同主持人，也是以色列考古學界的大老；等到我退出此地發掘工作不再積極參與時，在這裡工作比我久的只剩下芬克斯坦與他的老同事大衛・烏什金（David Ussishkin）。經過二十年，在這十個工作季度裡，我在我們開掘的大部分區域都工作過，同時我的地位也從一個志願者逐步升高，最終與芬克斯坦比肩共同主持這個計畫。

我女兒漢娜第一次跟著我們來時只有十八個月大，她拿著鏟子在泥地裡挖，鏟子在她那雙小手裡顯得不成比例的大。她身穿一件改小了的T恤，上面印著「哈米吉多頓倖存者」（I Survived Armageddon）。我兒子約書亞是在我加入挖掘隊之後第五年出生，當我著手寫這本書開卷第一章的時候，他陪著我一起在米吉多；到他滿十八歲時，他在以色列挖掘現場過生日的次數已經跟他在美國家裡慶生的次數差不多了。

在這些米吉多的夏日時光裡，我認識許多有趣的人，有的與我成為老朋友。但最重要的是，我在每一個工作季都能從我大學帶來四到四十個學生不等，讓它們和無數來自其他地方的志願者一起經受挖掘工作給人的考驗與磨練，這些人一生所夢就是參與考古發掘，在此終能得償宿願。

我們是二十世紀第四支挖掘米吉多的考古隊伍，第一支於一九〇三到一九〇五年間在此進行發掘，領導人是德裔美國人戈特利布・舒馬赫，由德國東方學會（German Oriental Society）與德國巴勒斯坦探索學會（German Society for the Exploration of Palestine）贊助。二十年後，本書主角的芝加哥大學考古隊在一九二五年抵達此地，決心找到所羅門王的城市。他們在此待了十四個工作季，最後是因二次世界大戰而喊停。

第三支來此探索這古老土丘的隊伍是出自著名的以色列考古學家伊加爾・雅丁（Yigael Yadin）之手，他在一九六〇與一九七〇年代帶著手下研究生來此好幾個季度，試圖驗證各種不同的假設，包括他是否能在此發現所羅門王的建築活動。[7]

我們這支特拉維夫考古隊，一九九二年在此進行一個工作季的試掘，一九九四年正式開始動工，[8]自始就由伊色列•芬克斯坦與大衛•烏什金共同主持。就像之前在米吉多發掘過的其他考古學家一樣，我們也希望能揭露此地歷史的更多祕密，包括更精準測定各個地層的年代，以及更精確排定土丘內部的歷史序列。同時我們也想要回答關於此地不同時期的人民吃什麼、穿什麼、害怕什麼、信仰什麼等等的特定問題，學者對這些問題的答案辯論不休，真相惱人地捉摸不清，不過科學技術的新進展如今已能帶來更多發現，提供關於米吉多的新資料，這些資料經常屬於微觀考古學的範疇。[9]最後，芬克斯坦曾提出一個富爭議性的假說，認為有很多原本被考古學家視為西元前第十世紀所羅門王時代的遺跡，包括米吉多在內，其實都該被重新定年到西元前第九世紀，也就是暗利（Omri）和亞哈（Ahab）在位時期。這套假說被稱為「低限年代學」假說（Low Chronology），如今仍是考古學界許多人爭論的焦點，而這也是我們考古隊所試圖回答的最後一組問題。[10]

一百多年以來，米吉多斷斷續續有人進行發掘，基本上此地挖出來的每一座建築物，包括每一層的城門，以及水道、馬廄、宮殿、甚至一般民居，都會成為多篇文章的研究主題，學者對其形式、功能、特別是年代，總是各持己見爭執不下。[11]

關於那些米吉多早期發掘者對挖掘東西提出的論點，如今都必須以較新的討論為本並重新商榷，這是考古學的常態。就連芝加哥考古隊出版的結論報告，特別是常被人稱為《米吉多I》（*Megiddo I*）與《米吉多II》（*Megiddo II*）的兩大冊，它們在一九三九年與一九四八年一出版之後幾乎立刻成為爭論焦點。也正因此，我們將某些探溝挖在特定地點，希望能澄清這些問題，提供更確定的答案。

考古學家在米吉多這樣的古老遺址工作時，經常因為試圖回答一個問題，卻因而又遇上好幾個始料未及的新問題，但同時這也是考古學為何極具魅力的原因之一，而我們也正是因此每一季都充滿動力地回到挖掘現場。至於一九二〇與一九三〇年代那些芝加哥大學的考古學家，他們花了十五年試圖解開此地的祕密，其心情想必也與我們相仿。

當初，是芝加哥大學的考古學家成功一路往下挖到岩床。領導他們的現場主持人（field director）換過幾任，最早是克拉倫斯・費雪（Clarence Fisher），接著是菲利浦・朗斯塔夫・歐爾德・蓋伊（Philip Langstaffe Ord Guy，通常簡稱 P.L.O. 蓋伊），最後則是戈登・勞德（Gordon Loud），全都是布瑞斯提德派去米吉多的。

布瑞斯提德的態度明確，這座上古土丘裡埋著許多城市，但其中特別想要發掘的兩座遺跡，一座是所羅門王的城池，依據希伯來聖經所云，這位上古大王在西元前第十世紀於這座城建築防護工事；另一座是埃及法老圖特摩斯三世（Thutmose III）在更早將近五百年前攻下的城池，依據法老自己留下的紀錄，那是西元前一四七九年的事。

然而，這趟尋找所羅門王與圖特摩斯三世的旅程並不如芝加哥考古隊原先所預期那般順遂。發掘成果裡幾乎找不到他們問題的答案，而從他們手中出土的東西通常都在意料之外。有好幾年，他們除了混亂錯雜的建築物與成千上萬破陶片之外幾乎什麼都沒找到，而這些東西除了他們自己與其他考古學家以外，別人根本沒有興趣。但也有其他時候，他們的大發現登上世界各地報紙頭版，尤其是他們宣布在該地發現

「所羅門王馬廄」的那次。

這支隊伍，雖然成員大多是從建築師與地質學家半路出家訓練而成的考古學家與陶器專家，且幾乎每年都有人事更動，但他們卻是當時在中東地區進行挖掘的頂尖團隊之一。他們成功復原米吉多的整個歷史編年，從新石器時代一直到波斯時代，還記錄下後期的羅馬墓葬與鄰近其他遺跡。挖掘進行過程中，他們採用了最新銳的創意與科技，包括熱氣球空拍技術、垂直發掘法、以及使用孟賽爾顏色系統（Munsell color system）來描述土壤顏色。他們的發現與創新至今依然在聖經考古學界大放光彩。

芝加哥大學考古隊發表的學術作品呈現了他們研究發掘成果最後得出的結論，而這些成果轟動天下也可謂實至名歸，裡面包括了馬廄、象牙、以及一條令人驚異的輸水隧道。他們出版的書籍、發表的文章仍是在這區域工作的考古學家的參考來源以及爭論的重點。只是，關於考古隊成員的日常活動、以及他們這些發現背後的故事，從這些資料裡能瞥見的並不多。

幸運的是，這些人還留下另一個藏寶盒，也就是額外一批珍貴的書面資料，包括累積了三十多年的信件、電報、卡片、以及參與者寫給彼此的筆記，還有他們當初寫下的日記。這些檔案目前收藏在芝加哥大學東方研究所、洛克斐勒檔案中心（Rockefeller Archive Center）、以色列文物局（Israel Antiquity Authority）和其他地方。在研究這些材料的過程中，我感覺到它們其實能讓我們一窺究竟，在當時美國經濟大恐慌、以及兩次大戰之間英國託管地巴勒斯坦緊張情勢日漸升高的背景下，看看當時考古團隊的內部情形。從這裡面我們也能看見早期聖經考古學是個什麼模樣，包括幕後的考古學研究實際上怎樣進行，以及當時使用的工具與技術——這些東西有的與今天大相逕庭，有的卻毫無改變。

因為這些資料，我在寫作這本書的研究過程中，轉了個出乎意料卻饒富興味的彎。我本來預想要寫的只是米吉多的考古成果，從人類開始在此聚居的時候講起，一層一層、一棟建築一棟建築地說，直到說完為止，從沒想到要提及那些實地發掘出這些上古遺跡的考古學家。然而，芝加哥考古隊一個個隊員所留下的書信、日記、電報與筆記裡呈現的互動、以及每一個工作季裡發生那些事件的特定細節都是如此豐富，於是我決定要以這些人以及他們所花的心力做為這篇故事的大主題（或至少與介紹考古成果本身同樣重要）。[12]

還有一事值得一提，那就是我自此對於檔案專業人員的工作更加敬佩，特別是他們所展現的友善態度與耐心，就算面對一個一無所知的研究者問出一堆答案通常顯而易見的問題時也是一樣。而且呢，始料未及的是，我發現檔案研究畢竟與考古發掘工作有異曲同工之妙，雖然後者挖的是土而前者挖的是故紙堆，這讓我既訝異又驚喜。例如在某個古代遺址進行挖掘時找到了（或找不到）某樣東西，這有時能對整個研究方向造成極大影響；倘若為了解決某個特定問題而在資料庫裡上下求索，在提供答案的同時也常引出一大堆其他的問題。此外，「發現新東西」，尤其是發現意料之外事物的興奮感，在這兩個領域也是一樣的；相同的還有開頭充滿希望最後卻一事無成的頹喪感，以及蒐集到關於某個過去事件的足夠線索，以此建構出一個有說服力的假說，所能獲得的成就感。

還有，後續我與芝加哥考古隊隊員後人的通信，以及我在 Ancestry.com 做的最基本的系譜研究，讓我收獲了更多材料與資訊，從信件、日記、戰爭文獻到這些人離開米吉多之後的職業發展，更增加我對考古隊個別成員的了解，這些人包括愛德華・狄洛亞（Edward DeLoach）、丹尼爾・希金斯（Daniel Higgins）、勞倫斯・沃爾曼（Lawrence Woolman），甚至還包括戈登・勞德（Gordon Laud）和克拉倫斯・費雪與史坦利・費雪（Stanley Fisher）。這些材料讓我更有能力理解與闡述考古隊成員在那個時代背景下如何做為一個活生生的人——有希望、有恐懼、有夢想、有困境、有雄心、有人慾地活著。這些人過去對我來說只是書背上的人名或參與者名單裡冷冰冰的幾個字，但希望我在本書字裡行間所表達出來的遠不只如此，而是能呈現這些人的真實生命。

整體而言，他們的故事包含著權謀、內鬥、浪漫綺事、以及堅持不懈的毅力，還有工作人員與主持人換人這些人事大風吹背後的細節，直到發掘工作因第二次世界大戰爆發而意外地突然被迫告終。這故事很多地方讀起來像是電視日間連續劇的劇本，劇中角色千奇百怪，包括一個建築師，他後來變成當代最厲害的考古發掘者之一，但卻管不動手下一隊挖掘者；也包括一個英籍錫安主義者，*他的岳父是將希伯來語重新改造為現代語文的功臣，但這人自己既沒有大學文憑也未受過任何正式考古訓練，最後他因為寫了一封信給芝加哥大學東方研究所而被炒魷魚，這封信是該研究所「收過最粗鄙惡劣的信件之一」；一名測量員宣稱自己被不當解雇而提起訴訟，但此人竟有可能是在當時巴勒斯坦託管地活動的猶太軍事組織「哈加拿」（Haganah）派來此處的間諜；一個年輕學者在歸家途中因走私古物被捕，但後來卻依然在學術界飛黃騰達；一個沒有考古學學位的高中輟學生、一個大學還沒畢業的地質學學生，這兩人最後一起發表的發掘成果報告比其他任何人都多——而上述這一切都由布瑞斯提德從遙遠的芝加哥鉅細靡遺遙控，並由當時頂尖富豪之一約翰•洛克斐勒二世（John D. Rockefeller, Jr）出資贊助。

這個故事，是他們立志發掘出聖經裡的哈米吉多頓、讓所羅門王之城重見天日的經過；而他們在研究過程中彼此間的私人與專業互動糾葛，終於得以被梳理清楚並述說出來。然而在我們開始之前還是有必要

* 譯註：Zionist，主張猶太人應在中東故地復國者。

簡短解釋一下，從第三章開始，本書第一部分與第二部分的各章節都是寫成兩兩成對，每一對的前一章（例如第三章）處理的是某個特定期間在米吉多工作的人員與他們所遭遇的事，而後一章（例如第四章）則討論該期間他們實際上進行的考古研究與成果。

之所以這樣寫，目的是要將費雪與蓋伊兩人擔任主持人期間考古隊員私人的部分與專業的部分分開（至於勞德擔任主持人期間則無此必要），且這種章節編排方式還有個特殊意義，那就是我想以此紀念詹姆士・米奇納，因為他的書中章節也是這樣兩兩成組，所以我以此表達我對他的感激與崇敬，向他致意。假如我所記述的米吉多與芝加哥大學考古隊相關史實給予讀者的趣味，能有米奇納虛構的馬柯遺址和遺址考古隊給我的趣味一半程度，我的夢想於焉成真。

當我寫下這些字句……矗立在我身後的是哈爾米吉多，
「米吉多之山」，它在西方世界廣為人知的希臘化名字是「哈米吉多頓」。
在平原上拔地而起，哈米吉多頓曾是座雄偉要塞……
如今卻被數千年的無用土石深深覆蓋，
因浪濤般的農作物而翠綠，因點頭的銀蓮花而明亮。
早先我們在這龐然土堆掘入第一道探溝……
而今……〔我們的〕工人已挖出一塊刻著古埃及聖書體的石板。

——詹姆斯・亨利・布瑞斯提德（James Henry Breasted），

一九二六年三月

序幕

發現所羅門王馬廄

一九二八年六月初是一道分水嶺，芝加哥大學東方研究所所長詹姆斯・亨利・布瑞斯提德收到一封西聯（Western Union）海外電報，發送者是布瑞斯提德送去米吉多（Megiddo）進行發掘的考古隊主持人蓋伊，內容如下：「列王紀 上 九 十五 到 十九 以及 十 二十六 句點 第四層 顯然 有關 句點 相信 已 找到 所羅門王 馬廄」

想想看，布瑞斯提德等待這樣的發現已經將近三年，此時他展現的自制程度簡直不可思議。他在當天冷靜地發回電，只有一個詞：「恭喜」。[1]

除他以外的這個世界可沒這麼沉著自持、泰山崩於前而色不變，畢竟可不是每天都有考古隊能引用希伯來聖經章節文句來呈現他們挖到了什麼，特別當這些發現初步研判竟是所羅門王的馬廄！事實上，布瑞斯提德內心興奮遠超過外表所現，他在正式發布消息前就先告訴約翰・洛克斐勒二世「我已收到通知，充分證實我們在哈米吉多頓發掘出所羅門王馬廄。」[2]

《紐約時報》（*New York Times*）從布瑞斯提德處獲得詳細資訊，在八月初以激動語氣報導這場發現，又在當月稍後刊登一篇較長的文章，標題為〈發掘所羅門王「榮光」〉（Digging Up the 'Glory' of King Solomon）。[3] 這篇獨家報導竟能把「哈米吉多頓」與「所羅門王」同時寫進來，其轟動性簡直曠古爍今——不論是對於一份報刊，或是對於洛克斐勒贊助的這場考古行動，既得如此，夫復何求？此事同時也讓布瑞斯提德與考古隊在紐約的出資者甚感歡欣，因為他們一直在找所羅門王古城遺跡，如今似乎終於挖出了最開頭的一部分。[4]

同樣的故事也占據《聖路易斯郵報》（*St. Louis Post-Dispatch*）頭版，標題是〈考古學家在哈米吉多頓挖出所羅門王馬廄〉，文中引述布瑞斯提德的話「這等發現的歷史意義重大無比，很少人知道所羅門不只是個東方君王，且還是個成功的商賈。他生前事功裡很大一樁就是經營馬匹生意。」[5]

布瑞斯提德想的可能是馬匹買賣，但蓋伊在電報裡提到的兩節聖經經文至今仍常被成對引用，用來證明米吉多是所羅門的「戰車城」（chariot cities）之一：

> 以下為所羅門王所徵勞役，為了建造主的殿堂，以及他自己的宮殿，以及「米羅」（millo，據考證應是耶路撒冷的建築一部分），以及耶路撒冷城牆，以及夏瑣（Hazor），以及米吉多，以及基色（Gezer）。（列王記上第九章第十五節）
>
> 所羅門徵召戰車與騎手集結，他有一千四百輛戰車、一萬兩千名騎手，他讓這些人駐紮在戰車城，以及耶路撒冷君王身側。（列王記上第十章第二十六節）[6]

這些建築物的出土，讓米吉多躍上聖經考古學的舞台中央，就算後來有人懷疑這些建築物並非所羅門所造、或它們可能根本不是馬廄，但米吉多的地位至今仍未有所動搖。[7] 本書說的是米吉多遺址的故事，也是布瑞斯提德送去尋找所羅門王古城的芝加哥考古隊隊員的故事。

SERVICE
... is a full-rate
...gram or Cable-
...m unless its de-
ferred character is in-
dicated by a suitable
sign above or preced-
ing the address.

Form 1201-S

WESTERN UNION

NEWCOMB CARLTON, PRESIDENT J. C. WILLEVER, FIRST VICE-PRESIDENT

SIGNS
DL = Day Letter
NM = Night Message
NL = Night Letter
LCO = Deferred Cable
CLT = Cable Letter
WLT = Week-End Letter

The filing time as shown in the date line on full-rate telegrams and day letters, and the time of receipt at destination as shown on all messages, is STANDARD TIME.

Received at 1023½ E. 63rd St.. Chicago, Ill., Hyde Park 4321 JUN 4 AM 9 55

CA30 CABLE=HAIFA 41/40

LCO BREASTED ORINST=

CHICAGOILL (ORIENTAL INS OF UNIVERSITY CHGO 5750 ELLES)=

FIRST KINGS NINE FIFTEEN TO NINETEEN AND TEN TWENTYSIX STOP STRATUM FOUR APPARENTLY CORRESPONDS STOP BELIEVE HAVE FOUND SOLOMONS STABLES ABOUT FORTY BY TWENTY METRES WITH ACCESS BY SEVEN METRE STREET N TWELVE AND THIRTEEN=

GUY

圖三：蓋伊給布瑞斯提德的電報，一九二八年六月四日
（芝加哥大學東方研究所提供）

第一部

1920-1926

第一章

請讓我辭職

芝加哥考古隊在米吉多的工作，竟在正式展開不到一星期就差點夭折。一九二六年四月初，在他們頭一個工作季的第四天，新上任的主持人克拉倫斯・費雪就拍了封電報回芝加哥。費雪在電報裡直話直說：「希金斯 態度 使得 繼續 合作 不可能 句號 聯合 主持 總是 有礙 於 最佳 成果 句號 請 讓 我 辭職」。[1]

過往四千年歷史裡，這處遺址周圍發生過多少重大戰役，那麼或許被派來發掘它祕密的考古隊也該在此演出些爭奪控制權的戲碼，這才對味。說到底，米吉多既然不是第一個成為權力鬥爭舞台的考古遺址，自然也不是最後一個。

布瑞斯提德幾乎是立刻就回電，拒絕費雪辭職，並向他保證他才是唯一一個主管：「造成困擾 深感抱歉」，電報裡這樣寫道，「請 瞭解 你 是 米吉多 的 唯一 主持人 句號 所謂 聯合 主持並不 存在 我正 致電 希金斯 聲明 工作 全 聽 你 一個人的 指示」。[2]

幾個月前，當克拉倫斯・費雪與丹尼爾・希金斯都在一九二五年九月抵達米吉多，那時候事情就已開始緊張。但是呢，其實從這裡還要再往前回溯將近一百年，那才是故事的完整起點。一八三八年四月中，一名美國傳教士愛德華・羅賓遜（Edward Robinson）與傳教的同僚艾利・史密斯（Eli Smith）一同站在高丘頂上，這座高丘的阿拉伯文名字是「穆特色林丘」（Tell el-Mutesellim），意思是「總督之丘」（the Hill of the Governor）。

羅賓遜與史密斯當時身在耶斯列谷地，該地位於現在的現代國家以色列境內，他們來此是為了在聖地找出那些聖經地名的真實位置。以現代村鎮名稱與古代地名的相似性為據，他們已經定出幾十個地點的位置，成果豐碩。

羅賓遜是紐約協和神學院（Union Theological Seminary）教授，他確信米吉多就藏在穆特色林這一帶的某處，但他當時卻不知道自己其實就站在米吉多正上方。事實上他還排除了這處土丘為可能地點之一，說「這土丘上若有座城市那確實壯觀無比，但此地沒有任何線索證明曾有城市存在。」[3]到最後，羅賓遜認定上古米吉多城與羅馬時代的雷吉歐城（Legio）都埋在附近的萊均村（Lejjun）底下。

在羅賓遜與史密斯之後又過三十五年，克勞德・孔德爾（Claude R. Conder）與荷瑞修・基奇納（Horatio H. Kitchener）兩名中尉軍官受巴勒斯坦探索基金會（Palestine Exploration Fund，簡稱 PEF）聘僱調查西加利利（Galilee）地區，此時也來到穆特色林丘頂上，但這回他們可注意到了這兒有古代留下來的遺跡。土丘上半部覆滿了荊棘與耕地，但植被下方卻藏著「一座早已徹底毀棄的城市」，他們發現到處都是殘留的建築基址與陶器碎片。[4]

然而，跟羅賓遜與史密斯一樣，這兩人依舊不認為穆特色林丘就是米吉多。[5] 他們之所以不願這麼想，部分原因是孔德爾在三年前提出米吉多可能位在谷地更下游的地方，「在基利波山（Gilboa）山腳下姆吉達（Mujedd'a）大型遺址，該處土丘有數道清泉流出。」[6]

聖經裡的米吉多究竟位在何處，這問題又持續爭議了二十年，直到蘇格蘭神學家喬治・亞當・史密斯（George Adam Smith）成功說服大家穆特色林丘就是米吉多。他提出了直接證據和間接證據，包括

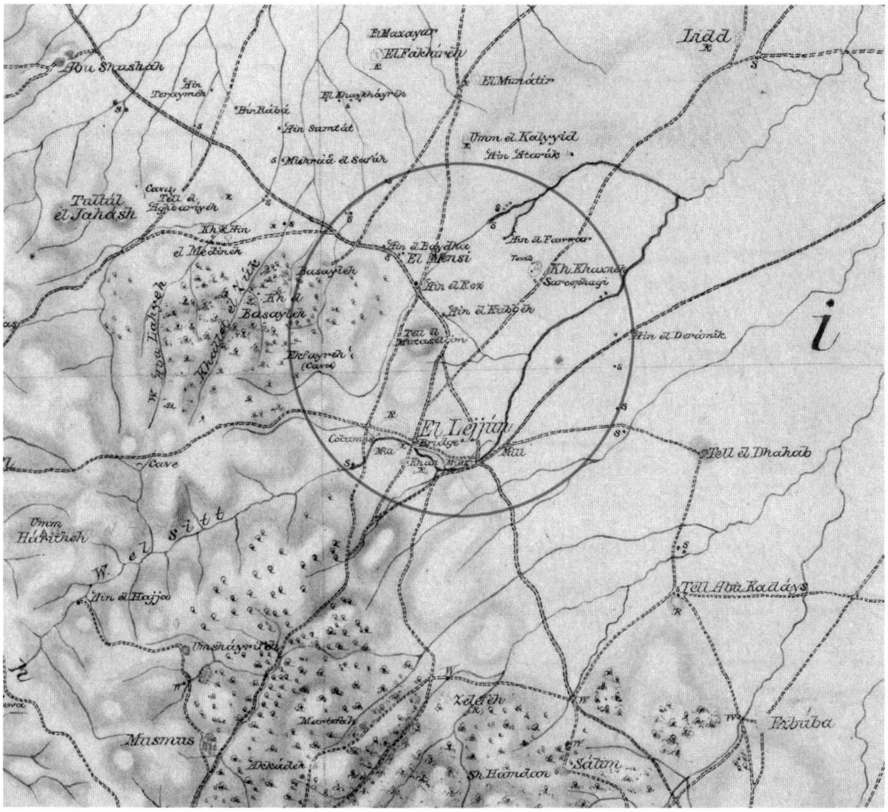

地圖一：孔德爾和基奇納《西巴勒斯坦調查》（*Survey of Western Palestine*）頁 VIII 細部。（PEF-M-WS-54.2，巴勒斯坦探索基金會提供）

他在一八九四年的著作《聖地的歷史地理》（*The Historical Geography of the Holy Land*）裡將聖經文句與實際地理位置相連結，並整理出古埃及銘文中提到該地的紀錄。他的這本書，從各種意義來講都是一座重要的里程碑。[7]

舒馬赫的考古活動結束後，米吉多始終無人繼續發掘；經過十五年光陰，到了一九二〇年六月，此時布瑞斯提德已經想在米吉多展開挖掘。說服布瑞斯提德的人是一次大戰期間在中東率領協約國軍隊的英雄人物埃德蒙・艾倫比勳爵（Lord Edmund Allenby），他在一九一八年的米吉多戰役取得勝績，後來也是他建議布瑞斯提德在此開始一系列新的發掘工作。艾倫比的正式頭銜是「米吉多子爵艾倫比」（Viscount Allenby of Megiddo），但人們常叫他是「哈米吉多頓的艾倫比」（Allenby of Armageddon）。一九一八年他在這處上古遺址打的勝仗，一部分要歸功於布瑞斯提德於一九〇六年出版的多卷專書《埃及古文獻》（*Ancient Records of Egypt*），其中一冊內容包括布瑞斯提德翻譯的法老圖特摩斯三世（Pharaoh Thutmose III）米吉多戰記。布瑞斯提德的這份英譯資料，讓艾倫比能在三千四百年後於故地採用相同戰術迎敵。[8]

問題在於，一九二〇年六月不是什麼太平日子，耶路撒冷在該年三月才剛發生暴動，距離此時不到幾個月，起因是英國宣布要將一九一七年十一月的《貝爾福宣言》（Balfour Declaration）付諸實踐，在巴勒斯坦建立一個國家成為猶太人的家園。後來，布瑞斯提德試圖親訪米吉多，但就在預定行程的一個月前，由於基督教復活節與回教紀念摩西的納比穆薩節期（Nebi Musa）重疊而引發更多暴亂，導致九人死亡、將近二百五十人受傷。[9]

既然情況如此，布瑞斯提德六月抵達當地時只能從遠方觀望米吉多。這一方面是因為前往米吉多的最後幾公里路有盜匪出沒不安全，但另一方面也是因為接二連三發生車子故障與走錯路等狀況。「我們在米吉多平原北側沿著山開了好幾小時，一直到我們在往拿撒勒的路上走遠了，」布瑞斯提德隔天寫道，「我們才發現開車的幾個駕駛沒人認得路……我們在耕過的田與乾燥礫石原野裡行駛超過兩小時……無助地眺望遠方米吉多城牆，它好像在挑戰我們有沒有辦法越過平原。」[10]

雖然沒能去成米吉多，但布瑞斯提德在拿撒勒也能見到各式各樣地理性、歷史性與宗教性的風情與景點。從拿撒勒看去，耶斯列谷地像是躺在它旁邊的三角形，頂端伸往西邊的海法（Haifa）與地中海，從這裡看不見盡頭，而谷地寬廣的底邊則沿著約旦河（Jordan River）伸展，位在拿撒勒東方三十八公里處。

布瑞斯提德所站之處的谷地頗為狹窄，兩邊直線距離只有十八公尺，因此據說拿破崙曾稱此地是「地球表面最完美的戰場」。[11] 而在谷地深處，在米吉多與拿撒勒之間某個地點，現在是以色列「祕密」空軍基地「拉馬特・大衛」（Ramat David）所在地，想起來似乎還挺適合。你在任何這片區域的地圖上都找不到這座基地，但好笑的是它卻有自己的維基百科頁面。這座基地對谷地裡的所有居民、或是在古老遺址工作的現代發掘者來說都不是祕密，因為他們每天都能看到 F-16 戰鬥機起飛降落，聲音震耳欲聾。

往西看，還沒到地中海的地方，布瑞斯提德能遠遠看見迦密山（Mount Carmel）。希伯來聖經說，以利亞（Elijah）曾在那裡與信仰西亞古神巴力（Baal）的眾先知進行較量（列王記上第十八章第十六到四十六節）。傳說中的那地點現在矗立一座天主教聖母聖衣會（Carmelite）修道院。

往東看，布瑞斯提德看得到大博爾山。依據聖經記載，底波拉（Deborah）與巴拉（Barak）率領的以色列軍就是從那裡的山坡衝下來，與迦南統帥西西拉（Sisera）的部隊作戰，這場戰役可能發生在西元前十二世紀（士師記第四章第一到二十四節）。一千多年後，據說耶穌也是在此地顯現出神的容貌（The Transfiguration of Christ）。山頂上，「耶穌顯聖容」的地點現在蓋有三座不同的教堂，其中最大的一座是貝尼托‧墨索里尼（Benito Mussolini）所建。

更往東去，在布瑞斯提德幾乎看不到的遠方，就是基利波山（Mount Gilboa）。聖經告訴我們，在西元前十一世紀，掃羅王和他的三個兒子就是在那裡死於非利士人（Philistines）之手（撒母耳記上第三十一章第一到十二節、歷代志第十章第一到十二節）。那附近有古耶斯列城遺跡，據說帶領以色列人信仰異教的王后耶洗別（Jezebel）就是在那裡遭人扔出窗外，被活活踐踏而死（列王記下第九章第十節、第三十到三十七節）。

同樣也是在東方但近得多的地方，布瑞斯提德看見距離米吉多不到一公里處是穆斯穆斯隘道（Musmus Pass）通入耶斯列谷地的匯合點。這條隘道又名瓦迪阿拉（Wadi Ara），依朗河（Nahal Iron）流經其間，埃及法老圖特摩斯三世和聯軍統帥埃德蒙‧艾倫比的軍隊都是由此行軍進入谷地攻下米吉多，時間分別是西元前一四七九年與西元一九一八年。圖特摩斯將這場勝仗記錄在埃及的盧克索（Luxor）神廟裡，說攻占米吉多「如同攻占千座城池」。[12]

圖特摩斯這話並不誇張，因為米吉多在整個上古時代都是扼守耶斯列谷地西邊入口的要塞。耶斯列谷地是以賽亞書裡所說「海上之路」（Via Maris，英文為 Way of the Sea，這是羅馬晚期的稱呼）的一段，這是通行南方埃及與北方安那托利亞（Anatolia，現在的土耳其）或美索不達米亞（現在的伊拉克）之間軍民通用的主要幹道。布瑞斯提德與圖特摩斯三世都很清楚，只要控制米吉多，這整片區域就會落入掌中。事實上古代每一支入侵軍隊都要在這裡大戰一場。

對布瑞斯提德或是今天的遊客來說，無論是往縱向或橫向眺望耶斯列谷地，那景色都壯觀得令人屏息，更會有深厚的歷史感充塞觀者胸臆。只要用一點想像力，觀者就能想見拿破崙、蒙古人、馬木留克人、埃及人、迦南人、十字軍、以色列人、以及歷史上其他各種大隊人馬從谷地裡行軍而過。聖經裡的底波拉、基甸（Gideon）、掃羅、掃羅之子約拿單（Jonathan）、法老圖特摩斯三世與舍順克一世（Sheshonq）、法國將軍克萊貝爾（Kleber）、埃及蘇丹拜巴爾一世（Baibars）、以及聯軍統帥艾倫比，還有數以千萬計的無名將士，他們都曾在此作戰。若思

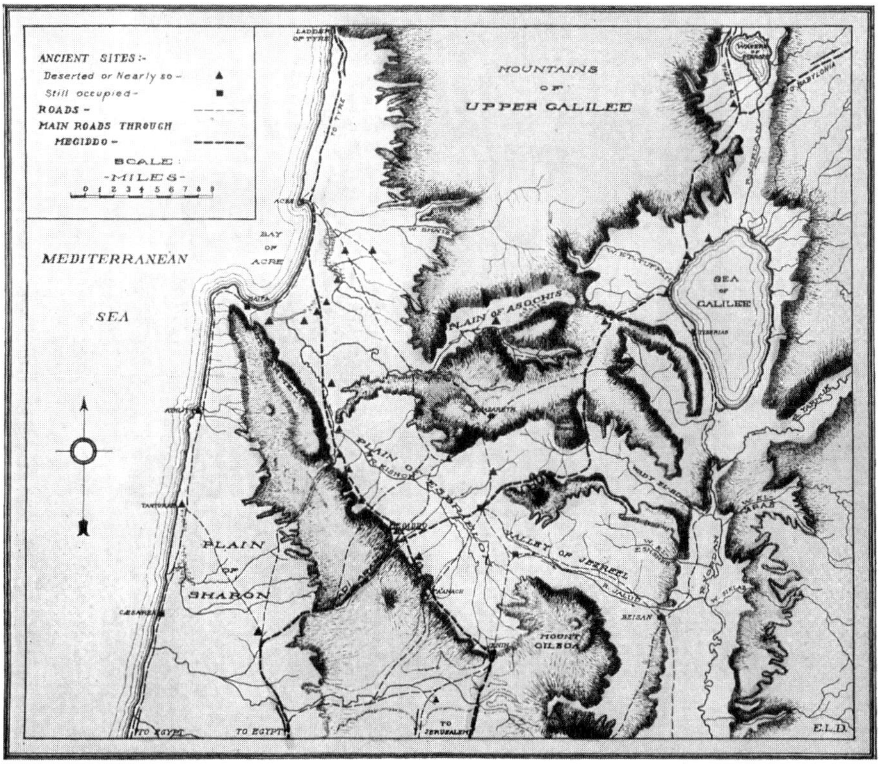

地圖二：愛德華・狄洛亞繪製的米吉多與周圍地區地圖，出版於 Guy 1931: fig. 2（芝加哥大學東方研究所提供）

及曾有多少人喪命於此，我們怎能不想到自己在歷史天道之下的地位而心生肅穆？

試圖前往米吉多的時候，布瑞斯提德才剛靠著約翰・洛克斐勒二世的大筆贊助在芝加哥大學創立起東方研究所；此時的他正為這所新機構尋找適合進行發掘的遺址，要「走遍近東地區來一次大膽偵查行動，調查在此進行研究工作的可能性……通過那些實際上還在戰爭狀態的區域」。[13]

布瑞斯提德連絡上約翰・加斯唐（John Garstang），此人擔任新建立的耶路撒冷英國考古學院（British School of Archaeology in Jerusalem）院長，但更重要的是他不久前又被任命為英國託管地巴勒斯坦新設立的文物部（Department of Antiquities）部長。布瑞斯提德請他幫忙向考古顧問委員會（Archaeological Advisory Board）提出正式申請，用的是布瑞斯提德自己的名義，請求「保留米吉多遺址一年時期，目的是讓芝加哥大學採取合乎法條的方式進行開掘」。等到十一月底，當局已經答應給布瑞斯提德為期一年的發掘許可。[14]

布瑞斯提德這些行動算是當時美國考古學界大範圍活動的其中一部分。當時這片地區的考古學發展還在襁褓之中，而已經進行的考古計畫大多雜亂無章，就連外國在耶路撒冷設的各個考古學院也都還很年輕，包括德國新教考古研究所（German Protestant Institute of Archaeology）、法國聖經與考古學院（École biblique et archéologique française）、英國考古學院、以及新成立的美國東方研究學會（American School of Oriental Research）。事實上，考古學作為一門獨立學科在當時都還沒發展多久。海因里希・施里曼（Heinrich Schliemann）為了尋找特洛伊戰爭的證據而展開的特洛伊城考古發掘，此事開始於一八七〇年，距離當時只有五十年。還要再兩年，也就是要到一九二二年，霍華德・卡特（Howard Carter）才會發現圖坦卡門之墓。[15]

英國考古學家威廉・馬修・弗林德斯・皮特里爵士（Sir William Matthew Flinders Petrie）和美國人弗雷德里克・瓊斯・布利斯（Frederick Jones Bliss）一前一後在黑西丘（Tell el-Hesi）進行發掘（皮特里是一八九〇年，布利斯是一八九一到九二年），他們是在這片區域進行考古的先鋒軍，[16] 也是最早發現這些「丘」（Tell）都是人為堆出的東西，裡面是一座又一座蓋在老城頭頂上的新城。他們還借用了地質學中地層學的概念，指出一座丘裡面最底層的年代通常比最頂層要古老。此外，他們也察覺到不同時期流行的陶器風格有差異，這不僅能用來推定土丘內各個地層的年代，還能用來比較不同地點的不同地層中有哪些是年代相同。[17]

其他考古學家沿用他們這些技術並加以改進，每一個考古學家都是站在巨人肩膀上，在他人的研究方法上進行改善，只除了少數例外（一個著名的例子是愛爾蘭考古學家馬卡利斯特〔Robert Alexander Stewart Macalister〕，他在一九〇二到〇五年以及一九〇七到〇九年兩段時期於聖經中的基色一地進行發掘，但他過程中對於地層分層與小東西出土的精確位置都不怎麼加以理會）。

既然當局已經承諾給予發掘許可，布瑞斯提德就去找芝加哥大學校長哈利・賈德森（Harry Judson），討論他要怎麼為預定的發掘計畫籌募資金。賈德森叫他把想法寫成一封信，這樣就能拿到洛克斐勒和其他可能的贊助者面前去說情。布瑞斯提德立刻照辦，信末以一句言簡意賅的財務評估作結：「徹底發掘這座古城、其城牆、堡壘、要塞、宮殿、以及民居所需費用，加上出版發掘成果所需費用，總共需要每年六萬美金預算，為期四年。」[18]

賈德森這邊也馬上聯絡洛克斐勒，問他是否願意資助這個新冒出來的計畫。他告訴洛克斐勒這筆生意很有價值，因為發掘成果「或能……照亮文明的過去」。[19]

洛克斐勒被說動了，況且他對布瑞斯提德本來就有好感。「我很高興能認識他、見到他，」洛克斐勒曾說過，「他是個有魅力的紳士，也是出類拔萃的學者，更具有大人物的謙遜。我對考古學的興趣全都來自他的影響。」[20] 然而，洛克斐勒並不打算要為全部四年的發掘工作買單，他只答應出資六萬美金贊助第一年的計畫，條件是剩下三年的錢要從別處籌得。[21] 一九二一年六月初，《紐約時報》簡短刊登了發掘米吉多的計畫，標題是〈發掘哈米吉多頓，約翰・洛克斐勒二世出資六萬挖出遺址〉。[22] 無奈的是，布瑞斯提德當時籌不到剩下的資金，但他保留在未來某時開工挖掘米吉多的可能性。

三年後的一九二四年八月，或許是受到克拉倫斯・費雪幾星期前來信的刺激，布瑞斯提德寫信給洛克斐勒，問他當初答應出錢一事是否還有效。布瑞斯提德重申自己發掘米吉多的意願，稱此地為「這處非凡的哈米吉多頓堡壘」，並說這地方「已成為象徵人類奮鬥史的諺語，是數千年來亞非兩洲爭霸之地」。到了十一月中，洛克斐勒同意將他的六萬美金承諾延長至一九二五年七月。但其他條件還是一樣，布瑞斯提德必須要從其他地方籌足剩餘所需。[23]

說到這裡，我們好像已經離本書主題太遠，但這是有原因的，我們還得往米吉多發掘計畫第一個工作季之前發生的事件裡頭走更久。這趟路不會白繞，因為我們在此會遇見芝加哥大學考古隊最初的各個隊員，其中有些人未來幾年內會在工作現場扮演重要角色，且我們還能遇見一些將來與考古隊隊員來往的其他考古學家。

所以，這次我們要從費雪在一九二四年七月中寄給布瑞斯提德那封信來開個頭。他在信裡詢問布瑞斯提德是否打算近期在米吉多開挖，如果是的話，那他是否能以任何方式提供協助？[24] 費雪對米吉多並不陌生，他在一九二一年參與威廉・佛斯威爾・奧布萊特（William Foxwell Albright）和耶路撒冷美國東方研究學會主辦的遊覽活動，途中曾經到過該地。[25]

費雪在一八九七年畢業於賓夕法尼亞大學（University of Pennsylvania），拿的是建築學位，但他在所有護照申請書與官方文件上填的身分都是「考古學家」。他身高大約一百五十公分，是個瘦瘦小小有書卷氣的人，留小鬍子，愛戴細框眼鏡。費雪在當時已有不少實地考古經驗，一九〇〇年他在美索不達米亞尼普爾（Nippur，位於現在伊拉克境內）進行發掘，一九〇九到一〇年間又隨哈佛大

圖四：工作中的克萊倫斯・費雪（歐柏林學院檔案館提供）

學的喬治・雷斯納（George Reisner）到鄂圖曼帝國屬地巴勒斯坦境內的撒馬利亞（Samaria）工作，還曾在埃及考古現場主持過幾個工作季。寫信給布瑞斯提德時，他已經回到賓夕法尼亞大學，受聘在該校考古學與人類學博物館（University Museum）擔任管理人，且還主持過賓大在英國託管地巴勒斯坦境內貝特謝安（Beth Shean，又稱伯珊〔Beisan〕）的發掘工作，從一九二一到二三年之間共計三個工作季。[26]

在那個時代，費雪是頂尖的實地考古工作者之一，他承繼雷斯納的工作方法並加以改良，而他在貝特謝安的主要做法就是一口氣挖開大片水平區域，以便盡可能將單一地層勘查清楚，然後再往下挖掘另一層。未來的歲月裡他會成為很多人的老師，其中包括他在一九二〇年代早期指導的奧布萊特。

奧布萊特在一九一六年拿到約翰霍普金斯大學（John Hopkins University）博士學位，當時他在聖經研究與考古學的領域裡才剛起步。後來，他會成為聖經考古學與相關學術領域最具影響力的人物之一，並擔任耶路撒冷美國東方研究學會主持人，該學會如今已以他為名更改為「W・F・奧布萊特考古研究所」（W.F. Albright Institute of Archaeological Research）。就某些方面而言，他還會成為布瑞斯提德最大的敵手；兩人互相敬重，但競爭起來可是毫不留情。[27]

一九二四年七月中，費雪並未告訴布瑞斯提德自己寫這封信的背後原因，但其實他當時對賓大博物館給的薪水不太滿意，而且喬治・戈登館長（George B. Gordon）還不願意讓他雇個助理。[28] 此外，幾個月前他被解除貝特謝安考古計畫主持人一職，他可能也由此預見自己在賓大待不久了。事實上，費雪後來乾脆採取主動，在十二月初扔出辭職信，只不過這封信花了將近一個月才送到博物館董事會主席查爾斯・哈里森博士（Dr. Charles C. Harrison）手中。[29]

在此同時，得知洛克斐勒同意延期之後，布瑞斯提德也在十二月聯絡上費雪。[30] 而且他還再次與加斯唐搭上線，申請將米吉多的發掘許可期限後延到一九二五年年末，這樣他才有時間籌集所需經費。[31]

加斯唐與考古顧問委員會在一月初同意將許可期限後延，[32] 就在官方發函的同一天，費城各家報紙也登出費雪與賓大博物館分道揚鑣的新聞。[33]

博物館的官方說詞是費雪因為健康不佳、身體衰弱而被解職，但費雪後來堅稱自己是主動辭職而非被解聘，原因是館方不讓他自行選擇助理人員。事實上費雪還把辭職信提供給費城各大報，聲稱「如果我離開賓大博物館，我絕對會參與其他機構的考古計畫，繼續我在東方的研究工作」。他劍及履及地在米吉多實現了這句話。[34]

最後戈登把這些幕後故事跟亞倫・羅威（Alan Rowe）說了，羅威是接替費雪的貝特謝安考古計畫主持人。依據戈登的說法，費雪之所以被解任主持人職務，原因是他的「心理與身體健康情況使他無法再代表本館，也無法實地主持發掘計畫」。館方要求費雪回費城，但回來以後「他的病狀更加惡化，（且）他……似乎是懷著自己被迫害的錯誤認知在進行工作。」[35] 到頭來，當費雪向館方提出辭職時，戈登與哈里森想必都鬆了一口氣。

費雪與布瑞斯提德保持聯繫，他在二月再度致信表達自己意願沒有改變；而既然當時他處於失業狀態，這態度並不令人意外。[36] 同時，戈登確信布瑞斯提德對於發生在貝特謝安與費城的事情一無所知，他寫信給羅威說「我知道布瑞斯提德教授主掌芝加哥大學在米吉多的考古計畫，然而我要補充之前說過的，布瑞斯提德教授對於費雪先生在本館任職期間的行為與他離職的背景毫不知情。」[37] 然而，人脈極廣的布瑞斯提德通常在別人知情前早就聽到風聲，因此他對這些事情八成也是知之甚詳。[38]

布瑞斯提德下一個寫信的對象是洛克斐勒的密友雷蒙・福斯迪克（Raymond Fosdick），此人當時是洛克斐勒集團裡三大慈善機構洛克斐勒基金會（Rockefeller Foundation）、國民教育委員會（General Education Board，簡稱 GEB）和國際教育委員會（International Education Board，簡稱 IEB）的董事會成員，他未來會當上洛克斐勒基金會理事長與國民教育委員會主席，而上述三個機構後來都會與米吉多發掘計畫扯上關係。[39]

在信裡，布瑞斯提德將他在一九二一年三月寫的那封推銷信內容大部分重述一遍，特別是關於米吉多／哈米吉多頓的重要性。[40] 他還跟福斯迪克說，除了洛克斐勒先生承諾的部分以外，因為芝加哥大學當時也在進行募款活動，搞得他連發掘米吉多一個工作季的預算都湊不滿。原因一方面是如此，另一方面因為在這過渡期間，於近東地區進行工作的費用稍微下降，所以布瑞斯提德現在要提出一個「全新米吉多計畫」，設備預算為一萬五千美金（包括帳篷、家具、以及德考維爾公司〔Decauville〕製造的火車車廂與軌道，用以運走廢土），外加每年四萬美金的預算，總共工作五年，全額為二十一萬五千美金。[41]

為了刺激福斯迪克去說服洛克斐勒掏錢贊助全額，布瑞斯提德還寫到與新版本計畫相關的另一個訊息，那就是「眼前有一名偉大人物可以主掌米吉多發掘計畫」。我們理所當然以為布瑞斯提德接下來要大吹特吹費雪有多好，包括他先前在埃及、撒馬利亞、以及貝特謝安的挖掘經驗，但事實並非如此。布瑞斯提德寫的是，「此人名為希金斯，最首要的是他是個受過專業訓練的地質學家，且在世界許多地方有過現場工作經驗。舉例來說，他曾考察西奈半島，對該地原油與礦產藏地瞭若指掌。只要有條件好的生意邀約，他隨時都能接受，但他的意願是想要進行實地考古工作。這樣一個人比任何學術界的科學家都適合做為考古現場主持人，我強烈希望能爭取到希金斯擔任這份工作。」42

這怎麼回事？如此看來布瑞斯提德打從一開始就沒想聘請費雪主持挖掘，反而要讓這位地質學家丹尼爾•希金斯二世來掌理大權，或許這跟費雪與賓大博物館之間的糾葛有關吧。依據布瑞斯提德，希金斯的意願是想「進行實地考古工作」，為什麼？這點我們並不清楚，因為希金斯沒有什麼明確的考古工作經驗。話說回來，撇開這點，希金斯的履歷看來確實無懈可擊。他有伊利諾大學（University of Illinois）、西北大學（Northwest University）和威斯康辛大學（University of Wisconsin）學歷，當時他正在芝加哥大學教地質學。他曾在朝鮮半島與中國工作，曾受聘於美國地質調查局（US Geological Survey），並在第一次世界大戰裡與英國遠征軍並肩作戰，又在西奈半島與埃及帶隊進行探索與測量。希金斯當時已經結婚十五年，他與妻子艾瑟（Ethel）結婚不久就雙雙以衛理會傳教士身分前往朝鮮教書兩載，從一九一〇年到一九一二年。夫婦倆育有二女，瑪莉（Mary）在朝鮮出生，芳齡十四；愛蓮諾（Eleanor）在中國出生，這時九歲大。可想而知，這家人對於要搬去中東一事全都舉雙手贊成。43

想不到，福斯迪克竟差點搞砸整個提案。他盡職地將報告轉呈給洛克斐勒，但他第一句話竟然是「鑒於把全部〔出資贊助的〕負擔都加諸你身上，這份新提案所提的安排方式乍看之下未必明智，」不過他也指出「布瑞斯提德博士是我們可靠的一位能力獨一無二的專業人士……當今世上確實無人比得過他。問題就在於我們是否應在布瑞斯提德博士還活著且正當盛年時讓他替我們做事。」44

洛克斐勒決定點頭。與福斯迪克再度商談之後，洛克斐勒授權他放手一搏，承諾贊助布瑞斯提德要求的總額二十一萬五千美金，這筆錢價值相當於今天的三百萬美金。45

再過幾小時，布瑞斯提德就要搭上荷馬號郵輪（*SS Homeric*）啟程前往英國，而他在此時收到這大好消息。荷馬號是一艘壯觀的奢華客輪，一九一三年出廠時它還是德國的超級郵輪「哥倫布號」（*Columbus*），後來它在一九一九年做為凡爾賽合約賠償的一部分被英國接收，在一九二〇年出售，最後終於在一九二二年由白星航運公司（White Star Line）整修完成開始工作。[46]

船從北美海岸啟航漸行漸遠，布瑞斯提德這時發電報給丹尼爾・盧肯比爾（Daniel D. Luckenbill），他在所有通訊裡面都親切地稱呼盧肯比爾「D.D.」。盧肯比爾是教亞述（Assyriology）研究的教授，聲譽卓著，也是布瑞斯提德在東方研究所最要好的同事之一，兩人曾討論過關於米吉多的各種可能性。[47] 先讓盧肯比爾發誓保密之後，布瑞斯提德過幾天又接著寫了封信給他，同樣是從船上寄出。

他問盧肯比爾，除了希金斯以外還要不要考慮費雪；但他同時又問盧肯比爾是否有其他現場主持人人選，因為布瑞斯提德對費雪這方面的能力不太有信心。

既然布瑞斯提德五月時向福斯迪克提議讓希金斯領導工作，我們無法確知他最後為何做出相反決定。有件事情或許有關，那就是布瑞斯提德一開始其實對於是否雇用希金斯頗有疑慮，後來才被盧肯比爾說服；盧肯比爾發誓說，希金斯除了具有地質學家與測量員的資格外，還是他見過最棒的攝影師。[48] 很有可能的是，布瑞斯提德大概發覺到希金斯得先接受額外考古訓練才有能力執掌整個計畫。就這樣他決定讓希金斯當副手，在費雪指揮下做事，而費雪則要訓練希金斯怎樣主導一個考古發掘計畫。

雖然布瑞斯提德確定短期內找不到新人選，但他還是私下告訴盧肯比爾，「可憐的費雪，他差不多是個精神病患。等到我們這發掘計畫開工，然後讓它良好運作幾個月以後，他很可能又會開始發癲，就像他以前跟那幾批人共事的情況。」他接著說：「我的意思不是要刻意雇了費雪然後等著跟他鬧翻，他是個非常有價值的人，只要他的健康情況容許我們繼續合作，我就會留下他，也會堅決支持留下他。但事情非常非常有可能變成我前面說的那樣。」49

後續發展證實布瑞斯提德有先見之明，他說的話一字不差地應驗了。但這些都是將來的事了，此時布瑞斯提德找不到其他選項，於是他一抵達倫敦就發電報給費雪，問他「你　願意　擔任　米吉多　發掘工作　現場　主持人？」

費雪其實立刻就接受邀約，但要等到盧肯比爾親自去費城與他談過以後才確認此事。盧肯比爾簡短發電報給布瑞斯提德說「費雪　答應」，然後又發了一份比較長的電報，補上一封更長的信。費雪提議他們馬上動工，九月到三月對土丘進行考察，然後四月到十月動土挖掘，布瑞斯提德與盧肯比爾都說好。50

盧肯比爾與費雪還討論了讓費雪訓練希金斯這個安排，費雪很動心。盧肯比爾說費雪會「馬上帶著」希金斯「訓練〔他〕勝任工作。他似乎認為只要訓練一個工作季就足夠，我也這麼想。在那之後我們還能從費雪那取得建議或幫忙，但工作就落到希金斯和其他助手頭上。」51

聽說費雪接受安排，布瑞斯提德很高興。他把財務狀況詳細告知費雪，說他們的資金足夠支撐五年計畫：五萬五千元用在第一季，包括一萬五千元供購買設備與在現場建造工作中心，四萬元供整季用度，其後每個工作季預算為四萬元。這些錢加起來總共二十一萬五千，剛剛好是布瑞斯提德在修改後的計畫裡要求的金額，也是洛克斐勒剛捐贈出來的金額，那麼費雪每年五千的薪水加上額外旅費就得從布瑞斯提德東方研究所的年度預算裡頭支出。52

同一時間，布瑞斯提德再度聯繫加斯唐，這次總算是請他正式發下發掘許可。他告訴加斯唐他們已經成功籌集資金，費雪會擔任現場工作主持人。[53]

在布瑞斯提德看來，他們需要四名工作人員：（一）一名經理／行政人員，（二）一名考古學家，（三）一名金石學／語文學家，（四）一名測量員／製圖師／地圖繪製員。他還提議帶上一名學生來幫忙工作。[54] 今天我們進行發掘的工作人員當然比這多得多，現在的人無法想像發掘季現場怎麼可能只有一個考古學家，但在當時這卻稀鬆平常。

至於布瑞斯提德設想中那位參與計畫的學生，他最後決定讓一個名叫愛德華・狄洛亞的年輕人擔任希金斯的助理，這是希金斯與盧肯比爾共同推薦的人選。狄洛亞當時二十四歲，是盧肯比爾好友的兒子，出身於喬治亞，在芝加哥大學讀書時曾修過希金斯教的測量課程。費雪也點頭同意，他原本就向盧肯比爾提議應該帶著「一兩個年輕人來接受考古學薰陶」。那時候狄洛亞正在德克薩斯州波斯特（Post）任職測量員，但當希金斯在一九二五年七月發函邀他參與發掘米吉多，他馬上就回應接受。他跟母親說，唯一的問題就是對方打算付他多少。[55]

這一切都讓布瑞斯提德滿意，他對費雪說自己很肯定希金斯是個「非常有用的好人」，因為希金斯不僅能製作各種地圖，對人事管理也駕輕就熟。[56] 然而，費雪卻發現希金斯既沒用處、也不是什麼好人，甚至米吉多考古隊其他成員也對希金斯觀感不佳。這些最後都在布瑞斯提德與其他人個別通訊裡得到證實，其中包括一名在耶魯就讀過的學生約翰・培因・克羅格（John Payne Kellogg），此人從一九二六年五月中起就在他人毫不知情的狀況下替布瑞斯提德當線人，暗中向他報告，內容從其他人的情緒到團隊發掘的成果都有。

布瑞斯提德後來告訴加斯唐，說當初是芝加哥大學地質學系向他大力推薦希金斯，但最後結論卻是「我們在這方面徹底失望，關於此事我無需多言，光是我們與希金斯一年合約期滿不再續約就足以說明一切。」57

一九二五年七月初，那時希金斯還沒鬧出這場風波。此時費雪開始著手購買設備並運往米吉多，恰好就在他第一次寫信給布瑞斯提德一年之後。希金斯也在八月初開始進行同樣的工作。所需包括測量與照相設備，還有建造窄軌鐵路以便運走廢土。費雪要一輛車，特別指定要道奇（Dodge）或別克（Buick）轎車，還提議讓一個曾與他在埃及共事的年輕埃及人來當工頭，同時他也建議希金斯能否與他搭同一班輪船，這樣他們「能熟悉彼此，討論討論計畫」，但此事最後沒有成真。58

這時候，加斯唐將米吉多的正式發掘許可寄給布瑞斯提德，確認現場工作會在費雪的主持下進行。費雪自己安排了八月中的船班，這樣他九月初就能在米吉多開始工作，59 也讓團隊有時間在米吉多做初步考察，開始建造工作中心，並為即將在一九二六年四月展開的第一個工作季做好準備。依照費雪本來的意見，第一個工作季預定於同年十月結束。

在費雪的計畫裡，隔年春天這裡應當要有一支訓練有素的考古隊。他提議讓他在埃及發掘時一起工作的登記員加入現在這支小隊伍，說這人經他培訓「能細心製作筆記與地圖」。他還建議從埃及找來「一隊訓練過的工人，我們能以他們為骨幹培育起一整批當地工人。」[60]

這些受過訓練的埃及工人來自吉夫特小鎮（Quft），當地人參與考古勞動的傳統是由皮特里在一八九〇年代帶起來的。那些受過皮特里訓練的工人，他們的後裔在當地造成一種類似種性制度的情況，也就是某些家族的人能當工頭，其他家族只能當發掘工、鏟土工和其他必需的勞力。今天有個流傳在米吉多的說法，就是這些工人早餐午餐還有休息時間都在吃椰棗，所以現在這座土丘頂上才會長滿椰棗樹。但這八成只是傳言而已。他們是芝加哥考古發掘隊的骨幹，每季每季為這些考古學家工作，直到一九三九年發掘活動告終為止。

八月初，布瑞斯提德總算收到官方發來

圖五：米吉多考古隊隊員與埃及工人，一九二六年秋。
照片中央把帽子放在膝蓋上的是克拉倫斯・費雪，他左邊是史坦利・費雪，然後是歐洛夫・林德。他右邊戴帽子的是露比・伍德黎，然後是穿雙色鞋的愛德華・狄洛亞，再右邊是戴土耳其氈帽的拉比布・索里亞。（芝加哥大學東方研究所提供）

的米吉多發掘許可，並將許可轉寄給費雪。兩星期後，考古隊成員搭兩艘不同的船啟程離開美國，一艘上面是費雪和他二十六歲來自聖路易（St. Louis）的侄兒，侄兒與費雪同名，但人們都叫他「史坦利」。費雪的意思是要讓他來擔任記錄員與會計／財務官，順便學學怎樣考古。預備擔任測量員與攝影師的希金斯在另一艘船上，帶著妻子、兩個女兒、還有狄洛亞，後者已被任命為考古隊的地圖繪製員，同時他也是希金斯的助理。[61] 費雪是隊伍裡的長者，此時剛滿四十九歲，但希金斯也只比他小五歲。[62]

這四人預定一到現場就開始進行初步地表測量，另外四個美國人會在六個月後抵達，這樣工作季就能依照原定計畫在一九二六年四月開始，那時埃及工人應該也已經到場。結果，所謂「另外四個美國人」最後都沒出現，唯一加入考古隊的新隊員是前耶魯學生克羅格，這人我們前面已介紹過，他當時二十八歲。[63]

考古隊工作人員裡最初並沒有女性，費雪把太太芙蘿莉（Florie）和十七歲的兒子克拉倫斯・史坦利・費雪二世留在費城。雖然希金斯帶著妻子艾瑟和兩個女兒，但這三位女士不住在米吉多，而是在貝魯特（Beirut）美國大學（American University）附近住下來，艾瑟馬上就開始教那裡的美國學童初級拉丁語。[64]

除了費雪以外，考古隊成員沒一個人參與過實地發掘，而且也只有費雪和希金斯出過國。就算我們可以稱讚布瑞斯提德在合理範圍內弄出一個多學科隊伍，裡面有建築師、測量員、地圖繪製員、還有個會計人員，但全部竟然只有費雪擁有實際進行考古的經驗，甚至連費雪在學校唸的都是建築而非考古，雖然這在那個時代並不稀奇。

無可置疑的，如果要找一些擁有實地發掘經驗或至少修過課的人來參與，那一定找得到。英國利物浦大學（Liverpool University）在一九〇四年已經開授考古學和埃及研究這類課程（由加斯唐所設），倫敦大學（University of London）也是（該校一八九二年就聘皮特里為埃及研究教授）。甚至歐陸更早之前已有相關正規課程，例如柏林洪堡大學（Humboldt University），布瑞斯提德在一八九四年成為那裡第一個獲得埃及研究博士學位的美國人。就連美國本土都有學校教授考古學，包括布林莫爾學院（Bryn Mawr）和史密斯學院（Smith），時間最早可上溯到一九〇〇年。

進一步說，布瑞斯提德光是招攬考古學界的女性先驅就能輕鬆組成一隊，像是哈莉葉・包伊德・霍威斯（Harriet Boyd Hawes）、伊迪絲・霍爾・多漢（Edith Hall Dohan）、海媞・哥德曼（Hetty Goldman）等人。她們曾在希臘、克里特或土耳其率領考古隊進行發掘，時間都在芝加哥考古隊前往米吉多之前。考量當時社會一般風氣，我們要用後見之明去譴責布瑞斯提德似乎不太公平，但有一事確實值得推想，如果他是在今天招募考古隊隊員，他的做法是否會有所不同？65

第二章

他得歇工，不然你得來收屍

費雪與侄兒史坦利訂下冠達郵輪（Cunard）旗下海輪「阿奎塔尼亞號」（SS *Aquitania*，常被稱為「美之船」〔Ship Beautiful〕）的位子，在一九二五年八月十八日登船啟航，兩星期後抵達亞歷山大港。接下來他們途經開羅、耶路撒冷與海法，為工人添購補給、做好安排，最後在九月中到達米吉多。

大約十天後，搭乘「加拿大號」（SS *Canada*）、八月二十九日從紐約出航的希金斯一家人與狄洛亞抵達貝魯特。希金斯先把家人在貝魯特美國大學附近安頓好，然後帶著狄洛亞在九月結束前到達米吉多。費雪、史坦利、以及十七名埃及工人正等著他們。

考古隊成員在海法與貝魯特遇到的都是晴空萬里和溫暖天氣，但同時也遇上大量噪音與塵土。此外，海法還是個不滿五十年的新城鎮，雖然它在戰間期發展迅速，但走在海法街上還是讓人有點想起當年的美國西部拓荒史。

更何況，通往米吉多的道路全都沒鋪過，去那裡得要花上幾小時。那地方不是個你去某處會「半途經過」的地點，都是要有特定原因才會專程前往。就連附近的阿拉伯小村萊均村都比穆特色林古丘更像個目的地。

綿羊與山羊在這一帶遊蕩，偶爾見到牧人在看顧牠們。谷地裡是一片沼澤溼原，蚊蚋聚集成雲懸在死水潭上空。這是鄉野風情，如詩如畫的美景，也暗藏致命危機。幾個年輕美國人既興奮又想家，年長者想必也是如此，其中說不定還有誰對這場偉大探險起了怯意。不過，狄洛亞的家書裡滿滿都在說他們這個異鄉的新家，很少說到別的。

此時，世間媒體已風聞這場即將展開的探索活動。《聖路易斯郵報》（*St. Louis Post-Dispatch*）刊登好幾篇遠征隊相關故事，一部分可能因為這是史坦利・費雪家鄉的報紙。七月中，距離考古隊成員啟程足足還有一個月，該報就登出一篇標題為〈考古學家預備挖出哈米吉多頓〉的文章，並隨後在九月中的週日增刊雜誌（Sunday Magazine supplement，週日報紙裡夾的小冊子）裡登出一篇篇幅較長的專題報導，那時成員們才剛抵達現場。[1]

抵達米吉多之後幾星期，四名大無畏的隊員開始進行初步工作。他們依照計畫首先對土丘進行測量，同時展開工作中心建造工程，這樣未來幾年他們就有居住與工作的地方。[2]

一名文物部代表很快來到，協助他們與當地地主交涉。[3] 費雪曾聽說有「差不多九十個不同的地主在該處有大小不一的地產」，這些人全都住在附近的村鎮烏母阿法姆（Umm el-Fahm）。事實上，因為牽涉到太多人，他們花了將近一個月才與哈珊・薩德（Hassan Saad）協商成功；此人宣稱自己是最大的地主，所以代表其他人來面對考古隊。費雪與他簽下先付款的租約，獲得開挖土丘東半部的權利，並承諾三年後讓土丘回復可耕作的原貌。[4]

最後，費雪認為是時候進行試掘，但希金斯立刻干預，說他還在芝加哥時就被人（也就是布瑞斯提德和盧肯比爾）告知說他們頭幾星期只應進行測量與工作中心建設，稍後才能開始發掘。這是兩人之間第一次爭執，未來還會繼續發生。[5]

事實上費雪與希金斯幾乎每件事的立場都南轅北轍，連何時吃早餐都要吵。希金斯想在五點半起床，六點整進餐，但費雪卻說七點是早餐時間，結果就是他們各吃各的，其他人自己看跟誰開飯。還有，希金斯想要每週日早上舉行禮拜，畢竟他們夫婦倆是曾去朝鮮傳教的人；但費雪對此非常意有所指地抱怨說，他們來這裡是做考古，不是來傳福音的。[6]

既然考古隊隊員在工作中心建好前必須住帳棚，別人可能以為他們頭幾個月的日常生活想當然耳非常簡約。[7] 然而，六座大帳棚內部裝潢都很奢華，床上有白床單，地上鋪著細工草蓆，美國人每人還有一個盥洗台。年輕的狄洛亞寫信告訴媽媽，說他們吃的東西比大部分旅館的餐飲都好，每天午餐都有五道菜、晚餐有七

圖六：一九二五年工作季第一個星期，芝加哥考古隊在米吉多的帳篷
（C・史坦利・費雪所有，芭芭拉・克勒提供）

道菜，下午四點還有午茶可用。[8]

一開始他們是在庫比泉（Ain el-Kubbi）附近紮營，就在耶斯列谷地裡土丘往北一點的地方。其中一座帳篷是職員餐廳、辦公室與寢室，另一座給埃及工人用，最小的帳篷當廚房給廚子用。他們選了個風景優美的地點，從營地就能看見拿撒勒、基利波山、大博爾山，甚至天氣好的時候還能遠遠望見黑門山（Mount Hermon）。狄洛亞告訴母親說從營地能看到約旦河對岸，但這話就說得太誇張了。[9]

不幸的是，他們之前注意到的那些綿羊山羊成了營地常客，且蚊子多不勝數。過不久他們就決定換地點，直接在土丘低處蓋起發掘總部。這次他們多架了一座大帳篷當作辦公室與餐廳，這樣原本那座帳篷就能只當寢室用。希金斯要負責管理初步測量用到的所有設備，因此他也有了自己的單人帳，做為辦公室兼起居處。[10]

然而，搬家還是沒解決蚊子問題。抵達該地才三個月，一九二五年十二月中費雪就得了瘧疾，不到一個月隊裡所有人全都一起染病。「我們離營時費雪博士又發燒休息了，」狄洛亞告訴布瑞斯提德，「他從來沒有連續兩星期不發病的紀錄，而且間隔通常都沒那麼長。一次發病大約三到四天，每次都是發冷跟發燒到大約華氏一〇二度（約攝氏三十九度）……從上次寫信給你以來，我已經又發病兩次，但政府最近做過調查以後開始推行奎寧療法，我現在正在用，效果似乎不錯。」[11]

加斯唐幾天後也在信裡寫了差不多的話，還以強烈警告語氣作結：「親愛的布瑞斯提德，我剛從米吉多回來，一路車行驚險刺激……費雪病了，而且我們到的時候他手下工作人員全都不在，希金斯得了惡性瘧疾去貝魯特，另兩個人去了海法。所有人都染上瘧疾，這我真的無法解釋。費雪曾經因惡性瘧疾住院六星期，期間不斷間歇發病，他現在身體非常虛弱，再不停止工作只怕他就要不行了……他得歇工，不然你得來收屍。」[12] 事實上，布瑞斯提德後來自己也提到說，當英國駐巴勒斯坦高級專員普盧默勛爵（Lord Plumer）造訪營地時，「每個工作人員都因瘧疾病倒在床，根本沒人能接待他。」[13]

又過了好一陣子，費雪終於被說服去耶路撒冷養病。他在那裡待了兩星期，模樣看來總算比原來健康不少，但他後來很快就回米吉多，病一直沒有完全康復。[14]

一月，一封匿名信寄達芝加哥，郵戳顯示是從拿撒勒寄出。信件內容是在投訴希金斯，說他瘧疾已經病癒，但卻還不從貝魯特回來，還說他都在黎巴嫩做地質學研究，而沒有在米吉多參與發掘活動，連工作中心建造工程都沒來幫忙監管。

依據這位無名氏所說，此時現場已經

圖七：米吉多工作中心（Fisher 1929: fig. 10，芝加哥大學東方研究所提供）

出問題了，一方面因為希金斯缺席，另一方面還因為他離開前下令別人不准碰觸施工建造工作中心裡與他職責相關的任何部分，也不准在屋內鋪設任何電線，原因不知為何。這位寫信者只可能是費雪、史坦利或狄洛亞其中一人，此人說到希金斯的指令使得工作中心其他房間也無法完工，因為電線沒鋪設好之前不能蓋屋頂。[15]

希金斯不久之後回到米吉多，工作中心建設工程繼續進行，在一月底已經接近完工，考古隊隊員住在其中一部分，等待另一部分蓋好。狄洛亞說，屋子裡有隊員的臥室，還有一間廚房、一間餐廳、和一間公共休息室。室內還有用來畫建築圖的地方，用來研究與存放文物的空間，以及一片大中庭，用來洗衣服和修補從土丘帶下來的陶片。不過，狄洛亞也說到，就在幾星期前，那個關於營帳和大風的噩夢成了真：「幾星期之前，我們所有的營帳都在一場超級大風雨裡被吹垮，大家都在床上，我們淋得濕透，很多書籍文件都受損，還有碗盤被打破。現在我們住在屋子裡了，以後不用怕囉。」[16]

圖八：（a）布瑞斯提德在米吉多，牆邊是舍順克石片，還有狄洛亞帶著一隻火雞。（b-c）舍順克石片的照片與繪圖。（芝加哥大學東方研究所提供）

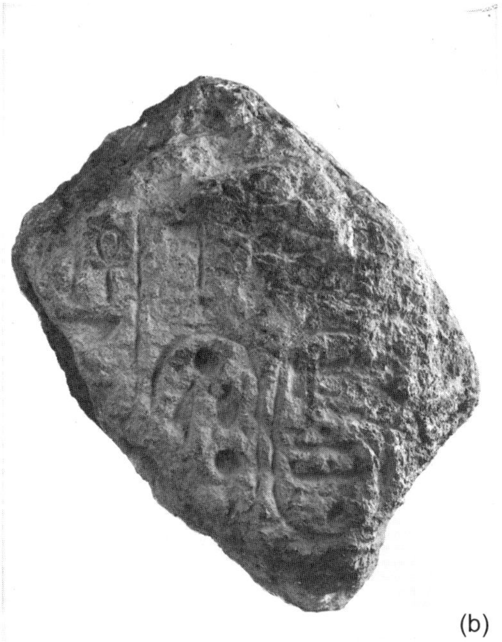
(b)

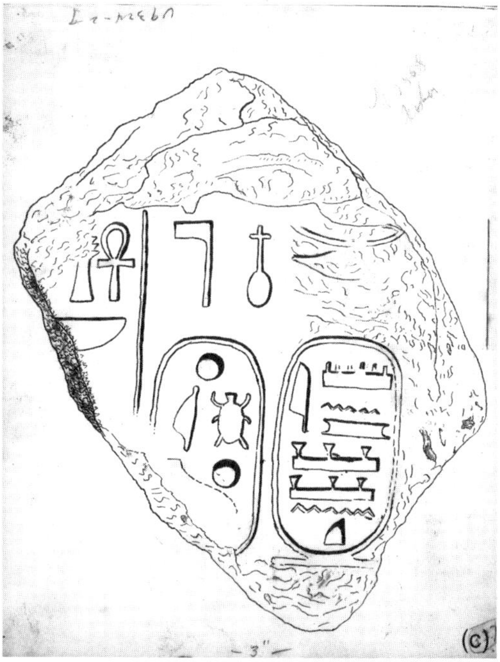
(c)

布瑞斯提德聽到這個消息顯然覺得不太妙，他最近有趟中東之行，於是他安排在行程中造訪發掘現場。但當他在三月初抵達那裡，迎接他的卻是費雪與好消息。費雪早先在備忘錄裡說工人會去土丘上採集石頭來為工作中心鋪地基，結果工人工作時卻找到一片石板破片，上面刻有埃及聖書體文字，包括刻在象形繭（cartouche，又譯「王名框」）裡的疑似法老的名字。

芝加哥考古隊工作人員是在戈特利布，舒馬赫二十年前發掘留下的廢土石堆裡發現這片破片。[17] 它雖有二十四公分高，且頗具厚度，但上面的聖書體磨損非常嚴重，一開始幾乎無法辨讀，乍看之下就跟其他碎石塊差不多，也難怪舒馬赫的考古隊當初沒注意到它。[18]

如前所述，舒馬赫在一九〇三到〇五年間發掘米吉多，當時他所雇的工人人數一度曾高達兩百，這些人從北到南挖了一條大型探溝橫越整座土丘，還挖出幾條較小的次要探溝。大型探溝後來被稱為「長溝」（Great Trench），完工後的寬度超過二十公尺，且至少在一處寬達三十公尺，長度超過二百五十公尺，某些地方有十二公尺深。[19]

距離當時不過幾十年前，海因里希・施里曼發掘特洛伊遺址時用的就是這種策略，而舒馬赫也如法炮製。此法當然也有缺點，比如工人可能不會注意到很多小東西而將它們扔掉，就像這片石片的命運一樣；且舒馬赫對米吉多造成的損害大概也不下於施里曼對特洛伊的破壞。然而，就像施里曼，舒馬赫後來也很快就在一九〇八年發表這場發掘工作的地層學研究結果，但文物的研究結果卻要再等二十年才由另一名學者卡爾・沃辛格（Karl Watzinger）於一九二九年正式發表，那時舒馬赫已經過世四年了。[20]

布瑞斯提德立刻譯出象形繭中的王名是舍順克一世，此人是出身利比亞的法老，第二十二王朝的建立者，在位期間約為西元前九四五到九二〇年。[21] 他也察覺到，這破片想必是更大一塊的銘文石板之一部分，說不定是座原本將近三公尺高的石碑，所以他們大概還能找到更多相同來源的石板破片。[22] 布瑞斯提德覺得這是大好兆頭，預示著這座土丘裡確實埋著埃及新王國時期（Egyptian New King）的地層，等待他們去開掘。

芝加哥考古隊後來發表的所有報告，都說他們是在布瑞斯提德於一九二六年三月造訪現場之前不久才找到舍順克石片。不過，希金斯私底下說他們其實四個月前就已經發現石片，他寫給盧肯比爾的信裡說「布瑞斯提德很不高興，說這東西從去年十一月就擱在那，他卻什麼也不知道！」[23]

話說回來，總之布瑞斯提德覺得這是吉兆，尤其發掘工作都還沒正式開始就已經有如此收穫。其後他從海法的旅館裡寫了個短箋給費雪，叫他對此事先保密，直到他們能發電報給洛克斐勒先生為止，之後才准把消息通知媒體。[24] 布瑞斯提德的這層操心很有意思，它反映考古發掘工作在經費上對於資助者的依賴，當年如此，今天也常如此。

四天後，布瑞斯提德人到開羅，他寫信給盧肯比爾，幸災樂禍地說舒馬赫考古隊居然漏掉這片石片。[25] 他同時也通知耶路撒冷的加斯唐，說費雪會送一份關於石片的報告過去，並要加斯唐「對此事暫時保密」。他說他還沒把消息告知洛克斐勒，「他對聖經歷史如此熱衷，必能立刻明白這發現的價值。我很確定，只要給他第一手報告，必會激發他對巴勒斯坦這類研究產生更大的興趣。」[26]

事實上布瑞斯提德已經致信洛克斐勒報告這發現，「這是從埋藏哈米吉多頓城堡的巨丘發來的第一封賀信，」他開頭這樣寫道，「我們清掘這巨丘的偉大任務才剛開始。」接著他開始說故事，說一個埃及工人怎樣在碎石堆裡注意到有聖書體文字、說石片被保留起來等他抵達、說讀這石片讓他彷彿回到「伊利諾州偏遠大草原上一間小教堂的主日學課堂」。[27]

然而，就算在當年，考古學界的新聞也是傳得飛快，特別是這種重量級的大發現。加斯唐原先就已聽到發現石片的消息，他對布瑞斯提德說，將來費雪應該先通知他「任何他想保密的事情，這樣別人來跟我說『傳言』的時候我才知道怎樣回應。」[28]

文物部也很清楚這發現的重大意義。每一年發掘工作結束前，該季所獲的文物都要由文物部與考古隊平分；文物部拿走這片石片運往耶路撒冷，如今它收藏在東耶路撒冷（East Jerusalem）的洛克斐勒考古博物館（Rockefeller Archaeological Museum，以前是巴勒斯坦考古博物館〔Palestine Archaeological Museum〕）。29

為什麼文物部要這個？這東西的重要性又是什麼？答案很簡單。舍順克法老下令在埃及某座神廟牆上刻下一篇長篇大論的文字，內容說他出兵打下了米吉多以及該地區其他許多城市。我們知道這篇銘文的年代約在西元前九三〇年，之後他還能在王位上坐五年。這樣說來，舒馬赫手下工人忽略掉的這石片可能是佐證，證明舍順克自誇攻占米吉多所言不假。除此之外，聖經裡提到法老示撒（Shishak）在所羅門王死後不久侵略耶路撒冷和其他城市，年代也差不多是西元前九三〇年，而現代許多人認為舍順克就是示撒。因此，對於不少學者與民間大眾來說，此事在聖經研究上的含意更加不可小覷。30

最後布瑞斯提德總算對這石片加以詳說，用的詞句和他寫給洛克斐勒的信幾乎一模一樣：

我在一九二六年發掘工作開始後第一次前往土丘，那時費雪博士告知我，工作中心建造期間，工人從丘頂上帶下來的石頭建材裡面，找到一片刻著埃及聖書體文字的石片。雨停之後第一個晴天，我從那飽受風化且幾乎不可辨讀的石刻表面上辨識出以聖書體所寫的「示撒」或「舍順克一世」幾個字閃爍隱約微光。當我還是個小男孩，我在主日學常讀到舊約聖經史學家的文字，列王記上十四章二十五到二十六節的內容對我來說耳熟能詳；而今，當這古代征服者的名字在他攻陷的其中一座城市裡現身，文字紀錄逐漸變得明晰可讀，兒時的記憶又栩栩如生回到我眼前。31

消息終於傳到外界，一九二六年六月底，《聖路易斯郵報》在週日增刊雜誌第二頁登出關於這項發現的專題報導，還附有該石片、米吉多、以及埃及盧克索神廟牆上的舍順克銘文等圖片，加上一張布瑞斯提德的好照片，照片裡的他看來就是個飽學雅士。報導本身雖然充滿錯誤，但裡面最精采的部分是引述布瑞斯提德的一段話，他說：「我們找到這塊石片純屬運氣，因為之前某個發掘隊已經把它扔進廢石堆，至於是哪支隊伍我就不多說了。」[32]

布瑞斯提德也試圖解釋他們怎樣展開發掘，還嘗試用報紙讀者能理解的話來描述古丘內部構造。「的確，他們扔掉的示撒石是個無價之寶，這告訴我們發掘者在判斷這個那個東西沒有價值可以拋棄的時候應當非常小心。」他說，「我們努力避免這個很容易重蹈的覆轍，我們一次只從土丘上挖開很薄一層，並將每一寸土壤都篩過。不知諸君曉不曉得，米吉多土丘，或說哈米吉多頓，裡面是一層一層，像個大型千層蛋糕一樣。每一層都代表一座城市的廢墟或一個時代……沒有人知道有幾座城在米吉多興亡，這也是東方研究所的這場米吉多發掘計畫想要找出答案的許多問題之一。而現在我們的工作才剛開始。」[33]

發現舍順克石片是件大事，但如果芝加哥考古隊是在石片本來的位置找到它，或是舒馬赫的工人當初就注意到它，不論它是被拿去當後來都市的牆垣建材或是留在最初的地方，那都更好。在後續關於米吉多發掘成果的報告裡，費雪與蓋伊都說到：如果事情是那樣的話，他們就有可能判定米吉多底下哪一座城是與舍順克同時代。倘若由此為依據，我們還能推論出米吉多的哪一座城是所羅門王所建。

無奈的是，既然舒馬赫的工人把這銘文石片隨手扔進他們某條探溝旁的廢土石堆，這下完全無從得知它是從哪一層地層出土。如此，費雪在一九二九年的初步報告中也只能說「示撒石殘片……出自〔土丘〕東緣附近其中一個地表廢土石堆。」蓋伊在一九三一年的第二份初步報告裡又提了一次，而他能補充的資訊也只有「舒馬赫一條次要探溝（No. 409，位於我們地圖上的 M14 方格……），深度只到第四層下方一點點，示撒石片原本從裡面某處出土，後來由費雪手下工頭在探溝旁廢土石堆裡找到。」[34]

提姆・哈里森（Tim Harrison）在他二〇〇四那本關於米吉多的書中說，石片出土地點很有可能在靠近現在北觀景台的地方。[35] 特拉維夫考古隊在二〇一四年於該區域進行發掘，但沒有找到原本銘文石板的其他殘片。布瑞斯提德樂觀地對盧肯比爾說「刻有他（舍順克）巴勒斯坦遠征記內容的其餘部分或許仍埋在土丘裡，等待我們發掘。這並非不可能，或說其實很有可能。」但後來再也沒有人找到過這座碑文的其他殘片。[36]

第三章

教訓他安分點

芝加哥考古隊在米吉多正式展開發掘的第一季，準備工作始於一九二六年年初幾個月，比布瑞斯提德到訪時間早得多。考古隊得幫埃及工人申請簽證，這樣工人才能進入英國託管地巴勒斯坦。他們還得確保運過來的每一件設備都不會被抽關稅，這些設備包括汽車、帳棚、攝影底片、鋼製文件櫃、以及他們打算用來建造窄軌鐵路（他們在通訊裡用法國製造商的名字稱這條鐵路為「德考維爾」〔Decauville〕）的材料。還有，最重要的一件事，至少在健康問題上事關重大的一件事，他們希望與政府合作填平附近沼澤，藉此消滅蚊蟲以及害他們每一個人都病倒的瘧疾。[1]

三月，布瑞斯提德造訪當地時，在他看來一切都很上軌道，甚至後來他還喜孜孜地對盧肯比爾說起「米吉多那裡萬事一帆風順。」依據布瑞斯提德所說，全體隊員的瘧疾都已痊癒，工作中心幾近完工且住起來非常舒適，挖掘工作很快就要開始。

在他造訪期間拍攝的一張照片證明他所言不虛，照片裡考古隊隊員集結在工作中心前面，包括狄洛亞、希金斯、布瑞斯提德與其子查爾斯（Charles）、費雪、以及好幾個工人，還有靠在二樓某個窗台探出頭來的史坦利。工作中心看來是棟蓋得很漂亮的堅固房子，每扇窗戶的百葉窗都開著。一群人身旁停著考古隊的「國際牌」（International）貨車，車子狀況極佳，敞開的兩側裝有格柵，捲簾可以放下來遮擋塵土日光。

布瑞斯提德後來對工作中心的描述與狄洛亞早先所說稍有不同，他在一九二八年八月發行的東方研究所手冊裡說建築物是雙層屋頂的「厚重石造建物」。從當時的照片裡可見工作中心建築物不只一棟，最大的一棟是居住與工作空間，包括製圖室與攝影用暗房。其他建築物用途包括工坊、廚房、食物貯藏室、用來存放古物的區域、以及能停三輛車的車庫。[2]

布瑞斯提德還特別提到費雪與希金斯「對彼此非常客氣」，[3]但事實上這都是表面功夫，這兩人完全只是演一場相敬如賓的戲給他看而已，只是他要到很久以後才發現真相。[4]

工人在四月中抵達，幾天後，第一個發掘工作季終於正式開工。預定計畫是要在兩塊主要區域進行工作，一個是東側斜坡低處，那裡的東西都要檢查過然後清走，讓丘頂運下來的廢土石可以傾倒在這裡。另一個就是土丘頂部東側靠近舒馬赫長溝的一塊地方，先勘查表面，然後挖開一層土壤，徹底調查後再挖開下一層，從第一層開始，然後是第二層、第三層、依序而下。[5]

發掘工作季開始還不到一星期，費雪與希金斯之間的權力鬥爭終於白熱化。[6]費雪沒跟希金斯當面大吵大鬧，而是直接跑去耶路撒冷，[7]從那裡發電報回芝加哥辭去現場主持人一職，並歷數他與希金斯之間各種解決不了的衝突。如前所見，布瑞斯提德不但沒讓費雪辭職，還回電確認費雪是米吉多現場唯一主持者。[8]布瑞斯提德同時也發電報給希金斯，據他後來對盧肯比爾的說法是「教訓他安分點」，電報內容很簡潔，只說「米吉多 現場 工作 必須在 費雪 個人 指揮 下進行 與他 忠誠 合作 乃為 必要」。[9]

究竟發生了什麼？多虧狄洛亞與五月加入考古隊的克羅格這兩人，箇中細節後來在他們的信件裡逐漸浮現。克羅格於一九二一年畢業於耶魯，之後在芝加哥大學東方研究所接受盧肯比爾指導，但他想要的不只是在教室裡學習上古語言與歷史，還想獲得現場實作的經驗，於是他在大學冬學季

圖九：布瑞斯提德造訪米吉多，一九二六年三月。由左到右：愛德華・狄洛亞、丹尼爾・希金斯、詹姆斯・亨利・布瑞斯提德、查爾斯・布瑞斯提德、克拉倫斯・費雪。史坦利・費雪從二樓窗戶探出身來。
（C・史坦利・費雪所有，芭芭拉・A・克勒提供）

（winter quarter，大約為一月到三月底）結束後就連絡布瑞斯提德，申請加入米吉多考古隊。

年輕俊逸、身高一百八、藍眼褐髮的克羅格當時二十八歲，出身於紐約州沃特敦（Watertown）。他很快就成為在米吉多的「線人」，向布瑞斯提德和盧肯比爾報告希金斯、費雪和其他人之間發生什麼事。他的計畫是只參與該年度這個工作季剩下時間的發掘活動，然後回芝加哥上秋季課程，這計畫從頭到尾沒變，於是我們後來會在一九二六年十月一艘回紐約的船的艙單上看到他的名字，之後他再也不會回到米吉多。[10]不過，回到我們正在說的當下，這些事都還要經過亂七八糟的幾個月以後才會發生。

在克羅格看來，誰是誰非很難說。希金斯這人非常不會做人，他抵達之後幾乎把所有人都得罪光，但費雪自己也有問題，其中某些問題可能讓他不適任主持人一職。[11]

「費雪博士在技術上確是行家，」克羅格如此記下，「但他這人徹頭徹尾不切實際，對組織管理一無所知，且以他的性情也無法搞獨裁。」他直截了當不客氣地評估這情況：「費雪太寡言慎行，希金斯則完全相反。他（希金斯）多才多藝興趣廣泛，但這些大多時候都應該被限制在一個比較小的範圍內發揮，但費雪沒有能力管好他。」[12]

芝加哥那些人顯然認同克羅格這些評語，後來盧肯比爾就對布瑞斯提德說「我聽說費雪缺乏執行能力已經聽說了二十五年……希金斯也確實有那種能把事情搞砸的美國式裝模作樣作風，這下只願阿拉保佑我們跟他們！」[13]

不過，回到當時，布瑞斯提德給費雪的回訊起了應有的作用。既然身分職權獲得保障，費雪回電說「將　全力　以赴　確保　米吉多　成功」。[14]克羅格後來在報告裡說，布瑞斯提德的電報給了費雪勇氣回到發掘現場重掌職務。

然而布瑞斯提德給希金斯的電報卻產生反效果。希金斯很不高興，在他看來費雪就是個長不大的小孩，竟拿兩人之間齟齬小事去煩布瑞斯提德，畢竟希金斯自己在布瑞斯提德造訪期間對此可是什麼都忍著沒說啊。希金斯覺得自己清清白白，錯全都在費雪身上，於是他回了封言辭挖苦的信給布瑞斯提德。

希金斯先說布瑞斯提德給他的電報內容「令人驚奇」（這不是褒意），後面再列舉五個可能導致費雪抱怨他的原因，全部用第三人稱寫成。清單上第一項是「不聽話的希金斯與狄洛亞把費雪大喇喇蓋在大門口的巨型廁所（「摩天大樓」）移到一個沒那麼令人怵目驚心的地方。」另一項延續同樣主題，說「這個希金斯多次故意抗議人類排泄物被胡亂棄置在緊鄰我們營地和發掘區域的地方……且他到最後堅持要給工人蓋廁所。」[15]布瑞斯提德很不悅，就算希金斯講的某些地方確實很有道理，但一封「教訓人安分點」的電報卻得到這種回信，這可是觸了他的逆鱗。

話說回來此時已過五月中，上述這些風風雨雨還在吹，考古隊開始在土丘東坡動工。費雪本希望同時開挖土丘頂部，但因為希金斯還沒完成（說不定根本還沒開始）測量該區域，尚未繪出地圖草圖，所以計畫不得不延後。這下子考古隊只能在去年秋天工作的東坡同一塊地區繼續挖掘，把那兒清理出來，等到丘頂開挖之後能把廢土運過來棄置。[16]

由於工人人手不多，工作進行十分緩慢，且這塊區域密密麻麻布滿不同時期的墳墓，其中不少已經坍塌，裡面的陶器和其他陪葬品都被壓壞。該處後來也曾被當作採石場，費雪猜測說那些古物採石工人大概經常工作到一半就停下來洗劫被他們挖開的墳墓。他也很清楚舒馬赫先前發掘過此處，已經將好幾座墳墓內容物採集一空。

時間一星期又一星期過去，希金斯本來應該全力進行丘頂測量，好讓考古隊盡快在那兒展開挖掘，但他卻把時間都用來拍攝陶器、其他物品、以及發掘工作的一些細節。此外，希金斯還常常跑去貝魯特與家人團聚，同時還接一些別的工作，一去就是一個星期甚至更久，這可把費雪急壞了。狄洛亞則是忙著實際的製圖工作，替挖出來的墳墓繪製實景圖與平面圖。

從墳墓與其他地方運回來的碎陶片裝成一籃一籃。有個埃及工人阿里專門負責清洗陶片，然後把各種碎片拼起來。他手下有三個當地年輕男孩做幫工，但工作中心的中庭裡很快就堆滿一籃籃等待分類的陶片。

費雪紀錄說，陶片被繪成圖以後，「只有那些有被博物館收藏價值的會編號存放在倉庫裡。」他說，完整的陶壺都會留著，帶裝飾的碎片也是，但其他沒有裝飾的陶片就直接扔掉，重新埋進其中一座墳墓。[17]即便如此，挖出來的陶片數量實在太多，且費雪只能孤軍奮戰，侄兒史坦利偶爾才會幫忙。很快地，他繪圖與紀錄的工作速度就遠遠趕不上東西增加的速度，焦頭爛額。

幸好，事情在六月初突然全都慢下來。此時只剩下六名埃及工人還在挖掘，許多當地工人都回去下田收割作物。芝加哥考古隊也已經把錢花完，此時正在慢慢拖時間，等待七月一日下一筆錢進帳。[18]我們不清楚工作季最繁忙的時候總共雇用多少人，但我們知道費雪曾有一次抱怨說他其實得用上一百五十人，但卻只雇了八十名當地工人。[19]

兩星期後六月中，布瑞斯提德發來電報，開門見山直接說：「今天 本校 以 電報 通知 立刻解除 希金斯 之後 所有 職務 授權 你 在他 離開 時 支付 他 回國 旅費 所需」。[20]費雪鬆了好大一口氣。

同日布瑞斯提德還發了第二封電報，直接給希金斯。我們手上沒有原件，但東方研究所檔案庫所蒐藏的那份手寫草稿，內容直截了當：「本校於七月三十一日之後不再需要你的服務，是故解除你在該日期之後的職務。你的回程旅費將由費雪博士支付，此事絕非因他造成，他在今天之前也不知此事。請回電通知離開日期，結餘薪水會立刻匯入你的銀行帳戶。」[21]

希金斯已在貝魯特待了好幾星期，但碰巧兩封電報送達的那天他人在米吉多。他沒去找費雪商量，反而直接回訊給芝加哥，先是說他願意明年每月只拿一百美元薪水，然後又要求校方把八九月的薪水也付給他。接下來他就去貝魯特，於七月中短暫回到米吉多收拾行

圖十：米吉多工作中心裡進行陶器分類
（美國東方研究學會檔案館提供，尼爾森・格列克攝影集）

李，然後跟家人一起回去美國。[22]

希金斯突然遭到解雇的原因在現存信件裡顯示得很清楚，如前所述，他在回覆早先那封電報的時候語帶譏諷，這得罪了布瑞斯提德。布瑞斯提德當時馬上就回信責備希金斯缺乏忠誠心與服從性，而布瑞斯提德在挑選隊員時最注重的莫過於這兩點，信末他還告訴希金斯自己對他非常失望。然後，六月十六日，就在他發電報告知希金斯被解雇的同一天，布瑞斯提德寫了另一封長信給希金斯，裡頭一點一點詳細列出希金斯令他失望的原因以及解雇的理由。[23]寫這種信似乎是布瑞斯提德的典型作風，因為差不多正好六年後，在一九三四年八月他辭退蓋伊的時候，他又寫了一封類似的洋洋灑灑的信給蓋伊。

布瑞斯提德與希金斯三月才在米吉多見面，在這封給希金斯的長信裡，布瑞斯提德提到他在三月之後得知的一些事情。其中一件是，希金斯前年八月在前往米吉多途中沒問布瑞斯提德意見就雇用一名亞美尼亞人當測量助手，那時希金斯人都還沒到過米吉多。這人後來顯然被開除了，但卻已經耗掉考古隊數百美金，且這人還一狀把費雪與希金斯都告上官府。檔案庫裡找不到關於這場訴訟的任何資料，似乎是已經解決，然而布瑞斯提德直到後來才知道整件事。布瑞斯提德也說了，希金斯毫無一點現場考古工作所需的處事手腕與待人風度，這「毀了整個發掘工作」。他的結論是，「你沒搞清楚，一個人不只要能做好工作，還得要跟考古隊其他成員保持良好的工作關係，兩者同樣重要。」[24]事實上，布瑞斯提德一點也沒說錯，因為這在當今的考古發掘活動裡仍是金科玉律。

話說回來，還有件事沒在布瑞斯提德信裡提及，但可能也是希金斯被解雇的原因之一。資料裡有很多地方提到此事卻只是順帶一提，最早的是克羅格在七月中給布瑞斯提德的信裡隨口提到一句，彼時希金斯已經離職。克羅格先說到能擺脫希金斯真是萬幸，因為他們在米吉多的工作實在不想與希金斯這種人扯上關係；此時克羅格又說，希金斯搞得「盧肯比爾與奧布萊特之間烏煙瘴氣」。[25] 他沒多說這到底怎麼回事，但他大概也不必解釋，因為布瑞斯提德八成很清楚前因後果。此事發生在幾個月前，就在考古隊抵達米吉多不久之後。

當初，奧布萊特在一九二五年十月中造訪挖掘現場，但依據後來奧布萊特的傳記作家之春秋史筆，當時發生了「一場誤會……奧布萊特被禁止進入土丘。」氣壞了的奧布萊特寫信給盧肯比爾告知此事，但盧肯比爾以為奧布萊特正在美索不達米亞旅行，結果他過了將近六個月才回信。一九二六年四月中，盧肯比爾總算回信給奧布萊特，說他完全不能理解米吉多怎麼可能有任何人會「拒絕讓奧布萊特進入遺址」。奧布萊特則在兩個月後回覆，說他早就想通這整件事都是誤會，他很確定盧肯比爾或布瑞斯提德都無意阻止他去看看現場。[26] 那時希金斯也證實這個他口中所謂的「奧布萊特事件」已經風平浪靜。[27] 奧布萊特來訪時費雪顯然不在現場，而後來費雪也盡力打圓場，他去跟奧布萊特說永遠歡迎他造訪，到時費雪會親自帶他四處參觀。[28]

奧布萊特，耶路撒冷美國東方研究協會主持人，到底是誰會阻擋這等人物進入考古工作現場？我們知道一九二五年十月只有四名隊員在場，克拉倫斯•費雪、史坦利•費雪、愛德華•狄洛亞和丹尼爾•希金斯。其中狄洛亞和史坦利•費雪都太年輕太資淺，不可能做出這種事。只有費雪或希金斯有本事將奧布萊特拒於門外，而依據克羅格的信件內容判斷，這人應當就是希金斯。如果要幫希金斯辯護的話，就說他這麼做很可能不是個人專斷，因為之前六月他們還在網羅隊員任命職務時，盧肯比爾就跟布瑞斯提德討論過，說「東方研究所還沒打算讓奧布萊特博士來對工作進行任何監督。」事實上，盧肯比爾說他曾清楚告訴費雪，「我們可沒意思要跟他〔奧布萊特〕有太多合作。」[29]

這麼說來，就算是希金斯擋住奧布萊特，這個行為或許也不算一意孤行。但依據奧布萊特的傳記作者所言，這場事件「差點毀了整個活動」。[30]因此，就算希金斯是很久以後才被解雇，距離事發足足過了八個月，這也可說是開始進行和解與彌補，避免在發掘工作正要上軌道時鬧出一場讓考古學與亞述研究幾名巨頭之間硝煙四起的學術災難。

希金斯在六月中被辭退，之後費雪和其他人想必至少有那麼一點兒普天同慶，但布瑞斯提德三天後又發來另一封電報，這下歡慶的氣氛完全給冷水澆沒了。這封電報寫的是「非常關注斜坡地區進展情形句號請回覆丘頂測量與發掘工作遲延應當由誰負責句號請直話直說句號莫袒護任何人句號布瑞斯提德句號。」[31]

費雪的回電大概花了不少錢，因為這是我們在東方研究所檔案庫裡找到關於米吉多的最長一封電報。費雪在電報裡將責任全推到剛被解雇的希金斯頭上：

> 儘管 丘頂 地圖 尚未 開始 繪製 四月 十八 已動工 發掘 該處 句號 希金斯 要求 工作 必須 暫停 直到 地圖 完成 聲稱 他 代表 芝加哥 利益 我 於是 以電報 請辭 句號 希金斯 調派 人力 去 已 發現 有趣 材料 的 斜坡 新 區域我 未能 堅持 貫徹 執行 我們 原本 計畫 反而 認同 希金斯 擁有 這般 權力 不加質疑 對此 我 承擔 全盤 責任 句號 一定 永遠 遵循 你的 建議， 現在 狄洛亞

負責處理發掘區域的測量。[32]

費雪後來對此有更進一步陳述，他在七月底被要求做出一份宣誓聲明，而他在聲明書裡回答了十五個關於希金斯與其工作的問題。在這些回答裡，他說希金斯每個月都有兩星期不在米吉多，就連工作季期間都是如此。他其中一星期待在貝魯特——但費雪沒說明希金斯是去和家人團聚，另一個星期待在那斯貝丘（Tell en-Nasbeh），為正在該處進行發掘的威廉•巴德博士（Dr. William Badé）繪製發掘地圖。[33]

第八個問題的答案最具殺傷力，「他〔希金斯〕在幾月幾日開始進行米吉多丘頂測量工作？」費雪的回答是「土丘的地圖繪製工作直到四月十八日才開始……其後直到希金斯先生離開考古隊為止〔六月中〕，中間花在測繪土丘的工作時間不超過五天，唯一能拿出來的成果只有丘頂東北一小塊區域的幾條等高線。」他在後續的回答中說希金斯自己估計丘頂地圖需要花三到四個星期連續不斷的工作才能畫好，並認同說丘頂發掘工作被拖延了起碼兩個月時間，而這都是因為希金斯先生未能完成預定的測量工作。

費雪在這些答覆的結論裡說，「希金斯先生動輒言辭犀利數落他人，在用餐時尤其如此，造成考古隊所有隊員都對他懷有敵意。」還說他的各種行為搞得埃及工人離心離德，其中一點是他懷疑每個工人都做賊，且他還讓埃及工人都知道他這麼想。為了確保這事一勞永逸沒有更多問題，他最後還說了「假使希金斯先生沒被解聘離隊，那考古隊所有成員都只願做完這個工作季就不想再待下去，甚至可能有人更早離開。」[34]

布瑞斯提德在八月中收到費雪這些答覆，之後他囑咐盧肯比爾，假使希金斯在布瑞斯提德自己回來以前就回到芝加哥，叫盧肯比爾拒絕見他。從那天以後，大家再也不提關於希金斯的事，只除了有個地方簡短說到他在七月向考古隊爭取多給兩千美元薪水，但考古隊只願意多付他比一年合約再多兩個月（八月與九月）的錢，這是他離開米吉多之前提出的要求，而他最後也妥協了。布瑞斯提德有點哭笑不得地告訴盧肯比爾，說他還收到「希金斯太太寫來的一封好可憐的信，我真的很同情她，她以為她那個聰明的丈夫是什麼絕世奇才呢。」[35]

希金斯在一九三〇年過世，距他離開米吉多只有四年。他死前在田納西州林肯紀念大學（Lincoln Memorial University）擔任地質學教授，訃告裡說他在逝世前已病了好幾星期，「醫生說，其實是他十年前那次在埃及的大病不起，種下了今日死因」（而那大約是發生在一九二〇年左右）。[36]

很快地，考古隊就有新血加入，其中包括露比・伍德黎女士，她之前是耶路撒冷英國考古學院的祕書。她與費雪曾兩度合作，先是在埃及底比斯，然後在貝特謝安，此時三十五歲的她成為米吉多工作團隊一員，時間是一九二六年八月。她來這裡先擔任祕書與工作中心總管，之後不久就升任為記錄員／登記員。她待了剛好兩

圖十一：身穿當地服飾的歐洛夫・林德（歐柏林學院檔案館提供）

年，於一九二八年八月離開，在此之前留下不少劣跡。[37]

另一個新雇員是攝影師歐洛夫•林德（Olof Lind），瑞典人，身高一百八，此人後來在考古隊裡發揮大用。芝加哥考古隊其他隊員總把林德的名字叫成歐拉夫（Olaf）。他過去曾是耶路撒冷美國殖民地（American Colony in Jerusalem）的成員，這是個烏托邦式的小型基督教社群，由美國僑民在一八八〇年代建立。歐洛夫在一九二五年左右被逐出殖民地，之後他一狀告上法庭，但沒打贏官司。[38] 他後來擔任考古隊攝影師足足十年，直到一九三五—三六年的工作季結束為止，為連續三任主持人費雪、蓋伊與勞德工作。費雪很高興他們可以用少於希金斯一個人的薪水就雇到兩個人，「這樣我們就有兩個積極參與工作的人，花的錢卻比只雇一個人還少。」[39]

英國託管地當局總算開始著手排乾米吉多附近的沼澤地，鋪設赤陶引水管連接主排水溝，這對隊員的健康來說是莫大福音。費雪說，溼地環境在整個工作季裡搞得大家人仰馬翻，「過去一個月裡，每天都有至少一個或以上的工作人員臥病在床，好幾次用餐時間飯桌上只有我一個人。」他這話沒有半點諷刺或誇張。[40]

隊裡其他成員都說到費雪長期為瘧疾所苦，但奇怪的是費雪卻聲稱自己「目前為止健康情況還不錯」。依據他的說法，「其他人狀況都很慘，包括我們新的攝影師林德先生也是。現在就連負責照顧大家的伍德黎女士也……病勢沉重。瘧疾看來是主要問題，但隊裡的人好像也都患上某種與瘧疾相關的腸胃不適。有那麼一兩天差不多一半的埃及工人都病倒，而且阿富來（Afula）的猶太殖民地、以及我們主要徵工人的幾個村子都流行傷寒。」就算如此費雪依然維持樂觀，他表示「開頭的困難重重讓我覺得未來會有很大的好運降臨。」[41]

確實，到了十月初，費雪說工作人員的健康狀況大幅改善，只剩下伍德黎女士還在海法的醫院；而且沼澤排水的進度很快，將來他們大概就不會那麼受瘧疾困擾。[42] 但這些進展對費雪的姪兒史坦利來說還是太慢，他是考古隊的會計兼司機，需要時還會幫忙給陶片繪圖，但他在一九二六年十二月初突然回美國，然後才在當月最後一天正式遞交辭呈，辭職原因是「健康不佳」。[43] 他的離開與請辭如此突如其來，芝加哥那些人直到一九二七年二月底才知道這事，[44] 距離當時已過了兩個多月。

此時費雪和布瑞斯提德都還不知道事情將有大變，萬事俱備只欠東風。費雪在九月底已經建議是否要讓考古學家蓋伊加入米吉多的工作隊伍，此人當時是英國託管地巴勒斯坦文物部總監（chief inspector），但已準備退休。「不知道你記不記得蓋伊先生，派駐在耶路撒冷與海法的文物部監察員，」費雪寫信給布瑞斯提德，「他即將解除公職，我很確定他想回來做現場考古。我還沒跟他提過此事，但如果你覺得他有用，我可以去試探他願不願意加入我們，以及如果願意的話條件如何。」[45]

布瑞斯提德回信說他不記得有跟蓋伊見過面，但交代費雪去問問蓋伊是否有意執掌米吉多現場工作，讓費雪繼續負責主管科學與考古紀錄。過不久，布瑞斯提德又問費雪是否已跟蓋伊連絡上，「就加入米吉多團隊一事獲得什麼回音」。[46]

然而，在聯絡蓋伊的過程中，不知情的費雪其實是把自己的職位拱手讓人。布瑞斯提德和蓋伊從一九二六年十二月底就開始商量，要讓蓋伊接替費雪成為現場主持人。[47]

第四章 我們已經挖到三個不同地層

這時候，讓我們回頭說說他們在實地進行的考古工作，現場發掘在希金斯離開後持續進展。他們在七月中蓋好一條木滑道，能把丘頂廢土運到丘底，為丘頂未來的工程做好了準備。火車車廂走鐵軌將丘頂發掘區的土石載往滑道頂，另一條支線軌道上的列車從滑道底運走土石前往傾倒區，[1]過程看似複雜但卻很有效率。

一星期後，他們終於開始發掘丘頂，距離預定進度已經晚了整整三個月。首先要做的是清走舒馬赫留下的廢土石與廢棄物，但他們馬上就找到東西，克羅格說是「一個完整的〔阿〕西塔特（Ashtarte）陶土香爐」，已經碎裂成片，必須拼湊起來復原。[2]阿西塔特，又稱阿斯塔特（Astarte，芝加哥考古隊隊員後來的通訊裡都採用這種拼法），有個更為人熟知的名字——「伊西塔」（Ishtar），上古蘇美人所崇拜的豐饒女神，在古代近東世界被敬奉了一千年。

發掘工作再無窒礙，費雪對此顯然興奮不已，他開始動手在丘頂畫分方格。如他所說，他希望能清掉「後期的、沒意思的那些地層，這樣接下來幾年就能全力以赴探查土丘裡較富有歷史價值的重要部分。」[3]

他們挖掘的部分是土丘東部，範圍延伸到舒馬赫的長溝。預定計畫之一是要把舒馬赫的舊探溝清乾淨並連接起來，這樣他們才能給這區域畫出完整的新地圖。過程中，他們的發掘結果顯現舒馬赫破壞的幾乎跟他挖出土的一樣多：「我們在東邊進行的新工事顯示，從地表到舒馬赫挖出的深層建築物之間有好幾層應該都已經被他摧毀掉，我們下挖的頭四公尺已經挖到三個不同地層，如果再算上他清理移走的那座阿拉伯塔（Arabic tower）那總共就有四層。」[4]

我們要注意，當時考古學相對而言還是個很新的學門，這點我們前面已經提過。那時候米吉多一帶、甚至世界各地的考古點都在實驗各種不同的發掘與紀錄方法。但我們前面也說過，在當代人眼中，費雪是在中東地區工作的頂尖考古學家之一，他採用創新手段進行發掘，米吉多也不例外：「整片區域被劃分成長寬二十五公尺的方塊，方塊四角以紅頂樁在地面標出。方塊以字母和數字加以編號，字母由北到南排列，數字由東到西排列，如P12、P13、Q12、Q13，依此類推。」[5] 現今在米吉多進行發掘的考古隊用的還是一模一樣的編號系統，只是現在畫的方塊比當初小很多（長寬五公尺）。

費雪後來也細說了他們怎樣使工人發揮最大效率，而這方法幾乎跟舒馬赫先前開掘土丘時用的一模一樣。工人分作三個大型「工隊」，每隊由一個埃及工頭來管，上面還有個大工頭（被稱為「雷斯」〔reis〕）總掌這三隊。每一隊有三名訓練有素的埃及吉夫人（quftis）跟當地勞工一起工作。據費雪所說，「一個工隊裡包括發掘工、鏟土工或稱裝籃工、以及數名挑夫。」[6]

芝加哥考古隊雇的當地挑夫有男有女，甚至包括男孩女孩。挖出來的土壤經過其他工人仔細翻找搜尋文物，然後廢土就滿滿裝進籃子交給這些挑夫扛走，倒進預備好的鐵路貨車。芝加哥考古隊繞著丘頂周圍鋪設好的小型鐵路系統，每一組工人都有各自對應使用的鐵路支線。[7]

圖十二：滑道底端預備運載土石的火車廂
（Fisher 1929: fig. 27，芝加哥大學東方研究所提供）

說到底，以上這些乾巴巴的敘述實在無法將現場動態感呈現出來，讓讀者知道工人從每一間上古屋室裡清走土石文物，徒留下光禿禿四壁，那是怎樣一個塵土飛揚的光景。現場確實有當地人的勞工大隊在工作，人數遠超考古隊隊員，有時甚至達到一百比一的程度，而這些人都由受過訓練的埃及監工負責管理。只有當工人發現什麼有意思的東西或是需要繪圖，考古學家與建築師才會來到現場。

工作季一天一天過去，每一天都煩悶無聊，能拿出來說的發現寥寥可數，但偶爾會來個大風大浪。每個隊員都被要求盡心竭力，倘若有誰偷懶，或隊友認為某人沒做好份內事情，大家火氣就會很大。今日的發掘工作會有五十到兩百不等的專業人員連續共事數星期，這種狀況下隊內都可能鬧翻，而當年考古隊只有這麼幾個人，他們幾乎一整年都一起生活一起工作，因此起內鬨與人際衝突的機會毫不意外地也就更多。

費雪還詳細交代他們發現建築物時作記錄的整套程序，由於他們是一次發掘一大片面積，因此有這樣的紀錄程序就很重要。每當一面牆的最頂端露出地面，發掘工就沿著牆頂探勘，找出這面牆構成了哪間房間或哪片區域。接下來他們會給每間房間與每個區域一個不同的編號，這樣他們就能準確指稱該位置，並將它們標示在地圖上。

接下來，他們將該個房間或區域往下開挖到地板，過程中挖到的每件文物都有獨一無二的識別編號。到達地板以後，所有在這個平面上發現的物品都要先留置原位並拍照，然後再由其中一名專業的埃及工頭小心將物品挖掘出來移走。[8]

圖十三：（a）清理 M13 與 M14 方格的表土層／（b）一九二六年年底的工人
（芝加哥大學東方研究所提供）

還有，因為芝加哥考古隊打算將地層一層一層挖開以便探索較底下的地層，費雪在此施用的紀錄方法他之前也用過，效果很好。每當他們發掘完一整個地層，讓埋藏在該層的建築物都暴露出來清楚可見，他們就會拍照並繪製地形圖，完整精確地將整個情況記錄下來，如他後來解說的：「接下來我們開始發掘更早一段時期的地層，工隊回到各自的探坑方塊，先將剛挖完這一層的完整牆面全部拆除，然後就接著往下挖。」他說，這樣事情就很清楚簡明，「我們找到的每一層都經過徹底檢查並加以記錄，當成像土丘裡絕無僅有的一層遺跡那樣重視。這樣一層一層下去，每層的紀錄都簡單明瞭……這種做法讓人能持續掌握歷史序列，並能看到土丘的故事逐漸發展延長而感到無比滿足。」9

從某方面而言，費雪這套方法確實為他們開掘的區域留下完整紀錄，包括層位Ⅰ的每一層，以及下面的層位Ⅱ、他稱為「副層位Ⅱ」的地層、以及更下面被他編號為層位Ⅲ裡面的每一層。如果他們只在小片方塊區域垂直進行開掘，而非這樣大面積水平開掘，考古學家對於挖到的每一層就只有驚鴻一瞥，但費雪這種做法就讓我們能相當精確地為每一層定年。費雪的編號系統後來有所更改，他的「副層位Ⅱ」現在被學界稱為層位Ⅲ，年代為新亞述帝國時期（Neo-Assyrian）。層位Ⅱ與層位Ⅰ則屬於新巴比倫帝國（Neo-Babylonian）到波斯帝國時期。本書後文對於費雪的這個層位Ⅲ會有更深入探討（見表二）。

另一方面，費雪的做法是將一整層的遺跡完全清除，以便開挖下一層，但這卻讓後世考古學家再無機會回到現場重新檢驗當年考古成果與學術結論。所以說，我們今天發掘遺址時基本上絕不會用這種全盤清除的方法，特別是一座土丘內的地層分層鮮少能像千層蛋糕那樣平整，總會有坑洞、凹溝、改建、更新、以及其他各種人類活動與建設留下的痕跡，讓每一層一開始的發掘與接下來重建古人生活環境的工作困難重重。

表二：米吉多上層地層層位與大約定年／時期，包含芝加哥考古隊隊員在各階段進行的重新編號

最早的層位編號（Fisher 1929）	蓋伊重訂的層位編號（1931）	拉蒙與希普頓重訂的層位編號（1939）	勞德重訂的層位編號（1948）
I	I	I	I
II	II	II	II
副層位 II	副層位 II	III	III
III	III IV	IVB（只在 CC 區域）；遺址其餘區域為 IV	IVB IVA
—	—	V （新發現的地層）	DD 區域被細分為 VB 與 VA： 遺址其餘區域為 V
—	V	VI	VIB VIA

有時候，假使一開始的發掘者沒有留下齊全的現場筆記或甚至沒做筆記，那問題就更大了。事實上，蓋伊接替費雪之後就向布瑞斯提德抱怨，說前一個工作季幾乎沒有留下筆記：「關於已經挖開清理掉的那幾層，我實際上找不到任何筆記，」他說，「我不知道費雪那裡有沒有記錄，如果沒有，那我們需要的大量證據都只能靠他的記憶。如果他給不出什麼東西，我們成果發表的內容就無法齊全。」[10]

當費雪總算開始發掘遺址最東南側時，他發現頂上有兩層地層已經整個不見，所以他可以直接從他編號的「副層位II」下手，往下再挖到層位III。費雪與團隊成員在這區域找到的有趣小東西包括一個「石質印章，雕刻吉爾珈美什（Gilgamesh，兩河文明神話人物）斬殺雄鹿」，還有個怪東西是「菲利浦二世（Philip II）時代的西班牙錢幣，一五八八年，」上面覆著厚厚一層銅綠，埋在非常接近地表的地方。他們還找到五十隻左右的聖甲蟲，以及其他數枚錢幣，裡面有的是地表發掘的後世產物，其他的還有「許多青銅箭簇與器具」，和費雪這輩子見過最大量的燧石器。[11]

除此之外，他們還挖到一條沿著土丘邊側築的牆，據費雪說這是建造於層位III時期，並於副層位II的時期繼續使用。他樂觀地認為，這牆最後挖出來一定會是一整圈圍住土丘。這座城牆在地圖上的編號是325，到現在仍是這個編號，只是它出土的層位後來被重新編號為層位IV與層位III（見表二）。[12]

他們整個八月都在工作，將舒馬赫留下的探溝與土丘東緣之間地區整個鏟開清走，九月中的時候他們已經挖到波斯時代的地層。費雪對這層的定年很有信心，因為出土陶器年代都約在西元前四百年，且他們還找到兩枚推羅（Tyre）的銀幣，年代約在西元前四百到三三二年之間（那時推羅已被亞歷山大大帝征服）。[13]到了十月初，窄軌鐵路與貨車車廂開始工作，於是他們開始拆除層位II的牆壁。費雪預測，在他們十一月停工之前，「阿斯塔特神廟整個東側部分都能完全出土」。

在舒馬赫與芝加哥考古隊進行發掘之後，現在米吉多層位I和層位II的遺跡已經片瓦不存。對於他們在頂上兩個層位發現的東西，費雪並不怎麼滿意，但其實當時留下來的照片顯示這兩層裡面的遺存都頗有規模。他說，整體而言，頂部這兩層的遺存「很不規則，前後連續兩個時期的房屋，常常是蓋在差不多同一個水平面上、並肩而立。建材都是最粗劣的石礫，代表米吉多邁入日漸衰敗的時期。」[14]費雪後來又記說，層位I太接近現代地表，因此層內大部分遺存都早在耕作時被翻開出土，當地村民拿挖出的石材建造田野隔牆，留給發掘者的東西少之又少。[15]

確實如費雪所言，頂上兩層的遺存內容不怎麼有看頭，主要都是蓋得亂七八糟的小型住宅房屋。但他也有挖到一座比較大的建築物，學者認為那是軍事堡壘。現今學界仍在爭議是誰最先蓋起這處堡壘，有人說是埃及人，有人說是猶太人，也有的說是波斯人。拉蒙（Robert Scott Lamon）與希普頓（Geoffrey M. Shipton）在他們所著的《米吉多I》裡提出主張，認為摧毀這座堡壘與層位II部分城鎮的都是法老尼科二世（Necho II）的軍隊，時間就在西元前六〇九年，當時這位法老在米吉多殺死猶大（Judah）國王約西亞（Josiah）。然而，並沒有實際證據能證明此說。[16]

只有一件事很清楚：在層位II與層位I的時代裡，米吉多是個連城牆都沒有的城鎮，這座堡壘是僅有的防禦工事。堡壘的唯一重要性在於它的位置扼守「海上之路」。[17]

當時尼科只是行軍通過這片地區，卻遭約西亞率軍阻攔。尼科本來要去迦基米施（Carchemish）打一場更大的戰役，其勝負將決定整個近東地區的命運。如果約西亞順從尼科的要求，借道讓這位埃及法老與麾下部隊安然通過，他就能活得更久，能夠繼續進行他的宗教改革，甚至連他的夢想——也就是建立另一個像大衛與所羅門那樣的王國，將來也有可能成真。但這一切都在西元前六〇九年劃下句點。

再繼續往下說，新巴比倫的皇太子尼布甲尼撒（Nebuchadnezzar）在迦基米

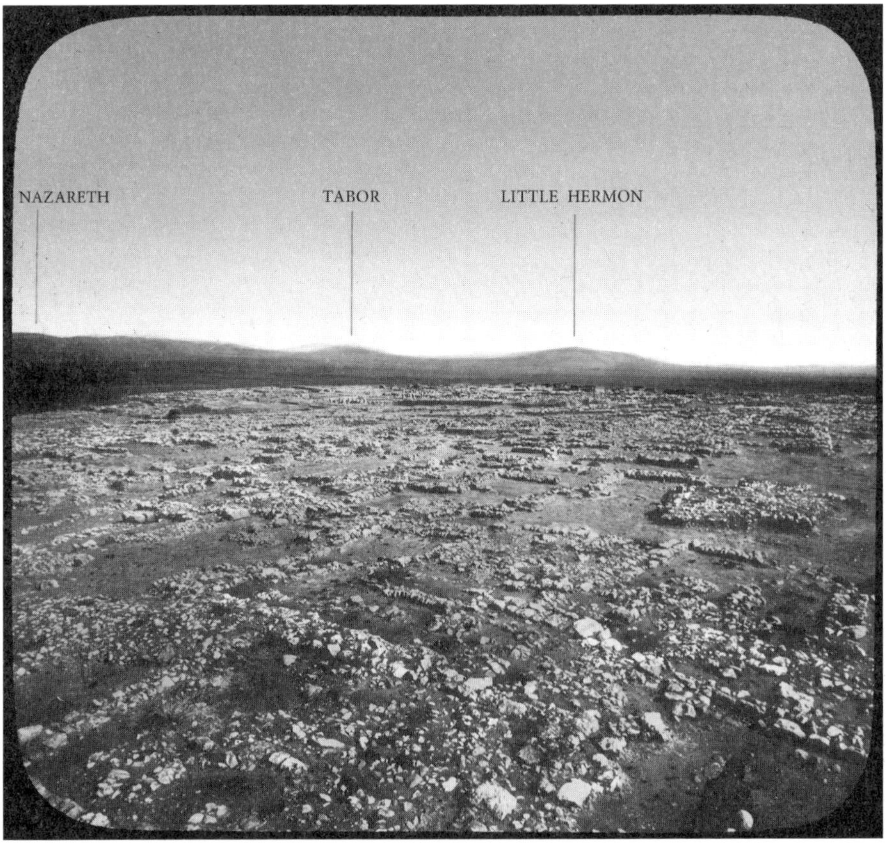

圖十四：米吉多層位 I（芝加哥大學東方研究所提供）

施獲勝，擊敗埃及與新亞述聯軍。權力的天平立刻移動，新巴比倫建立起主宰這片天下的下一個大帝國，過程中於西元前五八六年摧毀耶路撒冷，將國王、王族與高級官員擄往遙遠的美索不達米亞。然而，新巴比倫政權風光不到一百年，巴比倫就在西元前五三九年淪陷於波斯居魯士大帝（Cyrus the Great）之手，自此波斯成為統治整個近東的又一個大帝國。居魯士讓遭流刑的猶太人從巴比倫回歸耶路撒冷，距離當年他們離鄉背井已過將近五十年；而猶太人故里的這些城市，包括米吉多、耶路撒冷與其他，都早已喪失獨立地位，在此時也成為波斯藩屬。

依據費雪與蓋伊的看法，米吉多的最後階段，也就是層位I的時代，似乎是結束於西元前三五〇年左右，這個定年可能有前後十年的誤差。[18] 古城終究成為荒城，原因至今不明，至少一位學者認為米吉多是在西元前三三一年左右因亞歷山大大帝與馬其頓軍隊燒殺的大火所毀，[19] 但這結局雖然場面戲劇化，卻缺乏證據。亞歷山大軍隊從推羅前往埃及的途中其實不太可能往內陸繞這麼遠，但就算他們真的見到這座土丘，當時土丘應該也已經只是座無人荒山。當然啦，後世還有居民住在耶斯列谷地裡其他地方，有的在古丘附近，有的較遠，但米吉多的時代已經徹底結束。

等到古羅馬的第六軍團在丘底附近建起軍營，那時已是西元開始的頭幾個世紀，米吉多這座古城早就湮滅於歷史中，無人居住，軍團士兵主要只把該處用作墓地，它再也不是對這一帶有所圖謀者的兵家必爭之地。接下來的一千五百年內，重大戰役的戰場換到耶斯列谷地別處，從第七世紀回教興起，到十字軍與薩拉丁（Saladin）的對抗、蒙古人、馬木留克人、鄂圖曼人。[20] 一直到第一次世界大戰期間，以及後來一九四八年的以色列獨立戰爭，米吉多才又成為人馬喧囂、砲火隆隆之地。但是，波斯時代過去以後，土丘上面再也不見人間煙火，至今已有兩千三百多年。

第二部

1927-1934

第五章 我真的很需要放點假

一九二六年十二月底，布瑞斯提德最早開始與蓋伊聯絡時，就直截了當地說「米吉多的工作量龐大，我覺得費雪需要有人幫忙負擔肩上責任。」[1] 布瑞斯提德這麼想拉攏蓋伊入夥的原因很清楚，如果能讓這位即將退休的英國託管地巴勒斯坦文物部總監（兼代理部長）成為米吉多現場主持人，許多人絕對沒料到東方研究所的考古計畫能做到這等規模。

蓋伊這人身材偏瘦、頗為結實，通常把頭髮梳成中分，且總是戴著眼鏡。他沒穿西裝打領帶的時候身上常是一件軍式襯衫，因為一次大戰時他曾在英軍與法軍服役，官階一路升到上尉再升到中校。[2]

一八八五年，蓋伊出生於蘇格蘭，而他在代替費雪接掌米吉多的時候是四十二歲。他從一九〇三到一九〇六年就學於牛津大學主修古典學（希臘文與拉丁文）。接著他在一九〇六年進格拉斯哥大學（Glasgow University）唸法律，直到一九〇九年，但他在這兩間學校都沒拿到學位。他的田野考古生涯是到一次大戰結束後才開始，那時倫納德・伍利爵士（Sir Leonard Woolley）邀他來迦基米施負責攝影，接替湯瑪斯・愛德華・勞倫斯（Thomas Edward Lawrence，就是人稱「阿拉伯的勞倫斯」那一位），從一九一九年開始工作到一九二〇年。後來他在一九二一到二二年間也與伍利合作，發掘埃及的阿瑪納（Amarna）遺址。[3]

就算缺乏正式考古學訓練，唯一的田野經驗也只有待在迦基米施和阿瑪納的幾個工作季，但後來蓋伊還是在一九二二年當上英國託管地巴勒斯坦文物部總監。之後五年內，他有的時候在海法、有的時候在耶路撒冷，主要管的是託管地北部的遺址。[4]

他也是在這時候遇見葉米瑪・本—耶胡達（Yemima Ben-Yehuda），他在信裡親暱地稱呼她為「吉咪」（Jimmie）。葉米瑪的父親艾利澤・本—耶胡達（Eliezer Ben-Yehuda）是復興希伯來文為現代口語的功臣，一位名滿天下的學者。艾利澤過世後，蓋伊與葉米瑪在一九二五年結婚，當時葉米瑪已與前夫育有一女，名為茹詩（Ruth），而蓋伊毫無保留接受這些，將茹詩視為己出。這場婚姻將蓋伊帶進巴勒斯坦猶太社群「依舒夫」（Yishuv）的高層，就算他本身不是猶太人，他仍然成為錫安主義圈子的的中堅人物。[5]

費雪時代的結束似乎很突然，幾乎毫無預警。他在三月底寫信給文物部列出下個工作季人員名單，當時史坦利和希金斯都已離開，信裡他只提到四名專業人員：他自己、狄洛亞、林德、伍德黎，以及二十二名埃及工人，其中大多數來自吉夫特。[6] 在這之後一直到一九二七年四月十二日之間，布瑞斯提德、費雪與其他人彼此間的通信內容也沒有任何蛛絲馬跡顯示蓋伊這麼快就要接替費雪。[7]

然而，在一星期後的四月十九日——布瑞斯提德才在幾天前二度造訪米吉多，且與費雪蓋伊兩人都見過面，他在這天寄信給費雪，隔天又寄一封給蓋伊。布瑞斯提德在給費雪的信中解釋說，要讓他當「東方研究所在巴勒斯坦研究活動的新任顧問主持人」，以後他就是「顧問主持人」（advisory director）而非米吉多的「現場主持人」。給蓋伊的信裡，布瑞斯提德說想任命他為現場主持人並把費雪換掉，兩星期後的五月一日就要他走馬上任。[8]

這麼大的人事變動，前頭絕對經過長時間的運作過程，但布瑞斯提德在米吉多看見的情況似乎促進了這突如其來的變化。「我到米吉多時，發現費雪的情況非常不好，」布瑞斯提德後來這樣寫道，「他當時人在海法的醫院，已經先在米吉多的工作中心裡昏迷了四小時，然後才被送醫。」[9]

圖十五：P. L. O. 蓋伊，攝影日期不明
（麥克・史坦那與傑克・格林提供）

關於費雪的去位調職，官方說法是健康問題。「一九二七年春季到來時，考古隊隊員的健康情況，包括費雪博士自己，都處於非常惡劣的狀態。」費雪的初步報告發表於一九二九年，布瑞斯提德在這份報告的前言裡如是說，「他（費雪）因此改任顧問主持人。」[10] 蓋伊在後續自己的初步報告（發表於一九三一年）裡的說法也類似，他說「那時事情很清楚，費雪十八個月以前開始進行這工作，但現在已經沒辦法繼續。他去了拉馬拉（Ramallah）療養，所以布瑞斯提德教授邀我來掌管發掘活動。」[11]

費雪的問題還不只是瘧疾一再復發，他在一九二五到二六年的季度裡顯然承受龐大壓力，包括面對希金斯以及確保整個發掘工作順利進行。這情況似乎超出費雪預期，也超出他的能力。事實上，布瑞斯提德也是這樣對美國東方研究學會主席詹姆斯・蒙哥馬利（James A. Montgomery，他主管的是整個機構，不只是設在耶路撒冷的考古學分會）說的：「如你所知，他（費雪）一直都有神經衰弱的問題，又因長年不在美國，因為離鄉背井的孤單而加劇，且他自從在巴比倫尼亞（Babylonia）的研究工作後就持續為瘧疾所苦……他神經衰弱的情況已經非常嚴重，導致他出現幻覺和一些心理情結，且對事情過度敏感。他不停跟我說有人想把他從這位子上擠下去，等等之類……我對米吉多這樣一個大型發掘活動的未來發展負有責任，因此我不可能讓他單獨掌管此事。」[12]

費雪被替換的消息迅速在英國託管地巴勒斯坦與埃及的考古學界傳開。之前接替費雪主持貝特謝安的考古學家亞倫・羅威在一九二七年四月底從開羅寫信回費城的賓大博物館，信裡說：「方才我私底下聽說……費雪博士的健康已出大狀況，必須放棄米吉多芝加哥考古隊的工作。他的位子會由蓋伊先生接手，此人目前是耶路撒冷文物部代理部長。」[13]

一九二三年，費雪被迫讓出貝特謝安主持人一職；一九二七年，他又被從米吉多發掘工作主持人的位子換下來，兩次都是出於差不多的生理與心理原因，這應當不是巧合。事實上，費雪的田野工作生涯似乎從一開始就遇上難關。一九〇〇年他還是個年輕建築師，在美索不達米亞的尼普爾頭一次參加考古發掘活動，引某個學者的話說，據說當時他就有「自毀性的同性戀慾望」。[14] 他深深暗戀同帳篷的室友，也就是年輕的英國考古學家瓦倫亭・吉爾（Valentine Geere）；他因此感到無比絕望，數度試圖輕生。吉爾在前往發掘地的路上染病，是費雪照顧他康復。另一名學者描述那情況是：「（尼普爾）工作中心氣氛變得有如愛德華・阿爾比（Edward Albee，擅長在作品中深刻探討美國社會婚姻與性等議題）的一齣戲。」[15]

然而，縱然費雪在尼普爾的時候對此不抱一點希望，但他的情感似乎並非全是一廂情願。吉爾後來出版一本書《尼羅與幼發拉底河畔：一段發現與冒險的紀錄》（*By Nile and Euphrates: A Record of Discovery and Adventure*），卷頭提辭是「獻給克拉倫斯・費雪，致我們的友情，並感謝他在作者感染傷寒的九星期內施以照料。」[16]

蓋伊成為米吉多現場主持人後主持了接下來的七個季度。在此期間，團隊裡不斷出現人事問題，有的是費雪時代留下來的舊毛病，但其他的似乎肇因於布瑞斯提德任意安插任命一些教育程度更高的成員，直接從美國送這些人來加入團隊，而蓋伊對此暗懷不滿。[17]

舉個例子，布瑞斯提德此時建議蓋伊安排一個叫約翰・威爾森（John A. Wilson）的人與狄洛亞一起進行測量工作。[18] 在遙遠的未來，威爾森將會從布瑞斯提德手上接下東方研究所所長職位，但此刻他還是個非常資淺的二十八歲繪圖員與測量員，在埃及盧克索為芝加哥大學的銘文研究計畫（Epigraphical Project）工作。米吉多與盧克索兩地發掘隊曾聯合進行一項時間很短的實驗，讓己方人馬在非工作季的時候去對方那裡工作，威爾森也參與過此事。他與妻子瑪莉（Mary）是在四月時跟著布瑞斯提德一起來到米吉多，而就在布瑞斯提德這場命運性的造訪之後，現場主持人旋即宣告換人。

不知為何，在蓋伊發表一九三一年初步報告時並未將威爾森列入工作人員，甚至不曾提到他有參與。但檔案紀錄與這幾季的結論報告（也就是《米吉多I》）都記載說威爾森在一九二七年四月到六月間參與發掘，所以我們可以確定他人在現場。此外，狄洛亞自己後來還跟布瑞斯提德說，威爾森夫婦兩人都「幫了我們大忙」；據狄洛亞說，威爾森幫忙登記歸檔與測量，威爾森夫人則幫忙圖書室以及工作中心各項雜務。[19]

話說回來，蓋伊跟他自己雇用的人都處得不錯。最佳例子或許是蓋伊的貼身祕書拉爾夫・帕克（Ralph B. Parker），他是個軍人，受雇到米吉多工作時年齡大約介於二十五到三十之間；帕克讓別人叫自己「哈利」，原因我們現在已不清楚。一次大戰期間，他曾在英國陸軍自行車兵團（Army Cyclist Corps）與第十六威爾斯軍團（Sixteenth Welsh Regiment）服役。一九二六年，在一艘從澳大利亞航往英格蘭的船隻艙單裡，他將自己的職業填為「警察」，居住地填為「巴勒斯坦」，因為他當時在巴勒斯坦英國憲兵隊任職，這支部隊是溫斯頓・邱吉爾在一九二二年設立，在英國託管地巴勒斯坦執行類似軍隊的工作。[20]

蓋伊在一九二七年六月雇用帕克，憲兵隊早先已經解散，蓋伊那時是先從帕克的長官麥克尼爾將軍（General MacNeill）處拿到推薦信。蓋伊讓帕克負責維持工作中心與其他日常事務秩序。來到米吉多之前，帕克曾參與發掘一座十字軍城堡的小規模考古活動，但他後來再也沒有參加現場發掘，蓋伊也說帕克永遠當不成考古學家。[21] 儘管如此，帕克最後在米吉多工作的時間卻比團隊其他成員都長；他不僅一直待到一九三九年最後一個工作季，甚至還繼續留下來照看工作中心與遺址，經歷第二次世界大戰與一九四八年以色列獨立戰爭，直到一九五四年他才退休去了賽普勒斯（後來又在一九五七年回到倫敦）。[22]

雇用帕克這件事也不是順利無阻，舉例來說，帕克還沒來以前，狄洛亞在五月底就跟布瑞斯提德抱怨，說帕克「沒受過相關專業的大學訓練」，聘這種人進團隊大概只是白花錢。[23] 一個月後（帕克在快到六月底的時候抵達），狄洛亞的態度稍有轉變，說帕克是「非常好相處那種人」，但他也說「我大概從來沒見過哪個人這麼厭惡猶太人，我們大家（包括蓋伊）都被嚇著了。」[24]

六月初，那時帕克都還沒來，狄洛亞就向布瑞斯提德報告說發掘現場氣氛不妙。「猶太問題在我們這真的要成問題，」他寫道，「但我們又不能多說什麼，怕會得罪蓋伊夫人。我們這裡有幾個猶太木匠，上星期有個俄國猶太女士跟我們一起研究陶器，蓋伊先生還想幫我弄個猶太助手。底下工人對此也很不滿，程度可能更甚於我們。哈米德工頭（Reis Hamid）昨晚來找我，說他們工人是為我而不是為蓋伊先生工作，因為蓋伊『自己已經是半個猶太人了』。」[25]

發掘現場情況清楚反映英國託管地巴勒斯坦情勢。距離一九一七年十一月的《貝爾福宣言》（Balfour Declaration）才過十年，十年間此地的阿拉伯人與猶太人之間衝突愈演愈烈，前面提到過一九二〇年與一九二一年都發生暴動。芝加哥考古隊隊員當然不可能未卜先知，但他們在米吉多工作的這段日子裡，事情在未來只會愈來愈糟。一九二九年的阿拉伯人暴動離此時還有兩年，一九三六到三九年的阿拉伯革命則更遙遠，而第二次世界大戰還只是地平線彼方的微光。

五月初，蓋伊走馬上任，開始進行發掘工作。才過幾天，他就發現自己得面對好幾個問題，有的是持續至今的沉痾，有的他無能為力，但有些別的事卻與他牽連頗深。一個問題就是瘧疾，既然附近沼地還沒排乾水，那可想而知隊員會繼續受此病所苦。[26]

威爾森的自傳出版於一九七二年，他在書中回憶當時情景：

> 一九二七年盧克索的工作季結束後，我就去巴勒斯坦的米吉多，待個幾星期學習考古發掘。瑪莉

跟我到那裡時，發現土丘上已經沒半個西方人，隊員全都被瘧疾打倒。幸運的是，發掘工作很有規劃，土丘上標出棋盤式的方格來精確呈現位置。我管理著工人，挖掘同一層挖了兩星期，監督他們移開廢土，嚴肅地聽工頭跟我報告，雖然他說的我大概只聽懂一半。每天結束時我給每個籃子標上方格編號與層位編號，把它們運進屋裡讓女性登記員造冊歸檔。等到團隊成員總算重組起來，新任主持人〔蓋伊〕忙著熟悉土丘都忙不過來，沒空教我什麼，所以我自己在不懂得考古發掘原則與詳細技術的情況下短暫主持了一場發掘活動。[27]

威爾森在其他地方說到，因為當時的道路很差，他們從海法開車要花四個小時才走得完二十四公里路程抵達米吉多。一到那裡，他和妻子兩人就猛吞奎寧，據他的說法是到了引起耳鳴的程度，只為了避免自己因瘧疾病倒。當他們待在工作中心自己的房間裡，又得承受可怕的高溫；由於建築物有鑄鐵屋頂，室內溫度有時可達攝氏四十七度。「我從來沒學過現場考古，」他後來說，「除了這場被趕鴨子上架的經驗。」[28]

此外，布瑞斯提德想增加工人數量，但眼前還有另一個難關作梗，因為某些埃及工頭逮到機會要求加薪。蓋伊不答應，直接請這些人走路，布瑞斯提德對此顯然很贊同。[29]

還有，歐尼爾（J. G. O'Neill）也來到發掘現場，他是愛爾蘭都柏林大學（University of Dublin）馬卡利斯特的學生，就是二十年前發掘基色的那位馬卡利斯特，而此時歐尼爾正拿都柏林大學的學術旅行獎學金。然而，工作季開始不到一個月，歐尼爾便因各種錯誤（內容我們不知）遭蓋伊訓斥，結果他拂袖而去。出於報復，歐尼爾在六月頭幾天從耶路撒冷寄一封信給蓋伊，信裡有些內容絕不是一個學生或下屬應當對考古發掘現場主持人說的話，其中有句這樣說，「我曉得，你不過是費雪博士不幸暫離期間替補他的人。」[30] 這跟事實差了十萬八千里，因為蓋伊才剛被任命接替費雪成為現場常駐主持人。

過了很久，等到八月，蓋伊總算跟布瑞斯提德講起這事，他只說「後來我們發現歐尼爾這人非常令人反感，惹所有人討厭。」他在九月底又補充更多細節，之後布瑞斯提德表示很抱歉讓蓋伊被迫面對這種麻煩，也很遺憾「歐尼爾這場實驗結果這麼糟」。[31] 這是兩年內第二度實驗失敗，先是希金斯，再來又是歐尼爾，但以後歷史還會重演。

就在上面這些事情發生的當下，威廉・巴德去跟布瑞斯提德說他聽到一些未經證實的傳言，說米吉多那裡有些情況。巴德是加州柏克萊的太平洋宗教學院（Pacific School of Religion）教授，但一般大眾可能更知道他是美國博物學家約翰・謬爾（John Muir）的遺作保管人與傳記作者，或知道他當過美國山巒協會（Sierra Club）主席、《山巒協會通訊》（*Sierra Club Bulletin*）編輯。[32] 不過，巴德也是個考古學家，當時他正在耶路撒冷附近的鐵器時代遺址那斯貝丘進行發掘，該地可能就是聖經裡的米斯巴（Mizpah）。一年前，希金斯在未先獲得布瑞斯提德允許的情形下來這裡兼差替巴德工作，所以巴德那時就能聽到米吉多內部情況，不過他這人本來就一直注意整個考古學界的傳言謠言與小道消息。[33]

他跟布瑞斯提德說，自己是個「非利益相關者」，「當然啦，米吉多之前或現在發生什麼事跟我無關，但我很自然地會以善意關注，因為我希望發掘活動能成功。」問題是這顯然不只是什麼「善意關注」，巴德也非他自己說的那麼「非利益相關」，他向布瑞斯提德傳這些謠言時頗為幸災樂禍。[34]

據巴德所言，有個考古學家告訴他「米吉多考古隊的最佳權益都被不知不覺間犧牲掉了，原因是一名中年速記員搞手段，該速記員瘋狂迷戀一名年輕男子，該男子身體病弱且明顯完全在她掌控之下。」[35] 這位速記員顯然就是伍德黎女士，但我們比較不能確定「年輕男子」是誰，此人很有可能是狄洛亞，或也有一點可能是歐尼爾。

事實上，巴德說他消息來源是個考古學家，這位考古學家和這些謠言的來源說不定就是歐尼爾本人。不過，話不能說得太武斷，費雪也有可能是去跟巴德咬耳朵的那位老兄。五月底，大約是歐尼爾離隊那時，費雪就發電報給布瑞斯提德，聲稱說貝魯特的醫生已經認為他健康無虞，還報告說「米吉多　的　狀況　非常　糟糕　建議　由　我　加以　管理　才能　挽救　情況」。見到此訊，布瑞斯提德當天就簡短回電：「很遺憾　建議　無法接受」。[36]

巴德又跟布瑞斯提德說，米吉多土丘裡的考古資源並未被充分發掘，因為蓋伊只有一部分時間待在那裡。更何況，那位速記員（也就是伍德黎女士）還忙著向蓋伊或狄洛亞報告各種「所謂的非禮行為」，藉此趕走發掘現場她每一個不喜歡的對象。巴德的結論是，「此時，在發掘活動最關鍵、最重要的階段裡，土丘的現場觀察與考古紀錄卻都被擾亂，」最後他強調說，「費雪博士已經準備好去盡力挽救情況。」[37]

更有甚者，數星期後布瑞斯提德收到一封手寫的匿名信件，署名是「旁觀者」。信中部分內容如下：「您應當要知道有一場醜聞正在米吉多醞釀，且發掘工作的科學部分做得極差，依照文物部的標準應該要強迫發掘活動停工。蓋伊先生染病，人已經至少兩星期不在土丘，而現場亂象依舊持續著。您還應該調查一下，留在那邊主持現場的其中某人是否有什麼不好聽的名聲。」[38] 寫信人是誰我們不得而知，但最有可能的還是歐尼爾、巴德、或者費雪。

一個新任現場主持人遇到這種情況可說倒楣透頂，尤其前任現場主持人說不定還在整個黑函事件裡參與一份。布瑞斯提德此時做得不錯，他完全站在蓋伊這邊，六月中他寫信給蓋伊說，他了解蓋伊「碰上當地工人大規模出走，但顯然這只是我離開那裡之前就已存在的情況繼續延續。我相信你能重建整個組織，再次把大家結合起來。」[39]在另一封私人性質的信件裡，他還把自己從巴德那裡聽到的謠言、以及那封無名氏寫的信都告訴蓋伊，建議他盡快讓蓋伊夫人一起住進米吉多工作中心，這樣謠言就能平息下來。[40]

布瑞斯提德很有禮貌地回應巴德，說許多問題都是因為「蓋伊先生在耶路撒冷的職務未能及時卸下，此事我們始料未及。」[41]這確實是個大問題，英國當局一時找不到人取代蓋伊來掌管英國託管地巴勒斯坦文物部，因此，就算原本預定的辭職日期過了好久，蓋伊還是得繼續當代理部長。這問題等到八月底終於解決，但在此之前蓋伊只能撥一部分的時間去米吉多。

蓋伊自己的說法是，他每星期有三天在耶路撒冷、三天在米吉多，剩下的一天花在兩地奔波。幾年後他用一種輕描淡寫的語氣說，當他在一九二七年四月三十日抵達米吉多，之後的四個月「壓力有點大」。[42]

在此同時，狄洛亞與布瑞斯提德也在談論「倫敦政府無能為巴勒斯坦文物部找到對的部長」一事，布瑞斯提德說這「對我們而言很不幸」。[43]這段期間，狄洛亞監管丘頂發掘工作做得很好，布瑞斯提德因此在六月底將他升為助理現場主持人。這不只是因他立功而給予的酬勞，布瑞斯提德告訴蓋伊說，這麼做是為了不讓外人覺得米吉多發掘工作是「被考古隊某一成員名不正言不順地臨時控管」。[44]

到後來，蓋伊在七月中試圖破除謠言。他通知布瑞斯提德，說他每次去米吉多都有蓋伊夫人陪著，且她以後會繼續跟他同行同住，這樣應當能讓謠言徹底消失。他還說，因為染上白蛉熱（sandfly fever）的緣故，他們夫妻倆六月大部分時間都不在。狄洛亞在另外的通訊中證實此事，還說認為是費雪在造謠生事，「他就算面對我的時候也都怪怪的。」[45]

差不多同時，狄洛亞也附和蓋伊，證明現在發掘現場的氣氛其實比較安寧。蓋伊夫人整天都在，忙著將布瑞斯提德的一本著作翻譯成希伯來文，並試著學習埃及聖書體文字。狄洛亞說，蓋伊夫婦有自己的起居室，工作中心也將近完工，只剩下大屋頂還沒鋪設上去。伍德黎女士還在工作中心門口前面種花與草皮，讓工作人員壓力消除不少。[46]

七月十一日，大規模地震襲擊耶利哥（Jericho）、奈卜勒斯（Nablus）、以及附近其他聚落，造成嚴重損害並導致大量人命傷亡，但米吉多當地只有輕微感受。狄洛亞隔天馬上拍了封電報給布瑞斯提德，通知他全隊成員都安好，唯一的損失只有二十四個陶器從儲藏室架上摔下來。其他人包括林德在內，說法都一樣。[47]

然而，不知是有心者興風作浪還是無意的巧合，風波沒有就此平息。蓋伊在八月初收到布瑞斯提德電報，說「從　數個　來源　聽說　米吉多　工作　中止　訝異　請　回電　告知　原因　與　復工　日期」。蓋伊對此只能回覆：「無法　理解　工作　已在　進行　且　持續　無　間斷」，此時的他大概滿頭霧水。[48]

事情很快就解決了，布瑞斯提德說他只是聽了「路過旅客」帶回來的錯誤消息。但我們不禁懷疑傳言真正來源是誰，布瑞斯提德對此從未明說。引起這件事的很可能只是狄洛亞七月中給布瑞斯提德的一封信，信件開頭是：「在我離開〔去貝魯特看醫生〕之前，蓋伊先生把丘上所有工作喊停……這讓我非常失望。」不知為何，狄洛亞沒有明說暫停工作的原因，只說這讓他個人感到失望，且這也不會是布瑞斯提德所樂見。[49]

還有，狄洛亞也提到帕克在發掘現場惹出麻煩，比如他會咒罵工人，甚至還把一個小男孩踢倒在地。狄洛亞的說法是，「若是在他以前服役的那個著名愛爾蘭（原文如此，正確應為威爾斯）兵團裡，這樣的行為或許沒什麼，但我覺得在我們這種考古隊裡，這樣非常不好。」狄洛亞後面又說到另一件完全無關的事，說他正在訓練俄籍司機謝爾蓋•楚博（Serge Tchoub，此人是在費雪回美國之後才擔任這工作）當他進行測量與繪製地圖的幫手，「他極聰明，看起來很積極要學習，」狄洛亞如是說，還說「看來我們省下一份薪水。」50

八月第一個星期，帕克對待工人與當地人的態度更趨惡劣，甚至還發生一件事，據狄洛亞說某晚他「踹了某個當地人一腳，踢在膝蓋下方小腿的位置，導致對方重傷。」伍德黎女士立刻為傷者包紮，於是那人後來還能拄手杖走路，但工人為此罷工抗議，還包括來自發掘現場距離最近兩個村子的人。最後狄洛亞和林德總算讓帕克做出某種程度的道歉，也好說歹說讓所有人都回來工作，但狄洛亞的說法是「當地人非常不高興。」51

狄洛亞此時已是布瑞斯提德在發掘現場的線人（如同前一年的克羅格），他報告的大多是發掘活動背後那些見不得人的小事，對於振奮人心的考古發現反而不太在意。他這麼做是有意為之的，他的說法是：「我寫了很多很多小事，個別每一件事大概都不算什麼，但我在過去兩年裡學到的是：大多數決定一場考古活動命運的大事都是從小事發展起，如果這些小事能及時解決，或許就能避免未來的耗時耗力焦頭爛額。我並不喜歡整天抱怨挑毛病，但我覺得你應該會想知道所有真實發生的事。」52

狄洛亞兩件事都說對了，就算是在今日的考古工作，這種星星之火都可能燎原，且布瑞斯提德也的確需要一個內部消息來源，特別是米吉多已經出了太多人際衝突與人事問題。然而，假使布瑞斯提德是因為狄洛亞在七月中與八月初的信才發電報給蓋伊，去反映他聽說了發掘工作提早收工並詢問原因，或許狄洛亞自己也在無意間為既存的問題火上加油。

好不容易到了八月底，文物部總算有了新任部長恩尼斯特・里奇蒙（Ernest Richmond），他在這個位子上做了十年，一直到一九三七年為止。蓋伊終於可以全心投入米吉多工作，但該年的工作季也只剩下一個月，發掘現場在九月底關閉。[53]

工作季結束後，巴德去跟蓋伊道歉，同時也算是跟布瑞斯提德道歉。他承認自己早先所傳的謠言與所做的聲明都是無憑無據，他對蓋伊說「你過去要同時執掌文物部與米吉多考古隊事務，此事的難度難以想像，而對於你所展現出的能力，我只有敬佩之意。」[54]

查爾斯・布瑞斯提德是芝加哥大學東方研究所執行董事，也是詹姆斯・亨利・布瑞斯提德的長子，此人之後會成為米吉多這段故事裡的一員。他說，就算是在芝加哥，人們也知道「現在是巴勒斯坦一段很困難的時期。」[55]這麼說來，蓋伊送走狄洛亞、林德與伍德黎時想必是鬆了好大一口氣。他先送這三人去放假，然後再送他們去埃及盧克索，讓他們冬天在那裡為芝加哥大學另一個考古計畫工作。之後，他與妻子葉米瑪去歐洲度一個兩人都渴望無比的假期，連他自己都說「我真的很需要放點假」。[56]

好景不常，他們才剛收假歸來，布瑞斯提德又開始施加壓力。他在一九二八年一月初對蓋伊說，「今年四月開始的下一個工作季對於我們工作至關重要……我得靠你推動大家積極奮發工作一整季。」布瑞斯提德當然也有實質上的期望，他想要蓋伊往下挖到土丘裡埋藏埃及與所羅門時代遺物的地層，他等這些成果已經等得愈來愈沒耐性、愈來愈煩躁。[57]

說到人事問題，這個季度事情發展出人意料，但結果堪稱圓滿。因為希金斯在一九二六年工作季結束後就被遣走，從一九二七年開始狄洛亞不但擔任測量員，有時還得以助理現場主持人的身份工作，這點前面已有提到。只是，一九二八年初，因為狄洛亞持續為瘧疾所苦，醫生要求他為了健康先留在芝加哥。[58]

新的工作季即將於五月初開始、七月底結束，考古隊顯然需要為此再雇一名有經驗的測量員。這個決定頗有先見之明，因為狄洛亞直到九月才獲得醫生准許返回米吉多。

一開始他們打算雇用伊凡・特倫提耶夫（Ivan Terentieff），這名測量員此時正為密西根大學在埃及卡拉尼斯（Karanis，即「奧興丘」〔Kom Aushim〕）的考古隊工作，但後來發現他在六月初之前都沒法來工作。在這段過渡期，蓋伊雇了一名出生在烏克蘭、對考古學滿懷熱情的年輕建築師伊曼紐・威倫斯基（Emmanuel Wilensky），他當時二十五歲，已經為哈佛大學在伊拉克努茲（Nuzi）[59] 的考古隊工作過。威倫斯基在四月底來到米吉多，剛好趕在工作季開始前。

雖然威倫斯基因為吃了不新鮮的魚而病倒好一陣子，但他工作起來可是安靜又專業。他與考古隊合作時間到六月初，此時特倫提耶夫抵達米吉多接手測量工作，做完這個工作季，之後又繼續合作（一直到當年九月的工作季結束）。[60] 威倫斯基自此成為考古隊員們熟悉的夥伴，等到幾年後，他在一九三二年與一九三三年又會回來這裡工作，這我們後面會再提到。

一九二八年也有其他新成員加入，例如之前曾在貝特謝安擔任繪圖員的查爾斯・利特（Charles

Little），他的家人在黎巴嫩經營旅館。利特跟威倫斯基一樣，在這個工作季裡常因病缺席，但他是心臟有問題，可能是因為他大量吸菸而導致的疾病；有個親眼目睹過的人說，利特一天可以抽掉四十根菸、十管菸斗。他在四月中來到米吉多，但他差點撐不到工作季結束，在七月最後一天就辭職離開。蓋伊對他印象不大好，說「我不曾看見他對工作展現多大興趣，我覺得他似乎把工作當成必須應付交待的事，而不是應該全心投入去完成的事。」他還說，自己後來才發現利特是被羅威開除才離開貝特謝安，而這種人竟然被雇來米吉多，實在不可思議。[61]

還有兩名年輕人，一個在工作季開始前、一個在工作季結束後抵達——當時誰都沒有預料到，此二人最後成為米吉多考古工作與成果發表不可或缺的人物。其中一個人是蓋伊貼身祕書哈利・帕克的外甥，十七歲的傑弗瑞・希普頓。希普頓來自威爾斯，高中輟學，別人都叫他「傑夫」。他一開始加入考古計畫是在一九二八年一月中，那時工作季還未開始，而他來此的目的主要是陪著帕克，同時也讓自己有點事情做。幾年後，一名造訪過米吉多的人描述他是「一個少年男孩……沒受過任何大學教育，自然也沒有一點科學背景。」[62]

希普頓對考古學的知識為零，起初他只是以七十五美金的薪水受雇來當三個月的繪圖員。到後來，他從一九二八年起一待就待到一九三九年的最後工作季，成為米吉多考古隊工作資歷最久的成員之一。他在米吉多一邊工作一邊什麼都學，在隊裡其他成員大力支持下數度申請去芝加哥大學就讀，但都遭到拒絕。[63]考古計畫要結束那時他才離開，當時有家「史賓尼公司」（Spinney's）邀他去工作，他無法拒絕，於是前去上任，工作地點在海法與賽普勒斯。[64]

另一個帶著好運來的新人是二十二歲的地質學學生羅伯・史考特・拉蒙，他身高一百八，且是芝加哥大學 Beta Theta Pi 兄弟會成員，決定先暫停大學學業來這裡。他「身材偏瘦，長相好看，家世顯赫」，這是查爾斯•布瑞斯提德在一九二八年八月底寫給蓋伊的介紹信用詞。然而，此人從未離開過美國，更不曾參加過任何考古發掘活動。[65]

拉蒙過來的時候是一九二八年九月，正好趕上秋季工作季。他來此兼雙份職，一份是代替特倫提耶夫擔任測量員，一份是代替利特做繪圖員，因為這兩人剛好都在這時候離開。到頭來，拉蒙在考古隊的時間幾乎跟希普頓一樣久，甚至他在一九三四年蓋伊被解職後還曾短暫擔任現場主持人。他在米吉多待的最後一個季度是一九三五到三六年，之後他回到芝加哥準備成果發表。後來他成為一名石油地質學家，為標準石油（Standard Oil）、北方天然氣（Northern Natural Gas）和其他公司在加拿大卡加立（Calgary）與哥倫比亞波哥大（Bogota）工作。他晚年退休後住在亞利桑那，一九七五年去世。[66]

芝加哥大學米吉多考古隊的諸多成果發表出版品裡，拉蒙與希普頓兩人最後一共合作寫了五部，三任現場主持人（費雪、蓋伊、勞德）自己寫的成果報告加起來也不過這數字。要知道最一開始，拉蒙與希普頓根本毫無考古學背景，但他們後來的著作竟包括兩本米吉多遺址陶器發現、一本米吉多輸水系統研究、一本導覽書——以及最重要的《米吉多 I》巨冊，[67] 這實在令人驚異。他們在考古隊裡是這麼年輕、資淺、缺乏相關訓練也缺乏經驗，最後卻被交付予整理出版費雪與蓋伊執掌的全部十個季度（也就是除開一九三五到一九三九年勞德當政期間的芝加哥考古隊所有工作時間）發掘成果的任務，且能順利完成，此事就算不到匪夷所思的程度，也頗值得玩味。

新季度的新人還不只他們，威廉•史塔波（William E. Staples）和拉蒙搭同一艘船前來，也跟拉蒙在九月底同一天開始工作。布瑞斯提德雇用他，把他送來這裡擔任考古隊的銘文學家與記錄員。查爾斯•布瑞斯提德說他是「能力很強的人，性格親和可喜，非常勤勞。」史塔波是加拿大人，多倫多大學（University of Toronto）維多利亞學院（Victoria College）畢業，才剛於一九二六年結婚，帶著妻子瑪格麗特・盧絲（Margaret Ruth，朋友都叫她「盧絲」）一起來米吉多。在他們之後，已婚考古隊員大多都會夫妻同住在工作中心。[68]

蓋伊此時向布瑞斯提德進言，說應該全年都要有一支隊伍長期駐紮米吉多，這樣才能完善處理所有出土的東西；所以說，考古隊大部分成員不應該只在工作季來米吉多，一年內其他月份也不應該只留下少數人在現場。蓋伊希望隊員十二個月都要在場，人事更動愈

圖十六：米吉多考古隊隊員與配偶，一九二八年九月七日。前排坐者（由左到右）：威廉・史塔波、葉米瑪・蓋伊、P・L・O・蓋伊（抱著狗）、瑪格麗特・史塔波、伊凡・特倫提耶夫。後排站立者（由左到右）：哈利・帕克、愛德華・狄洛亞、歐洛夫・林德、羅伯特・拉蒙、傑弗瑞・希普頓
（芝加哥大學東方研究所提供）

少愈好，這樣登記、繪圖、攝影與地圖製作的工作都能隨時跟上進度。[69]

他之所以提出請求，原因在於前一年他們做了個實驗，正是先前提到的，在工作季結束後將米吉多考古隊部分成員送往埃及盧克索進行芝加哥大學的另一個計畫。然而實驗並不成功，布瑞斯提德因此完全同意蓋伊的推論，但也提醒說應該讓隊員每年有適當假期。[70]

到這時候，蓋伊對全隊人事以及每個人的人格都已充分掌握。他很欣賞歐洛夫•林德，說此人是一等一的攝影師，且由於蓋伊早年曾在迦基米施為伍利擔任攝影師，他評價林德擁有與當年的自己一樣的工作水準。他還說，林德做事忠誠、待人和善，與其他人相處甚歡。[71]

另一方面，他將當時擔任登記員的伍德黎女士形容為一個怪異且頗富心機的人。據蓋伊的說法，她負責照管的事情太多，但她又把自己的職務看得死緊，甚至就連她自己做不完的事都拒絕別人伸出援手，弄得大家都不好受。不過，在他看來更不體面的事是「她根本不懂繪圖，甚至還不好好檢查……出錯時她從不承認是自己的問題。」[72]

蓋伊還列出幾項伍德黎女士給其他隊員製造的麻煩，一個是她可能有向狄洛亞、希普頓與利特示好，一個追完換一個。「伍德黎女士現在已經放棄希普頓，整天對他嫌這嫌那，」他寫道，「不過她卻看上了利特，對利特好的不得了，像她之前想對狄洛亞好一樣。」[73] 這三人是一九二八年春季米吉多考古隊裡僅有的單身無伴侶男性，當時伍德黎女士三十七歲，希普頓才十七八歲，比她小二十歲。狄洛亞大概二十七，只比她小十歲，而利特的年齡我們不清楚。這裡我們也應回頭去看，巴德恰好在一年前特地警告布瑞斯提德「有個中年速記員在亂搞，她瘋狂迷戀一名年輕男子，該男子身體病弱且明顯完全在她掌控之下。」這名男子很有可能是狄洛亞，此事在幾頁前已經提過。[74]

在這些評語的最末尾，蓋伊說，伍德黎女士「其性格使她成為我下屬裡頭的極端危險分子。」他不想講更多細節，只神祕兮兮地說這裡發生「很多難以掌握的小事……加起來就是個陰謀詭計、造謠生事與心機手段的故事，因此我必須要告知你，只要伍德黎女士能離開米吉多，我不希望她多待上一點點時間。」[75]

到最後，意料之中，伍德黎女士在一九二八年八月工作季結束後就被開除，距離費雪當初雇用她差不多剛好兩年。蓋伊兩個月前才向布瑞斯提德抱怨她，兩個月後她就被資遣，這動作可謂雷厲風行。[76]

她很快就重新站穩腳步，只是她為此必須西遷到希臘。她從一九三二年開始擔任雅典英國考古學院（British School of Archaeology in Athens）祕書，其實她在米吉多就職前也曾擔任耶路撒冷英國考古學院祕書。她一開始是兼職，後來在一九三六年成為正職員工，擔任此職超過十年，直到她在一九四六年退休搬去里茲（Leeds）為止。[77]

於此同時，蓋伊跟費雪之間的問題還沒完。費雪就住在拉馬拉，離米吉多並不遠。這兩人關係很緊張，各自都向布瑞斯提德說對方的不是。[78]舉例而言，蓋伊在六月底告訴布瑞斯提德：「我覺得費雪的行為非常無禮……除了剛見面時他對我不禮貌之外，他還對我寫的信完全不回應，而我這些信的內容根本沒什麼好讓人生氣……還有，他似乎一有機會就要說我們這裡的壞話。」他的結語是：「據我所見所聞，費雪到哪裡都在製造麻煩，他跟希爾普萊施特（Hermann Volrath Hilprecht）、跟雷斯納、在伯珊（貝特謝安）還有在我們這邊的時候都一樣。這人紀錄不良，我真的希望你能斷絕他跟米吉多的關係。」[79]

他給費雪的污名還不只這樣，他提到一件顯然是被掩蓋下來的不明事件，「倘若事情公開，」蓋伊聲稱，「會……給費雪造成非常嚴重的影響。」不過他又向布瑞斯提德保證「別人跟我提的，我沒對任何人說，只除了皮耶・文森（Pere Vincent，在法國聖經與考古學院工作）……他說他想推薦費雪當巴格達學校

（Baghdad School）校長——難道我要口無遮攔直接把我的想法全告訴他嗎？我想到這裡發生的事，又想到費雪去管理年輕男孩很有可能發生什麼事，這下我不得不向他提出反對意見，並說明我為什麼反對。」[80]

在米吉多到底出了什麼事？很不幸，我們對此一無所知。蓋伊從未細說詳情，也不說他為什麼擔心費雪去管年輕男孩會出問題，且東方研究所檔案館裡也找不到任何關於此一「事件」的資料。然而，我們知道費雪曾在尼普爾暗戀同帳篷的室友，知道他從尼普爾帶一名叫做納西爾•胡賽因（Nasir el-Hussein）的男孩回美國家裡（但此人不久就離開美國回自己家），[81]還知道他在拉馬拉有個養子叫大衛（David，但真正的拼法是 Daoud），以及他和耶路撒冷一間收年輕男孩的學校有關聯。依據這些線索，我們大概可以確定這場「不明事件」跟伍德黎女士的緋聞無關。不論費雪到底有沒有做什麼，但這種用暗示與流言來中傷同事和其他隊員的手段，就算流言內容後來證明屬實也一樣，未來蓋伊只會反受其殃，甚至在一九三四年因此被開除。

蓋伊在六月底寄給布瑞斯提德一封又長又詳細的信，裡面還提到一件怪事。他神神祕祕地說帕克與希普頓遭人攻擊，但也只說調查已經結束，結果令人滿意，作案者為自己的行為道歉，受到告誡之後被放走。[82]這件事跟蓋伊前面說的費雪那場「不明事件」一樣，我們在檔案館其他資料裡都遍尋不著任何討論帕克與希普頓遇襲的內容，因此也不知道究竟發生了什麼事以及事出原因。不過，此事起因或許可以回溯到前一年，也就是一九二七年七月與八月，那時狄洛亞就詳細說過帕克對當地工人態度惡劣，以及一名工人實際上被他打傷而差點導致集體罷工的情況。[83]或許未來我們能找到更多資訊，但若僅憑現有資料，我們只能說，很顯然那幾年內米吉多考古隊與附近村民的關係不總是友善且彼此尊敬。

事實上，和他們與當地人的關係這種問題相比，約莫在此時蓋伊意外發現一件更為重要的事。費雪在一九二五年所談下的米吉多土地三年租約將在十月到期，蓋伊因此在當年夏天寫信給布瑞斯提德，列出未來在土丘繼續進行工作的四種可能方式，其中三種都需要續簽租約，第四種則是要將土丘某個特定區域直接買下來而非承租。[84]

先前他已經向文物部詢問可行的做法，得到的答案是：只要他們願意付錢購買，政府可以徵收那塊地變成公家所有物，然後他們就能隨意進行發掘。蓋伊認為此件事值得深入了解，結果的確如此。[85]

不到兩星期後，事情全如了蓋伊的意。他跟其他隊員提起費雪之前與當地地主簽的租約快要到期，結果伍德黎女士從朋友那裡打聽到驚人消息，這位朋友是住在海法的英國僑民法蘭西絲・紐頓女士（Frances E. Newton），她說考古隊過去三年交租的對象其實並非米吉多的合法地主。伍德黎還說，紐頓女士在一九二五年費雪最初簽約時就告知過他，但費雪對此置之不理。[86]

這是費雪的誤算，因為他們後來發現土丘上將近百分之二十的面積（三十畝）其實屬於一名美國人所有：蘿莎蒙・戴爾・歐文・奧利芬・田波頓夫人（Rosamond Dale Owen Oliphant Templeton）。她的祖父羅伯特・歐文（Robert Owen）的著名壯舉是在印第安納州新和諧村（New Harmony）創立烏托邦社群，但最後實驗失敗。她也是勞倫斯・奧利芬（Lawrence Oliphant）這位知名蘇格蘭小說家與旅行作家的續絃與未亡人，勞倫斯在一八八二到一八八八年間居於海法，就住在戈特利布・舒馬赫隔壁。[87]

第一任妻子猝逝兩年之後不久，勞倫斯遇見蘿莎蒙，兩人成婚。然而，他們婚後才過六個月，這次換成勞倫斯因肺癌一病不起，在一八八八年十二月底撒手人寰。接下來數十年裡，蘿莎蒙都在處理亡夫留下的事務，包括處理他在鄂圖曼帝國屬地巴勒斯坦購置的地產。她後來嫁給奧利芬的一個學生詹姆斯•田波頓（James Templeton），但結婚不到兩年，詹姆斯就從貝魯特往海法的航船上投海輕生。第二任丈夫唯一留給她的只有一個新名字：田波頓夫人，餘生人們都將這樣稱呼她。[88]

田波頓夫人從與勞倫斯•奧利芬的婚姻裡繼承的遠不只穆特色林丘，《紐約時報》的報導裡說她在耶斯列谷地擁有的地產非常可觀。[89]事實上，當舒馬赫在一九〇三年開始發掘米吉多，英國好幾家報紙都刊出文章，說她是「哈米吉多頓平原的部分擁有者」。《愛丁堡晚報》（*Edinburgh Evening News*）甚至將文章標題寫成〈英國女士是哈米吉多頓之主〉。一名英國報社記者問她「田波頓夫人，您在哈米吉多頓擁有多少？」她回答「大約一千二百畝，而且是位於中間、最好的地方。」[90]然而，關於她當初究竟怎樣獲得這些土地，她卻在兩個不同的時候說了兩個不同版本。

較早的版本是這樣的，勞倫斯•奧利芬是在一八八四或一八八五年意外獲得耶斯列谷地的土地。[91]奧利芬曾致信《紐約時報》詳細討論哈米吉多頓，日期是一八八四年九月十一日，信裡說那些在萊均村與穆特色林丘一帶擁有土地的村民被債務壓得喘不過氣，前來求他貸款，但他表示自己愛莫能助。不過，有可能他後來願意讓他們抵押土地換取借款，而這些地主最後無法履行債務，於是土地就變成他的。[92]

事實上，田波頓夫人一九〇三年在倫敦接受記者採訪，那時她說勞倫斯得到耶斯列谷地與海法的土地是一八八〇年代的事，還說「奧利芬先生買下那些地，但當時那裡不准歐洲人名下擁有土地，所以他用一個阿拉伯名字去登記。」[93]

她又說，她後來花了十五年試圖在法律上確保自己對這些土地的所有權，最後終於成功。就是在此時他告訴記者自己在哈米吉多頓擁有一千兩百畝地產，且拿得出證明文件與有效的所有權狀來支持自己的說法。[94]

然而，她在一九二九年出版的《巴勒斯坦危險生活》（*My Perilous Life in Palestine*）裡卻說事情在一九〇三年尚未解決，之後還延續了將近三十年。[95] 至於哈米吉多頓的地產怎麼來的，她在這本書裡也講了一個完全不同的故事。她寫說，一八九〇年代某個時候，土耳其政府將哈米吉多頓拿到市場上拍賣；據她的說法，她內在有個聲音指引她去買下這處著名地點——而她終生未曾違背內心聲音。此外，她還寫說，是當地地主要求政府把土地拿去賣，而她是受政府之邀買下這些地。既然這千畝地產是別人主動交到她手上，那買地這件事上她就沒有占任何人便宜。[96]

她在寫給英國託管地巴勒斯坦土地管理專員的信裡也重覆同一個故事，她後來寄了一份副本給蓋伊。信裡她說「土耳其政府受這些身陷債務亟需金錢的農民（fellaheen）誠心請託，所以拍賣這些土地來幫助他們，我是在這樣的情況下買得土地。」[97]

紐頓女士自己寫的書在一九四八年出版，證實田波頓夫人後來的說法。她在書裡寫道：「距今半個多世紀之前，勞倫斯・奧利芬的遺孀買下『哈米吉多頓』的一部分土地，當時土耳其人拍賣這些土地來抵農民沒交的稅。土耳其的土地註冊紀錄有登記她的名字為共同所有人。」[98]

做了這些調查之後，蓋伊得出結論，他們從一九二五年開始付租金的對象很有可能根本無權收這些錢，或至少這些人必須得到田波頓夫人許可。他還說，他不理解當初簽租約時為何沒去翻翻土地註冊紀錄，特別是紐頓女士都已把田波頓夫人的事告知費雪。蓋伊認為，費雪與當時組成的那個小型委員會八成完全把紐頓女士的話當耳邊風。

蓋伊向布瑞斯提德解釋，事情的新發展或許對他們有利，這樣他們就能推翻現有租約，包括裡面承諾交出工作中心的條文，然後與正牌地主田波頓夫人重新協商契約。他還建議布瑞斯提德去見見這位田波頓夫人，說不定她會願意把整片土地低價賣給他們呢。

後來確實有人去見田波頓夫人，但去的是蓋伊而非布瑞斯提德。蓋伊在九月初告知布瑞斯提德事情經過，「我鄭重前往沃辛（Worthing，英國南部濱海城市）布萊頓路（Brighton Road）201 號拜訪田波頓夫人，她年高八十二，但依然耳聰目明。她……非常投入某種基督教信仰，她自稱那是『非正統』，倡導全人類之間更親密的手足情以及某種提升。」[99]

蓋伊說，她很樂意賣地給他們，但她得先在法律上徹底確立自己的所有權。他還說，她對米吉多的發掘工作很有興趣，在賣地一事上她決不會給他們造成任何阻礙。最後他說：「幸好我有去拜訪她，這樣我們就弄清楚事情是怎樣了。她是個和善的老太太，我們處得非常好……雖然她一天只吃兩餐，早餐跟晚餐，但她還是準備各種小蛋糕小點心供我享用。」[100]

後來他在九月底發電報給布瑞斯提德，說只要東方研究所願意付錢，英國託管政府就願意徵收那裡的土地。「政府 告知 你 二十五日 已 可 徵收 由 我們 出錢 土地 產權 歸 於 當局 句號 我 認為 這是 最佳 作法 不論 現在 擁有者 是誰 句號 可能 支出 低於 3750 美金。請 回覆 決定。」[101]

布瑞斯提德的回電很簡潔。「在此 授權 你 同意配合 當局 以 電報裡 條件 進行 徵收與買賣。」他還要蓋伊在政府進行土地徵收時通知他，讓他好付錢。[102]

等到十一月初，蓋伊終於能通知布瑞斯提德土地徵收已有進展，只是進度非常緩慢。官方已在該地區進行測量，各種表格上的框框都已打勾，準備好要發通知給當地地主。他在結尾滿懷希望地說，預料大約一星期後就能在整片地區通行無阻。[103]

結果，土地徵收一事卻惹惱了當地地主與在這些地上進行農牧的村民，雖然這其實也在意料之中。當局明確對當地人表示，不論他們高不高興，總之土地是要徵收的。這個最後通牒是在十一月十二日下給當地地主的代表哈珊・薩德。

第二天早上，蓋伊和其他隊員爬上丘頂要開始工作，卻發現設備在夜間被人「惡意破壞」。一個運廢土的車廂被推下路堤，現場架設的電話被推倒毀壞，一個水罐被打破，一個盒子被從某座帳篷裡拿出來扔進舒馬赫長溝裡，而且「有個令人不適且不衛生的紀念品被留在一處顯眼位置。」他們向當地警方報案，警察也展開調查，不過蓋伊很確定主謀就是哈珊。[104] 從事情發生的時間與背景看來，他的猜測絕對八九不離十。

同一時間，田波頓夫人還須先通過英國—土耳其的混合仲裁法庭、再通過耶路撒冷土地法院來確立自己的土地所有權，而這些事情進展都如蝸牛般緩慢，一路拖到一九三一年。[105] 但在此之前，她已經大方將自己擁有的穆特色林丘土地賣給布瑞斯提德以及東方研究所，這是當地政府補償該地區所有地主的大規模交易一部分。於是，在一九三〇年十二月初，《紐約時報》敲鑼打鼓宣布芝加哥大學東方研究所從田波頓夫人手中買下哈米吉多頓，頭條標題如下：「美國寡婦以三千五百元售出哈米吉多頓戰場以供勘探」。三千五百美金聽起來不多，但換算成今天幣值足足有四萬八千美金出頭。[106]

要注意的是，土地徵收的事情並未因此解決。芝加哥東方研究所、耶路撒冷的以色列文物局、以及以色列國家檔案館（Israel State Archives），這三處所收藏的信件都顯示各方在整個一九三〇年代都在進行對話，一直持續到一九四〇年代，直到一九四八年以色列獨立戰爭為整件事畫下句點，因為戰後這些土地直接全成了新國家以色列領土。[107]

田波頓夫人在一九三七年過世，養子卡羅斯（Carlos Ronzevalle）將她下葬在威爾斯紐鎮（Newtown）蘭爾提德教堂（Llanwrtyd Church）的墓地，就在她威爾斯祖父的墳墓旁邊。他還安排在印第安納州新和諧村的楓嶺墓園（Maple Hill Cemetery）安放一個紀念牌，那裡是她父親與其他家族成員的長眠地。卡羅斯將她與哈米吉多頓的關聯記在牌上，讓後人永遠不忘。牌上的文字如下：

此牌匾謹紀念
蘿莎蒙・戴爾・歐文，奧利芬・田波頓
作家，哲學家，旅行家，虔誠基督徒。
羅伯特・戴爾・歐文
之女
米奈娃社（Minerva Society）成員。
新和諧村女士圖書館俱樂部創始會員。
哈米吉多頓前任擁有者。
生於新和諧村，一八四六年十二月十三日

死於英格蘭沃辛，一九三七年六月十九日
孝養子卡羅斯・隆茲維爾
敬立
安息！安息！[108]

若不談土地徵收這些大小事，一九二八年九月到十二月間米吉多工作中心的氣氛還算頗為祥和。愛德華・狄洛亞身上的瘧疾和其他病狀終於痊癒，芝加哥的醫生准許他回去工作，他在九月底抵達米吉多歸隊。[109]如前所述，史塔波博士、史塔波夫人與羅伯特・拉蒙也都差不多在九月底這時候一起到達。大家到了十二月已經成為「一個快樂的大家庭」，沒有任何「兵變的跡象」，至少在蓋伊看來是如此。[110]因為一天逐漸變得晝短夜長，蓋伊調整工作時段，讓所有人在午飯後都有休息時間，這樣他們就能去好好散步或偶爾打打獵，然後再回來工作直到晚飯。他禁止人員在晚飯後工作，鼓勵他們用這些時間來閱讀，甚至他還想著要發起一個「研討群」，讓大家輕鬆討論自己的發掘成果直到夜深，最好還有葡萄酒或威士忌助興。[111]

新的工作季要到隔年四月才開始，蓋伊開出一張清單，讓隊員在這之前的冬天幾個月裡有事可做。事情包括為每一個發掘區域制定工作計畫、完成前一季所有陶器與其他文物的紀錄、以及重新檢查一九二七與一九二八年每個工作季的所有紀錄。他還計畫發表兩篇小文章，但最後他盡了力還是兩篇都沒寫完。

清單裡最重要的一件事，是要將他預定開挖的新區域表面土層清掉，這些區域位在丘頂，因為土地徵收所以可以開始進行發掘。考古隊十一月初已經在這些地方畫好界限、打樁標好新的發掘方格區塊，但蓋伊在一個月後向布瑞斯提德抱怨，說傾盆大雨搞得地表半公尺深的土壤全都吸滿水，清理土層的工作只好作罷。他沒堅持要事倍功半地做下去，而是把埃及工人送回去與家人團聚，等到早春再叫他們回來。[112]

圖十七：蘿莎蒙・戴爾・歐文・奧利芬・田波頓夫人紀念牌，印第安那州新和諧村楓嶺墓園（丹・艾略特提供）

第六章

這不可能是馬廄以外的東西

發現「所羅門王馬廄」的時間就在蓋伊的第二個季度開始後不久，但我們要從更早之前說起，才能充分呈現此事對整個計畫的意義。一九二七年五月初，蓋伊剛從費雪手中接下工作，他滿懷壯志覺得考古隊一定能發現不得了的東西，[1]當時布瑞斯提德的態度也一樣。他們原本打算依照費雪當初設想的計畫來做，也就是限制發掘範圍「在丘頂最北六個方塊……全力往深處發掘。」但蓋伊上任後卻延續之前盡可能多增加發掘區的做法，上面允許他雇用多達三百名工人，只要他能保證有效運用人力就行。[2]這數字非常龐大，比同時期絕大部分考古發掘所用的人數都多，但最後他卻發現一次根本沒有那麼多人力讓他雇用。

前面已經說過，一九二七年蓋伊的第一個季度工作時間比他預期的短，且還受到瘧疾、人事問題、各種捕風捉影真真假假的謠言所擾，更別提蓋伊自己一直到八月底都還只能撥一部分時間待在現場。但在他帶領的第一年裡，芝加哥考古隊竟還能完成不少事情。這年雖然沒有什麼大發現，但卻為一九二八年這重大的一年打下基礎，證據之一是蓋伊在八月中寫給布瑞斯提德的十二頁長信，信裡詳述他們直到當時所達成的目標。不過，這封信只有一部分講到實際發掘工作，其他都在說預算與人際關係問題。[3]

一九二七年整個季度裡，蓋伊似乎只給過這麼一份詳細報告。該年他給布瑞斯提德的其他資料裡唯一相近的只有工作季剛開始時的簡短筆記，裡面他只說：「目前一切順利，廢土傾倒區清理完畢，現在用大約一百名工人在清理滑道頂端暴露出來的地層。傾倒區挖的兩坑掘出大量陶器，但上方的發掘坑還沒挖到什麼東西，這也自然。」[4]

該季度大部分時間都花在鋪設土丘上兩條平行鐵路，以及建設更多滑道，以便運走他們挖出來的廢土石。此時已有至少四條滑道在使用中，其中一條是他們從埃及訂製運過來的堅固鐵製滑道，與舊有的木製滑道一同使用。同時他們也在清掉費雪堆在土丘邊坡上的廢土堆，擴大土丘東邊坡底用來堆廢土的空間。過程中他們找到更多壙墓與豎穴墓葬（shaft tomb），有的是鐵器時代，有的蓋伊認為或許是青銅時代中期。有座墓裡出土一個漂亮的滾印章（cylinder seal），材質可能是青金石。除了費雪原本已經發掘的六十座墓葬，整個一九二七年季度裡，他們總共新發現四十一座墓葬，年代從青銅時代早期到鐵器時代早期都有。[5]

此外，鐵器時代地層裡的城牆也有更多部分出土。這就是前面提到編號 325 的城牆，似乎是在現在編號為層位IV的時代裡建造起來圍繞整座土丘，然後一直被沿用到層位III（也就是蓋伊的層位III與副層位II）的時代。蓋伊認為城牆大約建於西元前七百年，這估計與事實相去不遠；我們現在知道這座城牆在西元前七百年時仍在使用，但建造的年代比這更早。[6]

說到丘頂，他們開始清除的區域「找不到什麼具特殊性的建築」，蓋伊決定往北邊一點的地方開掘，費雪之前在那裡已經挖到一些建築物。他們在這區域採用的是全面發掘一層地層、全面清除、然後再進行下一層的方法。舉個例子，蓋伊是這樣說的，「清理東坡的工作結束後，我們移師往頂部，然後移除第二層的神廟（？）……希望我們很快就能把第三層的大型神廟（？）移開，下面說不定能挖到什麼有趣的東西。」[7]他當時還不確定這些建築物的定年，但這兩座廟宇顯然都得被移開，或說被清掉，這樣考古隊才能往下發掘那些他口中所稱更「有趣」的地層。

到了八月中，他們在某些地方已經挖進蓋伊稱作「層位IV」或甚至是「層位V」的地層（這兩層在最後的成果報告裡被拉蒙與希普頓重新編號為「層位V」與「層位VI」），因為在他們開掘的區域裡「層位IV的遺跡稀少且損壞嚴重」。此時他們也遇到地層分層問題，蓋伊說「我所講的這整片區域地層非常混雜且彼此交錯，發掘時需要仔細進行考古監測，整座土丘的情況似乎都是這樣。」[8]然而，就在一九二八年，這一切都改變了。

一九二八年四月底，埃及工人回來，開始在土丘最北邊動工，以便釐清前一個工作季所留下的某些要

圖十八：蓋伊擔任現場主持人期間的米吉多發掘現場一景，攝於一九三一到三四年間（歐柏林學院檔案館提供）

點與問題。[9] 考古隊一開始發現「所羅門王馬廄」是在開工後幾星期，此時工作季才剛開始一個月。測量員剛好在那時交接，特倫提耶夫在六月三日抵達，兩天後威倫斯基在六月五日離開，蓋伊在六月四日發電報給布瑞斯提德，通知他發現馬廄遺跡的消息（見本書前言）。不過，依照蓋伊後來對布瑞斯提德所說，馬廄最早被發現的部分顯然是在更早之前被挖掘出土。[10]

之後，他們與文物部將至此所有出土文物分完。[11] 又過幾星期，蓋伊在六月底寫了一封篇幅極長、滿滿都是現場消息的信，裡面有馬廄出土的完整經過。理論上蓋伊應該固定每月寫一封這樣的信給布瑞斯提德，但實際上他每季度時常只寫出一兩封，有時甚至一封都沒有。

蓋伊先說他們繼續在清理 325 號牆，還說牆內側有房舍相連，之後他才講到最重要的馬廄。他寫道：「我們最大的發現自然是覆蓋整個 N12 與 N13 兩個方格的大規模建築群，這不可能是馬廄以外的東西，而且這是非常好的馬廄，空間約能容納一百五十匹馬。這裡發現的『立石』不具任何宗教上的意義，它們不過就是栓馬石，且很多上面穿繩的洞都還完整無損。」他認為馬廄內有十二條通道，每條通道的空間能容納十二匹馬，全部總共是一百四十四匹馬（而非一百五十）。[12]

主要是因為有了這些發現，蓋伊要求繪圖員不再使用原本 1:100 的比例尺，改用 1:200 的比例尺繪製平面圖，其結果是建築物與其他遺跡畫起來就變小了，但這樣就能在同一張工作平面圖上呈現更大面積的遺址、更多他們正在發掘的方格，於是各個東西彼此間的關聯就能一目了然，就連距離相隔較遠的遺跡都能被包羅進來。這是蓋伊向布瑞斯提德報告的內容。[13]

蓋伊也提到費雪之前用的紀錄與登記方法有問題，抱怨說這些方法都太理論化了，很難實地應用。蓋伊說其他考古遺址的工作人員，比如費雪掌管過的貝特謝安遺址，在使用這些方法時也都遇上麻煩，因此他必須對此加以調整。[14] 這些改動讓他們能更簡單、更好地記錄下逐步出土的各種發現。

七月初，蓋伊把之前向布瑞斯提德報告的內容更進一步說下去，說馬廄看來是「由數個單位組成，彼此間以一般的共用牆分隔。每個單位包含三條通道，中央通道是實際通道，兩側通道則是成排隔欄，養在裡面的牲口頭朝內，這樣人們從中央通道就能輕鬆給予牠們食水。」[15] 等到《紐約時報》在八月登出報導所羅門王馬廄的文章，[16] 那時考古人員推算馬廄能容納的馬匹數量已降低到一百二十匹，但其他細節基本上都與之前說的一樣。

每座馬廄都包含三部分，中央鋪灰泥的通道，以及中央通道兩側的兩條鋪石通道。鋪石通道上建造一排排馬廄，

圖十九：芝加哥考古隊發現的北馬廄一部分，一九二八年六月（歐柏林學院檔案館提供）

每隻馬前方都有食槽，中間以巨大的拴馬石分隔。到最後，他們挖出來的每座馬廄都是相同格局，一座馬廄裡面有至少五個這種「馬廄單位」。蓋伊推測人們是從中央通道給馬餵食，這點完全正確，但現在學者認為這裡的馬應該是帶到外面去喝水。[17]

蓋伊還說，他們在其中一座馬廄裡發現穀物，已將樣本送往文物部鑑定。然而，如果真有此事，我們卻似乎不曾在任何地方看過這份鑑定報告。[18]

黑西丘與其他一些遺址的出土建築也有類似結構，學者認定這些建築物年代是所羅門王時期，但之前沒有人判斷得出它們的用途。事實上，對於這類建築物的真正用途，學術界幾乎整個二十世紀都在爭辯。現在大部分考古學家同意它們就是馬廄，但也有人認為它們是倉庫或軍營，或是具有某種我們現在還不明白的功能。蓋伊從一開始就認定它們是馬廄，或至少它們在層位IV的時代是當作馬廄而被建造起來。然而，正如他對布瑞斯提德所說，「馬廄在〔層位〕III的時代被繼續使用，一部分繼續當馬廄（我們在裡

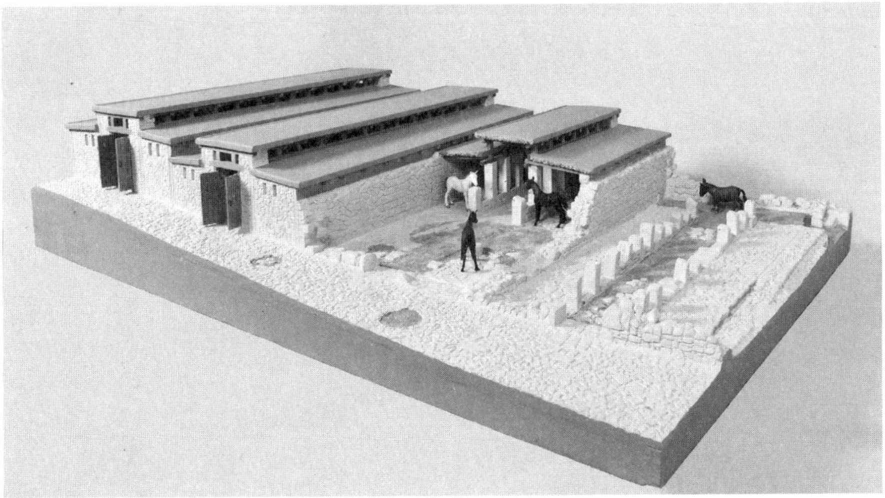

圖二十：歐洛夫・林德與勞倫斯・沃爾曼製作的「所羅門王馬廄」模型與內部細節（芝加哥大學東方研究所提供）

頭找到後期留下來的食槽），另一部分我認為是當作住宅。」[19]

到後來，特拉維夫大學最近在米吉多進行的考古活動發現更多同類建築結構，位置也在芝加哥考古隊最初發現這類建築的北側區域。他們得到的成果為這場爭辯提出最後結論，認定蓋伊說得沒錯，它們一開始建造與使用的情況就是當作馬廄。[20]

不過這兒還有另一個問題，那就是馬廄的年代。從蓋伊在六月的頭一封電報內容可知，他確信它們建造於所羅門王那時，但他也承認現場在層位判斷上有些麻煩。他既跟布瑞斯提德說「這裡的層位IV，也就是馬廄出土的位置，能往前推到早於暗利與撒馬利亞（Samaria，據說是暗利王建造的城市）的時代，也就是所羅門王的時代，」但他也說到「III緊連著IV，而這兩層的出土陶器幾乎沒有區別……米吉多的所有地層，就我發掘到的地區而言，都處於一種非常混雜的情況，這我在其他遺址幾乎沒見過，且III跟IV在某些地點特別難區辨。」[21]

蓋伊當時不知道，這兩層地層的時代比他所想的還要晚得多。目前學界一般認為這些馬廄最初建造於層位IV的後半期，這段地層現在被編號為IVA。許多考古學家認定這段地層的年代是在西元前第九世紀，即亞哈與暗利的時代；這也與美索不達米亞的庫爾赫石碑（Kurkh Monoliths）銘文內容相符。庫爾赫石碑是由新亞述帝國沙爾馬尼瑟爾三世（Shalmaneser III）所立，上面說到亞哈率領兩千戰車參與夸夸之戰（Battle of Qarqar），戰場在敘利亞，年代是西元前八五三年。然而，近年特拉維夫大學的進一步考古成果發表後，某些學者開始把年代更往後推，主張這些馬廄最早建於西元前第八世紀前半，也就是耶羅波安二世（Jeroboam II）的時代。[22]無論如何，我們現在很確定這座位在層位IVA的馬廄之城絕非所羅門王所建。

但蓋伊當時自然不曉得上述這些。他一直相信發現的就是所羅門王馬廄。他把自己的推論講給布瑞斯提德聽，寫道：「對所羅門王而言，馬與戰車極其重要。考慮米吉多的重要地位，該地平原傳統上與戰車的關聯，以及它在位置上便於與西台和敘利亞等地統治者互動的狀況，則自然可知所羅門會將它建設為『戰車城』。」[23]話說回來，對所羅門王之後的國王而言，馬與戰車也是極其重要，所以蓋伊的論證也可以套用到他們身上，但蓋伊就沒說到這裡。

比起前一年的成果，一九二八年這個季度可謂大獲成功，主要就是因為發現了馬廄遺跡。這導致蓋伊把一封信的開頭寫得這麼戲劇化：「目前我們發現的這座西元前第十世紀城池規劃良好，建造時就設計為一個一致的整體。所以我決定來向你建議，我們整個發掘活動的計畫都應更改。」[24]

蓋伊心中認定，層位IV就是「由一個人構思建造出來的」，而那個人就是所羅門王。依照他的說法，這下子他們有機會、或幾乎可以說是有責任，將他認為的所羅門治下最大一座城市全部發掘出土。他說，之前在其他遺址進行發掘的人都是想都不想直接往下挖過所有地層，直到所羅門王那一層，但幸運的是他們在米吉多還沒挖更深，就先明白自己已經挖到了什麼。[25]

就此，蓋伊請求布瑞斯提德許可他們將整座城發掘出來，延續他們之前的做法，也就是現在所稱的「水平發掘法」（horizontal archaeology），將整層遺跡都先挖出土以後再加以清除。他說，為此他們需要的就不只是目前已經承租挖掘的部分，而必須要能開掘整座土丘。布瑞斯提德正是因此大方答應從田波頓夫人處買下整片土地。[26]

一九二八年十一月，蓋伊因雨讓埃及工人放假回家，[27] 此時他們已經在丘頂開挖了十五個新方格，將表面土層移走。蓋伊說「層位 I 剩下的很少……我們最先發現的建築物主要都屬於層位 II。」他表示這樣很好，「因為〔層位〕I 相對來說不重要。」這種態度不能見容於今天的考古學界，所有地層都是上古歷史的遺跡，都有其重要性。考古隊在上面幾層沒發現多少古代遺存，蓋伊對此很高興，因為這表示他們可以快速往下挖。但蓋伊自己也知道這種心情不大恰當，他在括弧裡說了一句話，「（一個考古學家這樣想，是不是很糟糕？）」[28]

八成是為了討好布瑞斯提德，蓋伊還報告說他已經清掉土丘南坡一部分，位在 T9 方格的區域。他在那裡挖到 325 號城牆，就在城牆下方還有些鐵器時代最早期的陶器，他認為年代大約就在西元前一二〇〇年晚一點。再往下挖半公尺，他們就又找到一些晚期賽普勒斯陶器，他認為這表示距離拉姆西斯（Ramses）以及更下面的阿瑪納時期（Amarna Age，古埃及第十八王朝後半）已經不遠了。他說，「圖特摩斯」（Thutmose，古埃及第十八王朝第三位法老）層應當就只在再往下一點的地方。「也就是說，」他這樣下結論，「我們需要掘開的土石不會很深……我知道你聽了一定很高興。」[29] 不幸的是，蓋伊在這點上大錯特錯，他們還要再挖個七年，換上另一任現場主持人，才終於能挖到布瑞斯提德一直期盼的古埃及時期地層。

第七章

加以警告但手下留情

時間進入一九二九年，新的一年和平而安靜地降臨米吉多，對於在這裡工作的考古隊員而言，他們看不到任何徵兆顯示該年夏天耶路撒冷、海法、希布倫（Hebron）與采法特（Safed）都將爆發猶太人與阿拉伯人的衝突，也不曉得十月二十九日「黑色星期二」會發生震動全美的股市崩盤。[1] 一月裡，蓋伊與隊員們最煩惱的反而是米吉多對外唯一一條道路的糟糕路況。蓋伊的想法很悲觀，認為他們「整個冬天對外交通絕對動不動就會斷掉。」這預測果然成真。[2]

一月中，道路因大雨無法通行，汽車上不了路，他們必須騎馬去阿富來取得補給。[3] 雖然考古隊員已向當局抱怨許久（連布瑞斯提德都有出力），但事情突然間又被火上添油，因為洛克斐勒本人可能要在春天的時候造訪米吉多。[4] 考古隊立刻著手準備這場查爾斯・布瑞斯提德所謂的「聖上駕臨」。

查爾斯在三月一號到達米吉多，比其他人還早一星期，打算與考古隊員有建設性地度過這段時間，弄清楚他們的工作內容與需求。[5] 之後，三月八日早晨，數輛車抵達工作中心，其中一輛車裡下來好幾個洛克斐勒家的人與詹姆斯・亨利・布瑞斯提德，身上都做遠足打扮。[6] 政府這次及時伸出援手，「匆忙把路修到至少能通行的地步，」這下訪客總算到得了米吉多，但據布瑞斯提德的描述，他們還是得花將近兩小時「在沒壓過的碎石路上彈跳搖晃」。[7]

洛克斐勒對米吉多的興趣由來已久，這點十分清楚，畢竟約翰・洛克斐勒二世是在將近十年前就向布瑞斯提德承諾贊助該處的發掘，之後又願意全力支持，這才讓發掘工作能於一九二五年開始。這時候，就在幾個月前，洛克斐勒基金會和國民教育委員會這兩個洛克斐勒家族相關慈善機構於一九二八年十二月通過一大筆經費作為捐款，部分用來在芝加哥大學校園為東方研究所蓋一棟建築物，部分用來支撐一個鼓勵研究與出版的十年計劃，受益者包括埃及與近東地區許多考古活動，米吉多也是其中之一。[8]

這群人前一晚在拿撒勒的皇家飯店（Royal Hotel）過夜，所以他們早上十一點就已到達米吉多。蓋伊帶他們參觀各處設施，然後他跟其他考古隊員率領訪客登上古丘，大家聚在一起拍照，一群人擠在其中一座馬廄裡兩塊立石之間。蓋伊在左邊，站得比別人高出一個頭。他、希普頓、狄洛亞、拉蒙與帕克都是西裝領帶，頭戴寬沿紳士帽（fedora），其中只有狄洛亞一個人拿手杖戴領結，其他人打的都是比較嚴肅的領帶。

洛克斐勒家人與布瑞斯提德和考古隊員交錯而站，裡面包括年輕的大衛・洛克斐勒（David Rockefeller）與他的教師穆瑞・戴爾（Murray Dyer），後者站在左邊，拿手杖，扁帽很時髦。希普頓與狄洛亞中間是瑪莉・「陶德」・克拉克（Mary "Tod" Clark，未來的尼爾遜・洛克斐勒夫人），身穿皮草鑲邊外套，頭戴別緻的女帽。艾碧・洛克斐勒（Abby Rockefeller）的衣帽也很入時，她站在拉蒙與她丈夫約翰・洛克斐勒二世之間。而這位穿著大衣的大人物親熱地抓著布瑞斯提德右肘彎，臉上微帶笑容。至於布瑞斯提德則是不苟言笑的模樣，身著旅行用的長燈籠短褲（plus fours）以及日用粗花呢夾克搭配領帶。這兩人都拿著手杖，此點自不待言。

附帶一提，純粹出於巧合，拍照那天是一九二九年三月八日，洛克斐勒在老家的一場代表權爭奪戰也恰好於此日以多數票告捷，逼得羅伯特・史都華上校（Col. Robert Stewart）從印第安那州標準石油公司董事長的寶座上退位，洛克斐勒的父親是該公司合夥創辦人之一。（很久以後，該公司在一九八〇年代更名為阿莫科〔Amoco〕石油公司，又於一九九〇年代與英國石油〔British Petroleum〕合併。）他的長子約翰・洛克斐勒三世當時是普林斯頓大學大四生，在日記裡寫道：「又一個值得大書特書的日子，印地安納州標準石油公司股東年會召開……選舉董事局成員，爸爸透過委託書代理表決掌握百分之五十

圖二十一：「聖上駕臨」，一九二九年三月八日。由左到右：蓋伊（上方）、穆瑞・戴爾、大衛・洛克斐勒、傑弗瑞・希普頓、瑪莉・「陶德」・克拉克、愛德華・狄洛亞、羅伯特・拉蒙、艾碧・洛克斐勒、約翰・洛克斐勒二世、詹姆斯・亨利・布瑞斯提德、哈利・帕克、頭戴土耳其氈帽的不知名男士
（芝加哥大學東方研究所提供）

以上股權，所以能把史都華從董事長位子上拉下來……爸爸非常重視這件事，他一定會高興的不得了。」[9]

從土丘下來，用過精心鋪張的午膳，洛克斐勒家族成員與布瑞斯提德回到車上，往太比里亞斯（Tiberias）和加利利海（Sea of Galilee）發進，然後還要去貝魯特、巴亞貝克（Baalbek）、大馬士革，最後回到開羅。在此同時，查爾斯・布瑞斯提德從米吉多往另一個方向前進，先去海法再去開羅，到那裡跟其他人會合，一星期後一起出發回紐約。[10]

總的來說這是一場旋風般的行程，造訪米吉多只是其中微不足道的一項。洛克斐勒在旅程剛開始時寫了很多內容豐富的信件回家，特別是當他們還在埃及的時候，但到了二月底他就不再這麼做，因為那時他寄的信會比他本人還晚到家。是故，我們很難弄清楚他對米吉多的想法如何；他只在每天都寫的日記裡留下簡短一筆，標題是「三月八日星期五」：「〔早上〕九點出發，開車去米吉多的東方研究所工作中心，主管是蓋伊先生，英國道路工程師諾貝爾先生（Peter Nobel，洛克斐勒原文誤植為Noble）與妻子也在那裡。參觀所羅門王馬廄發掘現場，午餐後離開，走同一條新鋪的路上海法附近的公路，然後回頭經過拿撒勒，走四十五分鐘到加利利海濱的太比里亞斯。」[11] 就這樣，這位出錢贊助整個考古活動的人沒有留下其他任何評語、註記或反應。

不過，當天稍後他在太比里亞斯住進伊莉莎貝薩健康度假中心（Elisabetha Haven of Rest Health Resort）之後，他倒是騰出時間寫了個謝函給彼得・諾貝爾，也就是海法公共工程部（Public Works Department）的地區工程師，負責在他們抵達之前修好米吉多聯外道路的功臣。洛克斐勒也寫了封類似的信給駐英國託管地巴勒斯坦高級專員約翰・錢塞勒爵士（Sir John Chancellor），說諾貝爾與下屬鋪設這條新路的成果「簡直有如奇蹟」。[12] 布瑞斯提德對自己和大金主受到的招待也很滿意，他一落腳就開始動筆，給蓋伊和他妻子葉米瑪寫好一封真誠的感謝信。[13]

幾天後，艾碧發電報給兒子尼爾遜，這位尼爾遜未來會當上紐約市長、美國副總統，當時他還是住在達特茅斯學院（Dartmouth College）希區考克堂（Hitchcock Hall）的大學生。她在電報裡只說：「聖地　比夢裡　還　更　美　旅途　愉悅　明天　出發　回家」。收到電報後，尼爾遜拿鉛筆在下面草草寫下「有什麼基督再臨的徵兆嗎？」[14]（要注意的是，我們並不清楚他是否真的發出這句話作為回訊。）

旅客離開米吉多後，考古隊成員都鬆了口氣。這場訪問進行很順利，所有相關人士還當場獲得一個額外福利，那就是網球場的建造許可，布瑞斯提德與洛克斐勒家族成員都同意這算是必需品。[15]布瑞斯提德自己也意外得到好處，洛克斐勒在幾個月後說要拿十萬美金給他個人使用，作為他安排這場埃及與近東之行的謝禮，並以此表達他「對你過去所做與如今所做的欽佩之情，〔以及〕我對你的真摯情誼。」[16]

拉蒙也因這群人造訪而獲益，他得到機會與查爾斯•布瑞斯提德討論要怎麼唸完他芝加哥大學的學士學位。他加入考古隊時是先把學業擱置，所以現在打算讓他在一九二九年工作季結束後先回芝加哥，住校一段時間，然後他再以通信方式完成剩餘學分。為此，四月有些電報信件的往來，最後是嘗試性地安排拉蒙在六月中回去芝加哥，並找個人來暫時替代他的職責。找來的這人是來自牛津的年輕人羅伯特•W•漢彌頓（Robert W. Hamilton），他會跟考古隊一起工作幾星期，直到大家在七月放假離開為止。[17]

從六月二十四日到七月十日之間，漢彌頓確實來參與了考古隊發掘活動，但在這兩星期內的信函與其他通訊內容裡卻完全見不到這個人的存在。誰都不曉得，漢彌頓再過兩年就會當上英國託管地巴勒斯坦文物部總監，從一九三一到一九三八年這七年內一直與米吉多考古隊打交道。事實上雙方的關係在一九三八年後依然延續，因為他後來升任文物部部長，一直當到一九四八年，也就是英國結束託管為止。在那之後，漢彌頓成為牛津大學阿什莫林博物館（Ashmolean Museum）文物部主任。18

此時還來了另一個年輕人查爾斯・肯特（Charles Kent），他在「聖上駕臨」之後不久抵達米吉多，一直待到一九二九年六月。我們在五月二十二日拍的一張隊員合照中看見他的身影，但除此之外他在發掘現場這段時間沒有留下什麼紀錄，就像比他晚一點來的漢彌頓一樣。他的名字與知名聖經學家查爾斯・佛斯特・肯特（Charles Foster Kent）聽起來很像，但後者當時已經六十幾歲，且兩人之間看來沒什麼直接關聯。

圖二十二：米吉多考古隊隊員與配偶，一九二九年五月二十二日。前排坐者（由左到右）：佛羅倫斯與愛德華・狄洛亞（抱著小狗）、葉米瑪與蓋伊、瑪格麗特與威廉・史塔波。後排站立者（由左到右）：哈利・帕克、查爾斯・肯特、哈米德工頭、羅伯特・拉蒙、歐洛夫・林德、傑弗瑞・希普頓
（芝加哥大學東方研究所提供）

四月，發掘工作季還未開始，費雪這份萬眾期待的初步發掘報告終於問世。報告內容涵蓋一九二五年發掘初始到一九二六年工作季結束之間的時期，標題為《哈米吉多頓之發掘》（*The Excavation of Armageddon*），是考古隊第一份印刷出版的成果發表作品。相關討論一年前就已經開始，布瑞斯提德在一九二八年二月一項項指示費雪那些東西應該放在裡面、報告本身應當長怎樣，連紙張大小與印刷字型都規定好。[19] 一九二九年四月底出版刊物已可取得，蓋伊拿來到處發送，送了三本給耶路撒冷的文物部部長。[20] 雖然他對部長說拿到這份報告讓他更有鬥志寫出自己的報告，但我們後面會看到，蓋伊還要再花兩年，才終於在一九三一年交出報告。

四月，狄洛亞這裡也有意想不到的消息：他已與佛羅倫斯・阿黛爾・伯恩南小姐（Florence Adele Burnham，暱稱是佛羅〔Flo〕，但她家人叫她西絲〔Sis〕）訂婚。她是來自伊利諾州溫內特卡（Winnetka）的年輕女子，身高一百六十五公分，褐髮，笑起來很迷人。一九二五年狄洛亞來米吉多之前，這兩人就透過一個共同認識的朋友見過面，但直到一九二八年他倆才開始約會，那時狄洛亞因瘧疾回芝加哥調養身體。不久之後，她與她所有家人，包括爸媽與幾個兄弟姊妹，就出發去第二度環遊世界，前往中國、日本、朝鮮、暹羅（他們這樣稱呼泰國）、印度與埃及這些充滿異域風情的地方。整趟路上她都在跟狄洛亞通信，三月底她還從開羅寄了張明信片給他。[21]

四月初的時候，伯恩南一家在耶路撒冷與狄洛亞（可能還有鮑伯・拉蒙）會面，一整天都在四處遊覽。依據佛羅的母親安妮塔・魏列—伯恩南（Anita Willets-Burnham，藝術家與作家，在芝加哥藝術學院〔Art

Institute of Chicago」任教）後來出版的書中所述，狄洛亞接著邀請佛羅和她姊姊卡蘿婁（Carol-Lou）以他客人的身分去米吉多工作中心住一星期。不妙的是，狄洛亞似乎沒有提前取得許可，而這件事又會影響考古隊他人日常生活，因此引起一些不佳反應。[22] 某一天大家都在場的時候狄洛亞向佛羅求婚，回到耶路撒冷之後，他們向佛羅父母報告兩人訂婚的消息。結婚日期訂在三星期後，這是當地（與國際）法律所允許的最早日期。[23]

蓋伊一聽說這件事就試圖勸說狄洛亞打消此意，但未能成功。這一對在工作季開始之後不久就要舉行婚禮，如果狄洛亞就這樣離開去度蜜月，那會給考古隊造成各種數不清的麻煩。無計可施之下，蓋伊問布瑞斯提德自己能不能給新人批准兩週假期，得到的答覆卻只叫他自行拿捏。[24]

一九二九年四月二十九日正午，婚禮在耶路撒冷聖喬治大教堂（St. George's Cathedral）舉行，新娘只有十九歲，新郎二十七歲。到場的有拉蒙、史塔波、希普頓，歐洛夫・林德擔任伴郎，但蓋伊夫婦卻不見人影。當天眾人在大教堂台階上合影，照片裡有伯恩南家族全員加上這對新婚夫婦、林德、以及其他米吉多考古隊成員。禮成後新人出發去度個短蜜月，乘船航行尼羅河，然後及時趕回來帶其他家人參觀米吉多再把他們送走。她的父母與兄弟姊妹還要去大馬士革與別的地方，但佛羅就跟她新婚丈夫一起留在米吉多。她母親後來寫道，「跟西絲道別令人難受，誰捨得拋下一個女兒，且一別可能就是永遠，縱然她被拋下的地方竟是聖地。」[25]

對佛羅而言，這改變想必也充滿困難與衝擊性，因為在此之前她都還與家人一起在世界各地開心跑來跑去。她確實很想結婚，但這下她卻身陷在米吉多這個鳥不生蛋的地方，身邊這群人她一個都不認識。就算如此，一九二九年五月底米吉多考古隊員與配偶的一張合影裡，她看起來還算心情不錯；那是在她們結婚三星期後，大概剛從蜜月假期歸來。

小夫妻如此甜甜蜜蜜自不在話下，但芝加哥或米吉多的上級看待他們這場突如其來的婚姻可不怎麼高興。有個問題在於，這意料之外的婚事打亂了工作中心裡原本仔細安排的居住空間分配，因為新人得搬進一間較大的房間。此外，這下子每餐都多一張嘴吃飯。[26]

查爾斯•布瑞斯提德在婚禮前寫信給蓋伊，說狄洛亞這樣突然一頭衝進婚姻，娶一個他剛認識的人（這點他們搞錯了），他對狄洛亞這個抉擇既懷疑又擔憂。不過，他也說狄洛亞「有權得到他生活中、特別是他工作中能獲得的所有快樂，只要他做的任何決定不會干擾工作，反而能增加工作效率，這樣就行。」[27]

但特別有意思的是，婚禮之後有些東西就此消失不見。狄洛亞與查爾斯或詹姆斯•亨利•布瑞斯提德之間再也沒有任何直接的信件電報往來，他們最後一次通訊是一九二八年八月底一封歡天喜地的電報，裡面滿載給狄洛亞的祝福，那時狄洛亞剛結束在家的長期休養，正要回米吉多。[28] 然而，此時此刻只剩下震耳欲聾的沉默，沒有人即刻發賀電給新婚夫婦，也沒有人討論佛羅以後長期待在工作中心的房錢與飯錢要怎麼付、由誰付，更沒有人提到關於婚禮的隻字片語。直到兩個多月後，布瑞斯提德之妻芙蘭西斯（Frances）才在七月中以夫妻兩人名義寄出一封內容周到的信。相反地，蓋伊和查爾斯•布瑞斯提德之間的信件與電報都以輕蔑挖苦的語句談論這對夫婦，無論是提到其中一個個人或夫妻倆時都一樣。很明顯地，這些大人物對此觀感不佳，認為狄洛亞是一時興起做出魯莽決定。他們不知道全盤背景，也不曉得這兩人早在芝加哥便已相識相戀。[29]

要注意的是，在狄洛亞突然結婚以前，這幾年內完全沒有人說過他半句壞話，他甚至還在一九二七年短暫被任命為助理現場主持人，而一九二八年他因瘧疾必須回家療養時別人也很同情。然而，此時此刻，幾個上級長官完全將槍口對準他與他的新娘，把兩人人格批評得一文不值。蓋伊雖然幫狄洛亞說話，說他是「很能幹的測量員，做事細心，」還說「他繪製的平面圖精確好用，」但他也說，以他的觀點，狄洛亞看來是犯下滔天大錯，因為這場婚姻而「徹底玷汙自己的名聲」。[30]

查爾斯・布瑞斯提德給蓋伊的回信中措辭更不留情，對狄洛亞明褒暗貶，又講一些話來詆毀他的人格。老實說，查爾斯這些陳述與指控讓人讀來備感驚訝，特別是狄洛亞參與考古活動這整整四年來從沒有人說他什麼不好。事實上，回到一九二七年狄洛亞暫時升職那時，詹姆斯・亨利・布瑞斯提德還說「我對這年輕人的品格與能力極有信心。」[31]

查爾斯・布瑞斯提德跟佛羅素不相識，但他說到她也是惡語連篇，還不知怎地說她在那裡是給考古隊成員製造不便。問題在於，沒有任何證據顯示他對佛羅的評語可信，且這兩人一個在芝加哥一個在米吉多，查爾斯根本不可能曉得她是否造成什麼麻煩。事實上，從其他人的信件與日記裡，我們發現佛羅其實融入得不錯，與該季度在米吉多的其他夫人們相處甚歡。一個例子就是簡妮特・沃爾曼（Janet Woolman），她在九月抵達米吉多，之後六個月都與佛羅朝夕共度。[32]

話說回來，查爾斯好歹有風度說狄洛亞「在無比艱難、最令人喪氣的環境下展現出忠誠與信實的品德」，所以，如前面引用他所說的，狄洛亞有權得到他的快樂。[33] 這場婚姻持續將近四十年，期間狄洛亞以地質學家／地球物理學家的身分長期受雇於大西洋石油公司（Atlantic Refining Company），事業有成，他與佛羅生下三個孩子，後來又有好幾個孫子，直到他退休一年後在達拉斯過世，享年六十七歲。由此可知，不論別人意見如何，他與佛羅確實是天作之合。[34]

只是，綜上所述，再用後見之明來看，這場婚姻不意外地注定了狄洛亞與米吉多考古計畫之間的關係行將分道揚鑣。到了一九二九年八月，他顯然已經請求調職到別的考古點去，但這請求未有結果。他還寫信給父親，說自己已經不想走考古學這條路了，正考慮從考古隊辭職。確實，不到一年，他與佛羅在一九三〇年三月啟程返回美國，這我們後面會說到。[35]

七月中，考古隊暫停發掘工作，每個人都去放了個適時的假，以避開夏季高熱。當他們十月回來復工時，又有新成員加入考古隊，這次是另一對新婚夫婦勞倫斯•沃爾曼與妻子簡妮特，他們被布瑞斯提德派來這裡。

勞倫斯•沃爾曼二十五歲，是個建築師，在賓州大學拿到學士與碩士學位。據簡妮特說，身高一百八十五的他簡直快要塞不進米吉多的宿舍床。[36]（身高與他相仿的林德與拉蒙同樣也苦於此事。）他也沒受過專業考古訓練，且他與簡妮特都從未離開過美國本土。

一九二九年五月以降，東方研究所檔案館館藏的米吉多通訊資料大部分都在處理選拔沃爾曼為考古隊新成員一事。這有一部分是因為東方研究所採取的新政策，布瑞斯提德走訪美國各地，為東方研究所在米吉多和埃及、伊拉克、土耳其等地考古活動一些可能需要人才的職位物色建築師，而他選上沃爾曼並送來米吉多。而蓋伊自然對這整件事並不怎麼高興。[37]

起初蓋伊極力抗議，說他不需要多一個繪圖員，反正拉蒙在芝加哥大學修完課之後就會在九月歸來，但最後他還是屈服了。[38] 沃爾曼受雇應聘的時候還是單身，但假如蓋伊知道他預定在八月底離開美國的前一星期成婚，[39]然後再前往英國託管地巴勒斯坦，也就是說米吉多工作中心又要多住一對新婚人士，那蓋伊想必不會屈服得這麼容易。

這件事情就跟別的事情一樣，蓋伊其實沒有多少決定權，但查爾斯・布瑞斯提德這次至少願意花時間隨隨便便道個歉：「我希望你不要覺得新人……是在你不情願之下硬塞給你的」（但事實確實如此）。他還說，「所長派他去你那裡，是給你一個非常能幹的下屬，絕對能成為你很大的助力；不只如此，他還希望能藉此讓擁有良好建築知識基礎的人獲得考古訓練。」他又解釋說這是研究所所方施行的新政策，另外還有兩名年輕建築師會被送去參加埃及盧克索的考古隊，還有一個要送去加入伊拉克的考古隊，一個要去土耳其的考古隊。他最後的結論又特地回到沃爾曼身上，「地圖繪製只是他次要的技能之一，但光在這點上他就已經強過目前你手下所有人員。」[40]

以我們對蓋伊的認識，就知道這種推銷新人的話他聽來一點也不順耳，但到這時候他大概已經比較習慣布瑞斯提德父子下的這類命令（以及送來的新職員）。他在五月底以電報回覆，說沃爾曼最晚應當要在九月中抵達；一直到七月，蓋伊才被告知說來的會是一雙而非一個沃爾曼。[41]

沃爾曼夫婦在八月二十四日登船前往英國託管地巴勒斯坦，此時消息剛傳到美國，說耶路撒冷出現暴動，亂事迅速蔓延到海法、希布倫、采法特與其他地方。芝加哥的布瑞斯提德、身在倫敦的蓋伊以及留在米吉多的人（帕克、希普頓與林德）之間電報通訊證實考古遺址當地風平浪靜，且英國警力時不時會來這裡巡邏。[42]

暴動起於耶路撒冷，從八月二十三日延續到八月二十九日，導火線是猶太人能否通過聖殿山前往哭牆（西牆）的問題。暴亂很快散播到整片地區，在這個星期內有超過一百三十名猶太人被殺，死亡的阿拉伯人人數也差不多，另有將近五百人受傷。事後英國人成立調查庭，也就是俗稱的「肖爾委員會」（Shaw Commission），調查報告中認為阿拉伯人對猶太移民人數不斷增加感到恐懼，更擔憂未來不知道會變成什麼樣，這才刺激爆出這場暴動。[43] 同時呢，帕克在這段期間原本動不動就要去海法補充物資，兩地奔波，現在他卻被徵召入憲兵隊，身上隨時隨地都配槍。[44]

等到沃爾曼夫婦在九月十七日抵達海法，暴動早已結束，但留下的傷痕仍怵目驚心。帕克去車站接他們，開好幾個小時的車到米吉多，而路上都是坑坑洞洞，又回到了一副亟需修補的模樣。一路上帕克始終喋喋不休說著剛結束的這場「亂象」，把錯都歸到猶太人頭上，說阿拉伯人很可憐，他們全然無辜。晚餐桌上多了個希普頓，但仍是帕克一人在大放厥詞。「錯的是猶太人，」沃爾曼隔天寫信給雙親時如此說，「他們去挑釁阿拉伯人。別人都跟我說了，什麼三百人被殺，還有你在報紙上讀到那些猶太人被迫害的淒慘故事，這都是猶太人那邊的宣傳。整件事都是他們有預謀策畫的……帕克先生昨晚完整的跟我們說了，這事處理起來簡直一筆爛帳。」[45]

可驚的是，這個人來到此地都還不滿二十四小時，他所見過的當地人（包括猶太人與阿拉伯人）完全僅限於工作中心雇員，而他竟然會寫出這樣的內容。沃爾曼之後幾天所寫的家書，甚至一些更後來的信件裡，都還有更多對當地猶太人的抨擊謾罵，不止一次說他們是「劣等種族」或「人間渣滓」。此外他也時常對阿拉伯人一般受到的待遇抱不平。[46] 不過，沃爾曼之子大衛撰寫他對雙親的回憶錄時，認為他父親這些觀點都是在一開始受到帕克影響。大衛這想法應當是符合事實。[47]

如前所述，米吉多一直或多或少存在些反閃族的氣氛，例如兩年前狄洛亞在一九二七年六月寫的信，信裡說工人將蓋伊視為「半個猶太人」。只是這種氣氛如今似乎變得更強烈、惡意更盛。百年後的今天我們很難說清楚誰是元兇，但米吉多遺址日益熾盛的反閃族情緒似乎就是帕克搧風點火的後果。帕克對此不但萬分狂熱且逢人就說，但他絕非這片土地上的少數異議分子，英國託管政府裡不少行政官員似乎都與他站在同樣立場。

回到正題，沃爾曼夫婦住下來兩天後，回歐洲度暑假的史塔波夫婦與狄洛亞夫婦也都從的港（Trieste）歸來。林德比兩對夫婦早一天到，於是工作中心現在差不多已住滿人。

沃爾曼夫婦對這裡的日常用餐時間感到十分神奇。他們跟別人說，這裡早餐早上八點半，十一點半要喝茶，十二點半午餐，下午四點半又要喝茶，最後晚上八點吃晚餐。沃爾曼最後終於受不了，說他們每天得喝那麼多茶簡直是「煩死人了，真的，」但倘若他們不喝茶，那又是對別人的冒犯。他還抱怨說，一天被吃飯與喝茶時間切成這麼多段，弄到最後只剩下五個半小時的工作時間，對他來說這簡直可笑。到了九月初，他得到結論說這是他有生以來經歷過最怪異的上班時間，難怪這裡什麼事情都做不完。[48]

葉米瑪和蓋伊預定在九月十二日從倫敦回來米吉多，但蓋伊的母親卻在夫婦倆動身去搭船的路上突然過世，[49] 因此兩人直到十月三日才抵達米吉多，比其他人晚了許多。他們在的港巧遇拉蒙，拉蒙在芝加哥修完了課正要回來，於是幾人一起搭船回到英國託管地巴勒斯坦。

從沃爾曼寫的家書看來，蓋伊回來之前那幾星期他顯然都無事可做，其他人除了多清掉一些土丘表面地層以外也沒做些什麼別的。[50] 還有件事也很明顯，工作中心如今已成反閃族主義毒芽的溫床，讓這支理論上應為「同質」的考古隊隊員之間離心離德。到此時，在蓋伊長時間不在的情況下，帕克與其他人對當地猶太人毫無保留的批評指責已經持續了兩個多星期，隊伍裡被破壞的友好氣氛直到工作季結束都沒復原，甚至再往後可能都還是這樣。[51]

理所當然地，沃爾曼也說：「既然蓋伊夫人是猶太女性，等他們回來，工作中心裡頭這些反猶談話就會停止。」[52]就這點而言他說得沒錯，蓋伊夫婦抵達之後才三天不到，沃爾曼就說「蓋伊夫婦回來了，現在工作中心裡已經完全聽不到那些反猶議論。大家講話都非常斟酌用詞，有點好笑，但某些時候實在很尷尬。」[53]這話說得或許還太輕描淡寫了呢。

有趣的是，我們很快就見識到熱潮怎麼退潮，不久之後沃爾曼對帕克就不再那麼唯命是從。等到九月初，他已經說帕克「這人就是壞脾氣，什麼事都要去攙和，搞得別人很難跟他相處……跟他和諧共事根本不可能，他腦子裡除了錢還是錢。」[54]

蓋伊夫婦總算回到米吉多之後，因為考古隊待在這裡的成員人數增加，所以他們指示工人著手準備改造工作中心。工人將餐廳與圖書室之間的牆打掉，以便容納更多人同時用膳，卻在此時發現牆板間夾了一張紙，上面寫著「我的天啊，這位老兄，你會把房子給拆了。」眾人懷疑的對象自然落在老早離開的希金斯，但大家始終無法確定到底是誰留的字條。[55]

不到一星期，蓋伊已經向布瑞斯提德報告說他們再度開始發掘土丘，同時繼續對丘頂的新工作區域進行清理。他也讓林德與沃爾曼去對應他們挖出來的馬廄來打造一個 1:50 的模型，模型完成後會送去芝加哥。此處應注意的是，蓋伊之前曾向查爾斯•布瑞斯提德提議將出土的真馬廄的一部分運回芝加哥，送去一九三三年預定舉行的世界博覽會來展覽，但此事後來沒有實行。[56]

蓋伊也提到壞消息，說該年早先的大雨導致瘧疾疫情，來勢洶洶襲擊當地勞工與某些埃及工人。[57]不過他信裡倒是全沒提及隊員間的不滿情緒，或是餐桌上那些反閃族的言論，因為這些東西在蓋伊回來之後馬上就沒了，正如前面沃爾曼所記下的。

整個秋季，沃爾曼時不時會向芝加哥回報馬廄模型的製作進度，他說這東西「非常需要想像力」，但也說他們能辨識出土遺址的整個平面構造，因為隔欄、馬槽與栓馬石都還保存在原處，所以發掘結果可以做為模型製作的參考。他說這項工作很困難，他們試著在做為基礎的木架子上用陶土與熟石膏重建馬廄原型。他還很悲觀地表示最後成果大概不會有什麼驚人之處，但還是有些價值，至少能「讓那些好奇他〔所羅門王〕會在哪種建築物裡養馬的人得到某種程度」的滿足。

另一方面，倫納德・伍利負責主持伊拉克烏珥（Ur）的發掘計畫，他在前往烏珥的路上於十月二十二到二十三日之間造訪米吉多，沃爾曼得以跟他討論這個預定製作的模型，兩人相談甚歡。伍利是在幾年前發現著名的「烏珥墳坑」（Death Pits of Ur）與其中寶藏（後來一部分被大英博物館拿走，另一部分屬於賓大博物館所有），此時他還在這座墳場進行發掘，而米吉多考古隊員想必聽他這些故事聽得入迷。[58]

十月二十九日，「黑色星期二」，這是發掘現場平淡無奇的一天，沒有任何徵兆顯示世上任何地方有慘劇發生。然而，美國股票市場就在這天崩盤，開啟全球性的經濟大恐慌，這在未來幾年會對發掘計畫造成驚心動魄的影響。但老實說，此時這裡的人更重視的事是十一月十一日簡妮特・沃爾曼的二十二歲生日，所有人都參與籌備慶祝。我們得知道，當時在米吉多的這些人有的非常年輕，簡妮特還不是年紀最小的，佛羅・狄洛亞比她還要小兩歲。現在這種年紀的人都是一般大學生，來米吉多只是當志願者，而不會是考古隊成員或他們的妻子。

沃爾曼當時也說到，通往海法的路又一次變得寸步難行。據他的說法，鋪在石頭路基上的泥土如今已被「壓成齏粉」，所以他們開車時輪胎差不多直接壓在石頭上。維護道路的工人是監獄犯人，這些人本身沒什麼幹勁，也缺乏外在激勵來讓他們做事做快點。考古隊員常在週末往返海法，為此他們自然每星期都得受害一回，但此事也影響所有來訪的人。等到十二月，這條路又回復到無法通行的狀態，再也看不出三月「聖上駕臨」之前那次鋪路的成果。[59]

這時候，查爾斯．布瑞斯提德在十一月十七日來到，但很快就在二十號離開；他是在從貝魯特往開羅的路上，順道經過米吉多與耶路撒冷。[60] 沃爾曼為此很高興，他終於有機會與「芝加哥人士」商討工作中心擴建的事務。他從十月初就開始製作平面圖，十月底工人開始採鑿用作地基的石材，但除此之外他就沒法做出什麼進度。

查爾斯來訪導致平面圖大幅改動，沃爾曼又多忙了幾星期。據他所說，「查爾斯．布瑞斯提德來訪有如天降龍捲風到我們頭上，讓這裡出現很多改善的事情要做。要蓋一座網球場、要裝新的供水系統、還要增強供電電壓，這樣女士們才能有裁縫機、才能使用她們的電器用品。」[61]

沃爾曼著手翻新工作中心是件好事，因為蓋伊五月時與查爾斯．布瑞斯提德通訊裡所說的話完全正確，米吉多真的不需要沃爾曼在這裡，特別是拉蒙回歸的時間幾乎與沃爾曼抵達的時間相同。要記得，沃爾曼是被芝加哥硬塞過來的人，雖然這麼做也是出於讓他在考古工作中吸取建築經驗的善意，但真相就是米吉多實在沒什麼事情給他做。據沃爾曼說，其他人其實也沒什麼事要忙；十月中有一回他回報說，他們的人手足以監管三百勞工，但實際上可用的只有一百人，所以挖掘工作進行非常緩慢。[62]

簡妮特・沃爾曼能做的事就又更少了，她和另一個年輕新婚妻子佛羅・狄洛亞兩人生活想必無聊至極。她們彼此互助學習法語、編織毛衣，打發無盡的過不完的時間，從早餐到茶會到午餐到茶會到晚餐……然後在晚間學打橋牌。[63] 簡妮特還會寫日記，也會像沃爾曼一樣忙著寫一大堆信。

簡妮特・沃爾曼的日記內容，以及夫婦兩人寄回美國的家書，描繪出發掘現場的日常生活，讓人有機會看見他們眼中米吉多的模樣。據她所說，史塔波夫人和善好相處，但史塔波博士就很愛跟人起爭執。蓋伊是「牛津」那種型，裝模作樣但有禮貌，葉米瑪・蓋伊是個長相秀麗的金髮小個子，「態度討人喜歡」。總的來說這些人是「非常有趣的各種人」。[64]

沃爾曼寫給父母的信裡也說到類似故事。他說，從的港來到米吉多時，他對史塔波夫婦與狄洛亞夫婦的第一印象就是他們似乎「非常友善，男女都是，」他覺得大家會相處融洽。他描述林德是健談、好脾氣的那種人，而且富有幽默感。[65]

他們和史塔波夫婦、狄洛亞夫婦一直處得很好，後來還與史塔波夫婦玩橋牌，這樣度過不少秋夜。[66] 但隨著時間過去，沃爾曼對蓋伊與他太太愈來愈不滿，他在一封家書中說蓋伊「自以為是且一意孤行」。另一封裡他寫道：「蓋伊夫婦都是怪人，蓋伊很娘娘腔，極度自負且自我中心，他把大家都當成學生小孩子，搞得營地裡分歧不斷。所有人立了功卻得不了賞。」同時他也愈來愈感到不耐煩，有一回他寫道：「有時候這裡處理事情的方式令我厭煩至極，毫無組織可言。但我反正不是現場主持人，所以就隨他去吧，我看我自己能怎麼辦。」[67]

我們從簡妮特・沃爾曼筆下看到另一段關於工作中心的描述，她說建築物是用褐色調的石頭所建，有很多窗戶，有綠色百葉窗，屋頂是紅色瓦片。花園裡有天竺葵和棕櫚樹，「所以擁有斑斕色彩」。說到室內，她注意到地板只是簡單粗木板，牆壁也只是「灰泥與臨時板牆」，但家具齊全舒適，還有各種方便的設備（包括淋浴設施與澡盆）。屋裡還有間大型休息室，大家在下班時間與非工作季都會聚集在此。她說他們自己的房間面對土丘，往下看能看見花園；我們也知道工作中心另一側的房間能遍覽耶斯列谷地美景。沃爾曼還補充一條資訊，說花園環繞整棟建築物，他知道裡面種了天竺葵與玫瑰，但不太確定其他植物花卉的名稱。[68]

她又說，工作中心雇有六名僕人，三男三女，都是當地人。她說其實服侍他們的人還不只這些，還有兩名侍者，兩名廚房小工，一名廚師，四名清潔婦，和一名總管理人，這些人若不是阿拉伯人就是俄國人。她寫道，阿拉伯人負責廚房工作，「烹飪、上菜、運水、擦鞋，」俄國女人則負責家務，「鋪床、清掃房間、洗衣服。」他說侍者「身穿白袍，腰纏紅帶，頭戴土耳其氈帽（fez），像同聖會成員（Shriners，美國的共濟會社團）那樣。」[69]

沃爾曼夫婦的信件還說到他們周末常有的海法之行，他們後來在哈利•帕克鼓勵下加入那裡的巴勒斯坦鐵路俱樂部（Palestine Railway Club），這樣他們在海法白天就有處可去，那裡有網球場、撞球桌、雜誌與舞會。他本來以為會費只要每年一美金，但最後發現原來是五點二美金。[70]

回到工作中心，沃爾曼說他們有訂閱《泰晤士報》（*London Times*，一般稱為 *The Times*）與《埃及公報》（*Egyptian Gazette*），並期待著收到他爸媽替他訂的《基督科學箴言報》（*Christian Science Monitor*）（要注意的是，考古隊本來已經訂了《科學人》〔*Scientific American*〕、《世紀雜誌》〔*Century*〕和《大西洋月刊》〔*Atlantic Monthly*〕，錢由芝加哥方面支付）。[71]說到運動，他們會玩甲板網球（deck tennis），用的場地只有一般網球場三分之一大小；這遊戲源起於往返新舊大陸之間的船上，搭過這種船的大家顯然對此都很熟悉。據沃爾曼說，這種球戲讓眾人獲得充分運動，但查爾斯・布瑞斯提德向他們保證會建造正常大小網球場，大家對此非常高興。72

在下午時段與週末，他們還會在米吉多附近散步。九月底某一天，他們去看駐紮在此的羅馬軍團留下的廢墟。沃爾曼說走到那裡只要三十分鐘，那裡有羅馬墓葬遺跡，他還描述說有個圓形劇場。後來他說得更詳細，說圓形劇場已經破敗坍塌「到了什麼都沒有的程度」，但那裡還有石頭留著，且山壁上的空穴「非常對稱，一看就知道是什麼。」73 他還說那裡風景美極了，雖然因為被山擋住而看不見真實日落，「遠方山坡、天空、雲彩的反光簡直無法言喻，像夢一樣，多麼輕柔溫暖的顏色，各種紫、各種綠、各種褐與紅都摻進灰色而變得柔和，像一個藝術家腦中對於『至高之美』的認知。」74

等到每天下雨的時節來臨，早晨的霧氣深濃又貼近地面，讓谷地看來像一片大湖，沃爾曼說那是「非常美麗的景象」。75 雨下來了，山丘與平原百花齊放，這讓沃爾曼詩興大發：「此刻鄉間美麗絕倫，言語難以描述風景裡的顏色，原野變得綠又更綠。我們能看見平原上幾公里開外的暴風雨襲來，你絕對想像不到雨和雲一起能造成多少神奇效果。如果有藝術家能把此情此景畫成圖，你也不會相信的。」76

不過，他也說散步路程會經過當地村莊，他對那兒的印象就沒那麼好。他寫說：「你該看看這些當地人住的髒地方，有的住帳棚（貝杜因人），那是流浪的阿拉伯人。有的住泥磚屋，沒有屋頂，又髒又亂，窮苦破敗不堪。你想想，三千年前我們的文明在這裡得以開始，據說這裡的人在所羅門王時代過的日子比現在好得多。」77 他還注意到「離城鎮很遠的鄉下地區簡直停滯在聖經時代毫無進步，那裡的人非常原始……始終缺乏教育，落後……到現在他們還像動物一樣，只比動物進步一點點，差不多是七千年前青銅時代的人那樣。」78

十二月中的某一天，沃爾曼夫婦與史塔波夫婦一同繞著米吉多丘漫步，經過萊均村，走到瓦迪阿拉隘道出口，圖特摩斯三世與艾倫比將軍都曾率軍通過這裡，只是兩者相隔三千四百年。沃爾曼看到萊均的情況十分震驚，在家書裡寫道：「我們在土丘上的勞工就是從這裡來，這是個純粹的阿拉伯村子，房子殘破至極東倒西歪，這些人竟然住在這種破爛地方。狗屍躺在路上，殺牛的地方有血跡，說到衛生下水設備他們甚至不找『專家』處理。雨把他們的房子一點一點沖掉，等雨停他們就拿著泥灰去修修補補。」[79]

該年工作季在十一月二十八日結束，距離查爾斯•布瑞斯提德造訪還不到一星期，埃及工人可以在十二月一號回家。蓋伊很自豪地記錄說，考古隊今年有一百八十五個工作天，相較之下去年他剛接手、工作季時間較短之下只有一百四十三個工作天。[80]

工作季結束，十二月底大家都離開去放假，沃爾曼夫婦去埃及，狄洛亞夫婦也往埃及盧克索去。史塔波夫婦去貝魯特，蓋伊夫婦去了塞德港（Port Said），其他人則四散各處。他們離開時間並不長，沃爾曼夫婦十二月三十日就已回到米吉多。雖然沃爾曼對他父母說「我們真不想回去」，但回去之後閒散安坐，讀他們不在期間寄達的諸多信函與報紙雜誌，這也讓他們頗為愜意。[81]

無奈的是，蓋伊聲稱要維護的和諧氣氛在此刻的隊伍中已消逝無蹤，儘管大家在聖誕假期離開度假，這也於事無補。事實上，隊伍成員彼此都相處很好，問題出在他們已把蓋伊這人看清。

沃爾曼新年第一天寫信回家，直言無隱，「蓋伊是個慢郎中，做事都不想做快，」他告訴父母，「你們問說他是否很在乎自己的利益，你們真的是問到重點。他非常小心，生怕犯任何錯。」[82] 數星期後，他又在二月中寫信說：[83]

> 他〔蓋伊〕是個腦袋頑固的英國人，反正他怎麼胡來都不會有人管，我們也不必多事，只要做好自己的工作然後配合東方研究所的利益就好，他們應該自己搞清楚這人是怎樣的人。能說的還多得是，但反正說了也無濟於事，我只盼做完我在這裡的工作，這樣明年我們就能被送去盧克索。不過，接下來三個月是有些進度要趕，但這裡的考古活動完全沒有趕進度的精神。如果你每天要喝三次茶，你就知道為什麼完成的事會少之又少。

他的想法到三月初還是不變，寫道「蓋伊很懦弱，生怕踏錯任何一步，非常樂於讓一切慢慢來。」[84]

一九三〇年頭幾個月裡，最嚴重的事出在狄洛亞夫婦身上，查爾斯・布瑞斯提德、蓋伊、以及包括沃爾曼夫婦在內的其他人都被捲入，無一倖免。蓋伊在一月底發電報給查爾斯，內容是：「那位　女士　很快　就要　回　她家人那裡　句號　這　是否　影響　決定　句號　在此　情況下　我已　準備　加以警告　但　手下留情。」任何負責這段訊息的發報員，或是通訊雙方以外的任何人，看到這些字大概都覺得是天書，但顯然兩人都看得懂這在說什麼。查爾斯當天就回電，以下是他電報中的一段：「我們　從　一開始　雇用　他　就　已是　加以警告　但　手下留情　我　明確的　反應　在　我們　討論後　皆未改變　但　傾向　將　最後　決定權　留在　你手。」[85]

如今，將近九十年後，藉由當時在場其他人留下的資訊輔助，我們才能弄清楚一部分的故事詳情。但儘管如此，這一切都依然曖昧不明。舉例來說，我們知道「那位女士」只可能是指佛羅・狄洛亞，而他們雇用的那個「他」也只可能是愛德華・狄洛亞，其他夫妻都不符合電報裡的描述。我們已經知道這兩人在大家始料未及的情況下突然結婚，所以他們此時可說是被米吉多的上級打入冷宮。

我們還解讀出「那位女士很快就要回她家人那裡」的意思，但我們不明白蓋伊怎麼可能在一月底發現這件事，因為沃爾曼直到三月第一個星期寫信回家才說到這個消息，說狄洛亞夫婦幾天後就要離開。據他所說，佛羅發現自己懷孕了，所以他們決定回家去，部分原因是想讓小孩在美國出生，另一部分是因為工作中心沒有房間容納這對母親與新生兒，他們得搬去其他地方住。他的說法是，「這裡除了我們沒有別人知道，簡妮特這段時間以來算是狄洛亞夫人的密友，所以我們一開始就曉得，她是在貝魯特接受醫生檢查時發現的。」[86]

不過，沃爾曼也說到，他心裡懷疑狄洛亞其實可能是被蓋伊暗中解雇。沃爾曼一開始是這樣說，「到底他〔狄洛亞〕是不是被這裡辭退，這我們不知道，但這裡的情況很明顯對他們不太友善。」他後來還補充說，「他離開的內情我們不清楚，但我有感覺到東方研究所因為他的私人因素而不那麼喜歡他。」他對此事的最後評語顯示他已經認定狄洛亞是被辭退；他說，他不知道原因，但很確定「狄洛亞受到的對待不公平」。[87]

狄洛亞夫婦在將要離開的五天前才將消息告知其他隊員，這是一件具有象徵意義的事，因為這表示最後一個一九二五年的初始隊員也要離隊。

三月十日，他們搭上英國皇家郵輪「茅利塔尼亞號」（RMS *Mauretania*），這艘船被稱為「大西洋老太君」（Grand Old Lady of the Atlantic），當天白天停靠海法，而後航向家園。沃爾曼夫婦來送他們，甚至還一路送到甲板上；簡妮特後來說：「我們那時想乾脆待在船上算了，去紐約的二等艙也只要二十美金。呵，說不定我們就是下一個，誰知道呢。」[89]

歐洛夫・林德也因為狄洛亞夫婦離開而心情沮喪，但這兩邊分別之後卻未成陌路，林德到後來去跟狄洛亞夫婦同住，從德克薩斯州到喬治亞州，他一直擔任愛德華父親的看護。[90]

想也知道，蓋伊與查爾斯・布瑞斯提德都對這個突然的變化很滿意。狄洛亞夫婦離開將近一星期後，蓋伊發電報給查爾斯，說他們已經走了，而他認為這會讓測量工作進度加快，但他沒說為什麼、也沒說怎麼加快。[91] 然而，當狄洛亞夫婦抵達芝加哥，詹姆斯・亨利・布瑞斯提德卻似乎完全沒料到他們會出現在這裡，因為他「對他們離開米吉多這件事一無所知」；這是沃爾曼描述的情況，最後他還說「整件事看起來處處都有問題。」[92]

或許，這一切都是由蓋伊與查爾斯・布瑞斯提德一手導演出來，但詹姆斯・亨利・布瑞斯提德或許也不像他自己聲稱的那樣毫不知情，因為幾年下來我們可以看出一種針對性解雇的模式，先是希金斯在一九二五到二六年被布瑞斯提德針對然後解雇，再來是費雪在一九二七年初被布瑞斯提德針對然後解雇，現在又是狄洛亞在一九二九年四月婚後立刻被針對，且他非常可能是在一九三〇年三月離開前遭到解雇。未來的工作季裡我們還會繼續看到這種事，直到蓋伊自己也在一九三四年先被針對然後被解雇，以同樣的作法自斃。

發掘工作季終於在三月底開始，距離狄洛亞夫婦突然離去已有兩星期。[93] 在那時，沃爾曼已經能報告出他在該月內製作馬廄模型的預定進度。[94]

至於工作中心新擴建工程，他早先在二月底寄出的家書中說他計畫要蓋十二間新房間，包括五間臥室、兩間浴室、一間新的餐廳，廚房也要重新規劃。[95] 現在，過了一個月，他已經可以確認做法，說「擴建部分包括兩間浴室，一間私人浴室給蓋伊先生與夫人，另一間給其他人使用。擴建的還有其他四間臥室和一間圖書室，蓋伊夫婦擁有兩間房間和一間浴室。室內還有充足的儲物空間，地板要在水泥上鋪地磚，天花板盡可能架高，這樣夏天才會涼爽，足足約有五點多公尺高。」[96]

不過，最驚人的還是沃爾曼在家書裡寫的一句話：「今年布瑞斯提德博士不會來，但我希望他能盡早出國過來，因為我都還沒見過他。」[97] 來的是查爾斯•布瑞斯提德，又是一次短暫拜訪，只在四月十一日待了二十四小時不到。他確認許可考古隊提出的所有更新計畫，但他在五月中從芝加哥發出的一封後續電報顯示開銷已經愈積愈多，不能再高了。事實上，他在電報與後續信件裡都特地說到接下來幾個工作季必須實施「非常嚴格」的經濟政策，顯然經濟大恐慌已開始對東方研究所與其海內外的學術活動造成某些影響。諷刺地是，他卻還強調，「請注意，在這一點上，我們應當將建設新網球場視為必需品而非奢侈品。」[98]

整體而言，這一年內（一九三〇年）的信件與電報通訊說的大部分都是個人事務與工作中心新成員，而非實際發掘工作詳情。舉例來說，史塔波在整個工作季裡不斷要求各種加薪或旅行安排，甚至是在耶路撤冷美國東方研究協會主持人職位即將空缺時，要求上面支持他應徵。布瑞斯提德父子對這些要求都加以拒絕，尤其是史塔波還是個加拿大人。他們只是重申，希望史塔波繼續在米吉多工作三年甚至四年。史塔波回應說，他樂意擔任任何他們要他做的職務，但他也相信他的年薪到某個時候應該要增加。[99] 到了最後，史塔波應徵美國東方研究協會沒成功，而他也只在米吉多多待了一個季度，然後就在一九三一年七月永遠離開此地。[100]

蓋伊自己也要求加薪，還要求讓他太太支薪。布瑞斯提德父子再度立刻把這事壓下去，他們絕不可能給蓋伊夫人薪水。布瑞斯提德在一月中說，這件事情會立下前例，更別提年度帳本上出現「現場主持人妻室薪水」這樣一條的話，大眾知道了會有些什麼觀感。他們只能給蓋伊稍微加薪，沒有別的。[101]

除此之外，查爾斯・布瑞斯提德在五月底說他們會以總年薪六千美金的條件續聘蓋伊五年，不知他可願意？查爾斯還特別試圖以「參與一項在科學上重要性無與倫比的事業」來打動蓋伊：「我們一齊投身於這活動，因為我們都是獻身於科學的人……在我們投注生命的這場偉大的科學十字軍東征裡，東方研究所成員間已逐漸萌生高貴的同袍情，我從一開始就確定你與我們同心同德，一個重要的原因就是這事關全人類，超越國與國的界限而存在。」然而這封聘僱信寄出後卻不曉得去了哪裡，蓋伊直到十月初才收到，害得查爾斯在這之前心浮了好幾個月，不曉得自己的意思對方究竟接收到沒。雙方最後終於達成共識，蓋伊簽下新的五年工作合同。[102]

同樣也是五月底，東方研究所發布關於下一年事務的公告，說沃爾曼夫婦將被調往芝加哥大學在盧克索的考古隊。沃爾曼如釋重負，寫信回家說：「這個名叫『考古學』的專業對我實在沒有任何吸引力，我在米吉多最幸運的就是不必深入參與考古工作，他們這裡挖出來的那種建築毫無吸引人或可讚嘆之處。」[103]

六月中，米吉多考古隊幾名隊員前往耶路撒冷，參加新的巴勒斯坦考古博物館（Palestine Archaeological Museum）建設工程奠基典禮。在布瑞斯提德的鼓動下，約翰・洛克斐勒二世出錢支持這項工程。蓋伊後來發電報給布瑞斯提德，通知他典禮順利完成的消息。[104]

布瑞斯提德對這場典禮的評語有些頗具預言性，他認為這座建築物不只是一般人所謂的「博物館」，暗示說這裡還會變成文物部總部，裡面有一間專藏考古書籍的圖書館，還會在類似劇場的空間內舉行演講會。這些設施與展覽廳「都將成為憑藉，讓大眾與學生能接觸到考古知識，或說直接將這些知識教給他們。」[105]布瑞斯提德這些話至今都還成立，現在這棟建築物裡有以色列文物局（簡稱IAA）的總部，以及展覽廳和其他公共空間。近來，它們才被移往西耶路撒冷的新設施裡，距離布瑞斯提德當年已將近九十年。

十天後，沃爾曼夫婦在六月二十九日離開米吉多，此時前半個季度結束。他們之後沒再回到這裡，只有一次是盧克索十月初工作季即將開工，他們在趕去盧克索的路上經過這裡，於是回米吉多來看一下，[106]還見到來加入一九三〇年秋季工作季的考古隊新成員。新成員共兩人，達德利・菲利浦斯（Dudley W. Phillips）和羅伯特・恩堡（Robert M. Engberg），再加上他們的妻室。

菲利浦斯在芝加哥大學擔任研究員時，曾在東方研究所修過埃及聖書體與東方歷史相關課程，但他本來是在威爾斯南部加地夫大學（University College Cardiff）唸書，在那裡上過英國知名考古學家、威爾斯國家博物館（National Museum of Wales）考古學門主任西里爾・福克斯（Cyril Fox）的課。不論是大學時代，或是一九二八年畢業之後，菲利浦斯都跟著福克斯做過測量工作，追蹤分布在麥西亞王國（Mercia，西元六到十世紀的小王國，範圍約在今日英格蘭米德蘭（Midland）地區）境內的一系列土堤與溝渠，總稱為「奧法堤」（Offa's Dyke），建造年代約在西元第七到第八世紀。福克斯描述菲利浦斯是個「好夥伴」，說他「在這些考察活動中身邊永遠帶著小提琴。我很確定，在威爾斯邊界許多旅館大廳裡，他的說話聲裡夾雜適情適景的音樂（有他自己發明的，也有他憑記憶拉的），這景象會一直留在那兒的人的記憶裡，直到我們這一代消失。」[107]

雖然有著同為英國人的這層關係，且菲利浦斯體格高壯這點也討蓋伊喜歡，但查爾斯・布瑞斯提德還是先警告他說，就算菲利浦斯「素質優秀，智慧超群」，但他只是個才二十四歲的年輕人，且還有點愛批評東批評西，特別是針對美國人。查爾斯原本的用詞是菲利浦斯「可能傾向是有點太直率而不懂怎麼說話」，他還提到菲利浦斯通常先考慮自己再考慮團隊。更有甚者，查爾斯還警告蓋伊說菲利浦斯已與一名法國女士訂婚，他們應該會先結婚再一起前來米吉多（後來事情確實如此），[108] 這一點讓蓋伊更難把菲利浦斯的加入視為好消息。到最後，菲利浦斯與妻子只在米吉多待了三個月多一點的時間，從一九三〇年十月初開始，到他在一九三一年一月中突然被開除為止。[109]

不過呢，另一位新隊員羅伯特・恩堡和他的妻子愛琳（Irene）就在這裡一直待了四年。恩堡在一九二八年畢業於芝加哥大學，從一九二八到一九三〇年之間在芝加哥大學做學士後研究，工作範圍包括人類學與美洲考古學。布瑞斯提德派他來代替狄洛亞擔任地圖學方面的助手，而他確實成為考古隊不可或缺的一員，直到一九三四年六月才離開米吉多返回芝加哥，成為東方研究所的研究生，同時擔任研究助理與講師職務。他在一九三七年取得博士學位，論文寫的是古埃及中王國與新王國時代之間的入侵者希克索人（Hyksos）。[110]

恩堡也與希普頓共同出版這場考古活動裡第一部問世的成果發表著作（一九三四年），研究米吉多出土的銅石並用時代（Chalcolithic）與青銅時代早期陶器。赫伯特•梅伊（Herbert Gordon May）討論米吉多信仰祭祀遺跡的書中也有恩堡寫的一章（一九三五年）。蓋伊最後出版米吉多墓葬研究（一九三八年）的過程中也獲得恩堡協助，且恩堡又在發掘活動結束後發表兩篇淺顯易懂的通論文章（一九四〇年、一九四一年）。簡言之，雖然狄洛亞走了，但接替他的恩堡卻成為這場發掘活動成果發表過程中的關鍵人物。

十月初，所有人到齊，發掘工作重新開始。布瑞斯提德、蓋伊與史塔波在整個秋天都通訊不斷，討論第二份初步報告（範圍是

圖二十三：正在發掘骨骼的恩堡（芝加哥大學東方研究所提供）

一九二七到二九年這幾個季度）草稿內容，其中包括一章是史塔波介紹他們挖出來的甲蟲型（scaraboid）銘刻物。這份報告最終將在隔年一九三一年問世，但過程中卻有不少劍拔弩張的你來我往，布瑞斯提德不喜歡蓋伊所寫關於人類發展的地質學背景那些段落，而史塔波寫的東西更讓他看不上眼。

蓋伊頗有風度地接受批評，還提議乾脆把整個關於地質學的部分拿掉；但最後雙方就此各退一步達成協議。[111] 然而，史塔波那部分卻多費大家不少工夫，布瑞斯提德與芝加哥這裡的編輯完全不同意史塔波的分析，因此將這部分整個重寫。事實上重寫程度高到什麼地步呢？高到編輯祕書告訴史塔波說：「你文章的結論現在已經朝向一個跟原來很不同的方向。」[112]

最後一封信是蓋伊在該年最後一天寄出，裡面只講了工作中心新蓋好的部分。現在每個人都有更多空間，史塔波夫婦、菲利浦斯夫婦、蓋伊夫婦，每對已婚夫妻都有一間更大的寢室，就連單身漢的房間也移到原本工作中心二樓區域而變得寬敞不少。他們還新採購不少東西，包括藤編家具和其他桌椅，但採買新窗簾與地毯的事情會暫緩，等查爾斯・布瑞斯提德不久後來到米吉多再說，預定時間是新一年開始的時候。[113]

這是成果稀少的一季，但蓋伊在十二月中寒假時卻被要求開始用密碼來發電報給芝加哥，上面還指定他去買一本叫做《本特利用語密碼大全》（*Bentley's Complete Phrase Code*）的書，此書出版於一九二三年，當時已再版第八次。芝加哥辦公室裡的主管、東方研究所在埃及盧克索的考古隊、甚至是查爾斯・布瑞斯提德在旅行時都使用這套密碼，至少蓋伊聽到的消息是這樣。上面交代他這件事的時候還有點不好意思：「這套密碼是設計給商務使用，因此缺乏建築學與科學相關名詞術語，也缺乏其他許多我們這個學門特有的詞彙說法。你在密碼書最後面會看到兩千多個補充用的空白符號，芝加哥這邊已經在設計一套與這些符號相對應的字詞表，一旦製作完成就會立刻送一份副本給你。」[114] 事實上，後來這本密碼書只有偶爾使用，並非每封電報都採用密碼形式，但未來米吉多這裡的重大發現與重大事件消息確實有些是用密碼發送。

一如「蓋伊時代」每一年的情況，一九三一年大部分時間都充滿人事問題，不過他們也在這年發現輸水道的存在，這我們後面會說。首先最重要的，菲利浦斯是去年十月才到來，但顯然此刻已經用自己的行為證明查爾斯•布瑞斯提德之前警告過蓋伊的所有內容所言不假。我們不知道一九三〇年最後幾個月詳細發生什麼事，因為直到一月之前的通訊內容對此都有種詭異的沉默，但接下來我們就知道菲利浦斯被查爾斯•布瑞斯提德狠狠數落一頓，然後當場解雇，事情就發生在一月十一日，也就是查爾斯短暫造訪米吉多的期間。蓋伊隔天也跟菲利浦斯把話說開，把講過的話重申一遍。因此菲利浦斯與妻子在隔天或不久之後就動身走人，一月十四號搭船回歐洲。[115]

蓋伊後來解釋說他很明確告知菲利浦斯：在土丘挖掘現場，他之所以沒有交付需要負責任的工作給菲利浦斯，是因為菲利浦斯缺乏完成工作的能力。之前他們給過他一個任務，要他處理某座墳裡挖出來的一批物品，「他的表現是做事非常不精確、工作不努力，且顯然覺得替陶器繪圖是件要他紆尊降貴的事。」菲利浦斯還想去監督其他人的工作，「但他自己卻不知道那些工作怎麼做。」蓋伊說，到最後他警告菲利浦斯，說他「真的已經快要永遠變成一個象牙塔裡的孤魂。」菲利浦斯到最後對這一切都不回應，只問蓋伊願不願意與他握手，而他們就這樣做了。[116] 我們得注意到，菲利浦斯當時還非常年輕，別人也警告蓋伊說菲利浦斯這人是有點太直率而不懂得怎麼說話，且喜歡批評東批評西，但卻沒人提醒蓋伊菲利浦斯又自大、又不願意做該做的工作。

菲利浦斯的事才剛處理完，史塔波與其妻茹詩這邊又出問題，此時他們已經通知其他隊員說茹詩懷孕了。一九三〇年十一月初，蓋伊寫一封密信給布瑞斯提德，裡面就已提到這件事，這是他從妻子葉米瑪那裡得來的內部消息之一。[117] 但到了一月中，這件事情已經公諸於世。史塔波夫人原本打算回加拿大生產，預計在五月離開，然後帶著新生兒回米吉多；但她此時聽說盧克索的芝加哥大學考古隊工作中心對嬰兒的態度並不友善，於是她擔心同樣的情況會發生在米吉多。[118]

她的擔心十分正確，因為顯然這回上面又有了個「已經作出的決策」，只是史塔波夫婦什麼都還不知道。更嚴重的是，蓋伊後來承認自己直接對他們說謊，告訴他們說他還沒跟芝加哥討論她懷孕的消息，所以他們不必擔心。事實上，蓋伊和查爾斯・布瑞斯提德此時已經商量好一段時間，提出各種選項，包括讓史塔波夫婦待在海法、史塔波先生從海法通勤到米吉多這樣的方案。另一方面，蓋伊臉不紅氣不喘的謊言讓史塔波夫婦心情篤定，於是史塔波夫人在一月三十一日搭上輪船「不列塔尼克號」（*SS Britannic*）航向加拿大。或許是對自己的兩面手法感到良心不安，蓋伊寫信給輪船船長，安排史塔波夫人在整趟航程中都有人貼身服侍。[119] 話說回來，以後見之明來看，想想史塔波夫婦的遭遇，我們現在可以很有信心地說，就在前一年狄洛亞夫婦發現自己將為人父母而決定離開米吉多，他們這樣做實在很正確。

不過，結局終究皆大歡喜，史塔波宣布他將要回母校多倫多大學維多利亞學院擔任閃族研究與舊約聖經學助理教授，所以他會在七月春季工作季結束時離開。布瑞斯提德與蓋伊對此都表現出高度支持與祝賀，這或許讓史塔波有點意外。[120] 事實是這兩人為此鬆了一口氣，他們一直希望會有這樣的情況出現。史塔波夫婦再也不會知道，假使他們真帶著新生兒回到工作中心，別人的臉色可不會太好看。只有一件事情給這場充滿歡喜的離別掃了興，那就是整個夏天都在吵的財務與賠償問題，最後這問題算是解決，但給雙方都留下不愉快。[121]

史塔波夫婦從一九二八年九月就是米吉多考古隊成員，就這樣，又一個隊員與他人之間的多層次合作關係結束了。他後來的人生一帆風順，在維多利亞學院教書三十年，從一九三二年到一九六二年，在上古與近東研究的教授職位上表現優異，同時也成為享有盛名的聖經學者。他們在米吉多懷上的女兒伊莉莎白也在二十年後從維多利亞學院畢業，就像她父親當年一樣。[122]

在此同時，為了補上菲利浦斯留下的空缺，蓋伊求得允許，在六月與七月兩個月雇用一名年輕的英國測量員哈克斯比（Hucklesby）。哈克斯比獲得其他考古學家高度稱讚，連當時在傑拉什（Jerash，位於現在的約旦）工作的費雪都薦舉他。只是，就算哈克斯比工作能力不錯，蓋伊到最後還是不喜歡這個人，所以七月底工作合約到期後就沒再跟他續約。[123]

蓋伊接著告訴布瑞斯提德他需要兩個新人，「一個真正的測量員，不會分心去做其他事，只想繼續做個幾年測量工作。」以及「一個年輕的、想繼續走地圖繪製這條路的地圖繪製員。」蓋伊說這兩人他都想自己挑，他會在夏天回倫敦去找人。[124]史塔波原本在做考古活動的紀錄工作，但他離開以後蓋伊不想找新人來補空缺，而是去跟希普頓說他可以接手。蓋伊對查爾斯•布瑞斯提德說的是希普頓「在行，喜歡這工作，能信任他把事情齊齊整整做好。」[125]只不過呢，布瑞斯提德一如既往地有自己的想法，於是赫伯特•戈登•梅伊就在十月以新任記錄員的身分加入米吉多考古隊，蓋伊為此很不高興，且這不高興還會延續到長遠將來。

不誇張地說，梅伊在米吉多的任期一開始就烏雲罩頂，三年後結束時事情只有更糟。首先是布瑞斯提德在七月初發電報給蓋伊，告訴他梅伊與妻子海倫（Helen）將要加入團隊。他說梅伊是個傑出的舊約聖經與希伯來語學者，梅伊夫人還是波士頓美術學院（Boston Art Institute）畢業生，不但會畫畫還實際上教過畫畫。[126]

蓋伊沒直接點頭，相反地他馬上回電又補寄一封信，說他需要的是地圖繪製員，不是又一個希伯來文與舊約聖經的研究學生（史塔波已經符合這種身分）。更何況，蓋伊還說，「梅伊夫人會畫畫」這件事一點都不重要，因為到目前為止來過米吉多的所有工作人員妻室「過去都被限制不得進入繪圖與紀錄工作間」。他是這樣寫的，「我認為這是所有考古活動的普遍安排，而我認為這種安排很好。」[127]

這一連串你來我往只是讓可憐的梅伊夫妻昏頭轉向，他們此時還在美國，正在安排護照，還得推掉其他送上門的工作機會。梅伊背後靠山之一，芝加哥大學教授約翰・梅林・鮑維斯・史密斯（John Merlin Powis Smith）寫信給布瑞斯提德，對於蓋伊偏向希普頓一事表示不可理喻——就是這個人說希普頓是個「沒上過大學的青少年」。

不過，雖然史密斯這樣說希普頓的確也符合事實，但他卻忽略了希普頓此時已在米吉多待了三年多，接受過無數的實地實作訓練。蓋伊從沒看到史密斯這封信，或許這樣也好，因為史密斯還幾乎是附帶一筆地說「我自己認為蓋伊在米吉多應該要有個學者在身邊，而梅伊就是應該在那裡的那種人。」[128]

查爾斯・布瑞斯提德試圖說服蓋伊，說一切最後都能圓滿，而詹姆斯・亨利・布瑞斯提德也是相同立場，他向蓋伊解釋，說梅伊是個「非常安靜、謙虛且認真的人」，又再度強調海倫是「出類拔萃的藝術家」。然而，梅伊自己都很擔心他和蓋伊的關係會從一開始就尷尬又緊張。[129]話說回來，十月底梅伊夫婦到達米吉多的時候還是受到溫馨迎接，蓋伊後來也兩度寫信給查爾斯說「我對梅伊觀感不錯」。[130]不幸的是，這種氣氛並未延續下去。

這一年的米吉多就是個大熱鍋，連拉蒙都無法倖免，因為蓋伊似乎也開始針對他。蓋伊告訴布瑞斯提德，說幾年來這裡曾經出過幾次酗酒相關事件，包括某年夏天有一次拉蒙一個人被留在工作中心，只剩下僕人在照看他。蓋伊報告說，現在他跟查爾斯已經與拉蒙談過，在那之後拉蒙就沒再喝酒，蓋伊認為這是個好現象。[131]

或許是上述原因所導致，蓋伊與布瑞斯提德父子之間往來有不少電報信件討論將拉蒙調往芝加哥大學其他的考古隊，但我們並不清楚這是誰的主意——是拉蒙的、蓋伊的、還是布瑞斯提德父子的想法。無論如何，拉蒙最後沒有被調職，就像狄洛亞當初也沒被調職；而拉蒙很有可能根本不知道未來等著他的是什麼命運。[132]我們應當感激他沒在那時候就離開米吉多考古隊，因為他將來幾年會在此做出不少貢獻。

這麼多人事紛雜，一整年來此起彼落，這對米吉多團隊的考古活動絕對有影響，但看來他們還能做出些進展。蓋伊那份涵蓋一九二七年到一九二九年的發掘工作初步報告已在一九三一年初出版，書在三月底已經送到英國託管地巴勒斯坦，[133]蓋伊為此一定飄上了天，繼費雪一九二九年的頭一本報告之後，這才只是第二本出版物。

然而布瑞斯提德對發掘的進展速度仍不滿意，他在二月底工作季都還沒開始時就寫了封長信給蓋伊，裡面說他對蓋伊這種一層做完再挖下一層、先畫好圖再把整層清除掉的作法有絕對信心，但他擔心進度太緩慢，且更煩惱說挖掘工作已進行五年，但他們都還沒挖到「埃及帝國這個重要時代的遺跡」，也就是古埃及第十八與第十九王朝的時期，從哈特謝普蘇特（Hatshepsut）到拉姆西斯二世。134

布瑞斯提德說，他不想擾亂土丘上整體規劃正在進行的考古方法，但依據他所知，「我們那位老朋友米吉多王，也就是與圖特摩斯三世作戰的那位，我們距離他的地層已經非常接近，應當很快就能挖到他的城堡了。」他還認為他們很有可能在這時期的地層裡找到宮殿遺跡，位置應當在土丘上偏北的地方，說不定還能找到儲藏楔形文字泥板文書的庫房，年代約在西元前第十四世紀的阿瑪納時期。此外，他還很沒必要地提醒蓋伊說考古學上的地層不一定都是剛剛好一層一層，並說蓋伊目前採用的水平開掘方法或許不是最佳方案。蓋伊直到六月中都沒回信，於是布瑞斯提德又寄一封信，重申他前封信裡的某些意見與擔憂。135

蓋伊原本克制住沒回布瑞斯提德前一封信，顯然信的內容讓他很生氣；但他最後還是在六月底一次對兩封信加以回覆。蓋伊明明白白告訴布瑞斯提德，他已經在維持完備科學程序的標準下以最快的速度進行。他說的是，「我很難用文字向你解釋我多麼認真看待這件事，我們絕不應動念放棄分層發掘的方式……我們正在以最快的速度往下挖掘更早的地層，相信你也知道。」他的整個計畫是要將分層問題弄得盡可能愈清楚正確，如果改變方針，他們原本努力的目標就會全都作廢。「人們總說考古學不是精確的科學，」他寫道，「我正竭盡全力證明我們可以得到更精確的成果。」136

蓋伊在信件結尾說，「以米吉多這類城鎮的地層分層之複雜，我很清楚這是唯一一種能得出正確成果的方法，我不知道該以什麼話來告訴你我非常不想改換做法。」況且，他還說，沒有任何方法能測出他們現在的位置距離古埃及新王國時期的地層之間還有多少層，「假設我真的就一直往下挖去找圖特摩斯三世的宮殿，那問題是我也全然不知它位置在哪。」137

布瑞斯提德急忙向蓋伊保證，說他絕沒有那個意思要蓋伊放棄米吉多現在採用的一層清理完再進行下一層的有系統做法，他依然充滿希望，認為蓋伊「可能很快會發現埃及帝國時期宮室建築頂部，」這樣的話，他「當然可以快速往下挖出這座年代較早的建築，而不會打亂你的分層操作方式。」138

然而，布瑞斯提德這個預測和事實差了十萬八千里，要挖到青銅時代晚期的地層可沒那麼容易，因為這些地層其實是在更深處的層位 VIII 與層位 VII，布瑞斯提德在世時還來不及看到它們出土。

第八章

發掘工的鋤頭響聲

儘管風風雨雨，但一九二九到一九三一年之間的發掘工作確實是有進展。事實上，他們正是在一九三〇年獲得又一個大發現，也就是米吉多著名的輸水道。這條寬井道往下直直延伸三十公尺，連接長度超過四十幾公尺的隧道通往水源，整個考古隊可用的時間、精力、人力、經費都用在清理管道中塞的滿滿的泥土，所有隊員在過程中絞盡腦汁發揮巧思。蓋伊直到一九三一年六月中才發了一封長電報給布瑞斯提德，但興奮過度的他卻忘記要把內容加密。電報其中一部分如下：

上古 時代 最 驚人 輸水 系統 開口 連接 土丘 最 頂部 由此 通過 所有 層位
直到 岩石 結構 包含 豎井 階梯 與 隧道 後者 還 未 完全 發掘。 甜 水 水
深 深度 達 三十七 公尺。 豎井 下方 階梯 長度 有 十四 公尺 以及 今天 隧
道 二十八 公尺 高度 有 三 公尺 寬度 有 二公尺。[1]

埃及工人回到米吉多後，一九二九年發掘工作季在四月中開始，那時誰都沒料到他們將會挖出這麼個東西。[2] 他們清掉大量表土，範圍足有差不多三千平方公尺，然後在七月稍事休息。就算他們每個地方都只往下挖不超過十五到二十公分，卻依然製造出將近五千立方公尺的廢土石與其他垃圾，必須運到棄置場。為此他們花了不少時間為小型鐵路鋪設更多軌道，以便將挖出來的土石運往滑道，讓它們順著滑道落往底下用來棄置廢土的地方。據蓋伊所記，此時廢土堆看來是個整齊對稱的模樣，他覺得「這在發掘活動結束後能成為一片農耕好田」。丘頂目前已經全部挖成棋盤格，每個方格以樁子穩穩打在土裡作為標記。[3]

上述這些總共花了大約三十五天，完成後已經是六月四日，他們在解散放暑假前還能實際進行一個月的挖掘。據蓋伊記載，他們將 325 城牆的另一段、以及他認為是副層位 II 的一層遺跡挖出土，裡面有一座建造精美的大型建築，依蓋伊的說法是「已被舒馬赫一劈為二」。

蓋伊說，最精采的可能是他們發現了兩個馬廄單位的後牆，顯示或許還有至少四座馬廄埋在後期遺跡下方。他說他們還「讓所羅門王那宏偉的提爾城門整個重見天日，」這讓他想起自己很久以前發掘的迦基米施城門。為什麼蓋伊會說這是所羅門王的城門，又為什麼他認為建造城門的工匠是提爾人，原因我們並不確定；但他很顯然用的是聖經中提爾王希蘭（Hiram of Tyre）手下工匠參與建造耶路撒冷聖殿的典故，他上一季也曾引用過聖經裡提到所羅門王「戰車城」的字句。[4]

雖然這個「提爾城門」後來被拉蒙與希普頓重新歸位到新亞述時代的層位 III，而非西元前第十世紀的所羅門王時代，但這仍是個重大發現。這是考古學家頭一次找到米吉多城歷史上任何一個時代的主城門位置。接下來幾個工作季裡，他們還會在附近挖到時代更早、結構更複雜的數個城門，年代從層位 VIII 到往前更早的時代。這些城門的構造，以及每一個城門究竟確切出自哪個時代，再加上雅丁與後來特拉維夫大學考古隊的發掘所得，讓考古學家在整個二十世紀都想破頭同時爭論不休，一直到今天依然。[5] 米吉多的哪一層是所羅門王時代？或是否有任何一層真的是建造於所羅門王時代？當學者討論上述問題時，這些城門遺跡依舊在其中扮演重要角色。蓋伊向布瑞斯提德描述發現城門過程時簡直眉飛色舞，他寫道：[6]

> 至於主城門，我一直覺得它應該位在〔方格〕K9，結果真的就在K9。發現的過程非常有意思，我知道要找什麼；我們才清走一些表土，相較而言總量不多，但就已經遇到一些小線索，足以讓我知道這裡的平面配置就像十年前我幫伍利挖出來的迦基米施南門。等到有幾個主要部分露出來，我將工人調去挖旁邊的地方挖上一陣子，回來用繩子與樁子標出城門平面配置，然後我再把工人帶回來，叫他們沿著繩子往下找城牆。
>
> 我認為某些當地人懷疑我有施什麼魔法……尤其是門樞紐那件事，我找了幾個人，交代他們負責找門樞紐，跟他們說應該會挖到有洞的石頭；結果鋤頭五六下下去之後就看到一個，幾分鐘後又找到另一個，簡直像從帽子裡變出兔子一樣！

接下來蓋伊詳細描述這座兩室構造的城門，還在信件第五頁附上一張草圖。後面講到旁邊一塊區域的發掘情形時，他還做出猜測認為被他跟費雪稱為「副層位 II」的地層應該是在新亞述時代。他的說法是，「我從副層位 II 取得的材料還不足以讓我確認年代，但我猜應該是亞述。」[7] 他的猜測完全正確，不過拉蒙和希普頓最後發表成果時將該地層名稱從「副層位II」改為「層位III」，這點前面有提過，而城門現在是被歸在層位III。

蓋伊還報告說出土大量建築物地基，這些遺跡位置太接近現代土丘表層，所以最上面的石頭都被犁頭刮過。因為大部分地方都沒有層位I，所以這些建築物大多數被他定年在層位II與副層位II的時代。發掘這些建築物時他們挖到了灰泥地板，其中一棟建築物還擁有「頗為現代的衛生設施」，這些都特別讓蓋伊印象深刻。[8]

最後，他還說，這年春天只要花不到一個月的工作時間，就能將整座土丘上層地層全部發掘完畢；等到這些地層清開，所羅門之城就會「完整無缺地」重現人間。這是蓋伊唯一期望在一九三〇年季度裡完成的事，就算他們已竭盡全力加快速度，但他實在不確定還要花多久時間才能挖到「埃及帝國層」。話說回來，他有信心他們能在一九三一年下一次東方學會議（Oriental Congress）發表發掘成果，而他們將「對近東考古學做出非常實在的貢獻，永垂史冊。」[9]

在此同時，蓋伊從一月就忙於安排將十三箱文物運回芝加哥，這些是一九二五到二六年間米吉多發掘出來的東西，是他們（理論上一年一次）與文物部進行分配後得到的部分。數度拖延之後，這些東西終於在五月中寄出，預計要花兩個月抵達紐約；等到七月中它們按時間送達之後，就會被轉送往芝加哥，成為現在東方研究所那令人眼花撩亂的米吉多文物藏品之核心。[10]

除了派遣沃爾曼與林德去製作馬廄的還原模型以外，蓋伊在這季度推行的另一個創新作法是熱氣球空拍。在寫給布瑞斯提德的信裡，蓋伊附上他們從丘頂拍攝的第一批空照圖其中幾張——事實上，這些照片是這整個地區最早的空照紀錄。[11]

蓋伊後來在《古物》（*Antiquity*）期刊上發表一篇文章，講他們的這個實驗性作法。他在文中解釋說，他從一九〇四年就已對空照技術產生興趣，後來他在第一次世界大戰裡又接觸到空照圖，將其用於「機槍間接瞄準射擊相關事宜」。接下來，一九二二年到二三年之間，他在巴勒斯坦文物部又見到這東西。[12]

他們在一九二九年四月已經開始討論使用氣球，當時查爾斯・布瑞斯提德對這意見並不熱衷，他寄了一些加拿大史特靈橡膠股份有限公司（Sterling Rubber Company Limited）的小冊子與他們之間的通信內容給蓋伊，寫說：「你先細讀完這些，你才更能判斷值不值得為米吉多弄出一個航空部門。我自己的反應……是覺得，如果還要分支出去做熱氣球飛行，米吉多考古隊可能會給一場爆炸炸得什麼都不剩，這風險很大。只不過，決定權還是在你手上，確定之後讓我們知道。」[13]

蓋伊顯然覺得值得冒險，他接下來就叫正準備回美國的拉蒙去採購一個電動開關，能從地面上操作來給照相機按快門的那種。結果最後芝加哥大學物理系就幫他們做了一個，據蓋伊的描述是「簡單輕便，且能用。」拉蒙還帶回一個小型氣球成品，這種輕量的便宜氣球通常用在氣象學上。此時林德與狄洛亞也做出一台專為這目的打造的相機，據蓋伊說是由三夾板製成的定焦相機，上面裝有鏡頭和 5x7 底片架。他們用幾條輕鋼絲連著氣球，將氣球固定在預定拍攝區域的上方，同時也通過鋼絲導電來控制按快門的開關裝置。[14]

他們給氣球充滿氫氣，放它升空；頭一回他們設法拍了兩張照片，一張好一張壞。然而，當他們把氣球收起來放回車庫裡，氣球卻「砰地好大一聲」爆炸了。據蓋伊的描述，這下子，「氣球就這樣沒了」。

他評論說，這事發生在十一月五日「蓋伊・福克斯日」（Guy Fawkes Day）實在有點諷刺，畢竟這一天紀念的是一六〇五年炸毀國會大樓未遂的「火藥陰謀」（Gunpowder Plot），英格蘭在此日仍以煙火、營火和各種爆炸聲響來慶祝。[15]

這是考古學界前所未見的創新做法，而我們絕不應低估它的重要性，因為今天我們會使用無人機拍攝空照圖，以及使用衛星影像和空載光學雷達等技術來記錄地面上不容易看見的地點風貌，這些都是由此直接發展出來。[16]

此外，從簡妮特・沃爾曼的日記，以及勞倫斯和簡妮特夫婦倆寄回家的信，我們藉由這兩位目睹者的紀錄也可知道整個經過。簡妮特

圖二十四：在所羅門王馬廄進行熱氣球空照（芝加哥大學東方研究所提供）

證實說氣球綁著鋼絲從地面操控，相機用的是電池，既複雜又昂貴。她的話是這樣：「它完美升空，拍下照片，一切順利。可是，當他們把氣球拉進車庫裡存放預備日後使用，它卻沒來由地爆炸了，裡面氫氣全浪費掉，球皮碎成片片……這也算不幸中的大幸，至少它爆炸時相機沒裝在上面！」[17]

蓋伊告訴布瑞斯提德，他們在這之後自作主張訂購另一顆氣球，「這顆用的是沒有彈性而更堅韌的材料，」希望東西快點抵達，讓他們能拍攝一整套完整的照片，像拼馬賽克般用照片拼出這個時候丘頂的俯視圖。氣球確實很快在十二月中送到，但那時他們已經停工放寒假。蓋伊同時也在仔細考慮要不要購買一個「能負載單人的鳶式氣球」，他還預測說航空攝影「不多年之後會成為常態」，結論是「我覺得（東方）研究所可以成為先驅。」[18] 最後，他們得以為整個土丘頂部拍下空照圖，製作出兩份拼貼出來的全景照，一份送往芝加哥，另一份保留在發掘現場。順帶一提，蓋伊還說他們另外買了一個「伸縮梯，用來清理街燈的那種，」最長可以拉到將近十公尺。風太大無法放氣球的日子裡，他們就用這梯子來代替。[19]

＊＊＊

蓋伊在一九二九年的最後一封信讓布瑞斯提德充滿希望且意氣飛揚，他只要想到可能復原出米吉多整個所羅門時代的城市平面圖，然後再繼續往下挖到埃及層，這就讓他精神大振，因為這兩件事他都已經等得不耐煩了。他對創新的氣球空拍成果也感到滿意，同時還想到另一個完全不相關的問題；如果在土丘西側開闢第二個廢土場，能不能讓發掘速度加快？這點他很有興趣知道。[20]

蓋伊的態度也很樂觀，他在一九三〇年一月底寫信回去，寫了些他自己對下一個工作季的想法。他認

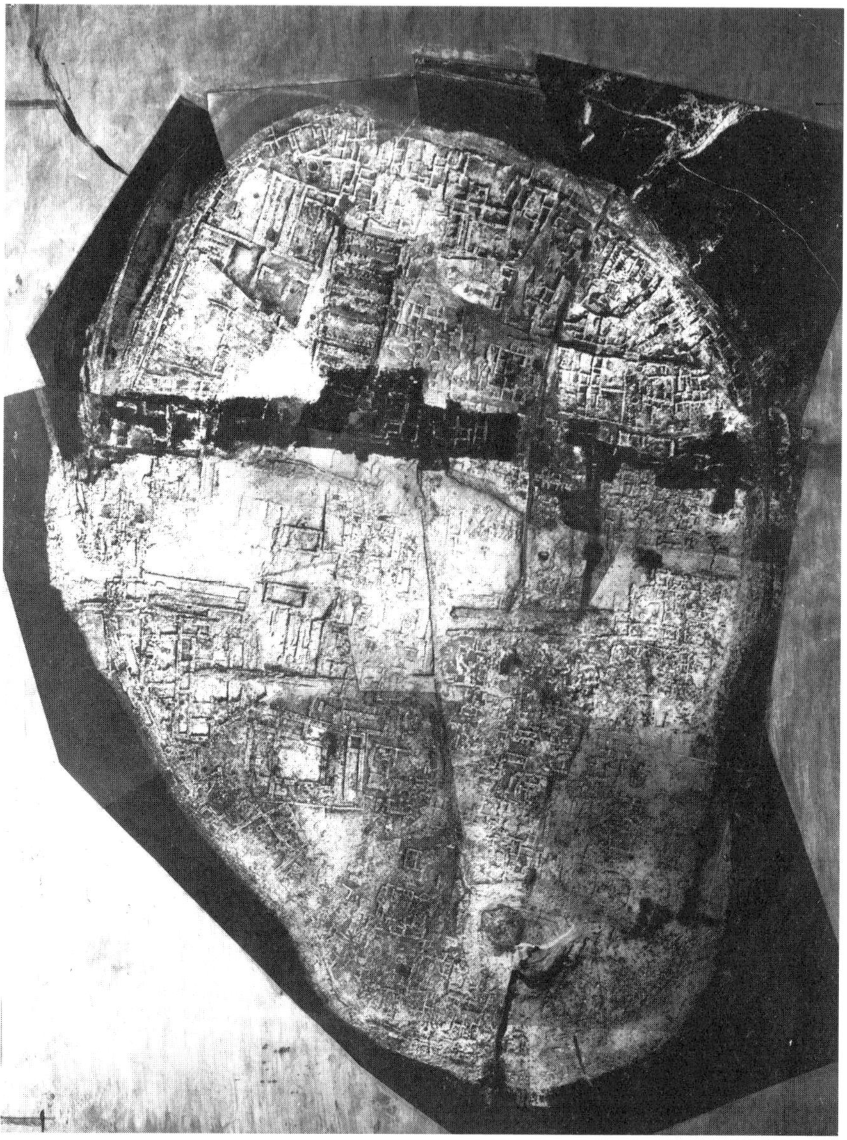

圖二十五：米吉多第一張由空照圖拼出的全貌，上方為東方
（芝加哥大學東方研究所提供）

為在土丘西側開闢第二個廢土場不適合，原因有很多，但最主要是清理那片區域會嚴重拖慢他們原本進度。另一方面，他也翹首盼望著讓整座他心目中的所羅門之城重見天日，包括埋在高地上方格Q8與那座可能是「總督宮」的建築物Q9，他暗示這座建築物說不定「比大馬廄還要龐大」。[21]

布瑞斯提德還推動一項做法，這似乎是中東考古學界又一個破天荒創新。二月初，他寄一本《孟賽爾色彩大全》（*Munsell Book of Color*）給蓋伊，指示蓋伊開始使用。[22] 這套系統結合色相、亮度和彩度，用來精確辨別顏色，首先是在藝術界推行，而東方研究所在一九三〇年要求他們海外所有考古隊使用這套系統，在挖掘的過程中以此描述並記錄土壤顏色。舉例來說，某種特定褐色的土壤可能在發掘報告裡會被寫為10YR 5/3，這樣另一個考古學家就能從色彩書上找出相應的顏色（雖然說考古學家腦子裡大概都已記牢這套辨色系統，只要看到號碼就能想像出顏色）。[23]

如今，幾乎全球各地所有考古發掘活動都慣常採用孟賽爾顏色系統。但在當時，新版的《孟賽爾色彩大全》才剛於一九二九年問世，芝加哥大學各個考古隊可能是世界上第一批將此書用在考古學界的人，就算不是唯一也是其中之一。寄給蓋伊的書還附了一封信，說此書已在美國各個藝術院校通用，芝加哥大學藝術系高度推薦此書。問題來了，布瑞斯提德是怎麼想到要用這套系統來輔助考古（或者是誰建議他這樣做）？答案至今仍不明。

言歸正傳，那年春天來得早且雨下得遲，所以一九三〇年四月底的時候他們已經工作了二十六天，清理土丘西南角。這塊地方沒有晚期地層，這表示他們能「更快挖到下面的好東西」。[24]

布瑞斯提德一直未能按時收到詳細的土丘工作進度報告，這開始讓他對蓋伊愈來愈不滿，雖然這股不滿還要再累積四年才會爆發。該年年底，蓋伊在十二月中說他正要寄信「說明此季度詳情」，但要等到隔年一九三一年二月初，蓋伊才總算把他寫的這一份也是唯一一份一九三〇年季度詳細考古報告交給布瑞斯提德。[25]

然而，到了五月中，我們卻是由簡妮特・沃爾曼的一則日記而非蓋伊的報告裡得到對本季最重大發現的一點模糊印象。「喝茶前爬上土丘散步，」她寫道，「挖掘工作瘋狂進行，出現一些有趣的現象，例如有一個底下鋪碎石的深坑，目前還沒找到牆壁。」[26]

結果這並不是什麼「深坑」，卻是輸水隧道的陡峭入口；這條水道為土丘供水一千多年，可能是從青銅時代一直到土丘上再無人居為止。但考古隊還要在下一個工作季花好多時間才能弄明白這些，並將輸水道全部挖出土，而那時沃爾曼早已離開考古隊。

至於實際挖掘工作，我們對於秋季工作季與同年早先的春季工作季所知一樣甚少。布瑞斯提德在十一月底收到一封信，蓋伊寫說它們正「搶在雨下到我們頭上之前能挖多少就挖多少。」他報告說他們已經開始清移某些最晚期的遺跡，這樣下面一層各個東西的平面配置就會比較清楚。接下來，蓋伊在十二月中寫的信裡說他們已在當月八日停工，他會另寄一封信報告發掘成果（他確實寄了，但就像前面說的一直拖到二月）。他說，這裡他要講的只是他們相較之下沒有什麼次要發現，但「整座土丘表層已經清光……會有很多有意思的東西等著我們去看。」結尾他說，「我們已經移走極大量的東西才挖到這裡，本季的成果雖不精彩，但也可說讓人滿意。」[27]

一九三一年二月初，蓋伊總算把工作季各種事情的完整報告交給布瑞斯提德。[28] 信很長，但其實蓋伊真正說的東西很少，整封信可以簡化成幾個特定的主題或要點。首先，他們工作季大部分時間都用來清理搬運整個丘頂剩餘的表面土壤（也就是我們現在學術上所稱的「表土」〔top soil〕）。現在他想給整片區域拍攝空照圖，每一層都要拍，但卻因缺乏氣球使用的氫氣而遲遲未能實行，所以他希望氫氣能盡快運到。他說，他們還在繼續發掘土丘東坡，以便擴大廢土棄置區。還有，他們持續在該區域查找發掘一道防禦外牆的更多部分，甚至還在同一地區又發現幾座墳墓。

第二，他們修改了鐵路系統。最主要的改動是在他們所稱的「大北線」，這條路線過去會通過馬廄區並跨越舒馬赫的長溝，現在它被改建為直接從城門通往廢土堆，也就是說這條路線不再需要連接滑道。反過來說，這表示現在只有兩條鐵路會需要連接滑道，於是他們之前經歷的堵塞情況也因此緩解不少。此外，重新規劃路線之後，他們得以找到並清理出從城門延伸到丘底一段距離的通衢大道，現在他們行走這條道路時能踏在他所謂的「所羅門王鋪路石」上，一路走到城門然後穿過去。[29]

第三，他在考慮將前幾個工作季發現的東西做最後的整理發表，他設想的內容是簡介米吉多遺址，並解釋他們的發掘活動和紀錄系統。這裡面也會約略討論表土裡發現的所有東西，以及他們清理舒馬赫廢土堆過程中發現的每一樣文物。實際上出版這一冊所需的所有插圖都已齊備，連介紹插圖內容的清單文字都俱全，但蓋伊在職期間居然找不出時間來寫配圖的文字，這確實令人難以置信。[30] 這些材料後來都留給拉蒙與希普頓，作為一九三九年出版《米吉多I》的一部分，距離此時已隔將近十年。

最後，展望下一個工作季，蓋伊樂觀表示他們能清理完層位II的東西，然後開始在副層位II下功夫，再把它也清理掉。這樣，等到暑假來臨時，他們就能讓整座土丘的層位III與IV完全暴露出來。[31] 這計畫實在是過度雄心勃勃，後來就不用說了，等到他們一整個工作季下來，離這些目標都還遠得很呢。

事實上，從費雪一開始來到這座土丘，到現在已過整整五個季度（一九二六到三〇年），但他們都還在最表面那幾層刮呀刮的，且蓋伊還承認這幾層定年特別混亂而困難。想想這情況，也未免令人覺得灰心喪志。既然土丘這麼高，考古隊員一定多少有些猜測，但他們此時還不知道，要挖到這處古老遺跡最早有人居住的聚落層，中間還隔了好多好多層必須發掘。

簡妮特・沃爾曼在一九三〇年五月的日記裡提到一個有意思的「碎石鋪地的深坑」；此時大家全部歸隊，開始一九三一年春季工作季，而這東西也立刻步入舞台中央。蓋伊在二月初告訴布瑞斯提德，說他們持續在發掘方格 P4 與 Q4 肉眼可見的一個凹陷處，而他「實際上很確定這會挖到供水設施」。[32] 他們在三月二十二日星期二開工，等到六月中蓋伊已經可以發送前面引述過的那封長電報給布瑞斯提德，那是他第一次宣告這條水道規模之大。

兩星期後他續寄另一封信，信的長度（整整八頁，其中將近一半都在講述隧道發掘情況）與信中熱情筆調都讓人不得不特別注意。自從幾年前他們挖到馬廄之後，這是蓋伊頭一次因考古成果而表現出興奮之情。該年稍後出版的東方研究所手冊修訂三版裡登載著關於他們這些發現的短篇報導，新創立的期刊《巴勒斯坦文物部季刊》（*Quarterly of the Department of Antiquities in Palestine*，簡稱 QDAP）也在隔年刊登相關報導，當時巴勒斯坦地區所有正在進行的考古活動每年都必須提交報告，這是其中一部分。[33]

這時，他們開始發掘的那個凹陷處已經擴大到足足有三十公尺寬，大到讓他們開始同時挖掘方格 O5，並在此發現一道往下的石階梯。此時看來凹陷處顯然是一個下挖通過多個生活層的大豎井頂部，據蓋伊描述是呈漏斗狀，而石階梯就從這裡面向下走。第一道階梯連著第二道更往下的階梯，螺旋延伸「像一個左撇子用的方形開瓶器」，沿著豎井走，豎井是在堅硬岩石裡開鑿出來，寬度七公尺。[34]

豎井與階梯直直往下延伸至少二十公尺，然後連接上一條鑿在岩石裡的隧道，隧道斜斜往下再走十四公尺，到這裡接著一條水平隧道，往西南方向再走五十公尺（也就是說，垂直長度總共約三十公尺，往外水平延伸的長度又有大約四十六公尺）。隧道高三公尺寬兩公尺，成人可以挺直輕鬆通過。[35]

蓋伊說，隧道最末端是個大房間，直接開鑿在整塊岩石裡。他的形容並不誇張，後來他們的紀錄裡說這房間有七公尺高、五公尺寬。房間地板上有一個大水洞，洞底仍有足量存水。據蓋伊說，這裡以及隧道地上其他幾個洞裡的水都「甘甜可飲」。他還注意到他們汲水後水面會立

圖二十六：開始發掘供水系統，表土已經移除（芝加哥大學東方研究所提供）

刻漲回來，因此他合理判斷這就是這地區的地下水面。[36]

房間長度足足有二十三公尺，考古隊員在最末端發現一堵幾乎是正方形的擋牆，四點五公尺寬、五公尺高。蓋伊記說這堵牆是以一塊塊巨石從外面築成，牆內壁塗抹泥漿，數千年前工人留下的「指痕」在上面「依然清晰可見」。[37]

就在擋牆內側的地方，接近頂部處有個凹室，蓋伊認為他們在這裡找到的是一個警衛站，前方圍繞石頭砌成的界線。有片地方整個被煙燻黑，可能是警衛放燈的位置，還有一塊頂部凹陷的大石，可能是警衛的坐椅。依據蓋伊的說法，連警衛本人，或說他本人的遺骸，都還在這裡，因為他就死在這位置上。他們在遺骨旁邊發現一個製作精良的青銅錘頭，但蓋伊說他們不確定這東西是屬於警衛所有，還是致他於死地的武器之一。[38]

拉蒙還認為，這位死時大約三十歲的男子當時是在守衛這座洞穴與水源。他假想這名警衛是一場敵對攻擊的犧牲者，「在崗位上突然殞命」，然後就這樣被遺忘，留在倒下的地方。他的時代說不定更早，那時這整個輸水系統還沒蓋好，城市與水源之間還沒有直接的通道，所以只能從南邊入口進入水源區。[39]

圖二十七：輸水道（芝加哥大學東方研究所提供）

不過，我們也該知道，最近拉蒙和蓋伊這些猜想都被打入冷宮，整個故事也成為過時的錯誤。希伯來大學（Hebrew University）的安娜貝爾・札澤奇佩烈（Anabel Zarzecki-Peleg）最近提出說法，認為這個「警衛站」可能實際上是個岩石裡挖出來的橢圓形墓坑，裡面的遺骸年代可能是青銅時代中期，但因後來建造供水系統的活動而遭移動或破壞。[40] 倘若如此，那也就沒有什麼為了守禦供水通道而死在崗位上的英勇警衛，這下子浪漫氣氛大大減少，但卻能解釋為何沒人回來為他收屍埋葬，因為他已經下葬了！然而，就算這套新理論也說明不了上古時代這具屍體為什麼被留在原處，為什麼沒有被移開、被重新埋好、或乾脆就被扔出去，畢竟在建造與維修這些隧道、大房間與擋牆的過程中怎麼可能沒注意到它存在呢。如此這

圖二十八：米吉多供水系統內發現的「警衛」人骨／墓葬
（芝加哥大學東方研究所提供）

般，我們面對這謎團還是只能東猜西想，這種情況在考古學裡是太常見的事。

大房間另一側也有階梯上通外面，這表示最初人們也能從另一個方向進來取水，說不定原本就只能從另一個方向。蓋伊後來發現，從階梯出來的地方位在土丘南邊山腳。只不過，到了某個時候，很可能是供水系統已經使用一段時間後，擋牆就被建造起來，讓人再也無法從這一端出入，通往水源的唯一方法只剩下從城中走隧道這條路。[41] 同時，原本另一個出口的所有痕跡大概也被抹去，這樣城市在敵軍攻城的時候就會比較安全。

擋牆建造的時間不明，某些學者認為應該是供水系統使用年代的晚期，那時城內居民比較會擔憂敵軍來襲。另一方面，擋牆也有可能是與其他修建工程一同進行，這些工程包括對隧道地板進一步施工，讓大房間的地面往階梯底端傾斜，這樣水就能流入隧道注滿豎井；所以說，建造這整個系統的意義就是要造出一座深井。有的人主張說這整套系統是一次全部建好，從一開始就是個大型人工水井的模樣，而非像拉蒙認為是經過三個不同階段慢慢變成這樣，但這場爭論目前還沒有答案。[42]

蓋伊說，到了某個時候，他把「大伙兒」叫到外面，讓他們在方格Q2的某一點往下挖，蓋伊認為那裡位在擋牆與大房間的正上方。工人往下挖了四公尺，果然就挖到擋牆外壁部分。蓋伊歡天喜地記錄了當時情況：「我在大房間裡聽見外面做事的發掘工的鋤頭響聲，就像西羅亞碑文（Siloam Inscription）裡面寫的那樣。」[43] 西羅亞碑文刻在耶路撒冷現在所稱「希西家隧道」（Hezekiah's Tunnel）的內部，部分內容如下：

> 當〔鑿石工人揮動〕鋤頭，每一下都向著對面工人的方向；當通道還剩下三腕尺的距離未鑿開，就能聽到有個人在喊另一邊的工人，因為石頭間有個縫隙，從南邊開裂〔到北邊〕。[44]

可想而知，對蓋伊與考古隊員來說，發掘整座供水系統既令人欣喜若狂又有如一場夢魘。據蓋伊所記，這工作極其艱辛，過程中他還曾經讓九十到一百個工人排成長鏈，從開挖面一路將挖出來的土傳遞運往地表，但隧道內空氣實在太壞，他們一次也只能工作個幾小時。此外，據他所說，地底下「過了階梯底的地方就伸手不見五指」，所以他們決定在裡面安裝供長期使用的電路，這下他們新換的 110 伏特電路系統就能派上用場。如此，隧道裡不僅有了照明，還能裝上風扇「讓空氣品質保持在不錯的狀況，於是工作時間就能延長到一整天。」但這也表示他們得把沉重電線拉超過半公里的距離，以便供應電燈與電扇所需的動力。他們還在隧道地上鋪設鐵路，這樣就能更快更方便地運走廢土，同時也減少隧道裡需要的人力。[45]

帕克從頭到尾勞苦功高，蓋伊說他做起工來「像個特洛伊人」，這無疑是表示最高讚美。他說帕克發明出各式各樣裝置來加快工作速度，讓事情進行更順暢，且大部分木工都是帕克親手所做。意外事故也很稀少，只是有一次三個裝濕土的籃子從豎井頂上掉下去，打中埃及工人的工頭哈米德，把他打昏暈倒在地。蓋伊說，在那之後，工人如果摔落東西就要罰錢，於是這類意外的發生頻率大幅減少。[46]

在最後，蓋伊把遠在芝加哥的布瑞斯提德捧上了天，說「都是因為有你爭取到這麼多資源，這支考古隊才有可能完成這份工作。」他還耀武揚威地提到說，馬卡利斯特始終沒有把基色的輸水通道整個發掘出來，但他（蓋伊）卻「下定決心在米吉多決不半途而廢，無論隧道通向何處，無論我們遇到什麼阻礙，我們都會一路挖到它的最末端。」[47]

我們至今仍不知道這條隧道最初何時建造、最後何時棄置，只能對此生出許多想像。蓋伊在一九三一年寫給布瑞斯提德的信中明顯可見他認為最初隧道開挖的年代非常之早，說不定是在西元前二千年的青銅時代，但他也說接下來有一些改建、封阻與重開的事。[48]

然而，等到拉蒙在一九三五年發表關於輸水系統的最終報告，他卻描述說豎井頂部是挖過青銅時代晚期的地層，另一條更早期通往水源的通道（629 號長廊）年代大概約在西元前一二〇〇年。因此，他認為輸水系統最早建造於青銅時代晚期，差不多是西元前一一五〇年或不久之後，也就是黎凡特地區（Levant，位於西亞地中海東岸一帶）迦南政權動亂與傾覆的時代。稍早之前，拉蒙在一九三四年十月中寫一封信給布瑞斯提德，那時他們剛完成整個隧道裡的工作。他寫道：「依據我的論點，輸水系統很確定是建造於第十二世紀期間，但之後在不同時期都被使用，一直用到希臘—波斯時代（Greco-Persian Period）。豎井與隧道建造之前，第十二世紀的人已經在使用這個『井窟』，大概可以回溯到米吉多歷史最早的時代。」[49]

不過，雅丁在他一九六〇與一九七〇年代的著作裡卻說，輸水隧道建造時代是層位 IVA 的時代，也就是鐵器時代，約在西元前第九世紀或更晚。[50] 許多學者談論到輸水系統建造時間時還是引用雅丁的定年與說法，[51] 只是就後續輸水系統使用期間不同階段演變的時間點提出一些不同的意見。其中考古學家諾瑪・富蘭克林（Norma Franklin）從一九九二年起曾以特拉維夫大學考古隊一員的身分在米吉多工作多年，她提出假說，主張輸水系統最初建造年代其實較早，是如蓋伊所認為的青銅時代中期。[52]

在我看來，事情仍然沒有定論。我並不同意雅丁的主張，而是支持拉蒙的意見，我認為豎井與隧道至少在第十二世紀已經開鑿出來。此外，我還要引用最近在基色重新展開的發掘活動所獲的成果，該地有一條非常類似的輸水道，也就是馬卡利斯特一百年前沒發掘完的那條，這條輸水道的建造年代似乎是青銅時代中期。[53] 如果真相果然如此，如果米吉多的輸水系統建造年代與此相彷，這意思就是蓋伊的主張是正確的，到頭來米吉多這條輸水道還是建造於青銅時代中期。

蓋伊還寫到說，大房間屋頂與牆壁上有蜜蜂與黃蜂巢，他認為這些只有可能是在擋牆建好之前出現。

他小心翼翼提出一個假設，雖然他並未提出支持自己推論過程的堅實基礎：他認為建造擋牆、封閉南方出入口、以及將水源所在位置加以隱蔽，這些事情都發生在鐵器時代早期。他還說他們已將蜂巢採樣，交給一位名叫巴克斯頓（Buxton）的昆蟲學家檢驗，請他確認同樣的物種是否仍生存於英國託管地巴勒斯坦。可惜的是我們並不知道結果。[54]

至於輸水系統何時遭到廢棄，拉蒙認為它在西元前六〇九年約西亞王的時代，也就是層位II的時代依舊有部分被使用，但他不確定最後是何時完全停止使用。[55] 蓋伊認為他在隧道與大房間的廢土石中有找到希臘化時代的破片。在發表於一九三二年巴勒斯坦文物部季刊的短篇報告中，他特別寫到他在輸水系統中找到「晚期陶器，包括一片黑色希臘陶器的破片，在豎井低處的位置。」這一點，加上階梯是一直往上延伸到土丘表面（且未被後來的地層覆蓋過去）這個事實，讓他認為輸水系統一直被使用「直到人們在此居住的最後時光」。[56]

為什麼這條隧道最後被棄置淤積，又是從什麼時候開始被棄置淤積，除了蓋伊外沒有別人真正提出自己的猜想。既然蓋伊與隊員清理出大房間之後發現水源仍在，且嘗起來「甘甜」，看來整套系統一直到最後都還維持原有功能，也就是說水源並未乾涸。我的推想是：輸水系統可能在波斯時代最末期，也就是大約西元前三五〇年米吉多成為廢城之時遭到廢棄，但也有可能是在更早之前。

整體來說，在一九三一年工作季的前半葉，一直到七月七日發掘工作停工之前，蓋伊的心力都投注在清理東坡的更多發掘方格，以及將丘頂最晚期的遺跡清除掉。他們在東坡找到幾座墓葬，有的年代明顯是青銅時代早期，其中有一座裡面埋了四十八顆頭骨和其他許多骨骼。其他墳墓裡出土的有圖特摩斯三世與拉姆西斯二世時期的聖甲蟲，所以這個工作季目前成果還不錯。當蓋伊在六月底寫信給布瑞斯提德，他們已經進行了八十三個工作天，蓋伊說這比過去任何一個工作季都多。[57]

一星期後，就在大家放暑假離開的前一天，蓋伊又寫信告訴布瑞斯提德他們在過去幾個季度裡清開了多少土石（光是過去三年就有四萬零五百立方公尺的量，其中三萬七千立方公尺來自丘頂），然後重申：「我在六月三十日的信中已說過向下發掘出圖特摩斯三世地層的事，請您務必相信，我想要挖到那裡的心情和您完全一致。但都是因為我對米吉多丘的了解，以及我對考古學上極常犯的那種罪的痛恨之情，迫使我不得不慎重行事。」[58]

蓋伊打算在九月二十七號結束暑假回來，秋季發掘工作季大約在那不久之後開始。[59] 但我們不能完全確定日期，也不清楚他們秋天是否找到了什麼，因為十月的通訊內容極其稀少，十一月與十二月更幾乎全無資料。我們只有蓋伊十二月初發給布瑞斯提德的電報，內容是就東方研究所在芝加哥新建築的落成典禮一事向他道賀。此時又有一樁人事問題浮現，彷彿這季度沒出點事情就不算完整一般，因此十二月十日到十一日有幾封電報來往，同意讓生病的恩堡在盧克索的芝加哥考古隊住處過冬。恩堡的病後來痊癒。[60]

當我們再看到蓋伊的信件，那已是整整一個月以後的一九三二年一月十日。他說，他們一九三一年秋天可以進行發掘的日子更長，所以直到三天前工作季才結束。但他信裡沒有提到發現什麼，只說他剛剛總算放埃及工人回家，讓他們去過一個應得的寒假。[61] 他們誰都不知道這一年的稍後以及隔年有什麼在等著他們。

第九章 最骯髒的信件

米吉多考古隊，特別是蓋伊的領導情形，在一九三二年工作季逐漸開始脫軌（而且這不是鐵軌製造商德考維爾公司的錯）。前一季的日子如鮮花著錦，挖出供水系統的成就僅次於三年前發掘出所羅門王馬廄，但在此刻一切已成往事。考古隊持續挖到更多馬廄，但布瑞斯提德此時對發掘工作與成果發表的情形已經非常不滿，決定親自介入來重新規劃，包括要求蓋伊與葉米瑪搬出工作中心。到最後，這些永遠擺脫不掉的人事問題終於爆發，有人狀告考古隊引發一場官司，還有兩名職員動手威嚇彼此，一名年輕學者因走私文物被罰款，最後是蓋伊捲舖蓋走路。

這些問題基本上圍繞著三個人轉，一個是蓋伊自己，第二個是賀伯特•梅伊，他在一九三一年十月剛偕同妻子海倫抵達這裡。我們在前一章已經說過，梅伊是芝加哥方面不顧蓋伊意願送來接替史塔波的人選，但兩人見面相處幾星期後，蓋伊在一九三二年一月初兩度對布瑞斯提德說他算是喜歡梅伊，這點之前也提過。到了七月，蓋伊已經覺得梅伊是個好相處的「值得讚賞的年輕人」；他說他此時已經給梅伊「高到不能再高的評價」，也說梅伊的工作表現「各方面都很傑出」。[1] 然而，縱然蓋伊此時改變觀點，但兩人的關係到了一九三三年又開始惡化，原因在於伊曼紐・威倫斯基，也就是這場三人風暴中的第三個要素。

讀過前面幾章的讀者會記得威倫斯基曾在一九二八年春季在米吉多暫時擔任測量員，替補身患瘧疾回芝加哥養病（同時跟他未來的妻子佛羅倫斯談戀愛）的狄洛亞。威倫斯基第二次來米吉多是從一九三二年四月到一九三三年六月，可嘆的是這卻弄得所有人都不高興，最後也是威倫斯基把考古隊一狀告上法庭。

一九三二年一月，上面說的這些都還未發生。此時恩堡還在埃及調養身體，他後來告訴布瑞斯提德自己當時是患了膀胱疾病，然後又因兒時留下的腎臟舊病而雪上加霜。恩堡一整年都被這病纏身，耶路撒冷的醫生最後告訴他唯一一條路就是注意飲食，除此之外甚麼都沒辦法。不過，入夏之後他已經復元得差不多，還能與拉蒙蓋伊兩人一起去倫敦參加考古學會議，會後與拉蒙作伴遊覽歐洲各大博物館。[2]

也是在一月這時，蓋伊開始問上面能不能讓他再度雇用威倫斯基。他提醒布瑞斯提德說威倫斯基之前已為他們工作過，並盛讚他的各種優點。他講說威倫斯基學建築出身，是個優秀的繪圖員，曾在美索不達米亞的努茲為哈佛大學考古隊工作四年。更要緊的是，蓋伊說，威倫斯基能說一口流利阿拉伯文，能「管人」。用蓋伊的說法，「他很了解情況，不需要適應期，只要來了就能開始出力工作。」[3]

蓋伊這次想以考古助理而非測量員的名義雇用威倫斯基，並說他會讓威倫斯基上土丘工作，監管那裡的發掘情況並參與寫現場筆記；因為在蓋伊眼裡，除了威倫斯基以外，其他的隊員都不算是「天生的考古發掘者」。他打算讓威倫斯基從四月開始上工，從他們夫妻居住的海法通勤來發掘現場；此時海法到米吉多之間的路已經改善不少，單方向一趟只需不到一小時。[4]

查爾斯・布瑞斯提德對整件事都不太看好，他對他父親說「威倫斯基聽起來很合格，但是，我們真要多用一個閃族人嗎？」如前所述，威倫斯基是出生在烏克蘭的移民，他的血統確實是猶太人。[5]雖說查爾斯這樣對他父親表達，但蓋伊還是在二月獲得許可雇用威倫斯基，讓他從一九三二年春季工作季起頭開始上工。雙方很快簽下三年約，表面上契約期限是到一九三五年春，但有個關於差旅津貼的誤會一直拖到秋天才弄清楚結案。[6]然而，威倫斯基到米吉多一年之內就得罪大多數其他隊員，雇用他的這個決定最後導致所有人後悔。

一九三二年季度最初有兩件事值得注意，這兩件事都在未來幾年產生程度不同的長遠禍害。第一件事，因為有間監獄預定蓋在米吉多附近（被稱為「勞動營」），蓋伊與海法的地區專員辦公室（District Commissioner's Office）已經從冬天吵到春天，大部分時間都在吵。監獄原本預定的地點距離這處古老遺址約有一千三百公尺遠，該地點另一側就是現在所稱的「米吉多交叉口」（Meggido Junction），通往阿富來的路在此與通往傑寧（Jenin）的路交會。

蓋伊對這個地點沒有意見，但接下來總監辦公室決定把監獄位置改到新地點，往米吉多方向移五百公尺，這讓蓋伊大發雷霆。最後監獄總算是蓋在一開始選擇的位置上，而這麼做最主要是看在洛克斐勒的面子。洛克斐勒此時已在英國託管地巴勒斯坦投注大量金錢，他不僅是米吉多考古隊的贊助者，連耶路撒冷剛蓋好的新博物館都是他出的錢。[7]諷刺的是，距今不到二十年前，人們發現這座監獄剛好就蓋在另一處古代遺跡「奧特內村」（Kefar 'Othnay，又名卡波科坦尼〔Caporcotani〕）的頭頂上，這裡在二〇〇五年挖出一幅馬賽克，上面有「耶穌基督」的名字，是目前全世界所發現的文物裡最早出現的地方。[8]

除此之外，春季工作季開始之前，查爾斯・布瑞斯提德與家族其他人展開一場保密到家的旅行，旅途經過米吉多以及近東地區大部分地方。蓋伊早就收到一系列電報通知，有趣的是這些電報卻沒有加密；他在二月底已準備好「絕對可靠的轎車與司機」嚴陣以待。[9]

從那時候起，一直到三月第一個星期，來訪的這群人將米吉多以及附近所有活動都拍攝下來，其中還包括空拍鏡頭，然後他們再前往東方研究所在埃及、土耳其和伊拉克的其他發掘點。從字面上來看，拍攝期間考古隊全員入鏡。到了四月，恩堡寫信回東方研究所說「C.B.和他那一批人已來過，但他們離開之前成功引進一套頗新的詞彙，影響大概一時半刻不會消失。我們所有人現在每天做事都在『建立』（establishing）、『拍攝』（shooting）、『橫搖』（panning）、『淡接』（fading）和『剪接』（cutting）。」[10]

拍攝的這部影片，最後造就了布瑞斯提德在電影界最輝煌（也是唯一）的一刻。《人類歷險記》（*The Human Adventure*）於一九三五年上映，影片內容探討過往文明的歷史，而形式上這一小時其實就是布瑞斯提德在為觀影大眾做現場介紹。該片在紐約市卡內基音樂廳（Carnegie Hall）放映三次，之後數年內在美國各地上映。[11]《紐約時報》一名影評家顯然不知道未來會有印第安那瓊斯這類型電影大紅特紅，他在影評一開頭就說：「除了集郵之外，考古學看來是最不可能成為電影題材的東西。所以說，當我們發現就連這門科學都能拍成娛樂影片，這實在令人分外驚訝。」[12]

查爾斯・布瑞斯提德身兼劇本寫作與旁白二職，電影開頭是詹姆斯・亨利・布瑞斯提德穿著他招牌的三件式西裝搭配領帶，站在他辦公室桌子後面，桌上擺滿文物，這些文物他一樣樣拿起來解說，從新石器時代石造工具到楔形文字黏土板。旁邊畫架上剛好擺置一幅上古近東地圖，他偶爾會用一根長長的老式木質指棒在上面指點。

這場隔空之旅從影片第十五分鐘開始，有現代開羅與基沙古金字塔的空拍照來畫龍點睛。旅程首先帶大家去埃及各地，從古王國出現之前的歷史一直講到新王國結束。他們在當時正進行發掘的許多遺址拍攝動態照片，搭配旁白內容做為背景播放，其中東方研究所在盧克索的考古隊總部「芝加哥屋」（Chicago House）作為重點受到特別詳細的介紹，然後這趟旅程才往北進入英國託管地巴勒斯坦。觀眾像是坐在雙翼飛機裡飛越耶路撒冷、飛越約旦河，但又能毫無阻礙地將景色一覽無遺。然後他們欣賞到海法的鳥瞰全景，再接下來就是米吉多遺址，這裡幾乎是剛剛好出現在電影開始半小時後。查爾斯•布瑞斯提德描述米吉多是「古城疊出的千層蛋糕，下一座就建造在前一座頂上，」他戲劇化地告訴聽者，東方研究所的考古隊正在將這些地層一層一層剝開；他說，無疑地，「最底層有石器時代聚落等著被人挖出土。」

這部電影當然不是毫無瑕疵，一個大問題就是它呈現的內容資訊如今看來很多都已過時。然而，回到當時，這是一部極具新意且非常大膽的作品，是今天電視上考古學紀錄片的先聲，而它在生產價值和公關效果兩方面都對東方研究所貢獻良多。更何況，那些只對米吉多感興趣的人也會覺得看一次電影值回票價，他們能看到發掘過程的景象，還有埃及鑿石工與數十名工人揹著廢土筐的畫面。影片裡還有輸水系統入口從上往下看的樣子，有恩堡在一座墳墓裡發掘骷髏的影像，有正在進行陶器復原工作的中庭模樣，還呈現氣球被運到丘頂然後升空從高處拍攝遺跡的過程。

身為旁白，查爾斯•布瑞斯提德花時間解釋發掘工作到底是怎樣進行，還輔以考古隊正在使用的鐵路系統影像。他說，人們在小車廂裡裝滿廢土石，然後讓車廂駛過鐵軌前往滑梯進行傾倒，於是石頭就會

「砰砰作響地」往下落入「不斷變大的廢土堆」。就連工作中心進行紀錄與登記的工作情況也展示出來，絕大部分核心人員都客串出鏡，他們伏案認真做事，替完整的器皿測量繪圖等等。此時，旁白不動聲色說出或許是整部片裡最精采的一句台詞：「對待剛發現的物品就像對待剛被捕的犯人，把它們帶到調查單位去確認身分。」米吉多這一段整個時長超過八分鐘，結尾輕鬆愉快，拍的是工人的慶祝活動，有人拿竿子比劍，有給小孩的「甜點」和熟米飯，還有男人跳舞。[13]

拍攝結束後，米吉多的一九三二年工作季總算在三月底開始。[14] 然而，接下來幾個月，我們在蓋伊寄回芝加哥的信裡又找不到任何相關訊息。他沒有說考古隊正在發掘土丘的哪裡、也沒有說找到什麼，甚至也沒有說他們是何時停工放暑假。一直到隔年一月，蓋伊才告知布瑞斯提德他們這時候的發掘成果。

於此同時，歐洛夫・林德在五月底被找去海法南邊一點的阿特利特（Atlit）史前遺跡拍照。該遺址位於迦密山山坡上，現在一般所稱的「迦密洞窟」（Carmel Caves）就在這裡。

從一九二〇年代到一九三〇年代，這些洞窟裡的發現大多都是朵洛希・加羅德（Dorothy Garrod）這位考古學家的功勞，她後來成為劍橋大學第一位女性教授，在一九三九到一九五二年間擔任考古學迪斯尼講座教授（Disney Chair in Archaeology）。她從一九二八年開始發掘凱巴拉洞窟（Kebara Cave），然後在一九二九到一九三四年間發掘另外兩座塔布恩（Tabun）和瓦德（el-Wad）洞窟，這兩座洞窟從五十萬年前就有人居住，一直被使用到大約四萬年前再往後一些；加羅德在此發現一個年代約在十二萬年前的尼安德塔女性墓葬，這兩座洞窟特別是因此而著名。[15]

不過，林德被找去拍照的是附近另一處斯庫爾洞窟（Skhul Cave）內的骷髏，這裡有一位剛在一九二九年獲得學士學位的美國體質人類學家泰德・麥考溫（Ted McCown）正與加羅德一同工作，此人將來會在加州大學柏克萊分校事業有成。[16]他們剛剛發現一些端倪，後來他們會在此找到一系列人骨，其中某些是尼安德塔人，其他的在解剖學上則屬於現代人，也就是Homo sapiens。他們的研究結果發表後在學界引起不少討論，因為這些屬於最早的一批證據，證明這兩種物種在同時間共存且似乎還生活在一起，至少在迦密洞窟情況如此。[17]

麥考溫提議讓米吉多考古隊其他成員跟林德一起來參觀這處遺址，隊員欣然同意，但他們才抵達二十分鐘就遇上橫禍。

當時他們正站在洞窟外一處平臺上，端詳那些還被留在原位的骷髏。蓋伊後來報告說，「一顆直徑約三十公分的石塊鬆落，兇手可能是懸崖更高處覓食的山羊。」他說石塊滾下斜坡，然後從「整整六公尺高處」掉到「威倫斯基夫人頭上」。還好威倫斯基夫人不是在石塊正下方，如果是的話，她的頭顱就會「像顆蛋一樣」被打碎。儘管如此，醫生後來說她後腦顱骨在高位處的地方骨折，底部也有兩處骨折，更何況撞擊的力道讓她臉部朝下摔在平臺上，因此也有嚴重外傷與腦震盪，只是不確定腦震盪是因最初的落石撞擊還是因她臉部撞擊岩石平臺所造成。[18]

蓋伊立刻告知芝加哥的布瑞斯提德父子這個消息，電報內容言簡意賅，「威倫斯基　夫人　今天　發生　嚴重　可能　致命　意外　不　在　米吉多」。[19]大家都以為她會死在送醫途中，但他們還是盡力搶救，以最快速度叫來一部救護車載她去海法。非常驚人的是，幾星期後的六月底，她居然已經痊癒到可以出院回家的程度，這顯然有一部分是因為照顧她的醫生決定不動手術，只讓她自己自然而然復原。她視力依然有問題，且必須重新學習怎麼走路，但整體來說她的狀況是愈來愈好。[20]

布瑞斯提德這回對蓋伊不滿到了極點，尤其是他整個春天都對於考古現場發生什麼事一無所知。六月的時候，他單刀直入再度要求蓋伊改變目前系統性發掘土丘的做法，即使面對蓋伊強烈反彈，仍然堅持態度。他一再催促蓋伊快點挖，快點挖到「埃及帝國」那個年代的宮殿。他還指出說，原本提供的資金只資助五年發掘工作，而他們現在「早已進入第二個五年」。[21]

在這第二個五年期結束之前，布瑞斯提德要的只是「發現擁有迦南時期或埃及時期重要遺跡的王宮區域」。他說，如果他們發現這個，那最迫切的事就是將整個王宮區域開掘出來；另一方面，他又說「在只有房屋的區域，如果要將清除範圍擴張到整座土丘，這相較之下不那麼重要。」如果能重建出迦南時期米吉多的街道平面圖，那當然很有意思，但布瑞斯提德也指出說「整片地方每間房子的平面配置非常有可能大同小異。」他接著說，「在你發掘出幾間〔房屋〕以後，你把剩下的都挖出來大概也不會多看到些什麼。」[22]

布瑞斯提德一句話當頭棒喝，他說考古隊已經在米吉多工作六年，居然還沒挖到埃及與迦南時期的地層，這實在匪夷所思。他雖然不想打亂發掘的常規進行或「科學化、系統化的工作執行」，但事實就是他們得快點發現這些地層。布瑞斯提德拿蓋伊之前的苦勞作為輔證，說他們前一年發掘供水系統時已經往土丘底下挖得很深，那他們同樣也能在土丘北半部照做，北半部就是「那些比較花俏炫耀的建築物的可能所在地，或許你能在那裡找到迦南時代統治者的城堡或宮殿。」[23]在這封長信結尾，布瑞斯提德說他想在冬季月份裡去一趟米吉多，但現在他要蓋伊馬上回覆，說說在未來不久發掘迦南時期地層這個問題。趁這機會，布瑞斯提德也再度提起考古隊缺乏成果發表，他們到現在只有一九二九年與一九三一年問世的兩部初步報告而已。他承認，背後是有些合理原因造成他們現在還沒發表什麼研究結果，但他沒把這話明白講出口，而同時他也說是時候改變情況了。布瑞斯提德第一件事就是要蓋伊去回顧他過去時不時寫來的信件與報告內容，把材料集中到一塊，估計文章長度以及插圖數量。布瑞斯提德認為這次的東西應當能出版兩冊，一冊講墓葬、另一冊講丘頂的考古發現。他說，他這麼要求是有理由的，美國這裡的財政情況（也就是看不見盡頭的經濟大恐慌）讓他們愈來愈難完成所有未竟工作。布瑞斯提德很可能在擔心洛克斐勒家族是否將停止捐助，而這種情況確實在不久之後開始發生。[24]

面對這些情形，蓋伊在七月初回覆幾個他自己的提議。他刻意忽略布瑞斯提德不斷軟硬兼施要他往下挖到青銅時代晚期地層，他反而去強調發表成果這個話題。他說，光墓葬本身就會有整整兩冊，他們已經有一百一十六張墓葬出土材料的插圖隨時可用，還有平面圖以及照片。至於丘頂發掘出來的材料可以寫成另一冊，裡面也可以包含對供水系統的描述與討論，他說這部分他們已經有二十五張插圖外加照片，且他還想再添上十幾張陶器相關插圖，以及二十張左右丘頂層位I與表土出土材料相關插圖。所以說，他認為這次應該出版的是三冊而非兩冊，兩冊講墓葬，一冊講丘頂出土物品。[25]

然而——這還真是個天大的然而——蓋伊說為了盡快完成這項任務，他必須取消接下來的秋季發掘工作季，把考古隊所有成員都找來整理出版這幾冊所需的材料。他說得很直接，「發掘與發表不可能同時進行，今年春天我這樣試過，最後只好犧牲掉成果發表。無論進行哪一種，我整個團隊都必須投入進去。」[26]

蓋伊認為如果布瑞斯提德讓他們這樣做，那麼等到布瑞斯提德冬天來訪的時候，他就能把出版所需的所有東西準備好。而且，說到快速下挖尋找埃及時期／迦南時期地層，以及在土丘北側邊緣尋找宮殿遺址這些事，蓋伊很樂意等冬天布瑞斯提德來的時候跟他討論。他的說法是，這樣的好處在於他可以「獲得你對土丘本身的直接看法，然後你可以在現場指示我目前這個五年期剩下的時間怎麼使用。」[27] 蓋伊就這樣把球打回布瑞斯提德那邊。

然而布瑞斯提德拒絕玩下去，他在七月底自己出發度假前寄出回信，明明白白指出秋季發掘工作季絕對必須進行。他說，他們不可能採取為了發表先前成果就中止發掘這種政策，從來沒有哪個考古隊會做這種事。如果取消秋季工作季，降低年度發掘量，據他而言這會讓開銷飆漲到嚇人的程度。因此，成果發表的所有準備工作都必須像往常一樣在發掘期間空檔進行，也就是秋季工作季結束、春季工作季開始之間的冬季月份。[28]

蓋伊對這一切都不做回應，隊員在十月一個接一個歸隊準備開始秋季工作季，但他們卻驚訝地發現歐洛夫·林德在夏天已與一位名叫艾絲翠德（Astrid）的瑞典女士訂婚，她年紀只有他的一半，他四十五她二十二。婚禮預定於一年後的一九三三年九月舉行。蓋伊對這一對未來並不樂觀，說「天知道事情最後會怎樣。」結果事情確實沒個好結果，婚後沒幾年，艾絲翠德就在一九三七年訴請離婚成功。[29]

十月初，全隊再度集結，這次隊員裡多了布瑞斯提德的幼子詹姆斯·亨利·布瑞斯提德二世，此時他二十四歲，來這裡參與幾星期發掘活動。[30]

到了工作季結尾，拉蒙收到通知說他父親被診斷罹癌，無法可治，大概已經活不了多久。拉蒙的母親在十一月初去芝加哥見布瑞斯提德，請求他讓拉蒙盡快回家。身在米吉多的拉蒙自己也去拜託蓋伊和查爾斯·布瑞斯提德，求他們讓他在父親過世前回到家裡。[31]

他的請求不僅獲准，上面還立刻撥給他夏季的旅行津貼，讓拉蒙有錢買船票歸家。他在十二月初離開米吉多，當時大家已經在進行善後，準備結束一年工作。最後他及時趕回家中，他父親直到一九三三年六月才過世，享年五十四。老人家不僅活著看到兒子歸來，就連二月初鮑勃與尤金妮雅・克夫（Eugenia Keefe）成婚時他都在場——但這已經不是我們現在要說的事了。[32]

這下我們就要說到一九三三年季度，它既是從一九三二年直接延續而來，也是一個完全不同的新故事。布瑞斯提德對蓋伊緩慢的發掘步調再也無法容忍，他想過各種刺激蓋伊加快腳步的可能手段，最後他在一月底寫短信通知蓋伊，說今年他不會只派查爾斯來看看，他與他太太要親自來。[33]

因為這樣，雖然布瑞斯提德夫婦要到四月才會來米吉多，但工作中心已經充滿了期待與焦慮的氣氛，尤其是考古隊員發現《紐約論壇報》（*New York Tribune*）二月初登了一篇文章報導布瑞斯提德夫婦出行，標題是〈古城救星今日啟航前往近東〉，字體較小的副標題則是「古老聖經土地上，布瑞斯提德博士出發去檢閱他的考古大軍。」內文開頭一樣帶著殺伐之氣，「詹姆斯・亨利・布瑞斯提德博士，統帥美國考古學家大軍，這些軍隊目前駐紮在哈米吉多頓之丘以及波斯的波斯波利斯（Persepolis）之間；他將在本日午間再度登程前往聖經土地，檢閱戰場上的軍隊。」[34]

到了三月底，蓋伊通知布瑞斯提德，說他們過去幾個月都穩定在準備成果發表。當時仍在下雨，但他覺得是時候開始發掘，所以他打算把埃及工人叫回來，等他們一到達就開工。他也說拉蒙跟新娘預定隔天抵達（三月二十六日），等布瑞斯提德來米吉多的時候，他們會是所有人手都齊備的最佳狀態。[35]

依據布瑞斯提德之前那些信，蓋伊以為自己知道到時會是什麼情況。他計畫跟布瑞斯提德算一遍年度預算，帶他在土丘上到處參觀，討論近來出土的遺跡，並弄清楚他預想將來的發掘活動是什麼情況。蓋伊預計到時會有這些談話，他決定在布瑞斯提德抵達前就先主動開始，於是他寫信過去，說他知道時間與金錢都很緊迫，他很不願意放棄目前為止一直採用的水平發掘法，也就是一層開掘完再進入下一層的做法，但他也同意可以只發掘一個區域而非整片土丘，將這個區域往下深挖，這樣做或許更好。他說，「我明白，我們可能必須有多少布就裁多少衣。」[36]

這些話本來就是布瑞斯提德前一年在信裡試圖說服蓋伊的內容。或許蓋伊自己也明白到，既然現在主持人自己又要過來，那他們大概得去配合布瑞斯提德的要求了。布瑞斯提德立刻從盧克索回信，將他的要求說得非常清楚，「縮小清理活動涵蓋區域確有必要，」他寫道，「為此請盡一切手段確認最可能有發現的區域，並集中力量清理該區。」然而蓋伊還沒搞清楚，在布瑞斯提德腦海中，發掘策略的改變原來只是他必須實施的更大規模重組計劃之一環。[37]

於此同時，四月中的一個早晨，在附近的撒瑪利亞工作的考古學家造訪米吉多考古隊，客人包括約翰・克羅富特（John Crowfoot）與葛蕾絲・克羅富特（Grace Crowfoot），以及他們的女兒瓊安（Joan）和兩名學生。其中一名學生是長年擔任大英博物館館長的佛雷德里克・肯永爵士（Sir Frederic Kenyon）之女凱特琳・肯永（Kathleen Kenyon）。肯永從一九三一年到一九三四年間以撒瑪利亞考古隊一員的身份工作，數十年後她將會自成一家，主要靠的是她在耶利哥（Jericho）與耶路撒冷的發掘成果。[38]

當時肯永剛從她的恩師與指導教授莫蒂默・惠勒爵士（Sir Mortimer Wheeler）那裡學來發掘技術，此刻已經在實驗使用。這些技術包括挖得更緩慢、更小心，「依據土壤天然分層」記錄下陶器、牆壁以及其他發現，換句話說就是在發掘時花更多心思注意地層分層。雖然克羅富特對此不以為然，但她後來又在耶利哥與耶路撒冷施用這套方法獲得成功，於是這地區絕大部分考古學家終究一致採用她的技術。今天這套技術我們稱之為「肯永—惠勒法」（Kenyon-Wheeler method）。[39]

另一名學生是貝蒂・穆瑞（Betty Murray），她後來寫信給母親說他們造訪米吉多的情形。「這一趟不虛此行，」她寫道，「光是看他們在不愁錢的情況下怎樣進行發掘就夠了。」[40] 她說工作中心既雅致又裝潢美觀，甚至還有間日光室。穆瑞這封信是我們找到的第一份描述這棟住所剛翻新完情況的紀錄，沃爾曼數年前提議的所有改良此時都已完工。

穆瑞說，前往工作中心要先通過一處「花團錦簇，有九重葛與天竺葵，還有棕櫚樹蔭」的庭院。最讓她驚嘆的是屋內冷熱水都有，且每間房間都有「皇宮般的浴室和淋浴間」，走廊還鋪地磚，連窗台都是大理石的。還有網球場也值得一書。

此外，據她所說，「辦正事的部分也一樣豪華」。有一間拍照專用的特殊房間，一間用來為陶器繪圖的大房間，以及「一間又一間櫃子裡擺滿陶器的房間」。她也對氣球空照的技術驚嘆不已，可惜當時氣球沒在使用，他們從馬賽進口的燃料又用完了。

在庭院裡招待一頓野餐式午飯與咖啡之後，他們被帶去看土丘各處。據貝蒂所說，丘頂「地方好大但看來平平無奇，只有一間又一間仔細編號過的房屋地基。」她對據稱是所羅門王馬廄與牆垣的部分不怎麼感興趣，但對供水系統印象深刻。他們親身在輸水道裡走一遍，而她在信裡花不少篇幅說這個，稱之為「最驚人的發現之一」，可惜她完全沒提到凱特琳・肯永對上述任何事物的反應。

布瑞斯提德夫婦在四月底才到米吉多，與克羅富特夫婦、肯永與穆瑞恰好錯開十天，他們一來就花了整整三天跟蓋伊和考古隊員見面。[41] 發掘工作開始後，布瑞斯提德只來過這裡四次。第一次是一九二六年

圖二十九：蓋伊擔任現場主持人期間米吉多修補陶器一景，攝於一九三一到三四年間（歐柏林學院檔案館提供）

圖三十：蓋伊擔任現場主持人期間的米吉多陶器貯藏室，攝於一九三一到三四年間（歐柏林學院檔案館提供）

三月，那回他一走就把希金斯開除。第二次是一九二七年四月，離開之後他把費雪換掉。第三次是一九二九年三月跟「聖上」洛克斐勒家族一起「駕臨」。一九三三年四月這是第四次，而這回又有一個人要被他解雇。他未來唯一一次也是最後一次來米吉多是在一九三五年十月中，但那是將來的事。

就像布瑞斯提德之前某幾次來米吉多的情況，他的第四趟視察之旅也留下影響，這影響不但持續整個工作季，甚至籠罩東方研究所在此進行發掘的整段時期。事情究竟如何，我們頭一條線索是布瑞斯提德一離開就發給留守芝加哥的查爾斯一封電報，內文如下：[42]

> 待了 三 天 米吉多 與 全體 職員 開會 後 已 解聘 威倫斯基 並 嚴厲 責備 主管 他 被 訓得 俯首 貼耳 將 與 妻子 住在 海法 並 聽話 接受 發掘 計畫 與 人員 全盤 改組 眾人 歡聲雷動。

要讀出布瑞斯提德言下之意並不難，同時也會知道他在米吉多的這三天發生什麼事。簡言之，他決定重掌指揮權，將一個他認為已經亂來的發掘現場重新握入掌中；這裡的現場主持人（也就是電報中的「主管」）挖的速度太慢，發表的成果太少，且整體來說對遙遠芝加哥送來的命令左耳進右耳出。布瑞斯提德此時總算知道沃爾曼去年一直想要告訴他又覺得不能明講的是什麼，記得當時沃爾曼說布瑞斯提德得自己去搞清楚，現在布瑞斯提德可搞清楚了。

所以呢，布瑞斯提德在米吉多告訴蓋伊，等到春季工作季結束威倫斯基就必須走，雙方提早解約。他同時還就各種他認為的行為不檢事件責備蓋伊，並把他趕去海法通勤上班。如果布瑞斯提德的電報內容可信，那麼考古隊成員對這些變化可是「歡聲雷動」。[43]

為免夜長夢多，布瑞斯提德很快就把一切形諸白紙黑字，在五月初寄一封長信給蓋伊。信中他談到四月底會面那三天討論的幾點主旨，他第一時間就將其加以摘要與進一步闡述。自從他最初開始勞心勞力尋求贊助、從米吉多遺址開始發掘以來，這或許是布瑞斯提德寫過關於米吉多最重要的信件之一，值得我們花點時間加以分析。[44]

首先，布瑞斯提德將信件內文分做三部分：（一）成果發表（二）發掘工作（三）建築物、設備與維護。在第一部分，布瑞斯提德逐一列出他對未來將要出版的頭三冊書籍內容之理解，而這跟蓋伊先前的建議不同。第一冊要說的是東坡上大約一百座的墓葬，而既然插圖都已齊備，他認為蓋伊只要每天至少花三小時在這上面，必要時讓他人協助，這樣他就可以很快完成圖說文字。這一冊應當在十月一日前完成並交稿，距離當時還有五個月的時間，這樣蓋伊也可以用暑假來處理這件事。為了追蹤進度，布瑞斯提德要求蓋伊每個月都要提交報告，在每月一日寄給他。[45]

第二冊內容應該是土丘幾層上層地層，也就是層位 I 到 IV 的發掘成果摘要，但裡面也會包含討論馬廄與供水系統。第三冊暫時先不論，但他們預期會在土丘較深區域發現重要建築物，這一冊預備用來介紹這個。[46]

到後來，事情結果與布瑞斯提德預期的自然是大相逕庭。舉例來說，恩堡與希普頓在做的東坡出土早期陶器研究這一冊後來最早出版，於一九三四年問世，但這封信裡完全沒提到這部分。還有，供水系統最後自成一冊，由拉蒙在一九三五年出版。梅伊從一九三三年開始寫討論米吉多信仰儀式用器與建築物的一冊，這本也出版於一九三五年。[47]

布瑞斯提德信裡說到的「第一冊」，也就是蓋伊長久以來說要寫的墓葬討論，到了一九三八年才終於出版，距離布瑞斯提德造訪米吉多已過了整整五年。原本計畫裡的「第二冊」還要再過一年，也就是一九三九年才出版；這一冊書名為《米吉多I》，由拉蒙與希普頓著作，內容涵蓋一九二五到三四年的發掘成果，討論層位I到V（而非I到IV，他們在處理發表所需材料的過程中將地層重新編號而造成這個結果），這點前面已經說過。那一年是希普頓的佳年，他還出版了另一冊書，技術上可視為此時所預想的「第三冊」一部分，內容討論布瑞斯提德造訪之後幾年內從層位VI到X發現的陶器。同樣也是在一九三九年，接替蓋伊擔任現場主持人的戈登•勞德出版一冊討論他們在一九三七年發現的象牙製品，出土於布瑞斯提德一直期盼但沒來得及活著看它出土的那座宮殿裡。接下來要等到將近十年後，勞德才在一九四八年以《米吉多II》的書名出版屬於「第三冊」的其他部分，包含一九三五到三九年這幾個季度的成果，我們在最後面其中一章會說到此事。

這就是說，布瑞斯提德與蓋伊原本預想的三冊最後變成八冊，在接下來十五年間一冊一冊出版。同時我們還有一九二九與一九三一年出版的兩部初步報告，以及其他學者超過十五年以上才出版的作品。蓋伊只出版了講墓葬的一冊，且還是在恩堡的協助下，但拉蒙、希普頓、梅伊和恩堡加起來卻出版了八冊中的五冊，這實在不能不說有點諷刺。大家應當都記得，這些人還是考古隊資淺成員的時候，蓋伊對他們分別都有些不滿，且這些人沒有一個是先受過現場考古訓練再來到米吉多。

然而，一九三三年五月的此時這一切都還未發生，對當下影響最強烈的是布瑞斯提德信中第二部分內容。雖然工作季已經開始，但信裡仍指示發掘策略應當做出哪些改變。

布瑞斯提德說，第一要務是立刻放棄一層一層清理土丘整個表面的做法。相反地，他們要將心力投注在丘頂南邊特定區域，也就是方格O到T、5到10的範圍，這片地區將在地圖上被標為「A區域」。[48]既然布瑞斯提德原本那麼想開挖土丘北半部，他並未明說這次為什麼突然就換了別的地區，只說目前南邊任何出土建築都要「毫不遲疑」紀錄後加以清除，這樣工作才能繼續進行。

布瑞斯提德特別花筆墨強調清除遺跡一事，因為整個南半部的西半都被位置偏南的馬廄遺跡覆蓋。他還明白指責蓋伊未與他商量就去找英國託管地巴勒斯坦政府討論將馬廄遺跡變成「國家紀念物」（National Monument），於是馬廄就得被永久保存下來。一年後我們會看見此事再度被提起，作為布瑞斯提德開除蓋伊的理由之一。[49]

布瑞斯提德還說，同一時間至少要有兩百名工人在工作，他們應以最快的速度下挖，以及「若有需要，你應該把學術研究成員全派去監督這批人數增多的現場勞工。」[50] 他重申，在必要的時候，整隊考古隊都應該身在土丘上；又說，當他們不在土丘上，他們應該是在幫忙登記發現的東西，這不用花太多時間，所以每天剩下的時間可能有好幾小時，應該可以用來準備成果發表。最後，為了掌握這些進程，布瑞斯提德要求以後每月多交一份進度報告，但可以跟成果發表的工作進度報告同時送來，第一份應當在六月一日寄出，時間已經迫近。[51]

一九三三年五月這封信的第三部分裡，布瑞斯提德表面上是在講工作中心建築物、設備與維護，但事實上完全風馬牛不相及。他提到的第一點並不重要，只是在說一個用來當新交誼廳的裝紗窗的陽台。布瑞斯提德指示要他們購置地毯、家具、壁掛、以及圖畫來布置這間房間，需要多少就買多少，但要盡快完成，不能晚於這個預算年度（也就是六月底）。[52]

不過，他提到的另外兩點都很重要且彼此相關。布瑞斯提德說包括廚師、廚房助手、侍者、清潔女工等傭人人數應立刻裁減，這一部分是因為當時傭人編制確實太龐大，但裁員之舉也是「因應現場主持人遷往海法一事」。也就是說，因為蓋伊和葉米瑪接下來會住在海法每天通勤到米吉多，所以才要裁減傭人。[53]

除了布瑞斯提德一開始給查爾斯那封電報以外，這是其他資料裡頭一回以任何方式說到蓋伊搬去海法這件事。實話實說，要求一個現場主持人不能住在工作中心，這種情況還真是史無前例。我們很難相信蓋伊會同意這麼做，但他顯然是同意了。更有甚者，布瑞斯提德說，既然現場主持人（蓋伊）的薪水是考古隊其他大多數成員的三倍，且東方研究所目前處於財務困境，所以不可能額外給他住房津貼或旅行津貼來支付每日通勤花費，畢竟此時「每一分錢都得用在土丘上，以便補回過去五年來浪費掉的大量時間。」[54]這麼說來，蓋伊的居住、三餐與交通都得自己花錢，且他等於是被告知說這些改變都是因為他的錯，都是因為他過去五年進度太慢才會這樣。

可想而知，蓋伊沒能在十月一日的期限前交出墓葬研究文稿，於是一個月後他收到布瑞斯提德怒氣沖沖的電報，而這回蓋伊總算出聲反擊。[55]他重申之前幾次通訊的內容，說同時又要準備發表成果又要進行發掘，這實在難上加難。他寫道：「一邊要發表這些東西，一邊又要發掘另一些東西，這樣做真的不好，因為這兩個都是必須全職投入的工作，如果想要同時進行，那每一邊都不可能做好。」[56]我們得承認蓋伊在這點上完全正確，現在以色列與約旦境內考古隊大多都是每隔一年夏天才進行六或七週發掘，或是每年夏天只進行四週發掘，然後在間隔期間準備發表成果，道理不外乎如此。

更何況，蓋伊指出，工作日發掘活動正在進行的時候，他得親身在土丘上視察情形，沒辦法躲在工作中心裡處理平面圖、插圖和出版內容。如果每天要撥出三小時做完全不同的工作，這會「讓人無法全面掌握發掘狀況，特別是像我們在巴勒斯坦這樣，有一大群人在難以發掘的建築物之間工作。」[57]蓋伊說，真正的問題在於他們發掘工作季太長，這一季到下一季之間來不及把成果寫出來。他指出，他們在米吉多的一個工作季比該地區其他任何考古隊都要長，甚至比其他地方任一個由東方研究所主導的考古隊也都要長。「我請求你，」他寫道，「讓我……縮短時間〔指工作季長度〕，這樣間隔期才有更多時間準備成果發表。」[58]這裡我們又得承認蓋伊完全正確，現在沒有人會全年進行發掘，也再沒有人每年安排兩個工作季；而且，只要發掘正在進行，發掘主持者人一定會在現場某處。這些做法的道理蓋伊都說了。不過，蓋伊對於裁減傭人或自己搬去海法則完全沒有意見，他只有在一年多以後提到過那麼一次，說他在一九三三年五月到一九三四年八月間不住在工作中心。我們不清楚這段期間他和葉米瑪住在海法何處，但我們也該記得，蓋伊在受雇成為米吉多現場主持人之前曾擔任文物部總監，從一九二二年開始任職五年，辦公處就在耶路撒冷與海法，那時他很可能在海法擁有房產。[59]假使如此，他也很可能在離開總監職位後仍未將房產脫手，特別是這樣他在米吉多工作季期間的周末假日就有個地方可以換換環境。

無奈的是，現在我們也找不到拉蒙、希普頓、恩堡和梅伊在這段時間的任何私人信件或日記，所以我們無法從別的方面驗證蓋伊搬遷與其他變化對其他隊員有什麼影響。布瑞斯提德在早先電報裡提到其餘成員的反應，據說他們歡聲雷動，但除此之外，其他唯一找得到的相關資料只有梅伊寫給他在東方研究所的朋友威廉・格蘭姆（William Graham）的一封信，信裡說：「布瑞斯提德博士來了又走了，米吉多有新的發掘安排，這樣我們有可能找到更有價值的東西，並更有效率進行挖掘。」[60]

布瑞斯提德四月底發電報給兒子查爾斯，他在裡面也說自己解雇威倫斯基，但並未就此多談。事實上，我們發現他並不是面對面解雇對方，而是留一封信給蓋伊去交給威倫斯基，這下子我們就有了書面資料。這封信日期為一九三三年四月二十八，是這麼開頭：「親愛的威倫斯基先生，我很遺憾通知您東方研究所未來無法在一九三三年九月一日之後繼續聘您任職，因此您最後一張薪資支票會是一九三三年八月的薪資。」[61]

威倫斯基立刻有所回應，他寫信給東方研究所在此地的官方代表蓋伊。他「不願意接受我的受雇身分在合法到期前終止，」威倫斯基這樣說，「除非，對於我很可能因此受到的損失，東方研究所準備提供我適當補償。」蓋伊先確認他收到威倫斯基的回應，然後將所有東西轉交給布瑞斯提德；布瑞斯提德隨即回訊，提醒蓋伊說威倫斯基是「根據合法事由」被開除，如果需要的話這些事實都可以被證明。[62]

這時候他們隊裡又多一個成員，志願者亞瑟•皮普洪（Arthur Piepkorn），他先前有致信詢問是否能讓他在五月加入並待到春季工作季結束。皮普洪當時二十六歲，有芝加哥大學博士學位，專業領域是巴比倫時期考古學，是美國東方研究學會駐巴格達的年度學人，曾參與伊拉克一帶高拉丘（Tepe Gawra）與比拉赫丘（Tell Billah）發掘活動。他說他們在伊拉克的工作季將於四月結束，在那之後他就是自由之身。皮普洪是在芝加哥大學唸的博士，所以布瑞斯提德也知道這人如何，他和蓋伊都對這項安排沒有意見，於是皮普洪就在五月初來到米吉多。[63]

布瑞斯提德允許蓋伊去找兩個新的測量員，所以蓋伊此時也剛剛雇來恩斯特•佛瑞斯特•博蒙特（Ernest Forrest Beaumont，簡稱 E.F. Beaumont）代替威倫斯基一部分的職責。[64] 博蒙特年紀比考古隊大部分成員都大，他生於一八七一年，在一八九六年和一群美國人一起前來鄂圖曼帝國治下巴勒斯坦，決心加入林德所屬的那個宗教實驗團體耶路撒冷美國殖民地。

依據東方研究所博物館前館長傑克•格林（Jack Green）的說法，博蒙特原來在美國殖民地當牙醫，但幾年下來他也自學成為「藝術家、繪圖員、測量員、都市工程師、以及考古學家」。他從一九〇九到一九一一年間在貝特謝安發掘現場擔任繪圖員。美國殖民地時不時會拿他一些藝術作品出來販賣，包括素描、石版畫與攝影。現在東方研究所收藏有他的二十二件作品，從一九二〇年代到一九三〇年代，這些是由博蒙特的孫女在二〇一四年所捐贈。[65]

和林德一樣，博蒙特也是在與美國殖民地領導人意見不合的情況下離開。依格林所說，博蒙特隨後在耶路撒冷設立一間寄宿中心，好幾個知名的考古學家都住在那裡，包括威廉・馬修・弗林德斯・皮特里爵士。他也重操舊業加入考古隊工作，一九三一年他去了貝特謝安，現在又來到米吉多，在這裡斷斷續續從一九三三年工作到一九三五年。他在英國託管地巴勒斯坦最後一季是為尼爾森・格列克（Nelson Glueck）與美國東方研究學會在外約旦（Transjordan）的發掘活動工作，之後他就於一九三八年離開此地回美國，在聖地牙哥定居。[66]

六月初，蓋伊告知威倫斯基布瑞斯提德堅決要提早終止合約的消息，幾天後威倫斯基以暴力恐嚇赫伯特・梅伊。我們有第一手資料能知道發生了什麼事，這要感謝初來乍到的亞瑟・皮普洪，事件發生時他剛好在場。蓋伊當時在辦公室裡工作，但他所做的二手總結卻又讓此事橫生枝節。[67]

下午過快一半的時候，梅伊和皮普洪爬到丘頂上，想要確認梅伊正在研究的其中一個小雕像出土位置。他們沒辦法僅靠看現場那個點就知道答案，所以找了一名工人在特定區域幫他們往下挖一點點。此時威倫斯基突然現身，要求他們解釋這是在做什麼；威倫斯基確實有這個權力，畢竟他負責監管這區域以及區域內的工人。梅伊和皮普洪解釋自己來此原因，並問威倫斯基說他們感興趣的那道牆屬於哪個層位；威倫斯基尖刻回答「反正將來都會知道。」兩人又再追問，此時他就回嘴說「去問蓋伊先生」然後走開。

梅伊和皮普洪又找另一個工人來幫他們，威倫斯基看著他們兩人一陣子，然後一語不發離開土丘。總之依據皮普洪的說法，他們在土丘上也不過就待了大約十五分鐘。稍後皮普洪要去喝茶，途中遇見站在工作中心旁邊的威倫斯基與梅伊，他聽到威倫斯基對梅伊說「如果你再有這種行為，我打爛你那張狗臉！」不過，依據蓋伊的二手紀錄，是梅伊先向威倫斯基說「他的行為像白癡」，此時威倫斯基才告訴梅伊「如果他〔再〕這樣對他講話，他會打爛他那張臉。」無論我們選擇相信哪個版本，事實就是威倫斯基恐嚇要對梅伊使用暴力。他因此立刻被解雇，沒能等到工作季結束。

這裡我們馬上會想到兩件事。第一，威倫斯基幾天前才從蓋伊處得知布瑞斯提德那裡的壞消息，他此時心情一定壞到極點。同時，他也知道考古隊剛雇了個新測量員博蒙特，此人會是取代他職責的兩人其中之一。這麼說來，他這種行為應該可以被體諒，或至少讓人覺得情有可原。第二，工作人員或隊員之間這類人際衝突在考古發掘活動裡絕不少見，不論是在這地區或在他處，不論是在過去或現在。壓力、炎熱、連續幾星期或幾個月都密切相處一起居住一起工作，再加上各式各樣別的原因，總會有人火氣大，總會有人講話比較不客氣。然而，就算有時得生個一陣子悶氣，大家通常都讓事情過去就算了。

所以說，這樣就把威倫斯基當場開除到底合不合理？或這只是積累之下壓垮駱駝的最後一根稻草？最後，在後來一份發誓之下作證的證言裡，我們發現對威倫斯基最主要的指控其實不是什麼大不了的事，只是說他上工常遲到而已。梅伊的辦公室窗口正好俯瞰車道，他估計說威倫斯基每星期工作時間一般都比其他人員少至少七個小時。

威倫斯基與梅伊很可能已有新仇舊怨，否則梅伊沒道理要去記錄威倫斯基每天抵達時間。不過我們也可以說，這就是全世界職場都會出現的情況，大概有史以來就是如此。如果當老闆的要開除誰，他們就會去說某種或某些行為不可取，以此做為理由；如果他們沒有要開除這人，他們就會忽視這些一模一樣的行為。就威倫斯基這個例子，看來老闆已經不願再放任他這樣違規。然而，後來布瑞斯提德的一封信裡清楚提到他們「根據合理事由」解雇威倫斯基的其他一些原因。他們說，除了習慣性遲到以外，他的能力也不足，擁有的「陶器相關知識極為淺薄或不存在」。威倫斯基還告訴埃及工人的大工頭「雷斯」說他是這場考古發掘活動的副主管，而因為他是猶太人、工人是回教徒，所以他這話引發很嚴重的問題，更別說其他工作人員「也因此深感不平與氣餒」。布瑞斯提德說，事實上當他四月去造訪的時候，他發現整個考古隊「因為這種狀況而士氣無比消沉」，他當時就告訴蓋伊威倫斯基得走人，否則發掘活動會一敗塗地。[68]「歷史不會重演但會押韻」，據說這是馬克吐溫的名言；這時的情況聽起來非常像是費雪與希金斯的事件重來一遍，而兩者相隔將近十年。

威倫斯基展開反擊，威脅說如果他在八月底前沒有官復原職，他就要走法律途徑索求全額薪水與損失賠償。經過滿天飛的信件與電報往返，並且去向駐英國託管地巴勒斯坦高級專員申訴，之後布瑞斯提德和芝加哥大學法律部門安排一位耶路撒冷當地律師席德尼・理查森（Sidney Richardson）代表他們，[69]對陣雙方都已準備好。

暑假期間，蓋伊雇來另一名新測量員，名叫湯瑪斯・康卡農（Thomas Concannon），這樣他就有博蒙特與康卡農兩個人來取代威倫斯基。康卡農是所謂的「工務處建築師」（PWD architect），當時在耶路撒冷，於工務處（Public Works Department，也就是 PWD）德高望重的建築師哈里森（Harrison）手下工作。康卡農後來自己也成為聲譽卓著的建築師，最後在牙買加定居，在那裡修復歷史建築。不過呢，此時蓋伊是用低廉的每月五十鎊薪水雇用他，讓他參與一九三三年即將開始的秋季工作季以及一九三四年春季工作季，而他在工作期間表現非常優異。[70]

蓋伊在九月底回到近東，發現恩堡與妻子愛琳也剛抵達海法。他在十月一日讓工作中心重新開張，考古隊其他成員之後很快到齊，包括林德與他一個月前剛成婚的新娘。埃及工人也在不久之後現身，十月七日「這一群共二百一十三人」動手開工。[71]

因為天氣漸漸變冷，他們在公共休息室裝上新爐子，並依據布瑞斯提德的指示完成休息室裝潢。現在他們事實上有兩間公共休息室，蓋伊說樓上那間通常是上午休息時間與午餐後使用，樓下這間有新爐子的則用來喝下午茶和晚間休閒。他也將自己原來的起居室改裝成考古隊用圖書館，說這件事的時候他語氣裡明顯透露出滿意之情。[72]

我們也該說說，關於一九二八年或一九二九年所發現的文物之一部分，整個秋天都在不斷討論相關問題，包括那些分給東方研究所的出土骨骸材料應該送往哪裡。布瑞斯提德已經為這事囉嗦了好一陣子，他在一九三三年八月底寫道：「這應該不須要我提醒你吧，在總部這兒展覽廳裡，巴勒斯坦與米吉多展櫃是研究所全部展示區裡面最無聊也最不引人注意的地方，但米吉多發掘活動可是從一九二五年夏天就一直進行到今天！」[73] 最後日程終於排定，新年過後他們就進行文物分配。[74]

同時，他們與威倫斯基的法律糾葛也拖過整個秋天，梅伊最後在十二月初交一封信給他們的律師理查森，陳述對威倫斯基不利的言詞。他在信中沒提到六月初威倫斯基威脅他的那件事，而是列出他和其他工作人員眼中所見威倫斯基的各種缺陷，包括「缺乏興趣與能力，完全配不上他的職位與薪水」，「不必要的缺席與遲到」，「受過的專業教育不足」，「缺乏將負責執行的工作回報結果的能力」，此外還有他筆跡「難以辨認」，以及「缺乏發掘此遺址相關的歷史與文化背景知識」，且他「對於巴勒斯坦考古材料的年代分期一無所知」。換句話說，在別的工作人員眼中他受過的訓練實在不足，但又「極其自大而自以為高人一等」，拖後腿的程度遠超過立功。據梅伊所說，就連蓋伊都同意威倫斯基「相對而言缺乏做為測量員的能力」，並承認他不確定冬季月份裡能找出些什麼事情給威倫斯基做。[75]

說到底，梅伊這封信非常有殺傷力。不久之後布瑞斯提德聽說蓋伊通知律師「威倫斯基在職務上的實際表現很無能，但我可不願意把話說到這程度」，而意圖大事化小。布瑞斯提德對此難以置信，他要拉蒙和恩堡也寫信給律師，兩人也照辦了。[76] 官司一直拖到一九三四年頭幾個月，到那時我們會回來講這件事，並終於把它做個結尾。

秋天這些事情正在進行時，英國託管地巴勒斯坦境內阿拉伯人與猶太人關係再度變得緊張，並於十月二十七日星期五這天開始爆發。歐洛夫・林德寫信給查爾斯・布瑞斯提德，報告說在雅法（Jaffa）「發生一些些槍擊事件」，數名英國警察和超過二十名阿拉伯抗議者遭殺害。當天阿拉伯人宣布全面罷工，託管地全境商店都關起門來，雅法、海法、奈卜勒斯與耶路撒冷都有抗議活動。正如林德所說，抗議者反對的是官方允許數千名新的猶太人進入英國託管地巴勒斯坦；境內大部分地方都與抗議者同心同德，到處都出現動亂，幾個主要城市尤為嚴重。林德說，當時他自己是在耶路撒冷，別人建議他就先待在那兒別動，但他希望明天一早能離開這裡前去米吉多，如果警察准許的話。[77]

兩天後蓋伊發電報回芝加哥，說米吉多一切無事，工作持續進行。接著他又在十一月第一個星期，也就是每月交進度報告的時間裡對此補上比較長的說明。[78]除了二十七號雅法的亂事以外，同一天晚上海法也出事情，情況一直延續到隔天。據蓋伊說，一群暴民試圖闖進警察局搶奪武器庫裡的火槍，於是警察對他們開槍，造成兩名阿拉伯人死亡，超過四十人受傷，另有數名警員受到刀傷或其他外傷。有幾輛車被人放火，但他的沒事，某些街道上還用石頭築起防禦工事。蓋伊說，幸好他們這地區的動亂範圍只限於海法，並未散播到附近村鎮。

工作人員從二十六日下午開始四散去過周末假日，幸運的是米吉多這幾天一切平靜如常。蓋伊在海法幫女兒過二十一歲生日，梅伊、林德與希普頓都去耶路撒冷，拉蒙夫婦去了傑拉什。大家最後都平安回來，大部分人於二十七日回歸，只有林德與梅伊在耶路撒冷待到三十日。隔天，蓋伊給工人放半天假，感謝他們沒有參加大罷工而繼續回來工作。他說，當工人做完早上的工作，「他們在發掘現場列隊，行進回到自己家中，隊伍前面舉著一張白旗，邊走邊唱歌，歌詞內容說他們要的只有和平與安靜。」蓋伊寫下這些的時候，距離騷亂當天已過一星期多一點，他說此時「這片地區，在我所知的範圍內，現在看來都很正常，但我心裡並不確定之前事件能否算是落幕，未來恐怕還有後續。」[79]這話後來果然應驗，那就是一九三六到三九年之間的阿拉伯起義（Arab Revolt）。

有一件有趣的事情值得注意，該年秋天考古隊裡還有個現象與之前不同。歐洛夫・林德在九月初結婚，這下子除了帕克與希普頓還是真憑實據的單身漢，隊伍其他核心成員蓋伊、林德、梅伊、恩堡、拉蒙全都已為人夫，且他們全都把妻子帶在身邊。更有甚者，米吉多發掘史上頭一遭，赫伯特與海倫・梅伊在米吉多為家族添了一名女嬰，他們沒有像狄洛亞夫婦和史塔波夫婦之前那樣選擇回美國或加拿大生產。葛拉・喬依絲・奇娜・梅伊（Gola Joyce Kina May）於七月間誕生於耶路撒冷，「奇娜」是米吉多附近耶斯列谷地裡的一條小溪，聖經中有其名。[80]

就連查爾斯・布瑞斯提德最近也都成了已婚人士，[81]或許因此他才開始注意到考古隊正為某些人（也就是隊員的妻子）免費提供膳宿，但這些人看來對發掘活動沒有直接貢獻。太太們待在這裡的好處顯然多於壞處，她們能調節喝茶與用餐時的氣氛，讓工作環境變得輕鬆，但她們也得用掉不少發掘活動的資金。於是乎，查爾斯在九月底起草一份備忘錄，說從今以後所有住在工作中心的眷屬都要按日交食宿費用，但最後他很明智地沒有寄出信件。他只要用常識想就知道，如果這封信寄出去馬上會引發暴動，甚至會讓隊員大批辭職。[82]

除此之外，還有一個可能原因讓他沒有寄信：他開始聽說這些女士一直表達願意幫忙工作（她們一定這樣表達過），而蓋伊終於改變心意答應她們。結果如何？舉例而言，恩堡在十月底寫信說，「我太太在米吉多非常開心，而讓她開心、讓她充滿興趣的一個很大理由是主持人轉變態度，只要女士們證明自己有能力，他就允許女性參與發掘活動中登記與準備成果發表的工作。女士們滿懷熱情地投入工作，回想起來，我以前居然都不懂女人為何不想整天待在房裡悠哉？直到這個秋天我才恍然大悟。」[83]

十二月初，蓋伊在每月進度報告裡對布瑞斯提德說：「你應該會想知道，我認為你知道了也會很高興，最近我獲得一些額外的好幫手。拉蒙夫人與恩堡夫人自願參與發掘活動，幾星期來工作非常認真。恩堡夫人主要幫忙梅伊處理祭祀用品，拉蒙夫人既負責登記也幫忙準備東方研究所成果發表，這樣的安排運作良好，我深感欣慰。林德夫人也想做點事，但她目前忙於私人事務，處理他們在耶路撒冷擁有的一棟房子，她有一部分時間會待在那裡。」[84] 我們都記得，一九三一年七月，也就是梅伊夫人抵達之前，布瑞斯提德曾提議讓她這位有繪畫教學經驗的專業藝術家幫忙繪圖，當時蓋伊的態度是多麼鄙夷。這份報告裡完全沒提到蓋伊之前如何大力反對讓這些女性幫忙，甚至也沒有一點自嘲的意思。[85]

我們可以說，從一九三二年到一九三四年這三個相連的季度，前面兩季的狀況極度繁忙、混亂、且頗為雞飛狗跳，但最重要的卻是這第三個季度。這一季在許多方面都是芝加哥大學米吉多考古活動的分水嶺，他們不僅換了新的發掘方式，還換了新的現場主持人（第二度）。這一季也確立了最後寫出來的各種最終研究報告裡，考古隊成員誰來負責寫什麼。

所以我們要回到威倫斯基這件事情，之前只說到一九三三年十二月的情況，現在就從這說起。梅伊、拉蒙和恩堡剛將證詞送交律師，布瑞斯提德很氣蓋伊在這位律師面前搞模稜兩可。然而，到了一九三四年一月初的此時，我們卻察覺事情並非原本所想像。

第一，我們現在知道，布瑞斯提德前一年四月造訪米吉多時，他其實沒有當著威倫斯基的面開除他。和布瑞斯提德送回芝加哥的電報裡說的不同，事實是蓋伊建議布瑞斯提德直接跟威倫斯基說，但布瑞斯提德拒絕，只留下一封解雇信，要蓋伊在他離開後交給對方。況且，我們還發現之前威倫斯基沒有因為他的行為受到任何警告，包括布瑞斯提德留給他的解雇信裡列舉的那些原因。也就是說，或許威倫斯基確實應當被開除，但相關的人也沒做好該做的事。[86]

不知為何，威倫斯基與梅伊後來在土丘上的衝突沒有出現在任何書面資料裡。不過，梅伊在一月中告知布瑞斯提德，說他與另一人（拉蒙或恩堡）已與律師見面，所以有可能他們是親口將這故事說給律師聽。當時梅伊向布瑞斯提德回報的信息中只有這句話有點意思：「蓋伊先生堅持不願承認威倫斯基那些顯而易見的無能之處，這把情況搞得非常困難。」[87]

接下來蓋伊去向布瑞斯提德自我辯護，而說實話他也確實講出某些道理。舉例而言，他說威倫斯基是個「有效率的發掘者」，他的建築專業讓他能「將一棟建築物與另一棟分別開來」，[88] 這是非常有用的技能，許多像費雪這樣最早期的考古學家都是建築師出身，也是因為這個緣故。

蓋伊也指出說，威倫斯基當然不懂巴勒斯坦陶器，因為他之前是在伊拉克工作，而且其他人在加入米吉多考古隊之前也都缺乏對任何一類近東陶器的知識。後者的確是事實。至於經常遲到一事，蓋伊說威倫斯基每天從海法通勤，偶爾必須修車，且更經常需要照顧他太太，畢竟她在迦密洞窟經歷那場差點致命的意外，至今仍在緩慢復原中。[89]

更何況，蓋伊提醒布瑞斯提德，他在四月就已說過不可能合法解雇威倫斯基，並強烈建議布瑞斯提德親自去跟威倫斯基談談這情況。「你對辭退他一事抱持相反觀點，且你拒絕見他，」蓋伊寫道，「但我從理查森那裡了解到的是，威倫斯基這個案子的關鍵就恰恰好在這幾點上。」[90]

上面這些聽起來都合理，但我們也得想到蓋伊與威倫斯基此時處境很類似，特別是他們與其他隊員的關係。除了希普頓以外，這兩人是當下在現場的成員裡惟二非芝加哥官派人員，而且他們還都是錫安主義者，要再補充的話，他們兩人這時都住在海法每天通勤。這兩人或許沒到稱兄道弟或靈魂知交那程度，但蓋伊會為威倫斯基說話並不奇怪，況且當初還是他在一九三一年請求布瑞斯提德讓他重新雇用威倫斯基。

然而，蓋伊在給布瑞斯提德的信裡犯下兩個嚴重錯誤，其中第二個錯誤將在數月後回頭給他找麻煩。首先，他過去說威倫斯基「能管人」，但顯然這不符合事實。第二，他說去年四月布瑞斯提德來時，他曾對布瑞斯提德說他不可能同時讓梅伊、恩堡、威倫斯基三個人都在考古隊，而當時他特意要求布瑞斯提德「調走前面兩人，讓我留著最後一個。」[91] 面對這項令人驚異的說法，布瑞斯提德斬釘截鐵回答：「我們的對話內容我有保留詳細筆記，你的記憶絕對有誤……事關你的判斷能力，我覺得幸好你從來沒跟我說過這種話，任何會拿梅伊和恩堡來換威倫斯基的人都在暴露自己非常缺乏判斷能力。」[92]

可惜的是，我們一定有些重要的相關資料沒找到，因為接下來我們就只看到布瑞斯提德命令蓋伊去跟威倫斯基達成協議，結束這場官司，不要再做進一步抗爭。他的電報內容言簡意賅：[93]

> 從 研究所 資金 立刻 付予 理查森 和 泰特多夫（Turtledove） 五 百 二十五 巴勒斯坦 鎊 用來 協議 威倫斯基 指令 執行 之後 發電 給我

我們完全不知道是怎麼回事，布瑞斯提德為何不再力爭而願妥協？法庭是否做出對威倫斯基有利的裁決？芝加哥大學的律師團或英國託管地巴勒斯坦的律師團是否建議布瑞斯提德在開庭前先和解？這些事情一定有相關資料，但最有可能找到這類東西的東方研究所資料庫檔案裡卻什麼都沒有，連以色列文物局資料庫裡的託管地時期檔案裡也遍尋不著。總有一天這些資料會重見天日，但現在我們只需知道雙方達成和解，於是威倫斯基引出的這場法律問題就此落幕。

和解花了多少錢？當時的巴勒斯坦鎊匯率是以一比一的基準與英鎊掛鉤，[94] 若把一九三四年至今的通貨膨脹算入，那時候的五百二十五英鎊幾乎等於今天的三萬六千鎊；[95] 如果用今天的匯率換算，那就是將近五萬美金。這也就是說，布瑞斯提德可是花了好大一筆錢來處理掉威倫斯基以及這場官司。

不過呢，在這段時間，威倫斯基顯然是為「哈加拿」（Haganah）以及猶太事務局（Jewish Agency）擔任情報員「蒐集關於英國人、猶太人與阿拉伯人的情報」，最晚在一九三三年便已經開始。[96] 我們不知道他一九三二年開始在米吉多工作時是否已成為間諜，還是說他在一九三三年六月離開發掘現場後才投身這種活動。如我們所見，蓋伊與布瑞斯提德之間的電報信件往返裡把威倫斯基從頭到腳討論了一遍，但卻從來沒提到這類事情或表露任何猜疑。

更有甚者，到了一九三六年，據說威倫斯基就是在哈加拿裡面設立「阿拉伯部」（Arab Department）的三名鼻祖之一。依據某些資料，他還是哈加拿在海法的準軍事性情報組織頭子，且曾經至少一次將情報工作與考古學相提並論，他說「整體而言，考古學在過去和現在都是培養情報人員的極佳學門，因為兩種工作核心很相似。無論考古學或情報工作，研究者都必須將一個與自己有距離的真相勾勒出模樣，耐心而緩慢地將細碎的資訊與線索拼湊起來，將它們分類、篩選，試圖把它們放進一個有次序的系統裡。」[97]

在米吉多，威倫斯基不是唯一一個離開考古隊後立刻加入情報工作的隊員，但我們要等到本書最後面的章節才會再來說這個話題。現在我們只需知道和解金解決了威倫斯基這整件事。之後威倫斯基似乎再也沒有參與考古工作，而是回到他的老本行去當建築師。我們知道他至少在一九四六年有發表一篇文章，講海法的民居建築。之後他又活了三十五年，最後在一九八一年逝世，享年七十八歲。[98]

上面這些事情發生的同時，一月到三月例行的活動也在進行。布瑞斯提德不停寫信來，一再抱怨成果發表與發掘兩方面都缺乏進度，讓蓋伊日子過得水深火熱。蓋伊忙於向布瑞斯提德自我辯護，其他人則照常過日子，在這樣的情況裡努力撐過去。[99]

事實上，至少在薪水這方面，布瑞斯提德對全體考古隊隊員可謂鞠躬盡瘁。從一九三三年開始，一直到一九三四年年初，富蘭克林•羅斯福總統（Franklin Roosevelt）推行幾項手段激烈的經濟政策，做為「新政」（New Deal）的一部分，目的是要將美國從經濟大恐慌裡頭拉出來。其中一項重大變革就是一九三四年一月通過的《黃金儲備法》（Gold Reserve Act），這項法案一夜之間讓黃金從每金衡盎司（troy ounce）不到二十一美元的價格飛漲到三十五美元。[100]這些策略操作最後確實發揮應有功效，讓美國的經濟逐步恢復，但所造成美金貶值的後果也讓米吉多工作人員的薪資受到天大影響（更別說那些身在芝加哥的東方研究所雇員）。布瑞斯提德寫信給他們每一個人，在每年加薪額度以外又給他們一筆可觀薪資「補貼」（這是他用的稱呼），以補償他們購買力所受到的損失。包括蓋伊在內，所有人都感激萬分，拉蒙還特地寫信向布瑞斯提德致謝。[101]

然而，梅伊大概是他們之中最開心的一個，原因不只是這筆加薪而已。他在一月初寄給布瑞斯提德一份長長的書稿，討論米吉多出土的宗教器物與相關發現，說奧布萊特已經看過這份稿子且表達讚許。[102]布瑞斯提德收到書稿非常高興，樂陶陶地通知蓋伊說這本會比墓葬研究先出版，反正蓋伊那本還沒寫完。確實，因為梅伊送來的是完整書稿，稿件快速通過編輯程序並於一九三五年問世，比蓋伊的書早了三年，這點前面已經提過。除此之外，梅伊還受邀回到美國俄亥俄州，去擔任歐柏林神學院（Oberlin Graduate School of Theology）的舊約聖經語言與文學助理教授。他在二月底致信布瑞斯提德，告訴他自己有了新工作，所以提前通知離職。因為這份新工作要求他秋天開始在歐柏林神學院任教，所以他們夫妻以及新生女兒葛拉・喬依絲・奇娜（Gola Joyce Kina）都會在六月中春季工作季結束後離開考古隊。[103]

布瑞斯提德從來不浪費時間，他立刻開始計畫找人接替梅伊。他在三月中頒給威廉・A・艾爾文博士（William A. Irwin）一年期的博士後學術旅行獎學金，艾爾文是在東方研究所教希伯來語的初級教授。[104] 獎學金時間幾乎是立刻開始，艾爾文兩星期後就在四月初動身前往米吉多，這樣他就有幾個月時間在梅伊身邊學習，之後再來全面接掌他的工作。布瑞斯提德發電報給蓋伊，通知他接下來這個人事變化，電報是這樣寫的：[105]

> 研究所　希伯來　教員　即　艾爾文　教授　將　暫時　接續　梅伊　擔任　該職位　四月　二十二　抵達　海法　輪船　白鵑梅號（Exochorda）　布瑞斯提德

布瑞斯提德同時也寄通知給恩堡，告知他已獲得下一年度（一九三四到三五年）東方研究所研究助理職位。技術上這工作始於七月一日，但他們要到十月一日才真正需要他人在芝加哥。[106] 到後來，因為這些人事異動，布瑞斯提德也聽取蓋伊推薦讓希普頓升任考古隊代理記錄員。[107]

這段期間布瑞斯提德看來十分忙碌，他還寫了一封長信給蓋伊，安撫他說艾爾文是加拿大人而非美國人，且還是「一個性格出奇讓人喜歡、引人親近的人，彬彬有禮、為人著想且容易相處。」[108] 比較敏銳的讀者應當已經注意到，布瑞斯提德這回又一次直接從芝加哥派人來而不先徵詢蓋伊意見。

於此同時，布瑞斯提德也告知蓋伊說恩堡將獲得下一年度助理職，意思就是恩堡與梅伊都要離開考古隊，艾爾文則會待到十二月。布瑞斯提德說不必找人接任恩堡，這對蓋伊大概是個好消息，畢竟如果芝加哥要同時硬塞兩個人過來，他應該會受不了。最後，布瑞斯提德也寫信給梅伊，恭喜他獲得這個新工作，並讓他知道艾爾文很快會抵達，同時表達說他希望梅伊能在離開前把艾爾文訓練好。[109] 事情皆大歡喜自不必說，蓋伊八成也覺得梅伊和恩堡離隊算是好事——只要回想一下幾頁前說到的，他不久之前還想要把這兩人換出去來保住威倫斯基呢。

另一方面，蓋伊與梅伊之間恩怨似乎惡化到了新低谷，但兩人都沒實際留下什麼文字紀錄。我們能找到最相關的資訊只有梅伊二月底給布瑞斯提德的信裡的一句話，信件內容除了告知他自己獲得歐柏林神學院工作以外，還提到接下來幾個月的居住問題，問他說自己妻女在耶路撒冷居所的租約到期後是否能搬進工作中心暫住，還說「我沒去問蓋伊先生，因為以我跟他這種關係他一定會反對。」[110]（補充說明，之後這件事也立刻遭到布瑞斯提德否決。）

⁂

同樣這段期間，拖了好久的出土文物分配總算在一月底進行。距離上一次分配已有數年，所以要處理的東西非常多，包含一九三〇到三二年之間挖出來的所有文物，出土處包括東坡的墓葬、土丘表土層、舒馬赫的廢土堆、以及恩堡與希普頓正逐步建構起來的「早期階段」陶器序列。布瑞斯提德跟蓋伊提到過，說他要一些能用來研究的材料，以及一些能放在東方研究所展覽的東西。布瑞斯提德特別想要湊齊一套展品來呈現陶器形式在歷史中發展的過程，但他也清楚東方研究所沒那麼大的展覽空間給他陳列那麼多東西，所以他特地要求「每種重要的陶器形式只要一件」。他還想到研究所沒辦法一次展覽超出一個墓葬組（即一座墳墓內所有出土文物）的東西，所以他說「可能的話，最好是要一組完整的，裡面的東西不要被拆開分配。」[111]

文物局代表是英國考古學家約翰・亨利・「哈利」・伊里夫（John Henry "Harry" Iliffe），他曾在多倫多的皇家安大略考古博物館（Royal Ontario Museum of Archaeology）擔任研究員，直到一九三一年他被任命為即將建造的耶路撒冷巴勒斯坦考古博物館第一個研究員，他在這個位置上待到一九四八年，之後他搬到英國，成為利物浦幾間博物館的館長，工作到一九五九年，隔年去世。[112]這次是他頭一回主持米吉多文物分配工作，以後他還會繼續負責這件事，過程中他都知道政府這邊選走的文物將會送進「他的」博物館。這間博物館最後在一九三八年開幕。

分配過程中，蓋伊保住了布瑞斯提德所要的大部分東西，但出土的聖甲蟲好貨都被伊里夫拿走，還有許多青銅器也歸給伊里夫。除此之外，之前承諾要給東方研究所的人骨遺留都好好地交給蓋伊，這些似乎出土自大約一半的墳墓裡，蓋伊準備先把這個運回去。這批人骨在四月初運往紐約，從那裡轉送到華盛頓特區的史密森尼學會（Smithsonian Institution），交給當時頂尖的專家阿勒斯・哈德利卡（Aleš Hrdlička）加以研究。[113]

哈德利卡後來在蓋伊的《米吉多墓葬研究》（*Meggido Tombs*）書中發表這批人骨的研究成果，共有一頁文字、一張圖表和十六頁照片（全部都是頭骨，只有一張圖是七副下頷骨）。[114]他抱怨說這些材料非常零碎且「不足以進行任何多方面的人類學研究或推論」，但仍確認它們出自六十八個不同人的身上。不過他只判斷了這些人的「種族」分類，包括「阿爾卑斯型」（Alpine）、「地中海型」（Mediterranean）和「黑種人」（negroid），而這似乎是布瑞斯提德的要求，因為他特別請他「就我們送去史密森尼學會的那些頭骨與其他骨骼的種族關聯或體格特徵給予提示」。[115] 這些骨骼材料目前仍存放於史密森尼學會，在八十幾年後的今天等著被進一步更詳細分析，其實它們並非哈德利卡所說的那麼零碎而不堪使用。[116]

文物分配的其餘所得大約能裝滿三箱子，包括一組能夠呈現恩堡與希普頓所提出陶器發展七「階段」的碎陶片，以及幾座墓葬裡最有價值的文物。這些東西也被裝箱送運，比骨骼遲兩個月寄出，搭乘六月十七日從海法啟航的白鵖梅號。[117] 一個有趣的巧合是梅伊一家人也預備搭乘同一艘船回國，登城赴任他在歐柏林的新工作。

說到離別，我們現在所稱的「梅伊案」就發生在梅伊一家人預定離開海法的六月十七日。事情開頭很單純，但後續情勢急轉直下，而如果要開始解釋發生什麼，最好的方法就是引用蓋伊將近一個月後發給布瑞斯提德的電報全文：[118]

離開 巴勒斯坦 時 梅伊 因 簽屬 不實 聲明 被 證實 有 罪 且 罰款 十 鎊
該聲明 他 請 我 副署 內容 關於 某些文物 他 無照 試圖 帶 出口 句號 後續
信件 蓋伊

發電報兩天後，蓋伊寄出兩封信給布瑞斯提德，一封是關於該工作季的長篇報告，結尾處他又一次建議在秋季停工專心準備成果發表。[119] 另一封信標註「私密」，裡面顯然說了梅伊這件事的更多相關細節，這封信後來被查爾斯・布瑞斯提德說成是「這間辦公室收過最骯髒的信件之一」。[120]

不幸我們無法直接引用這份「骯髒」文件，它本來應該在東方研究所檔案館裡一九三四年與瑞斯提德和蓋伊相關的幾個資料夾內，但裡面卻只剩一張粉紅紙，上面打的字是「一九三四年七月十三日，蓋伊來信被CB取走歸入他個人檔案」。[121] 這些「個人檔案」似乎掉進了黑洞，現在沒人找得到它們在哪裡；但有朝一日這封信必會再度現身於世，等到那一天就讓我們看看上面詳細寫了什麼，一定很有意思。

我們使用東方研究所與以色列文物局的其他資料盡力還原史實到最接近真相的程度，知道此時事情經過大概如下。在各色人等留下的信件與／或便箋裡我們總共看到至少五種觀點：(1) 蓋伊（目前闕失），(2) 艾爾文，(3) R・W・漢彌頓（文物部代理部長），(4) 文物部一名不知名職員，(5) K・W・史提德（K. W. Stead，海法關政司〔Department of Customs〕司長）。

六月十七日星期日晚間，梅伊一家人準時來到海法碼頭，準備搭乘要在午夜啟航的白鵲梅號回美國。恩堡在場送他們上船，艾爾文和帕克也在，說不定還有相關通訊裡未提及的其他成員，但蓋伊就沒花這心思來送別。

梅伊在通關時簽屬一份聲明，說他行李內未攜帶任何文物；但當海關官員打開他的行李袋，卻「發現數個屬於文物的陶壺碎片」，這是兩天後歸檔的一張便箋內容所述。當局認為這「事關重大」，立刻扣押梅伊不讓他登船，直到他們能更進一步調查此事。[122]

艾爾文在事情開始不久就抵達，目睹大部分經過。依據他的說法，海關官員是「因為梅伊的箱子大小與重量，以及它們從米吉多與其他要運送的文物箱子一起來」而生疑。要記得，一月文物分配所得的三箱文物要搭的也同樣是這艘船，此時它們終於要被送回芝加哥。[123]

梅伊馬上連絡人在海法家中的蓋伊，通知他出了問題，並「積極聲明他身上沒帶文物」。梅伊顯然不認為他行李中那些東西在技術上應劃歸為他所認知的「文物」，但海關官員卻不這麼想；依據艾爾文的描述，從梅伊行李中搜出的包括「數片陶壺碎片，幾塊石頭與火石，幾盞他在耶路撒冷買的、完全有權擁有的羅馬燈，可能還有些別的。」艾爾文向布瑞斯提德報告時說這些都是「沒什麼價值的東西」，但海關官員要人來確定此事。[124]

文物部一名職員在兩天後交出一份詳細便箋，上面的署名無法辨識。據其所言，蓋伊與梅伊通話後立即在晚間九點半聯絡上他，請他聯絡文物部部長里奇蒙，他告訴蓋伊說里奇蒙人在敘利亞。蓋伊接著請他聯絡代理部長漢彌頓，他又告訴蓋伊說漢彌頓沒有電話，甚至此刻他人也未必在家，無法留言給他。[125]事實上文物部只要蓋伊「代表考古隊負責」去跟海關司長說一聲這些陶片不重要，這就行了。然而，依據短箋上說的，「蓋伊先生看來不願負責」。[126]

在此同時，梅伊也急著打電話，連恩堡都忙著幫梅伊聯絡別人。依據漢彌頓兩天後寫的一張便箋所示，當時兩人都直接或間接聯絡上漢彌頓。他說，梅伊留言給他，告訴他自己因為「帶了米吉多廢棄堆裡撿的幾片不要的碎陶片回去研究」而被阻止登船。恩堡好不容易能與漢彌頓通話時也向他保證那些陶片是廢棄物，沒有任何價值；且恩堡還說伊里夫先生也能證明這項事實，這位文物部代表在一月底進行分配時曾在米吉多看過這些陶片。[127]

漢彌頓說，那晚他還接到海關官員哈巴許先生（Habash）電話，在他的要求下與海法海關貨物與貿易司

（即關政司）司長史提德通話。在漢彌頓的理解裡，史提德通知他的包括以下幾項情況：

1. 在被詢問是否有任何需要申報的物品時，梅伊先生簽屬聲明說他的行李內「不含」任何「應課稅物品」。
2. 然而，在梅伊先生的行李被打開搜查時，發現「數量可觀的陶器與其他物品」。
3. 梅伊先生接著「承認這些是文物也是違禁品」。

雖然已被告知這些東西沒有價值，史提德仍認定梅伊違法，且將此事看得很嚴重。[128] 不過他還是同意讓梅伊交出「文物」之後去白鵲梅號下一個停靠站貝魯特搭船，海關會自行處理這件案子並決定如何處分，所以梅伊不必出庭。

結果梅伊在貝魯特搭上船，與他家人一起在七月九日回到波士頓，然後平安無事前往歐柏林。[129] 他最後付了十鎊罰款，理由是意圖「無照出口文物」。十鎊聽起來不是什麼天文數字，但換算成今日幣值可是有六百八十英鎊，也就是大約九百美金多一點。

漢彌頓說，蓋伊直到第二天早晨才與他通上電話。蓋伊說梅伊其實在行李被搜查之前就聯絡他，要他送一份書面聲明給海關官員說梅伊的行李中沒有任何文物。他說他拒絕這樣做，只願意去說梅伊跟他保證過身上沒帶任何文物；換句話說，蓋伊既沒幫梅伊作證也沒幫上其他任何忙。漢彌頓在便箋結尾的陳述是「梅伊先生帶著通關的物品中有一些，包括一只雪花石膏壺和一些青銅小東西，絕對不是毫無價值的東西。」[130]

大約兩星期後，事發當時人在敘利亞的文物部部長里奇蒙要史提德給他一份完整報告，包括從梅伊那裡沒收的文物後來怎樣處置，這是整個正在進行的調查工作一部分。史提德給他一份「沒收表」的副本（這份文件我們目前無法取得）並附上一張封面信件，信件部分內容如下：「此案非同小可，因被告曾在巴勒斯坦以古文物專家身分工作多年，他很清楚必須申報古物、必須取得許可攜帶文物通關，且無論如何他都是在未獲得米吉多考古隊主持者的允許之下從米吉多攜走（這些東西）。」他還補充說，「我認為考慮以上條件，除了沒收這些古物之外，罰金十鎊應當足夠。」至於沒收的文物，他說「我已指示將文物送往耶路撒冷交付給您的部門，它們無甚特殊價值，但這並不影響違法事實。」[131]

九月初，風風雨雨早已過去，海關總算將這些觸犯法規的物品裝一個小箱子送到文物部，附上內容表單：[132]

文物清單，
陶器碎片九十三片
燧石片九十五片
玄武岩戒指二只
燈五盞
石製工具六件
小瓶三只
有裝飾石頭一塊

意思是說，恩堡與希普頓基本上沒說錯，這些物品大致上都沒什麼價值。我們今天會稱這種東西「教材集」，就是用來在課堂上給學生看看真正的文物長什麼樣，這對那些沒有親身參與過發掘的學生特別重要。陶器碎片和燧石片想必是從工作中心的廢棄品堆裡翻出來，其他也有幾個東西（例如羅馬燈與小瓶）明顯是梅伊從耶路撒冷合法購入（依據艾爾文所說）。確實，梅伊應該在填寫海關表格時照實申報，但其實蓋伊那晚只要跟海關官員說一聲，整件事情就都不會發生。艾爾文的觀點顯然也是如此，事發之後他馬上寫信給布瑞斯提德，說「我們或許得承認梅伊有些該做的事沒做，他在否認持有文物的同時，也的確應該報備一下這些他原本覺得不值一提的東西。」正如他所說，這問題的關鍵都在「文物」的定義上頭，而他確信梅伊不認為這些碎陶片與燧石片算是文物。事實上，他說漢彌頓那天晚上在電話裡也是這樣講的，所以海關才允許梅伊去貝魯特搭船，之後再付罰金，而不必親自出庭。[133]

艾爾文又說，蓋伊有好幾個機會可以避免整件事發生。第一個就在事發當時，那時蓋伊拒絕確認這些東西是沒有價值的廢棄品。第二個在艾爾文看來更嚴重，那是在隔天早上，官員再度搜查梅伊的行李，艾爾文說事情經過如下：

> 搜查者進行到梅伊的第二個箱子，開始從裡面拿出一系列碎陶片和其他沒價值的小東西，他們要蓋伊先生從家裡過來，問他兩個問題，「這些是文物嗎？」他說是，然後「這些有價值嗎？」他聳聳肩說「誰曉得它們有沒有？我不知道」或這類的話。如果他完全誠實作答——而他絕對知道真相，而且如果他直接說「不是」，那事情當場就能了結。[134]

關於此事所有訊息以及各方通訊的副本都會送到託管地巴勒斯坦政府祕書長（chief secretary）處供他參考，[135] 這下子連東方研究所也被拖下水，布瑞斯提德和其他人完全無計可施，只能希望這場天有不測風雲不會更形惡化、不會登上當地報紙版面（最後確實沒有）。

事情到這兒還沒完，還早得很呢。事實上，蓋伊在七月四日送了一封私密性質的道歉信給文物部部長里奇蒙，結果把情況弄得更糟。他在信裡解釋他自己對此事的觀點，不僅把梅伊入罪，還拉恩堡一起下去當墊背。[136]

> 閣下，既然您已結束休假歸來，想必您已聽說梅伊博士在六月十七日正要離開巴勒斯坦時對行李內容申報作假，且他還要求我為他背書。海關搜查該行李時發現內有超過二百件他未曾取得出口執照的文物，他因此被關政司司長處以十鎊罰金。本考古隊成員之一竟做出這般違法行為，請容我向您致上最誠摯的歉意，並讓我向您保證梅伊博士從米吉多取走這些文物的行為絕對未曾經我允許或通知我。此外，梅伊博士與恩堡先生，後者當時也是考古隊成員，當時這兩人與您部門的代理部長通話，並請他在此事上幫助梅伊，卻強調這些東西體積小且不重要，而對梅伊博士剛被指控的不實申報罪名隻字未提，為此我要更進一步向您致歉。

蓋伊在信中還暗示梅伊與恩堡都是因這次事件而遭考古隊開除，但事實是他們本來就要離隊，梅伊要去歐柏林、恩堡則要回芝加哥當研究助理。依據紐約市港務紀錄內容，恩堡夫婦搭乘「石中劍號」輪船（*SS Excalibur*）在七月十四日回到美國，所以他們一定是在梅伊離開幾天之後就走，也是在蓋伊寫信給里奇蒙之前。[137]

七月十一日，蓋伊更進一步自尋死路；他發電報給布瑞斯提德，也就是我們一開始講到「梅伊案」時引用的那封三十六個單字的電報，然後他又在十三日寄出後續的說明信件，也就是查爾斯・布瑞斯提德所稱「這間辦公室收過最骯髒的信件」。如前所述，這封信目前下落不明，但內容很可能就跟蓋伊前一星期寫給文物部部長的信大同小異。

於此同時，布瑞斯提德父子已收到艾爾文祕密送達的事件現場記錄，並在梅伊回到美國後與他保持聯絡，甚至還與他面對面談話，推測應是在梅伊七月底或八月初去歐柏林路上在芝加哥稍作停留時。過程中梅伊拼命道歉，表達他「對海法那件事、以及此事可能造成的任何麻煩都感到非常抱歉。」[138]

梅伊還對蓋伊散布的一些關於他的謠言加以澄清，並告訴布瑞斯提德父子更多他們不知道的米吉多實情，包括海倫・梅伊剛發現自己懷孕時他們與蓋伊夫婦之間的對話。梅伊對布瑞斯提德說：「當我告訴蓋伊我們要有小孩了，他的反應就很傷人。之後蓋伊夫人還在我不在場的時候進房間探望梅伊夫人，她一開口就說梅伊夫人應該在讓我知道這事之前先跟她說，這樣她就能教梅伊夫人一些方法，能在我什麼都不曉得的情況下把孩子處理掉。她還宣稱說現在阻止孩子出生也不算遲，又說我會發現小孩既是累贅又是阻礙，還引用她自己的經驗來證明。」[139]

芝加哥這裡已經做出決定，雖然當時布瑞斯提德正在度假不在芝加哥，他還是發電報給蓋伊，叫他留在倫敦等待，有一封信要寄給他。他又叫查爾斯發電報給帕克，叫他待在威爾斯等著收一封寄給他的信。

接下來他指示查爾斯寄一封立即生效的解職信給蓋伊，這封信日期是一九三四年八月二十八日，滿滿五頁多不空行的字，內容一條一條列出蓋伊數年來的過失，第一條就是「梅伊案」與蓋伊七月十三日那封信，還說蓋伊那封信「遲延回報梅伊案，字裡行間帶有不加掩飾的陰險惡意」，說它「沒有成功打擊你所批評的對象，反而成功暴露你自己如何有虧於我們交付的責任」。[140]

信件後面內容裡，他們一步步回溯過去七年，條列蓋伊各項有失職守的部分，說他未能及時發表成果、說他將材料交給缺乏相應能力的考古隊成員去處理，說他發掘速度太慢，說他漠視研究所主事者的要求，說他雇用威倫斯基且還幫此人辯護，更說他沒跟布瑞斯提德商量就向文物部部長建議將所羅門王馬廄設為國家紀念物。信件結尾明確指示他離開現場主持人職位時應該怎麼做，鉅細靡遺，甚至還說到要他清走任何他可能留在工作中心的東西，並將支票簿與銀行對帳單交給帕克。在此之後布瑞斯提德父子打算找有執照的公共會計師來清查這些資料，看是否有什麼財務上的異常。[141]

至此，蓋伊擔任米吉多考古活動現場主持人的任期在風雨交加的七年後結束。不過布瑞斯提德父子已從威倫斯基這場官司學到寶貴一課，他們此時並未立刻與蓋伊割席絕交，而是讓他繼續完成五年雇傭契約，契約會在一年後的一九三五年六月末結束，在此之前他們繼續支付蓋伊薪水，但支付情形也要看他們是否收到蓋伊的墓葬研究其餘手稿，畢竟這部研究成果內容還缺了好幾個關鍵部分。[142]

我們不必替蓋伊擔心，因為他馬上就被任命為耶路撒冷英國考古學院院長，從一九三五年當到一九三九年。二次大戰結束後，他在以色列阿克爾（Akko）附近開一家養馬場，後來又在一九四八年接受任命，在新成立的以色列文物與博物館部（Department of Antiquities and Museums）裡擔任發掘與測量主持人，在這個位置上待到一九五二年他逝世為止。[143]

梅伊也沒有因為這事件而一厥不振，他在歐柏林學院長年擔任教授，事業有成，且成為國際知名的聖經學者，直到他在一九七七年死於佛羅里達州一場車禍。更何況，梅伊後來也用學術上刻意忽略的手段出了他對蓋伊這口氣，他的《米吉多信仰相關物質遺存》（*The Material Remains of the Megiddo Cult*）這本書幾乎正好就在一年後出版，也就是一九三五年六月十五日；他在該書前言連名帶姓對米吉多、耶路撒冷、甚至是芝加哥的每個人致謝，實實在在一個不漏，感謝他們所提供的協助，就唯獨蓋伊這個考古活動現場主持人的名字不在裡頭。整本書裡都沒有感謝蓋伊，甚至是提都不曾提到。[144]

事實上，這樣做的人恐怕還不只梅伊一個。蓋伊擔任現場主持人那幾年間發掘成果的研究報告還有另外三冊，由恩堡、希普頓與拉蒙三人獨自或協力完成。迅速翻翻這三本，就會發現他們全都對彼此以及梅伊表達謝意，林德也在感謝名單中，但這三人沒有一個人在致謝時說到蓋伊的名字。[145]

相反地，蓋伊的米吉多墓葬研究直到一九三八年才出版，而他在前言裡基本上謝遍了每一個人，列出的隊員名單是東方研究所所有米吉多發掘成果出版品裡面最完整無遺的一份。該書讀者絕對猜不到考古隊成員之間曾有任何衝突，甚至是蓋伊在這一冊出版的四年前已與米吉多發掘活動劃清界線。[146] 但現在我們已知道內情，還曉得恩堡花費多少心力幫蓋伊完成這一冊（這點我們後面會說到），那我們就得把蓋伊表面上這個「熱情合群」的形象打點折扣，畢竟他這一冊的前言定稿很可能根本不是他自己寫的。

第十章 可能是戰爭或地震

一九三四年六月底，大約是「梅伊案」之後過了一星期，蓋伊寄一份短箋給布瑞斯提德，那時距離他送出那封標著私密二字的「骯髒」信件而導致他被開除還有幾星期。短箋裡，他說他正準備運一個小型青銅雕像底座回芝加哥，這是他們在層位「VII 低處」（蓋伊的用詞）發現的，底座四面都有埃及聖書體銘文。他說，當他們拿這底座去貝特謝安給亞倫・羅威看，他認為象形繭裡的文字是拉姆西斯二世王名。[1]

當底座抵達芝加哥，經過仔細清潔之後，人們發現上面的象形繭其實屬於大約在西元前一一四〇年統治埃及的拉姆西斯六世。芝加哥的專家一直到十一月底才確認如何解讀。而一旦確認，布瑞斯提德隨即發電報通知米吉多考古隊這個消息：[2]

青銅　雕像　底座　上有　王名　拉姆西斯　六世　第十二　世紀　中葉　後續　見信　布瑞斯提德

布瑞斯提德樂得魂都飛了，他立刻開始研究這個底座並著手寫作，在他後來寄給拉蒙的一封信裡大談自己的想法。[3] 雖然他對青銅雕像底座的研究成果直到一九四八年才被放進勞德的《米吉多 II》出版問世，距離他逝世已過十三年，但文中遣詞用字與他寄給拉蒙的信非常相似，證明他收到雕像之後馬上動手寫這篇論文。出版時，勞德只在文章裡面這件物品的出土處這裡加一個腳註，說它是在 1832 號房間的層位 VIIB 的牆底發現，而這確實就是蓋伊所說的層位「VII 更低處」。勞德注意到，這個雕像底座在環境內顯然是外來侵入物，物品本身與發現處土層的年代差異可為明證；我們現在知道層位 VIIB 的年代是西元前第十四世紀，但拉姆西斯六世在位時間比這晚兩百年，也就是西元前第十二世紀。[4]

最合理的解釋是，蓋伊的工人一定是在某個坑底找到雕像底座，但他們卻沒能辨認出來

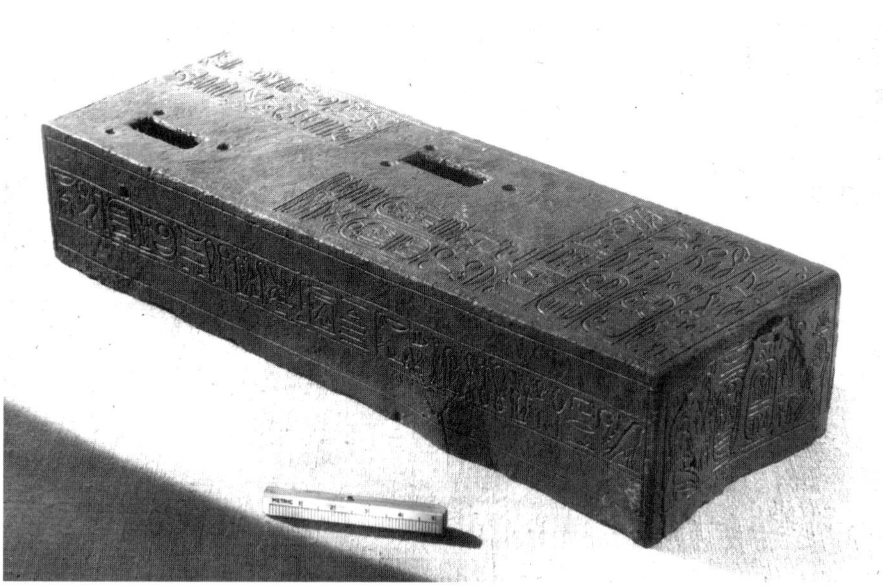

圖三十一：拉姆西斯六世青銅雕像基座
（Loud 1948: fig. 374，芝加哥大學東方研究所提供）

自己在挖的是個原本就存在的坑。若真如此，層位 VIIA 差不多在西元前一一三〇年結束，這個坑就是那時某個居民所挖（說不定這個坑其實是在下一層層位 VIA 的期間挖的，時間在層位 VIA 同樣遭到摧毀之前）。然而我們也不該完全相信勞德對該物品出土處的說法，因為東西是在一九三四年發現，而那時他根本還沒來米吉多。

此外，勞德還搞錯了它的發現時間，說成是「一九三四年秋天」，但其他所有通訊內容都清楚說明雕像底座是在春季出土，仲夏時它已經被送上船運回芝加哥加以保存。這麼說來，從層位 VIA 倒推回層位 VIIB 的這段時期，雖然此時期相關學術研究引用最多的米吉多出土文物就是這個青銅底座，但不管這樣做多麼方便，我們在用它定年米吉多任何一層地層的時候都應分外小心。

不過這些都離我們要說的太遠，現在在講的是一九三二年到一九三四年之間的考古活動，所以我們最好還是回到一九三二年三月二七日，也就是該年春季工作季正式開工的那一天。[5] 不幸的是，就算回到那一天或是稍後幾個星期，其實都沒有意義，原因前面已經講過，接下來這幾個月內蓋伊寄回芝加哥的信裡一點關於考古發現的資訊都沒有。他們在米吉多遺址進行挖掘直到十二月中，但要到一九三三年一月蓋伊才告知布瑞斯提德他們發現了什麼。[6]

蓋伊說，一九三二年的春季與秋季工作季裡，他們都把心力集中在土丘本身，新清除掉南側更多層地層，先是在舒馬赫長溝與供水系統間進行，然後又把工作範圍延伸往城門。據他所說，這些遺跡都「七零八落」，很多地方都把舊時的牆拿來繼續用，也就是說考古隊得小心翼翼進行，才能把不同時期的東西區分開來。[7]

最後，他們得以還原出「一片廣大區域的確切城鎮平面圖，內有四條平行街道。」這說的一定是層位III（也就是蓋伊的副層位II），因為他還說「北部區域還有些年代更晚的房屋疊在這上面」。在各種可能的答案裡，只有層位III的平面圖符合「平行街道」這項敘述。[8]

米吉多層位II與I的居民究竟是誰，至今仍有爭議，重點在於這裡是否單純只有波斯人，還是說有波斯人也有新巴比倫人，而第二種說法看來比較有說服力。[9] 從考古研究結果，我們可以確定層位III屬於新亞述時代，這也是米吉多最後一次具有某種重要性的時代。

從西元前第九世紀的沙爾馬尼瑟爾三世開始，新亞述帝國的統治者都會將他們與以色列王國和猶大王國之間的戰役與勝利記錄下來；我們從他們（以及其他地方）的銘文中可以得知，聖經裡提到的暗利、亞哈與耶戶（Jehu）這些猶太人國王確實存在。[10] 等到西元前第九世紀中期與晚期，也就是沙爾馬尼瑟爾五世和薩爾貢二世（Sargon II）的時代，北邊的猶太人王國以色列及其首都撒瑪利亞（距離米吉多不遠）已被征服，納入亞述帝國成為一個省份。那些被強迫遷移的以色列人後來被稱為「失蹤的以色列十支派」（Ten Lost Tribes of Israel），其中許多人是被帶去亞述本地，也就是現在的伊拉克。[11]

米吉多本身被提格拉特帕拉沙爾三世（Tiglath-Pileser III）攻陷的時間，大概比撒馬利亞被征服早了十年左右，約在西元前七三四年。攻城戰應該不怎麼慘烈，因為考古學家在層位IVA末年幾乎沒有發現什麼受外力摧毀的痕跡。等到薩爾貢二世的時代，這處古老遺跡展開另一個新階段，也就是層位III。層位III吸收了一些層位IVA的要素比如馬廄，但同時也進行新的建設。這時候的建築結構包括浴室與馬蹄鐵形門枕（door socket），反映出米吉多身為新亞述帝國地方都城之一的地位，它在這個時代的名字是「馬吉度」

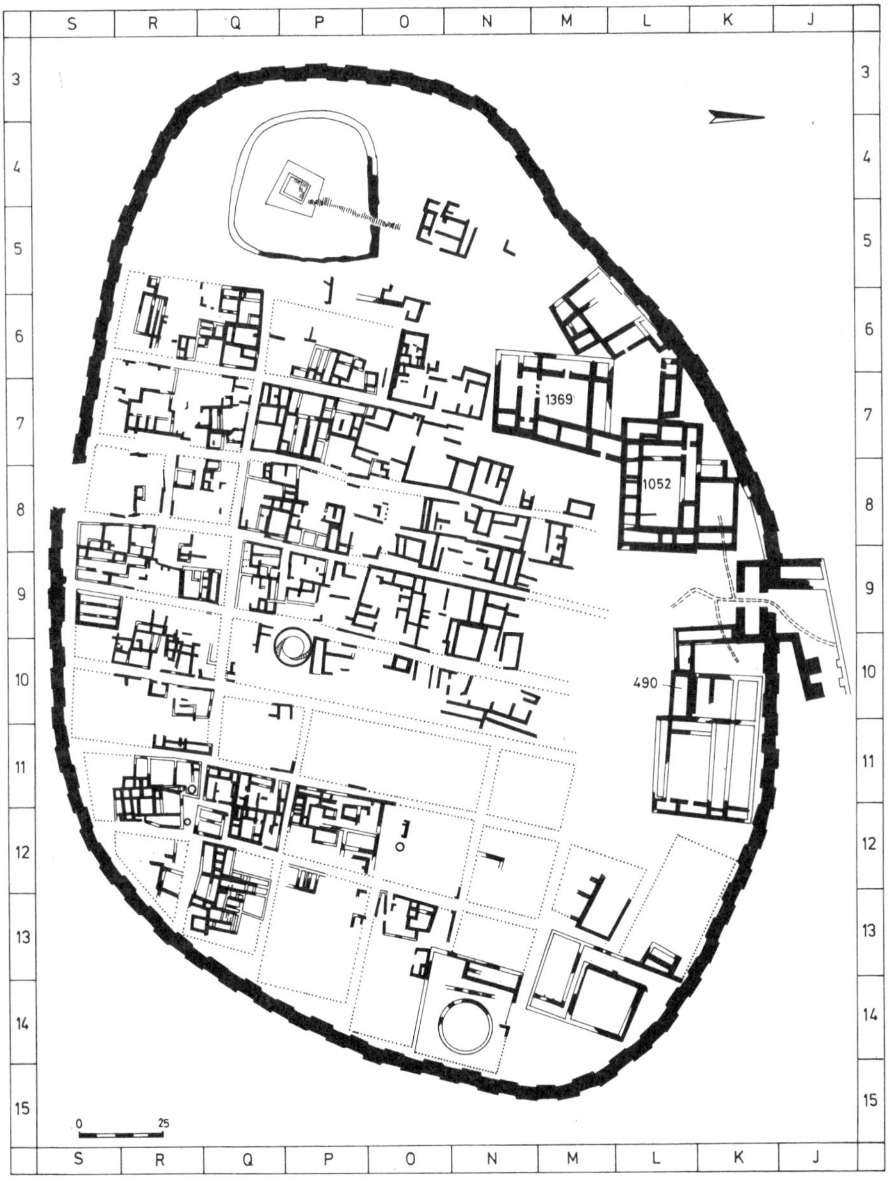

圖三十二：層位 III 平面圖，上方為西方
（Herzog 1997: 256, fig. 5. 35，由原作者提供）

（Magidu）。我們甚至還知道有一位新亞述帝國總督名叫伊西—阿達德—阿尼努（Issi-Adad-Aninu），西元前六七九年的時候是他在統治米吉多，那時在位的亞述國王是阿薩爾哈東（Esarhaddon）。[12]

於此，我們終於能說說層位三時期的米吉多這座城市的真實模樣。這是芝加哥考古隊發掘出土第一層建築物以緊密聚居狀態分布的地層，東西向與南北向的街道主要位在城市中心區域，分隔一區區建造良好的房屋，同時也將它們連接起來。輸水隧道位於城市西方邊緣供人使用。城市西北邊緣還有兩棟ㄇ字形的宮殿或別墅（建築物 1052 與 1369），以及另一棟大型（很可能是公共）建築物（490），位於城門兩側；325 號城牆在這時代仍環繞整座城市，這些建築物也都受它保護。[13] 這些宮殿或別墅也有可能只是行政機關，它們看起來與美索不達米亞亞述腹地的建築很像。為了挖到更深的地層，芝加哥考古隊移除其中一座宮殿，但另一座我們今天仍可見到。

此時這座城的人口很可能含有來自帝國各地的人，新亞述國王是出了名的愛強迫他們所征服的各種人遷來遷去，這是他們常用的作法。[14] 從這個時點開始，也就是西元前第八世紀晚期，一直到它在西元前第四世紀中期衰微，這期間米吉多都是一個又一個近東大帝國的一部分，先是屬於新亞述帝國，然後屬於新巴比倫帝國，最後又屬於波斯帝國。這些帝國每一個都統治這整片地區長達一百多年或甚至更久，一個衰亡之後又一個興起，如前所述。[15]

以考古隊發現的陶器為依據，蓋伊認為我們現在所說的層位III裡頭「擁有平行街道的城鎮」年代大略是在「西元前五百到七百年」。[16] 這兒必須要說他猜得還真準，與目前學界認定的大約西元前七八〇到六五〇年這個數字差不了多少。蓋伊還注意到，考古隊這階段在土丘各處發現的陶器都要更多；以某些例子來說，他們從單一一處地點收集到的陶器可以裝滿三十到五十個籃子。當然蓋伊也說這些事情幾乎都沒什麼意思，但他認為他們在東坡與墓葬裡發現的其他東西能引起一些關注。

蓋伊特別提及他去年夏天在倫敦史前研究學術會議中聽到朵洛希・加羅德的演講，講的是她在迦密洞窟裡發現的物品。他覺得這與他們在東坡發現的一些東西可以互相比較，且認為這些東西年代可能是很早以前的納圖夫文化時期（Natufian period），也就是人類剛開始在米吉多聚居的時候。他打算讓受過一點人類學訓練的恩堡來看看這些顱骨，然後找負責研究加羅德女士那裡所有出土遺骨的亞瑟・凱思爵士（Sir Arthur Keith）諮商。他還想知道，如果把這些骨骼送往倫敦讓那裡的人去研究，布瑞斯提德意下如何。但我們前面也說了，最後的結果是這些遺骸都在一年多之後去了華盛頓特區的史密森尼學會。

蓋伊在信中對一九三二年工作季的考古發現細節就只說到這裡，幸好我們還能在蓋伊奉命交給文物部的報告中看見更多一些資訊；這份報告刊登於一九三四年《巴勒斯坦文物部季刊》第三卷。[17] 報告中他說他們在東坡發掘更多屬於不同時期的墳墓，而這些墳墓會與一九二七年和一九三〇到三一年間的考古成果一起集合為一冊來出版。他還提到在東坡發現數個「人類居所——有的是洞穴，有的是房屋」，以及年代在西元前四千到三千年之間（或甚至更早）的陶器。據他所說，他們已經區分出陶器發展的七個階段，這部分會由恩堡和希普頓來寫成一冊出版，而這一冊確實後來在一九三四年問世。[18] 不過蓋伊這份報告其他部分都在說下一個工作季，也就是一九三三年春季工作季在丘頂進行的發掘工作，這些內容都與一九三三年比較有關，所以本書後面會回來說一說。

我們還知道布瑞斯提德之前要東方研究所出版一本工作報告，該書於一九三三年問世，書中有蓋伊提供的資料。但此處並沒有關於一九三二年米吉多考古成果的更多資訊，畢竟這是芝加哥大學米吉多考古隊最缺乏成果的季度之一。

蓋伊嚴守布瑞斯提德要他每月交報告的要求，第一份是一九三三年六月一日，這是我們在該年所擁有的第一份這種報告。[19]但既然春季工作季在六個星期後的七月中就要結束，這份報告也就成了我們對整個前半年考古進度的唯一資訊來源。

蓋伊說，因為農耕收成的緣故，他們在春季工作季一開始很難雇到足夠當地工人，但六月一日他已經有了「二百一十七名領工資的」。[20]就算布瑞斯提德確實要求勞工人數必須維持在二百人以上，但這與今天的發掘工作相比仍讓人吃驚。現在我們大多善用大學生的力量而非花錢雇工人，且沒幾個發掘現場會同時有超過一百人在工作。就算雇用有技術的工人，通常也只會雇用少數幾個，而且雇用時間有限，因為這類工人現在一人一天的工資可能高達九十美金。當然時代不同工資也不同，但想像一下一九三三年一星期工作日結束後工人排隊領錢的畫面，那感覺還是相當驚人。

不管怎樣，蓋伊說他們有遵照布瑞斯提德的指示行事，將工作範圍限制在土丘南側的新區域。他們已經移除地表所有遺跡，這些都被歸類到層位I或一個概略的「最晚期遺跡」範圍內（此處「最晚期遺跡」指的似乎包括羅馬時代以降全部的東西）。接下來他們也整理記錄好了層位II全部的遺跡並拍攝空拍照，之後層位II許多東西都被清除。他們還將「中央鐵路」的路線加以延長，這樣他們在土丘這片區域就能同時使用中央鐵路與「南部鐵路」。[21]

除此之外，他們將Q10方格裡一棟原本由舒馬赫發掘出土的大型建築清理完畢，還發現附屬於這棟建築物的另一道牆往西邊延展至少四十五公尺，目前還看不到盡頭。既然這道牆「建造極為精良」，蓋伊很期待它剩餘部分全部出土的那一天，他認為這牆可能連著相隔數格外O6方格裡的兩道牆，最後構成一座大型宮殿的圍牆。[22]

最後，他們發現P10方格之前出土的一個大型環狀建築結構原來是座筒狀大穀倉，以石為牆，深達七公尺。[23] 現在造訪米吉多的每個遊覽團都會到這座巨型地底筒倉停一停，因為它就位在通往今日土丘頂部的遊客步道頂端，大部分遊覽團都會在此右轉，前往輸水系統入口處，然後走下

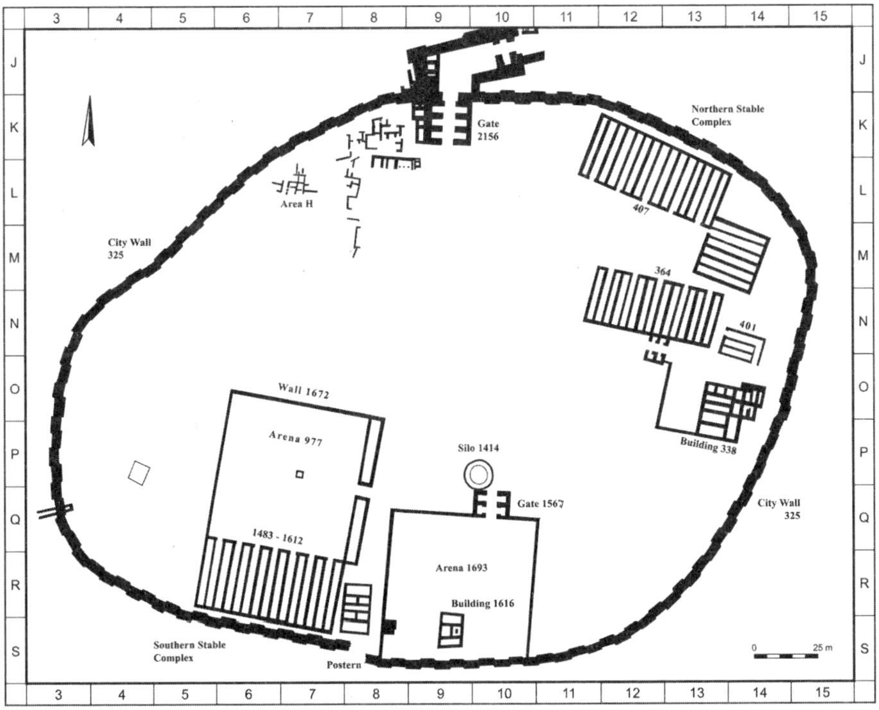

圖三十三：層位 IV 平面圖（Franklin 2017: 88, fig. 1，由原作者提供）

階梯通過輸水道。

他們還發現大量陶器，這點大概是意料之中；同時他們也發現不少小器物，包括胸針、箭簇、珠子、護身符、小雕像、以及石碗。蓋伊說他們還找到幾只聖甲蟲，但這要等古埃及研究專家來辨識它們。[24]

九月初，還在放暑假的蓋伊寄給布瑞斯提德第二份當月報告，他在這一年總共寫了四份。他信裡大部分篇幅都在說「兩間大院，各自寬度超過六十公尺」，和他春季發現的建造精良牆垣位在同一區域，在蓋伊隨信附上的空照圖中可以看到。兩間院子都有用白色石灰岩精心建造的牆與地板，後來他們發現西邊那一座是連接另一組馬廄建築物的大型前院，跟他們之前一九二八年在更北邊發現的相符合。[25]

這一年蓋伊還有送兩份當月報告給布瑞斯提德，一份在十一月初，另一份在十二月初。兩份報告主要都在講考古隊繼續清理西邊那座院子，十一月的報告說他們已經在院內南邊發掘出土一座有五個單位的馬廄，每個單位裡有二十八個隔欄，也就是說整座馬廄共可容納一百四十匹馬。蓋伊說，如果把他們之前一九二八年季度發現的馬廄也加上去，他們現在在米吉多所找到這個時期的養馬建築物已經足以容納四百多匹馬。他認定院子裡剩餘空間是「遊行場」，目前考古學界仍認為這是可能的答案之一，但更多人認為這片空地在大部分時間只是用來訓練馬匹的院子而已。[26]

等到蓋伊在十二月寄出報告，他們已經將「遊行場」以及西院馬廄的大部分地板移走，在底下發現一層「帶粉紅色的火燒泥磚」，但蓋伊還順便提到說「這裡也有建築結構，夾在泥磚與馬廄之間的小房間。」[27]《巴勒斯坦文物季刊》是文物部的官方刊物，前面提到過在一九三四年發行的季刊裡有更多相關資訊，這裡蓋伊說他們在一九三三年春季依然繼續發掘整座土丘，成果是挖出一座有四條平行街道的城鎮，這點我們前面說過。然而，到了一九三三年五月之後，他卻報告說他們只發掘一片長一百五十公尺寬一百公尺的有限區域，位在「城市南邊的高地上」。[28]

關於他們發掘出來西邊那座院子，他也提供了多一點相關訊息。他說院子長九十公尺寬六十公尺，包含「遊行場」（長寬皆六十公尺，地面鋪設白石灰岩）以及遊行場南邊的五個單位馬廄。附近靠東邊的院子沒有連著馬廄，所以長寬只有各六十公尺。他們還需要清掉一些壓在頂上更後期的建築，但已經可以看見一片很大的空間鋪滿白石灰岩地板，以及北邊牆垣上的門。他說，這「就是被舒馬赫認成宮殿（德語 Palast）的建築物。」[29]

在十二月寄給布瑞斯提德的信裡，蓋伊另外還說他們工作進度很快，工人總數最高峰曾達到三百多人，但現在人數已經減少到接近二百人這個標準。雖然下了一些雨，但他們照常進行挖掘；依照蓋伊在隔年一月底

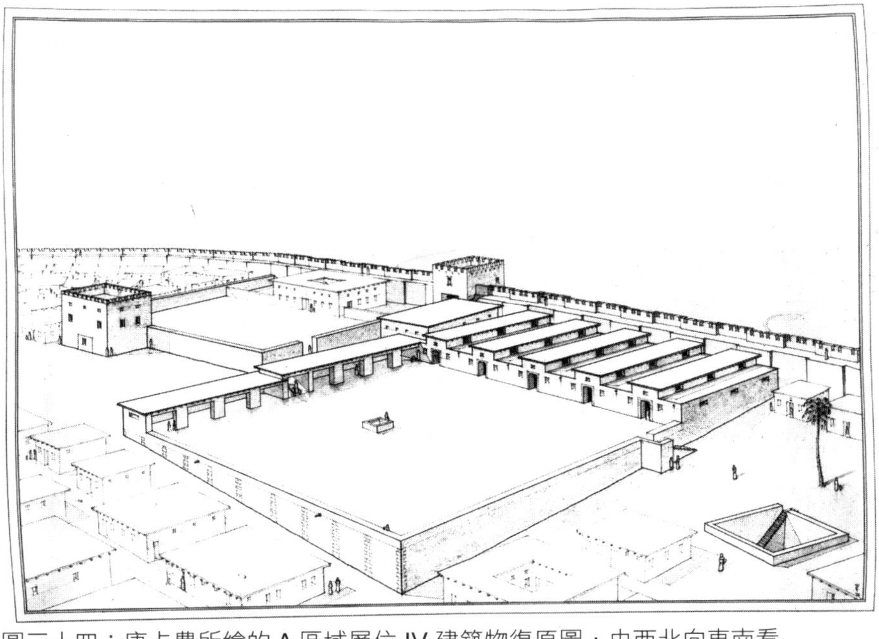

圖三十四：康卡農所繪的 A 區域層位 IV 建築物復原圖，由西北向東南看（芝加哥大學東方研究所提供）

寄給布瑞斯提德信裡所說，工作一直持續到十二月二十二日。[30]

大約在骨骸被運回華盛頓特區的同時，一九三四年春季工作季終於在四月初開始。蓋伊總算願意聽命，遵照布瑞斯提德一再提出的要求「往深處挖，如您所願。」他們從前一年開始發掘東邊院子這塊區域，他認為這裡最有可能往下挖到什麼，所以他們在R9方格附近以木樁標出一片長寬六十公尺的區域，此區域後來被編號為CC區域。蓋伊寫說，我們「可以期望在工作季結束前挖到埃及地層」。恩堡的信裡也充滿同樣的樂觀，他信心滿滿地寫道：「我相信我們在六月結束前就能挖到拉姆西斯時期（Ramesside，指埃及新王國晚期 1292-1069 BC 這段時期）的地層。」拉蒙說得更誇張，他在五月初寫信說「我們這個工作季的標語依然是『沒挖到圖特摩斯決不罷休』。」[31]

四月中，蓋伊得以告訴布瑞斯提德，他們在東邊院子底下發現一座建築物的地基，長寬約為二十三公尺。325 號城牆穿過這棟建築物的一部分，且這區域這段城牆其實是用該建築物拆下來的現成石材搭建而成。蓋伊注意到這棟建築物被拆得很徹底，他寫說「此建築物很可能是一座宮殿，但天不從人願，裡面什麼都沒留下，上古時代把這裡能拆的都拆了，只留下這座地基而已。我希望能在下面找到些埋在地基底的東西。」所謂的「南宮」（Southern Palace），或稱 1723 號宮殿，現在唯一剩下的部分就是這處遺跡。[32]

一九六〇年代，以色列考古學家伊加爾・雅丁在米吉多北馬廄地層下方進行發掘，找到另一座宮殿（稱為 6000 號宮殿），年代與蓋伊發現的南宮（1723）相同。這座新發現的宮殿後來由特拉維夫大學考古隊成員在一九九八年到二〇〇七年之間進行進一步發掘，本書作者也有幸參與。這兩座宮殿現在被歸到所謂的層位 VA/IVB（這個我們在最後一章會討論）。雅丁當時認為這個地層才是所羅門王時代的地層，而非蓋伊所認為的層位 IVA；但雅丁這個推測現在也遭到否定，如今學界大多認為這個地層是西元前第九世紀亞哈與暗利王的時代，部分原因是與撒馬利亞遺跡對照得出的結果，包括蓋伊最先在南宮地基的精良石材上發現的石匠記號。[33]

蓋伊還說，他們在南宮底下某些地方挖到一層火燒過的磚頭。這座遭火焚的城市位於我們現在所稱的層位 VIA。「與更晚期的任何地層相比，該層留在原位保存下來的東西似乎特別多，」蓋伊說，「所以我希望能從這裡獲得一些有用的發現。」他還記錄說他們當時只用一百六十名勞工，因為當下開挖的區域有限，容不下更多人；但就算工人人數這麼少，找到的東西也足以讓處理陶器的人與測量員忙得不可開交。[34]

果不其然，就在兩星期後的四月底，蓋伊打電話給耶路撒冷的文物部，通知說他們挖到了一組二十七件狀況極其脆弱的青銅器。他已下令用石蠟澆遍整組文物並用熟石膏包裹，這樣它們就能被運往耶路撒冷給文物部的修復人員加工。[35] 他在幾天後將這批文物送走，附上一封信給文物部部長，信中一部分如下：

圖三十五：工作人員從 1739 號位置的層位 VIA 移走一批青銅器（Harrison 2004: fig. 99，芝加哥大學東方研究所提供）

「四月二十五日，我們在 1739 號地點（R10 方格）發現一組大約二十七件青銅器，包括碗、盤、斧、箭簇等。它們可能屬於目前正在發掘的泥磚層，這……可能可以定年在西元前一二〇〇年之後不久。」[36] 他的判斷誤差超過兩百年，現在學界認為層位 VIA 的時代是西元前第十世紀，但他對這批文物重要性的估量倒是很準確。

發掘現場人人雀躍，梅伊寫信給一個同事，表示他們已經「挖到一層遭非利士入侵者強攻火焚而毀的地層，可能在西元前一一九〇年左右。」他描述這座城在戰火中被燒成焦黑，還說他們找到一具小女孩的骨骸，她被一座倒塌的牆壓死，就這樣躺在原地。但最重要的當然是他們發現的大型宮殿，「可能由大衛王所建」。[37] 然而，梅伊這裡是把兩層不同的地層混為一談了。首先，大衛王不可能建造屬於層位 VA/IVB 的南宮（1723），再來層位 VIA 的焚城元凶大概也不可能是非利士入侵者。事實上，梅伊自己都已經協助指出摧毀該地層建築物最可能的兇手——地震。[38]

艾爾文那時已抵達發掘現場，事實上他早在一個月前就到了；此時他寫信給布瑞斯提德詳細描述找到

圖三十六：1745 號出土點層位 VIA 裡被壓碎的骨骼與陶器
（Harrison 2004: fig. 83，芝加哥大學東方研究所提供）

了什麼。他似乎是所有人裡第一個做出紀錄的，說他們可能發現了地震留下的痕跡：「還有件事是梅伊跟我在一堆巨大亂石中發現的有趣東西……就在我們目前發掘區域偏北一點，舒馬赫探溝東邊的地方，看起來不可能是地震以外的其他原因造成。」[39]

艾爾文不愧為希伯來專家，他指出這可能與「阿摩司書說的那場大地震」（阿摩司書第一章第一節）有關，聖經裡說地震發生在耶羅波安二世（Jeroboam II）的時代。艾爾文還繼續說，如果這個推測正確，那現在的發現可能有助於解答「阿摩司預言年代這個千古難題」，甚至包括「耶戶王朝傾覆」的年代。[40] 事情真這麼簡單就好了！但艾爾文自己也承認「這個論點裡還有證據極薄弱處」，而確實他們在定年這裡遇到大問題，因為阿摩司書說的地震發生時間可能比這要晚二百年，也就是西元前第八世紀中期，而非此地被毀的西元前第十世紀末。蓋伊後來在給布瑞斯提德的工作季季末報告裡將這些都擴展論說，工作季結束於六月二十八日，他在七月十三日寄出報告（顯然他在這中間沒寫每月報告）。這篇報告這部分值得全文引用，方能呈現當時現場興奮的情景：[41]

> VI明顯發生過某種災難，其中火災是最嚴重的部分，但災難本身可能是戰爭或地震。事發時有人死亡，倒塌的牆下發現一些遺骨，其姿態顯然充滿痛苦……但也有些人被埋葬……不過他們被埋得很草率，入土時不管方位，也沒有什麼陪葬品，我們最多只在一名男子頭上找到一只碗，還有幾片碎陶片覆蓋在一具可能約十二歲的兒童骨骸上。有幾個人被塞進甕裡，但用的不是青銅時代中期的方式。看起來像是災難過後倖存者歸來，不管那些被牆壓住看不見的屍體，只把看得見的急忙下葬。

蓋伊和梅伊、艾爾文一樣，傾向以地震理論解釋 VIA 城市的毀滅。他指出有好幾道牆出現裂痕，少數還被強大力量推得完全移位。他還說，「任一具骸骨上都沒有發現箭簇等武器，在整個發掘區域內也只找到極少數武器。」最後他幾乎只是順口一說：「此處有大量燒焦的木頭，某些碎塊是木椿或其他建築結構，但也有相當數量幾乎可以確定是栽種的樹木，」還補充說他們有保留樣本來做檢驗。他在這段敘述的結尾做結論說「無論這場災難成因是什麼，它都是來得相當突然，因為大部分房間裡都保有大量留置原位的陶器，我們在此獲得一整套最具代表性的各式各樣陶器。」[42]

接下來，他又一次淡淡地提到這事，好像先前的興奮都被忘懷一樣。他補充道：「回到層位 VI，我們雖然未能發現大量有意義的小型文物，但卻有一項天賜的收穫，也就是我們挖出一套很不錯的青銅器……箭簇、斧頭、碗、盤、壺、以及濾器，總共約有三十件，堆在一起成一堆。看起來像是有人把它們綑成一包打算帶著逃離城市，但逃命途中卻得把它們扔下。它們位置不在室內而是在開闊空間。我已經把它們交給文物部處理，但還沒完成。」[43]

我自己參與過後來特拉維夫大學米吉多考古隊的工作，而我必須說我認同上述所有關於地震理論的說法。我們在一九九八年對相同地層進行發掘，得到同樣結果，包括發現被牆壓毀的骨骸與破裂、移位的牆垣。[44] 我認為地震是最可能的成因，特別是 (a) 任何遺骸體內或附近都沒有箭簇或其他武器，骨骸上也沒有任何武器造成的割痕；(b) 某些遺骸被倒塌的牆壁與屋頂壓扁；(c) 牆壁被移動、被推離原位，這種力量比一般人力能造成的大得多，就連破城錘（battering ram）也不太可能造成這種效果（且人們在市區內使用破城錘的可能性甚小）。

另一方面，也有些人認為成因是敵軍攻擊，而他們所理解的敵軍主惡就是示撒／舍順克，但這個答案不太合理。近年其他的說法包括大衛王與以色列軍，或者是大衛王登基前或駕崩後的以色列軍隊，而未必是由大衛王親自率領。[45] 然而這些主張摧毀現象是人力造成的說法都不怎麼有說服力，特別是這些說法都無法解釋前面提到的那幾點，所以我認為證據還是比較指向地震說。

城市受摧毀的的年代至今也依然是個問題。我們前面看到艾爾文想以聖經阿摩司書為據把時間定在第八世紀中期，但蓋伊認為時間是在西元前一一〇〇年到一〇〇〇年之間某個點。[46] 特拉維夫考古隊最近在他們的H區域與K區域（地層 H-9 和 K-4）對層位 VIA 進行發掘，得出放射性碳定年法的結果；理論上這有助於解決這場懸案，但可能的時間範圍依舊太廣。放射性碳定年法所得數值指出城市毀於西元前九八五到九三五年這五十年內某個時間，[47] 而我們若以一般所接受的所羅門王在位時期，也就是約為西元前九七〇到九三〇年這個說法來看，米吉多城可能毀於他登基之前、在位期間或末期。不過，對於層位 VIA 受摧毀的年代，大衛・烏什金提出一個稍微較早的時間，也就是西元前一〇二〇到九五〇年之間某個點，而這個時期差不多就從大衛王登基稍早一點到他駕崩之後再晚一點（烏什金用的是一般接受的大衛王在位時期，也就是西元前一〇〇五到九七〇年）。[48] 簡言之，定年結果的可能範圍實在太廣，於是那些認定層位 VIA 毀於人力之手的人就能提出從大衛王、所羅門王、「以色列人」到舍順克的各個元凶。

曾經有人認為層位 VIA 是一座以色列城市，但目前大部分學者都同意這實際上是最後一座迦南城市，至少以物質文化和種族來說是這樣。伊蘭・艾里（Eran Arie）目前是耶路撒冷以色列博物館掌管鐵器時代與波斯時期考古學的弗里德波爾達管理員（Frieder Burda Curator），之前他曾是特拉維夫考古隊一名成員，學界對此最新的詳盡研究就是他的著作，而他在其中的結論是「我們可以很確定地說，米吉多 VI 的絕大多數居民都是迦南人。」[49]

讓我們先暫時忘記精確定年的問題，就只看看陶器與其他文物這些物質文化的部分。層位VB，也就是緊接著疊在燒毀的層位VIA城市上那座破破爛爛的廢墟，看來是第一座確定的以色列城市。[50] 既然這城市如此窮困，那它大概不可能是聖經裡所羅門王建設的城，也不會是舍順克拿來當作征服戰績誇耀的城。然而，因為我們目前已經排除了層位IVA與VA/IVB，那也實在沒剩什麼下來給我們選擇。事實上烏什金最近特意提出說VB就是所羅門王建設的米吉多，但這點仍未獲得證實。[51]

其實，還有另一個可能性。早在一九九六年，那時這些新的放射性碳定年結果都還沒出現，伊色列・芬克斯坦就已提出說米吉多層位VIA時間應在西元前第十世紀以色列—猶大聯合王國時代。[52] 雖然層位VIA這座泥磚城的物質文化遺存顯示其中主要居民是迦南人，但它的確也有可能是大衛王或所羅門王治下城市。這座城宏偉非常，值得在聖經與埃及人的記載裡被提出來。但，唉呀，眼前我們唯一能確定的只有層位VIA的全面毀滅讓城內居民經歷一場末日浩劫，不管導致毀滅的成因是什麼，也不論這座城是否屬於所羅門。

無論如何，蓋伊告訴布瑞斯提德，在這一層下面「我們挖到一層卵石房屋……在這層開始出現賽普勒斯牛奶碗和〔壺〕的殘片，還有邁錫尼陶器。」他們還發現無數珠子和彩瓷破片，以及可能出自拉姆西斯三世時期的埃及聖甲蟲。他們開始稱呼這層地層為「層位VII」，將它的年代很適切地定位在青銅時代晚期。[53] 這層地層深處是蓋伊所稱的「層位VII低處」，但如前所述，此處現在已被重新編號為層位VIIB，他們在這裡還發現一只原造於安納托利亞的西台戳印章（stamp seal），上面刻著「阿努—濟提」（Anu-Ziti）這個名字以及他的官銜「御夫」，此人可能是西台國王派來的皇家使者。[54] 他們也是在這裡挖到拉姆西斯四世的青銅像底座，蓋伊在六月底告知布瑞斯提德這個發現，他那時正要將底座運回芝加哥。

據我們所知，考古隊在春季工作季還挖掘了另外兩處相關的地點，第一處是在供水系統自身內部。五月伊始，拉蒙寫的一封信裡說他們一九三三年前一個秋季工作季在連接隧道的豎井中進行一些額外工作，卻突然察覺到隧道的終點（或說起點，看說話者指的方向而定）其實不在豎井，而是「延伸超過豎井，大致朝向土丘中間而去。」[55]

另一處就在城門內側一帶的L9方格，他們挖掘這裡來調查一個規模不小的凹穴，認為凹穴可能是另一座豎井的頂部。拉蒙在五月初寄給布瑞斯提德的同一封信裡說，他原本以為這「表示存在著第二座供水系統，與第一座互無關連且年代較早一些，設計可能與現在這座西元前十二世紀的存水庫差不多。但由於凹穴下凹處位在或靠近新發現的隧道延長線上，那這兩座豎井就可能彼此相連。」[56]

拉蒙為此向布瑞斯提德申請在兩個區域展開進一步探索，但他也提醒布瑞斯提德說這最後可能會花很多錢。他提出數種不同進行發掘的方式，最主要考慮的是怎樣移走他們挖出來的土，而他認為最終成果將使這些錢花得值得。[57] 布瑞斯提德很感興趣，但面對這開銷也有些遲疑。他在五月底回信給拉蒙，要他給一份備忘錄，列出可能的開支。[58]

收到這封信後，拉蒙派十個工人去新發現的隧道延長處工作，想要搞清楚繼續沿著挖下去會需要什麼、遇到什麼，這樣他才能以事實為據估計開支。令他驚愕的是，「當天中午我們就挖到隧道底端，原來這是一條長度只有五公尺的死巷！」他認為這段額外隧道的成因是上古工程師搞的烏龍，是算錯隧道通往豎井底部的距離所導致的結果，因為這條隧道是稍微傾斜而非完全水平。[59]

他還說到，對於城門內側那個「大凹穴」進行的相關調查也沒得出確定結論。「假使這個凹穴的確是某座豎井頂部，」他寫道，「那這座豎井也是與目前的輸水系統完全分離。」他認為進一步探索需要花大約二十鎊，但最後此處的探索工程被擱置。60

不過，有趣的是，關於差不多同樣這處區域，艾爾文也在五月底寫信給布瑞斯提德，講述他不久前與威廉・馬修・弗林德斯・皮特里爵士的一些閒談。他想傳達的消息是：皮特里「非常急切希望我們在城門西側進行發掘，或至少挖一條探溝看看有沒有找到宮殿的厚牆。他說他自己的成功經驗就是依據以下這條原則：宮殿會位在土丘上最涼爽、最有風的地方。」布瑞斯提德這下可有興趣了，他回信說：「我很認真聽取我老友皮特里給的忠告，這顯示他在任何情況下都重視實際現實的老習性。那裡可能有東西，我會寫信給蓋伊說這件事。」61 事實上布瑞斯提德從未寫信對蓋伊說這件事，因為他後來先把蓋伊給開除了，但皮特里的推測完全正確，下一任現場主持人戈登・勞德就是在剛剛好這個位置發現層位 VII 的宮殿以及裡面的黃金與象牙財寶。這個我們在後面的章節會說到。

第三部

1935-1939

第十一章

狠狠地當頭棒喝

布瑞斯提德父子終於在一九三四年八月底開除蓋伊，但之後他們立刻面對兩大難題：誰來代替蓋伊擔任米吉多現場主持人？且秋季工作季很快就要開始，他們這一季又該做什麼？就在他們終於挖到布瑞斯提德等了又等的地層之時，整個工作卻被搞了個翻天覆地。

到最後，他們決定最好採用蓋伊一再建議的做法，將秋季工作季用來準備成果發表，挖掘工作則延後到一九三五年春天。問題在於：誰來領頭？

他們早在開除蓋伊前就開始操心此事，但就算如此他們還是發現選一個新的現場主持人比想像中更為困難。出於我們不太清楚的原因，他們最先想到的是一名無甚名氣的考古學家：海軍少校諾伊•惠勒（Noel F. Wheeler），布瑞斯提德父子在八月中內部交換的備忘錄中有提到他，提議先讓惠勒去主持，如果做得好的話就升他為「代理現場主持人」，然後再讓他當現場主持人。他們頭一年匯給他六百鎊薪水，讓他十月一日上工，給他六個月去跟上進度熟悉現場事務，然後在一九三五年四月開始發掘工作。[1]

那麼，惠勒到底是誰？讀者乍看之下可能以為他是著名考古學家莫蒂默•惠勒（Mortimer Wheelet）的親戚，但兩人其實只有姓氏相同而已。事實上這位惠勒曾在一九二〇年代和皮特里與雷斯納一起在埃及進行發掘，之後就在賽普勒斯工作。[2] 我們不確定布瑞斯提德父子當初怎麼跟他互相熟識，甚至不確定他們是否已經互相熟識，但大約六個月後，布瑞斯提德與惠勒在一九三五年三月到五月之間互通一些信件，內容主要是在講惠勒給布瑞斯提德新出版的《東方研究所》（*The Oriental Institute*）一書在《古物》期刊上寫的一篇佳評，以及同一本期刊中所刊載惠勒討論金字塔的文章。[3] 從這些信完全看不出他們在一九三五年互相通訊之前是否見過面，更看不出布瑞斯提德父子早在六個月前就想過請他來主持米吉多考古，顯然當時這個提案沒有付諸實踐。

布瑞斯提德父子最後找上他們信賴的戈登・勞德，他是東方研究所在伊拉克的發掘點荷爾沙巴德（Khorsabad）的主持人。勞德是又一個學建築出身的考古學家，這時候的照片顯示他是個注重衣著好相處的人，蓄髭，頭髮通常梳中分。他一九〇〇年出生於密西根州奧塞柏（Au Sable），是四個孩子中的老么。他哥哥哈洛德（Harold）比他大五歲，一九一八年九月底在法國陣亡，死於第一次世界大戰中的默茲—阿爾貢之戰（Meuse-Argonne offensive）。[4]

勞德真正的名字其實是肯尼斯（Kenneth），但他總是愛用自己的中間名「戈登」。他在密西根大學唸學士，一九二二年畢業，然後進入哈佛商學院，但在一年後轉入建築學院，數年後在一九二八年獲得建築碩士學位。他從哈佛一畢業就馬上以建築師身份加入密西根大學在埃及法雅姆（Fayoum）的考古隊工作，後來又在一九二九年去東方研究所的荷爾沙巴德考古隊，最後在一九三一年被任命為那裡的現場主持人。

我們不清楚布瑞斯提德父子是在事情進行到哪兒的時候去跟勞德討論把他從荷爾沙巴德調往米吉多，只知道時間是在勞德一九三四年秋天離開美國之前。[5] 勞德後來對布瑞斯提德說，在他抵達近東以前，關於他即將調職的「傳言」已經傳到那兒。傳言所言不假，到了一九三五年二月一切都已底定，勞德會離開荷爾沙巴德去米吉多，從一九三五年秋季工作季開始擔任現場主持人。[6]他在這個職位待到一九三九年的最後一個工作季。

除此之外，布瑞斯提德父子還找了帕克，把除了實際發掘以外的其他事務全交到他手上。這下子帕克不僅掌管銀行帳戶與所有財務事宜，他還比之前更有模有樣地成了行政事務總管，負責確保每日活動順暢進行，包括維護工作中心建築物的狀況、維護車子正常運作、打理三餐、採購補給品、管理傭人，讓考古隊隊員能心無旁鶩投身考古工作與準備成果發表。在這之前，從一九二七年開始算，布瑞斯提德父子與帕克之間信件來往可以用一隻手數完；到此時這對父子似乎每星期都要寫信給他，有時還不只一封。[7]

至於考古工作本身，他們在這

圖三十七：戈登・勞德在荷爾沙巴德的考古發掘工作中心庭院裡，約攝於一九三〇年（芝加哥大學東方研究所提供）

青黃不接的時期內決定先讓拉蒙管事，直到勞德能夠接手為止。[8] 於是，一九三四年九月初，查爾斯・布瑞斯提德寫信給拉蒙，通知他蓋伊已被開除，同時他們要讓他「暫時掌管考古活動中的科學工作」。此外，在所有與發掘活動相關的事情上，他還得擔任東方研究所的官方代表，但他得在「無銜」的狀況下做這件事。[9]

然而，布瑞斯提德父子顯然不怎麼喜歡這決定，查爾斯在同一封信裡還寫了「我們想把話講清楚，之後這個暫時交託給你的責任絕無半點弦外之音，請不要認為這有一點點要賦予你現場主持人職銜的意思。你的位子其實沒有這個職權。」他毫不委婉地更進一步說，說拉蒙待在米吉多這段時間幾年來不斷出問題，「主因是你自己的行為，以及你明顯的不成熟表現。」不過，就算他們「痛切譴責」他過去一些行止，他們也未曾忘記他「有效率且忠實執行工作」，所以就算是該罰的時候也不曾實際施加處罰。所以說，查爾斯的結論是，「主持者認為，現在對待你的方式某種意義上是先留著以觀後效，給予一個機會讓你表現能力，讓你有手段有效率地處理這情況，但你在其中並沒有被賦予更多職權。」[10]

九月稍後，布瑞斯提德接著寄了內容詳細的信給拉蒙、希普頓與林德。[11] 他告知拉蒙與希普頓，說他們會是秋季工作季裡僅有的兩個身在發掘現場的「科學工作人員」。他告訴林德，要他和他太太艾絲翠德十一月去荷爾沙巴德參與勞德的發掘活動，不必回來米吉多。林德夫婦到時會是一個非常小的考古隊的成員，裡面只有他們兩人、勞德、以及查爾斯・阿特曼（Charles Altman）與愛麗絲・阿特曼（Alice Altman）。阿特曼夫婦是對年輕夫妻，兩人都來自紐約，當時都大約三十歲，結婚約已五年。人們常叫查爾斯是「查爾利」（Charley），他是個受過訓練的建築師，後來與勞德共同完成荷爾沙巴德最終考古報告的一部分，而愛麗絲則是考古隊的紀錄員。[12]

在給拉蒙與希普頓的信裡，布瑞斯提德還列出他希望在秋季工作季準備好的成果發表內容，包括拉蒙自己討論供水系統的那一冊，以及拉蒙與希普頓應該要開始一起準備土丘分層發掘結果的那一冊（也就是未來的《米吉多I》）。他的結語比查爾斯前一封信顯得光明些，說他要靠拉蒙與希普頓來造就一個有成果的工作季，而他們的「忠心盡職……對科學、對本研究所都會有極大貢獻。」[13]

補充一下，查爾斯・布瑞斯提德所說到拉蒙的過去行為，似乎是指之前一些關於拉蒙與酒精的事件，蓋伊幾年來寫給布瑞斯提德的信裡有幾封有提到。但不論布瑞斯提德記不記得，我們要記得拉蒙一九二八年剛到米吉多時才是個暫時擱下大學學業的二十二歲學生，而六年後的此時他也才二十八歲，新婚燕爾。面對查爾斯・布瑞斯提德這不加掩飾的侮辱，拉蒙倒有種可敬的坦然。他先給布瑞斯提德較近一封信寫回信，說他很感謝能獲得這項任務，就算只是暫時也無妨；縱然他不具備職銜，他也會盡全力「有手段有效率地處理這情況」。他指出說，幸好此時留在米吉多的幾個人，包括他與他太太都能「完美地彼此協調」，他們說不定都不會注意到現場沒了主持人。[14]

幾天後他回信給查爾斯・布瑞斯提德，很有節制地只說「你說了一些對我頗不以為然的說法。」他精簡地自我辯護，主要是在澄清他所謂「約四年前海法那場丟人顏面的鬧劇」（這場事件顯然發生在一九三〇年，但該年倒是沒有任何一封信提及此事）。雖然他承認那件事（無論那件事到底是什麼）是「非常嚴重的過犯」，絕對注定要永遠被人記著，但他也指出那種事只發生過那麼一次，之後再不曾發生。他也說他很清楚「一群性格天差地別的人一口氣很長時間在很小的範圍內一起居住一起工作會有哪些問題」。他的結論是說，「我真誠認為你對我的觀感有誤，至少你批評我的嚴苛程度是不合理的。」[15]他只說到這，然後就把這事擱一邊。查爾斯・布瑞斯提德在一個月後回信作為回應，向拉蒙保證說「研究所高層對你的態度是完全地友好，而正如我在九月一日信裡所言，我們希望米吉多新管理者的時期能讓你一飛沖天獲得無比成就，在這其中我們真誠祝福你一切成功。」[16]

時近十月中，就在拉蒙寫信給布瑞斯提德父子幾天後，他去了趟耶路撒冷，去跟文物部報告米吉多的人事變化。有一份紀錄該次會面的備忘錄，可能是由文物部部長里奇蒙手抄，內容記載如下：

拉蒙先生於 12.10.34 前來，陳述以下幾點——

1. 蓋伊先生不會再回來。
2. 他（拉蒙先生）以該研究所駐巴勒斯坦代表（但不是現場主持人）的身分接掌工作（限於文案等），有任何事須要連絡都找他。
3. 目前不進行發掘。

我告知拉蒙先生，文物部只承認 (1) 東方研究所 (2) 蓋伊先生，我們不能憑他口頭通知就以官方身分回應，我們必須從研究所那裡收到正式委任。拉蒙先生說他會寫信請研究所與文物部連絡。[17]

為此，布瑞斯提德在十一月初寫信給里奇蒙，通知說他們已將米吉多現場工作人員進行重組，目前全心投入準備成果發表，而蓋伊將被「東方研究所在他處的另一名現任員工取代米吉多現場主持人職位。」經過又幾封魚雁往返，以及布瑞斯提德向文物部確認拉蒙會暫時掌管發掘工作，因此實質上拉蒙算是代理現場主持人，於是文物部發下執照讓考古隊在一九三五年繼續於米吉多工作，但工作內容僅限於準備成果發表以及絕對必要時做點「局部性的考古清理」。[18]

於此同時，米吉多的一九三四年秋季工作季塞滿了成果發表相關諸多工作，這是八月就已決定的事。[19] 拉蒙對上面交託的責任很用心，他很常寫信，寄了好幾封長信回去給布瑞斯提德。十月一日，也就是工作季第一天，他報告說希普頓忙著陶器與其他器物的登記與繪圖，還沒去荷爾沙巴德的林德也忙著拍新照片、整理歸檔舊照片。拉蒙說，他自己正努力把供水系統那一冊寫完，每天有半天待在土丘上，在那裡把需要做的測量工作做完，以及繪製各種平面圖與區域圖並加以著墨。雖然康卡農已經回到耶路撒冷工務處任職，但拉蒙希望能說服他周末來米吉多繼續繪製各種建築物、各個區域的復原圖，比如他口中所稱的「馬廄區」，米吉多這邊可以供應他膳宿。[20]

不過，還不到兩星期，拉蒙又問布瑞斯提德能不能讓他們重新雇用博蒙特，提議讓他（博蒙特）在林德去荷爾沙巴德期間暫代發掘現場攝影師一職，同時協助他（拉蒙）進行測量。布瑞斯提德同意，認為這話說得有理，於是博蒙特在十一月頭一週再度成為考古隊一員。[21]

整體來說，拉蒙的首要工作是寫出供水系統那一冊，這個他在十月底完稿並寄往芝加哥。[22] 他還得趕快寫出給文物部的年度報告，這他也在同一個月完成。[23] 接下來他與希普頓開始寫分層研究的那一冊，他們在此決定拿掉費雪與蓋伊之前都在用的「含意不清的『副層位II』與『III-IV』這些用詞」。他們還開始發現一些分層上的問題，例如有時會有某個出土點在不同紀錄裡分別屬於「多達四個不同地層」，但就定義而言一個出土點只能處於一個地層。他們也找到其他例子是同一個出土點的「器物」與「陶器」被登記在不同地層。正如他對布瑞斯提德所說，「分層的混亂情況已經糾正，所有必須相互參照的地方都小心檢查過……那些不精確的名稱如『層位II到IV』都被改正，將出土器物歸類回正確的地層之下。」[24]

由於諸多出土點與地層編號都有所改動，所以他們還得重做這一冊需要的許多照相底板。最後他們決定為土丘上所有區域重繪地圖，這樣所有的平面圖都能同樣是1:1000比例尺，不僅適合印刷出版，還能呈現出每塊區域裡的不同地層。[25] 他們是在做這件事的時候發現一處須要立即訂正的天大謬誤，這點我們稍後還會說到，因為他們也試圖防止梅伊在自己將出版的書裡寫到相關的分層錯誤。

與此同時，蓋伊在倫敦正緩慢完成他討論墓葬那一冊裡缺少的部分。被催了好幾次之後，他在十二月第三週終於將完稿寄往芝加哥。即便如此，這一冊距離完成還遠得很，因為恩堡、拉蒙與其他人說服布瑞斯提德在這冊加進多達六十座別的墓葬，這些是費雪所發現但未曾寫在成果報告裡的。恩堡要負責將這些新加的墳墓放進這一冊，還要負責將這整本著作交付出版。[26]

細心的讀者會注意到，艾爾文本人確實也在米吉多，但這一季到現在我們都沒提到他，原因在於他整段期間都生著病，舊的沒去新的又來，這實在是他倒楣而非他的過錯。十月一日工作季開始的那一天，艾爾文躺在耶路撒冷一間醫院裡，帕克說他是得了「吉普賽肚」（gippy tummy），而拉蒙用的是比較專業的說法「痢疾」，當時艾爾文已經在醫院躺了將近兩星期。他在十月四日出院，兩天後自己開車回米吉多。[27]

然而這卻是錯誤的一步，他在往米吉多的路上病情又惡化，沒過幾天就被送進海法的醫院，這次醫生給的病因是「流感」。這時候他姊姊已經抵達巴勒斯坦，所以能陪在他身邊；也幸好如此，因為醫生後來診斷他得的是「風濕熱」，在這之後他又住院四星期。[28] 依據美國梅奧醫院（Mayo Clinic）的說法，風濕熱這種病是因原本的鏈球菌咽喉炎或猩紅熱未獲良好治療或不加治療所導致，[29] 現在美國這種病已經很少見，但在「發展中國家」還是常見疾病，而一九三〇年代的英國託管地巴勒斯坦就是個「發展中國家」。因此抗生素治這種病很有效，但亞歷山大・佛萊明是在一九二八年才發現盤尼西林，距離那時只有六年，因此抗生素的使用還不普遍。

結果，艾爾文終於在十一月第一個星期出院回到米吉多，但他身體依然異常虛弱，大部分時間都無法到餐廳用飯。他的姊姊因此訂下十天後回美國的船票，帶著他在十一月十八日啟程離去。[30] 萬幸的是他後來順利復原，並在一九三五年三月向布瑞斯提德道歉說自己沒能在前一年秋季工作季貢獻更多心力。[31]

艾爾文後來活到八十二高齡，一生在芝加哥大學與南方衛理會大學（Southern Methodist University）執教不輟。[32] 回顧起來，他對米吉多考古發掘最重大的貢獻是他在六月二十日寄給布瑞斯提德的梅伊事件目擊紀錄，雖然當場有好幾個米吉多考古隊隊員在場，但他卻是唯一這麼做的。至於他所做出影響力第二大的貢獻大概是他與梅伊對「層位 VIA 是如何被摧毀」這個問題的看法，如前一章所述，他認為地震才是原因。

新年一過，帕克立即向芝加哥回報一切順利。他說每個人都投入所有時間在準備《米吉多 I》的出版，進展飛快，但眼前還有大量工作要進行。他又說，幸好他們沒有同時在進行發掘，因為雨已經下了三十三公分高，他們大概從十一月中也就是艾爾文離開那時就已經無法上土丘工作，一直到此時。[33]

一個月後，拉蒙在二月初寄出他該年第一份完整報告回芝加哥。報告內容極長，就像他這幾個月寫的信一樣，彷彿是他要努力向布瑞斯提德父子證明什麼。拉蒙說他們已幾乎完成分層研究那一冊的陶器與器物部分，正準備開始整合建築物的發掘成果。他們一開始遇到幾個小問題，現在已經處理好，所以工作進度很快，但他估計還需要至少再兩個月才能完工。他的想法是，既然這樣，或許他們連下個春季工作季都別挖了，這樣才能準時完成所有成果發表出版工作。[34]

除此之外，拉蒙還說，他不知怎麼弄傷了膝蓋，現在有一些軟骨鬆動了須要移除。他跛得很嚴重，且時不時腿就會無力。他正在考慮何時去動手術，但無論如何，因為這樣的狀況他很難登上土丘。[35]

如果他們還是決定進行發掘，那拉蒙對於挖哪裡也有一些想法。首先他想把更多馬廄挖出土，因為他認為某個區域的馬廄「只埋在幾十公分的土石下」。他們也在平面圖中發現某些值得探究的異常處，包括城牆附近一些區域，他認為在這裡可以找到更早的城牆遺跡。不過他最感興趣的還是另一些地方，早先他們在這些區域挖出他口中所謂的「非常破碎的薄石牆民居遺跡」。蓋伊在一九三四年春季工作季開始挖出這些東西，但基本上後來卻對它們視而不見。拉蒙認為這些都屬於一個覆蓋整座土丘的「層位V」，值得更進一步勘探。[36]

五星期後拉蒙又寫信，但這封信筆調變得非常焦急且內容極為詳盡。他的焦急是有原因的，因為這個工作季在此之前都還算沉悶無聊，大家一個月又一個月埋首於資料中來準備成果發表，但突然之間他們從前在土丘上做的大部分工作都得拿來重估重鑒。拉蒙還發出一封電報，簡明呈現當下情況，內容如下：

「費雪　資料　出現　嚴重　分層　錯誤　牽涉　梅伊　成果發表　後續　見信　拉蒙」[37]

他和希普頓正為《米吉多I》製作新平面圖，要芝加哥方面將費雪主持那幾年的一些資料送來。當他們翻過這些紀錄卡與檔案時，他們發現從費雪那時就出了個大問題，一直延續到蓋伊負責的工作季都未曾改正。據拉蒙說，糾正這問題須要「在分層上做出大幅改動」，同時這也表示他們得把費雪在一九二九年出版與蓋伊在一九三一年出版的初步報告、以及梅伊即將出版那一冊裡的部分內容細節都加以勘誤。但他跟希普頓認為這不做不行，「其他唯一一條路就是把這些出現矛盾的資料壓下不出版，但這似乎是個不太誠實的做法。」[38]

他說，首先，由於分層的錯誤，他們必須將蓋伊的層位III與層位IV結合成單一一個層位IV，但就算這樣他們還是得把這個結合起來的新層位分成兩部分：一個年代較早時間較短、只出現在CC區域的地層（IVB），以及一個年代較晚時間較長、在整座遺址都有發現的地層（IV）。[39]

不過更重要的是，他說他們之前都以為蓋伊所說有馬廄的「所羅門之城」是立即緊疊在「遭火焚的泥磚城」上面建造，但當他們開始清除南邊地區的「所羅門時代」建築物時，卻發現兩者中間還清清楚楚夾了另一層，也就是前面所說被蓋伊忽視的「破碎」廢墟，於是此時拉蒙和希普頓覺得他們必須將這一層辨識並編號為「層位V」。他前一封信裡向布瑞斯提德提議進一步探勘的就是這層遺跡。[40]

拉蒙說，易言之，他跟希普頓判定費雪和蓋伊都漏掉了一整層地層，這兩人排出的生活層序列裡缺了一整座城市（以及一整段時期）。現在他們得把新的這一層放進去，把重排好的序列形諸文字，努力找出他們原本分到其他地層的建築物有哪些其實屬於這一層。拉蒙在信裡寫得直截了當，向那些遠在芝加哥的上司強調出問題的嚴重性：

> 費雪的材料昨天送達，原本我只基於地層證據產生懷疑，但這些材料證實陶器證據也能支持我的懷疑。一張6號房間「倉庫」的現場照片……顯示典型的層位V陶器留置原位，其他照片與圖繪也呈現該建築物與建築物1A裡發現的所有陶器都屬於層位V。我的心直往下沉，明白費雪早已將

同樣這張現場照片與一張「倉庫」發現的陶器圖繪拿去發表，說這些是他的「層位III（西元前八百到六百年）陶器」！話說回來，費雪主掌米吉多的時候，這裡還不曾有這段時期的陶器被發掘出土，所以他也無從知道這情況。」[41]

拉蒙說，所以呢，費雪將這些層位V的遺存完全弄錯時代，而這只是冰山一角。他提供另一個顯而易見的錯誤例子來證明此事：「編號10和1A的這兩棟建築物，以及其他附屬的房間必須……從層位IV平面圖上去掉。假使這些建築物也要發表，它們就該被分到層位V。」[42]

他說，這下子他們不得不回去把所有工作重來一遍，舊平面圖全部得重畫，每樣東西都得重新檢查，各個建築物與文物也都必須重新評估、重新分到正確的分層。舉一個歸類與辨識出錯的例子，他指出說「在我們剛收到的紀錄卡裡，費雪認為陶土香爐與有角祭壇屬於『阿斯塔特神廟』，但它們其實是在『倉庫』的區域出土。也就是說，這塊『聖域』裡挖出的所有宗教器物實際上都屬於層位V，但梅伊卻已將它們歸到層位IV並發表出去，且這些東西都與他所述所繪那座大型建築物『神廟』沒有一點關聯。」[43]

拉蒙在信尾做總結，說他希望現在去訂正梅伊已經送印的稿件還不算遲，或至少能加一條註腳做解釋，提醒讀者分層上的問題。這封信結語文字低調地令人驚訝，拉蒙只是向布瑞斯提德吐露說「這情況自然使我們驚恐萬分，我們非常須要獲得您在此事上的指示與幫助。」[44]

布瑞斯提德後來總算回信，但回的是拉蒙二月初那封信，而非他三月那兩封更緊急的信件與電報。後面這些問題已交給編輯部門處理完畢，他們想到的方法是讓梅伊在前言裡作出澄清，說拉蒙與希普頓會在將要出版的那一冊裡釐清分層與其他相關細節。後來拉蒙與希普頓的確也有這樣做。[45]

布瑞斯提德說，考慮拉蒙的膝傷以及考古隊繼續準備成果發表的必要性，他同意春季工作季不應進行發掘，將這工作延到十月再進行。他還像是漫不經心地提到他們準備任命戈登•勞德為新的現場主持人，這是布瑞斯提德頭一回以書面告知拉蒙這個消息，因為事情才剛底定不久。拉蒙對此大概也並不驚訝，因為此時「誰會當上米吉多新任現場主持人」這個問題想必已在耶路撒冷和其他地方的近東考古學界小圈子裡被大家三姑六婆許久。布瑞斯提德說，勞德會在春天稍後從荷爾沙巴德歸家，途中會經過米吉多，到時拉蒙應帶勞德了解現場，指出他認為哪些區域值得發掘。[46]

勞德在五月中前來，拉蒙親自帶他參觀整座土丘，告訴勞德他認為秋天應該開始挖哪些地方。[47]在此同時，布瑞斯提德於五月稍晚寫信給文物部申請正式的發掘許可，之前文物部只發了程度有限的許可書給拉蒙，但他們需要有全權許可才能讓考古隊在勞德主掌之下重新開始發掘土丘。全權許可書在六月底已經下來，他們很快著手為秋季工作季做準備。[48]

不妙的是，勞德五月中短暫拜訪米吉多時無意間說了些製造問題的話。其一是他宣布阿特曼夫婦會跟他一起來米吉多工作，因為荷爾沙巴德的發掘工作要結束了。既然勞德與阿特曼夫婦之前合作得不錯，且米吉多此時非常缺乏專業人手，那在勞德調任米吉多時讓阿特曼夫婦同時過來，這也是合情合理。查爾利能幫拉蒙做測量與繪製平面圖的工作，愛麗絲則可以在記錄與繪圖這部分協助希普頓。

這其實是布瑞斯提德的主意，[49]但他卻完全忘記去跟拉蒙說這件事。結果呢，勞德以為拉蒙跟其他人早就知道，所以就隨口說了阿特曼夫婦在秋季工作季會跟他過來，這下眾人一片嘩然。還好最後一切都解釋清楚了，我們還看到幾個月後拉蒙在一九三五年十一月的一份短箋，說他「覺得〔阿特曼夫婦〕人很和氣且非常可親。」[50]

至於工作中心的傭人，勞德也在短暫米吉多之行過程中明白宣布他會帶他自己在荷爾沙巴德的傭人過來，包括他的司機、他的廚子、以及他的「私人男僕」，讓這些人在米吉多繼續服侍他。理論上這聽起來挺自然，問題在於這表示他們得解雇長年任用的司機謝爾蓋・楚博，以及新近被升為廚子（幾年來因為表現好而不斷升職）的當地村民薩伊德（Said），還有另外兩名當地村民，一個僮僕一個女僕，這些人都已經為考古隊做事好幾年。[51]

帕克出面為這些人向布瑞斯提德說情，強調說如果為了從外面帶人進來而開除當地村民，這會是很背信忘義的行動。他的說法是，「如果我們開除有能力且表現令人滿意的當地人，尤其這些人是緊鄰著這裡的村子居民，然後用別國來的人取代他們，恐怕我們這是在玩火。」此外，他還指出一個非常實際的問題，把這些人從荷爾沙巴德接到這裡所費不貲，且他們一開始只有三個月的簽證，巴勒斯坦託管地政府未必會在簽證到期後允許他們留下。帕克也說了，楚博與他的妻子「過去九年都為研究所竭誠盡力工作」，解雇他們是非常不對的事。[52]

最後大家都同意帕克的論點，於是布瑞斯提德父子說服勞德稍微改動計畫。楚博繼續當司機，他太太也會待在原來位子上；荷爾沙巴德的廚子會來米吉多接手，但薩伊德也不會被開除，而是留在廚房做他原來做的事。至於勞德的「私人男僕」則會來替換現有的埃及侍者以及一名僮僕，但這兩人都會被派去別的職位，不會因而失業。[53]

然而，查爾斯・布瑞斯提德卻藉這機會寫一封措辭嚴厲的信給帕克，不顧帕克這一年在他開除蓋伊之後工作表現優異，不僅管好所有財政與採購問題，還在古丘與工作中心周圍種下超過兩百棵樹，[54] 其中許多到現在都還留著。這封信寫在查爾斯收到帕克為考古隊當前僕人爭取留任的長信之前，信裡似乎將他幾年來對米吉多發掘活動整體的不滿全都發洩出來，其中特別針對前一位主掌者：蓋伊。

「說到花費的時間金錢，米吉多的紀錄絕對遠超過東方研究所各個發掘活動的最低紀錄。」查爾斯寫道，「米吉多考古隊的歷史裡，只有片片段段能讓人引以為豪。在前任主管手下，這裡被過剩的形式、慣例、劣習、拘束、以及官僚主義心態造成的一切障礙所拖累，其阻滯所有生產力的程度高到不可思議。」他說，現在呢，這要改變了，勞德接到指示將立刻動手改造這情況。至於工作人員裡面那些變得「跟舊政權過度親密」的人，「米吉多整個格局的重組會是狠狠地當頭棒喝。」55

第十二章 所長走了

一九三五年八月初，勞德新官上任三把火。他寫信給之前跟他一起在荷爾沙巴德的林德，問他能否再度來米吉多考古隊擔任攝影師。他提到有人在城裡（也就是芝加哥）看見鮑伯・拉蒙（Bob Lamon）和珍恩・拉蒙（Jean Lamon），查爾利和愛麗絲・阿特曼也在。他說拉蒙之前盡可能拖延膝蓋手術的日期，現在終於準備要去動這一刀。[1]

勞德也在八月第一天寫信給布瑞斯提德，似乎是為了第二天面談做準備；信末空白處有一行隨手寫的字：「對談OK時間八月二日'35JHB。」勞德想讓工作季於十月十日開始，在土丘上三個不同地方試掘探坑或探溝，以便迅速判斷哪個區域「最值得大力勘掘」，然後再從這裡計畫未來行動。這在布瑞斯提德耳中聽來想必不啻天籟。[2]

事實上，據勞德後來在《米吉多II》裡面所言，他們當時決定在米吉多遺址採用一套新的發掘策略。他的說法是「原本將每一層地層全部挖出土的做法在過去已經未能貫徹，現在則是完全放棄。就算將土丘一層一層暴露出來到最後可能獲得最令人滿意的結果，但時間緊急、金錢有限，這表示我們須要以更快但更不完整的方法來勘查整座遺址。」他們決定在一個小區域內往下挖到基岩，從最早的起始點開始獲得整座遺址的完整考古序列。他們認為這種方法比較好，「好過在上層地層大片區域進行工作，卻得不到關於土丘最早期居民的任何資訊。」3

勞德認為他們從一九三四年春季開始發掘的那片區域應該挖一個探坑，也就是土丘南側他們發現宮殿與馬廄這兩處獨立建築群的地方。他提議將另一個探坑挖在遺址北部城門東邊的地方，最後一個則挖在土丘西側。除此之外，他還想在城門以北和土丘西南做一點「探索工作」，最主要目的是想弄清楚外側防禦城牆的性質。4

當然啦，坐在芝加哥辦公室裡，提議在千里之外而且自己只短暫去過一次的遺址在哪塊地方挖，這是一回事，但實際執行又完全是另一回事。所以，過了兩個月，當勞德、拉蒙夫婦與林德夫婦比帕克與希普頓晚個幾天抵達海法之後，他們全都親自往土丘去，立刻將預定挖探坑的三個地點做出些許調整。

勞德在十月六日的現場日誌中記道，他們所稱的「北掘坑」將挖在主城門西邊，而非他原本所說的東邊；這裡會挖出一道五公尺寬、五十公尺長的探溝。「東掘坑」也會是五公尺寬，但長度達七十公尺，挖在土丘東部而非他一開始提議的西部；他們決定改動發掘地點，希望「在土丘上這塊最精華的部分」找到「一些重要的東西」。然後，就在展開挖掘一星期內，他們決定把「南掘坑」也挖成五公尺寬，這樣它就是個五公尺寬、六十公尺長的探溝。最後「北掘坑」成為「區域ＡＡ」，「東掘坑」成為「區域ＢＢ」，「南掘坑」則依舊是「區域ＣＣ」，這些區域的編號到今天依舊相同。勞德在當天記錄道，「我們讓探溝這樣分布，那就應當會在其中一條挖到城市重要部分。」5 到後來，命運注定他們未來幾個工作季裡會在三條探溝的其中兩條挖到很有意思的遺存。

其實呢，米吉多發掘工作的重組對那些留在考古隊的人也不是什麼「狠狠的當頭棒喝」，反而像是久旱逢甘霖。此時留下來的人已經不多，一九三五年十月發掘工作總算重新開始，只有四名留任者能在此親身經歷改朝換代：帕克、希普頓、拉蒙與林德。這時阿特曼夫婦查爾利與愛麗絲已經加入隊伍，他們與勞德一起從荷爾沙巴德過來，此外還有珍恩・拉蒙與艾絲翠德・林德這兩位隊員妻室也在米吉多。工作中心此時總共住了九個人，加上一個偶爾會在週末過來的博蒙特。

已經離開的人包括蓋伊、恩堡、梅伊、艾爾文、狄洛亞、史塔波、沃爾曼、以及他們的妻子，隨之消失的還包括蓋伊喜歡的每日喝茶時間與短工時安排。至於前幾年那些

圖三十八：由東向西拍攝的空照圖，一九三七年
（Loud 1948; frontispiece，芝加哥大學東方研究所）

人際問題與肥皂劇也都隨風而逝，取而代之的是專業精神、實實在在完成的工作，不再有人際摩擦攪局。就連拉蒙都在十一月底向布瑞斯提德承認說：「我之前對米吉多新團隊能否和平相處一事十分悲觀，但事情正好相反，」他寫道，「目前為止一切都順暢進行，我也找不出任何理由認為情況將來會改變……米吉多萬事安好。」[6] 不過，等到這個工作季結束，拉蒙和林德也要離隊了。

在勞德要求下，研究所購買一輛新車運過來供他們使用。車子是一九三三年出廠的福特四門 V-8，發掘現場眾人非常高興，尤其是司機謝爾蓋・楚博。[7] 此外，考古隊請所方送來大批食品，足夠供應他們度過大半個工作季。然而運抵海法的食物貨箱卻沒附上列出詳細內容物的收據，海關官員要求當場打開貨箱紀錄內容物，接著考古隊得先交出一筆可觀押金，等待貨運公司確認貨品實際價格，這樣海關才知道該收多少關稅。勞德為此寫了一封怒氣沖沖的信給芝加哥的霍華德・馬修，要他將來寄出任何貨品都附上項目完整的收據，此人此時負責東方研究所財務各項事宜。[8]

詳細記錄內容如下，他們在單獨這一批貨裡收到四十八個兩磅重蘇格蘭酋長番茄（Scottish Chief Tomato）罐頭，二十四個兩磅重番薯罐頭，四十八個一磅重罐頭包括蘆筍、豌豆、金黃短穗玉米、皇帝豆、以及特小種無纖維菜豆，二十四個一磅重鳳梨薄片罐頭，十個十二磅重孔雀牌火腿，三十個一磅重咖啡粉罐頭，以及整整三百八十四個番茄汁罐頭。他們還收到無數個裝滿帝王鮭、蟹肉、水煮蝦、鮪魚、法蘭克福香腸、絞肉、甜椒、果醬、什錦果凍、聖卡拉梅（Santa Clara prune）、黃玉米粉、玉米片、燕麥麩片、碎小麥餅、貝克巧克力（Baker's Chocolate）、楓糖漿、碎鳳梨塊、豆煮豬肉、炸鱈餅、蔓越莓醬、象牙牌肥皂（Ivory soap）、以及布利牌家用清潔劑（Brill household cleanser）。考古隊員每天不再有喝不完的茶，但他們在勞德手下仍舊吃得到好飯好菜！[9] 有句格言在今天的考古活動也很受用，勞德大概將此話銘記在心——想要隊員勤奮工作，你就得餵他們吃飽吃好。

於此同時，領導人的作風也有很大改變。勞德在芝加哥就與東方研究所管理階層維持親和自然的關係，這在他此時寫的信裡甚至都看得出來。詹姆斯・亨利・布瑞斯提德還是「布瑞斯提德博士」，因為這是最適當的稱呼，但勞德稱呼其他人就是「查爾斯」而非「布瑞斯提德先生」，是「約翰」而非「威爾森先生」，這是蓋伊當政那幾年從未有過的隨和氣息。我們或可將其簡單歸因為老美那種比較隨意的行事風格，但更有可能因為勞德拿的是密西根大學學士與哈佛大學碩士，所以他面對芝加哥大老闆的時候更自在。蓋伊對自己的學歷感到自卑，但勞德不會，更何況他已經在荷爾沙巴德領導發掘工作有數年，表現不凡，因此他對自己的能力很有信心。

勞德將發掘工作日的時間分配做出些微改動，改成早上六點上工，下午四點半收工，八點的時候休息半小時吃早餐，中午十二點則有一小時午餐時間。[10]他也開始寫現場日誌，內容記錄他們挖掘哪裡、挖到什麼、以及當天有多少人在工作。

此外，勞德還在工作年內採用不同的分段方式，米吉多在他主掌下的第一個工作季始於一九三五年十月，一直持續到一九三六年五月，期間沒有任何假期。接下來四個工作季他都採用同樣的日程表，比較多的是在十一月或十二月開工，然後到隔年五月初結束。意思是說，他們每年花六個月進行實地發掘，另外六個月準備成果發表，只在夏天放個短假而已。

諷刺的是，這跟蓋伊擔任現場主持人最後幾年間拼命請求採用的做法幾乎沒什麼不同，同樣都是減少發掘時間，同時增加紀錄與準備成果發表的時間。然而這並不是說蓋伊當了勞德的「開路先鋒」，反而是意想不到的外在情勢變化，尤其是東方研究所自身的經濟前景與開支情況之改變，才導致米吉多考古隊必須調整作法。

十月十二日，他們終於帶著埃及工人與六十名當地勞工開始進行發掘。就在隔天他們迎接布瑞斯提德本人大駕光臨，同來的還有他的妻女，但查爾斯則留在芝加哥不在這裡。[11]他們是在去敘利亞的路上順道前來，不到一星期後他們又會在回耶路撒冷的路上經過此地，然後才去埃及。布瑞斯提德曾到訪米吉多數次，難得這一次他來了以後沒開除任何人，其他唯一一次布瑞斯提德來卻無人捲舖蓋走路的只有一九二九年「聖上駕臨」那一回。不僅如此，考古隊工作季才剛開始沒幾天，但布瑞斯提德對所見似乎還頗滿意。約翰與瑪莉・威爾森大約也在同時造訪米吉多，兩人待了約有十天。[12]

那時發掘現場大概沒人知道布瑞斯提德與威爾森來此的背後動機。當時的芝加哥大學校長羅伯特・哈欽斯（Robert M. Hutchins）受洛克斐勒基金會與國民教育委員會所託，派遣他們兩人前來此地。如之前某章所述，這兩個組織是與洛克斐勒家族有關的兩大慈善機構，其諸多職務的其中之一就是通過撥給東方研究所與研究所屬下所有考古活動的經費。這趟近東之旅就是出於兩個基金會的要求，且布瑞斯提德與威爾森計畫此事已有一年多，目的是視察各個考古隊，確認他們運作效率如何。[13]

為什麼會出現這種要求？因為美金貶值、因為《黃金儲備法》在前一年簽署生效，這兩件事似乎導致不少問題，以至於洛克斐勒董事會必須更審慎看待某些支出。於是乎，正當布瑞斯提德在一九三四年初寫信給米吉多每個人，通知他們因為美元貶值所以額外加薪的同時，他也被叫去跟洛克斐勒基金會的一名代表面談。

這名代表是大衛・史蒂芬斯（David Stevens），曾任芝加哥大學英文教授與副教務長，在一九三〇年離職加入洛克斐勒國民教育委員會，一九三二年成為洛克斐勒基金會人文部門首任部長。史蒂芬斯還在大學教書時就與布瑞斯提德熟識，但這也無濟於事。依據洛克斐勒檔案中心所出的史蒂芬斯傳記，他「勸說洛克斐勒基金會不再資助古典研究與考古學，轉而將基金會的工作重點放在創意領域和國際文化交流。」[14]

這次會面發生在一九三四年二月中，由於布瑞斯提德在一九三四到三五年季度為各個發掘活動要求整整三十七萬美金的贊助，史蒂芬斯詢問布瑞斯提德關於東方研究所海外考古隊的情況。史蒂芬斯在那年春天稍後面見哈欽斯，之後又於早秋時節在芝加哥與布瑞斯提德見面，其結果是哈欽斯同意派威爾森帶一個旅伴來趟異國之旅，目的是「蒐集海外行動的詳細記錄」。不出所料，布瑞斯提德自告奮勇成為那名「旅伴」，於是他們就在一九三五年秋天出發，遍遊東方研究所全部的海外考古工作場，其中包含米吉多。布瑞斯提德想的可不只是找東西來幫忙為他們的開銷辯護，他打的如意算盤是要向洛克斐勒董事會請求新一輪的多年期財政資助，所以他要利用這趟旅程來蒐集有用的資訊。[15]

布瑞斯提德一家與威爾森夫婦在十月來了又走，不久後發掘現場就遇上大雨傾盆以及一場罷工活動，當地工人要求每天工時從九小時改為七小時（包括休息時間），還要求加薪。雨勢和罷工讓工作進度連續好幾天顯著減緩，但後來雨總算停了，罷工問題也和平解決。[16]

到了十一月初，他們已經完成大量工作。他們在大部分區域都是從層位III開始挖，在北南東三條探溝都直直往下挖過層位IV、V、VI，甚至是層位VII。此時他們正在發掘層位VIII和IX的青銅時代後期遺跡，更進一步是希望找到關於圖特摩斯三世的證據。[17]

然而勞德並不確定圖特摩斯在西元前一四七九年攻打的那座城埋在哪一層，他最後告訴布瑞斯提德，說他認為答案可能是層位VIII的城市，但這座城看來並不富裕，他的用語是「看來乏善可陳」。這表示層位IX的時代是在「圖特摩斯之前」，定年為西元前第十六世紀。他私下對威爾森表達內心懷疑，寫道：「問題是圖特摩斯三世在哪？他說謊了嗎？還是這裡根本不是米吉多？」[18]

圖三十九：迦南時期青銅小雕像，表面包覆金箔（OIM A18316，芝加哥大學東方研究所提供）

發掘工作繼續進行，一個月內無事發生，每天都有數量介於一百到兩百人之間的當地勞工在現場勞動。他們現在在三座探溝都已經挖過層位IX，進入層位X，讓時間回溯到青銅時代中期。不過他們也在一些地方進行水平擴張，所以工作內容也包括清除某些區域層位VI與VII的早期遺跡。[19]

接下來，在BB區域「東掘坑」工作的隊伍有了驚人發現，他們找到一尊小型青銅迦南神祇坐像，高度約二十六公分，全身包裹金箔。勞德馬上稱它為「本季最大收獲」，他對威爾森詳述這座雕像，寫道：

「它是包金箔的青銅像，從腳底到冠冕頂部高度有二十六公分。這是人們夢寐以求的古文物樣本，你看到它照片裡的樣子很髒，但我不敢多去除一點點塵泥，怕刮傷金箔。這像是北敘利亞的雕像，想來的確如此。」工人是在層位 VIA，也就是火燒過的泥磚那一層的土石裡找到它，位於被勞德稱作「大屋」（big house）的建築物內部。勞德原本認為這棟建築物可能是神廟，而這件物品出土使得勞德的這個假設更增說服力，他認為這尊雕像可能是被奉祀的神像。[20]

事實上勞德說對了，「大屋」現在被稱為 2048 號神廟，有時也叫做「米格達爾神廟」（Migdal Temple），是ＢＢ區域發現的青銅時代規模最大的宗教建築。後來人們發現這座神廟分好幾期建造，從青銅時代中期開始，一直延續經過青銅時代晚期。考古隊不斷往下挖、不斷挖出更早的東西，發現土丘這塊區域早從青銅時代早期就是宗教聖地，每一座城都繼承這傳統，所以這座神廟只是考古隊一路發現的諸多宗教建築之一。至於這尊雕像本身，底座上與其他地方都找不到任何銘文，但目前一般都以雕像頭上戴的冠冕認定它是「伊勒」（El，迦南宗教中的眾神之主）神像。[21]

可嘆的是，布瑞斯提德對此完全無緣得知，雕像出土才過一星期，他就在從近東之旅返國的路上過世。據他的傳記作者傑弗瑞・亞伯特（Jeffrey Abt）所言，布瑞斯提德在回國船上得感冒，感冒變成鏈球菌咽喉炎，又因「潛在的瘧疾病狀」而讓病情更加嚴重。紐約市的醫生控制住瘧疾，但對鏈球菌感染束手無策，五天之後，才剛七十歲的布瑞斯提德就在一九三五年十二月二日溘然長逝。[22] 第二天，《紐約時報》用整整三個欄目，也就是一頁的整個左半邊，來刊載布瑞斯提德訃聞，並附上一張大照片。訃聞中讚揚他為「世上最頂尖考古學家之一」，列舉他生前無數成就，說他曾協助探索圖坦卡門陵墓，且他還「發現哈米吉多頓所在地」。文中還提到醫師在他死後進行屍檢，只為避免他的死因被「迷信群眾說成是『圖坦卡門的詛咒』這個廣為流傳但不斷被闢謠的說法」的可能性；不過布瑞斯提德本人也曾說這個傳說中的詛咒是「鬼扯淡」。[23]

查爾斯發電報給各個發掘現場主持人、英國託管地巴勒斯坦高級專員、以及還在中東旅行的威爾森，威爾森當時人在巴格達。這消息立刻引發反應，勞德在隔天早上寫的現場日誌中說「昨天消息傳來，宣布所長在紐約逝世，於是整個營地都被愁雲籠罩。」[24]

圖四十：BB 區域的 2048 號神廟
（Loud 1948: fig. 126，芝加哥大學東方研究所提供）

查爾斯隨即個別致信，時隔數星期他依然未從這場打擊中平復。「我們就是沒辦法相信他已經走了，」他在十二月中寫信給拉蒙這樣說。隔天他寫給勞德的信裡也有差不多的話：「我們這裡沒有人能意識到所長走了。當我面對那些暫時交在我身上必須當下處理的職務與責任，我覺得自己只是一台自動機器，在陌生且詭異的黑暗裡運行。」不過，他也向所有人保證當前計畫沒有任何改變，大家都應依照原來日程表完成目前這個發掘工作季。查爾斯還說，他本來打算離開東方研究所去尋求其他機會，但在這突如其來的變故之下他確定明年還會繼續留著。[25]

儘管查爾斯如此保證，但巨大的改變很快來臨，而米吉多考古隊將受到極大影響。布瑞斯提德過世數星期前寄信給洛克斐勒，交代當前研究所的財務困境，得到的卻是他始料未及的回應。洛克斐勒明明白說他不打算繼續以固定挹注資金的方式贊助東方研究所或布瑞斯提德。「過去我對你這番事業那偉大的主旨充滿熱情，如同你一樣，」他這樣說，但他接著又說「但，很遺憾我必須這樣說，我實在覺得你被自己的熱情牽引著，導致把這些行動擴大到遠超出審慎規畫或可能長久維持的規模。」

洛克斐勒的態度很清楚，他從來無意成為「發展出來這麼個大企業」（這是他描述東方研究所的用詞）的唯一贊助人。更何況，他還說應當「盡早全盤複審東方研究所的工作來決定未來方向，」因為「你所敘述的情況……很不健全且危機重重。」[26]幸好，布瑞斯提德死前還來不及看到這封信，因為正如查爾斯後來對洛克斐勒所說，「信中含意……會使他非常痛苦。」[27]

如此這般，布瑞斯提德過世才兩星期，就在查爾斯•布瑞斯提德寫信給各個發掘現場主持人的時候，大衛•史蒂芬斯像隻見獵心喜的禿鷲般回到芝加哥。威爾森將在幾星期後擔任代理所長一職，史蒂芬斯要求威爾斯呈給洛克斐勒董事會一份計畫書，將東方研究所原本七十萬美金的預算大幅削減一半以上，實地考古計畫的經費也要錙銖必較，或乾脆就將計畫整個取消。如今他們已經沒有布瑞斯提德能親身為這些海外事業爭取機會，於是威爾森別無他法，只好照辦。[28]

此時勞德和其他人還不知道布瑞斯提德猝逝後芝加哥的變局，他們整個十二月都繼續進行挖掘，從層位VI到X之間挖出更多城牆與建築遺跡，以及大量陶器、少許敘利亞風格的小型青銅像，再加上一個似乎是來自埃及的蛇紋石小雕像。城門旁的「北掘坑」看來最有希望，這裡層位VII的某些遺跡看起來愈來愈像是王宮的一部分，也就是布瑞斯提德一直冀望他們能找到的東西。[29]

因為層位VII這座假設出來的宮殿年代會是在西元前十四世紀，所以他們也預期會在這裡找到黏土板庫藏。這段時間是上古近東歷史的黃金時期，強權之間彼此都有交流。不過，當時的迦南是由諸多小王國或城邦統治，而它們全都是埃及新王國政權的附庸。法老阿克納頓（Akhenaten）在阿瑪納（Amarna）營建新都，位於今日的開羅與盧克索之間，一八八七年考古學家在此挖出一批將近四百片的黏土板，都是阿克納頓與其父阿曼霍泰普三世（Amenhotep III）皇家信件檔案庫的殘片，其中包括六份米吉多統治者畢日第亞（Biridiya）送來的書信，內容涵蓋各種事情。[30] 勞德希望能在米吉多北邊區域發掘出宮殿，而他理所當然也期望這座宮殿裡保存有埃及方面對這些書信的回覆。

勞德在十二月二十一日寄給威爾森的信中總結他們目前進度，信中附有一張平面圖和數張照片，讓威爾森更能身歷其境般地想像他們在做什麼。既然威爾森才在兩個月前到過發掘現場，勞德就不必多加介紹，直接開門見山。[31]

他們在CC區域南探溝每一層都只發現私人住屋，並取得「不錯的陶器序列」，但除此之外就沒挖出什麼有用的，所以他們剛挖到青銅時代中期地層就停工。現在他們先把這塊區域封起來，因為其他兩個區域要再擴大，所以需要更多勞工參與，勞德打算把南邊的工人調過去用。[32]

在AA區域北探溝與BB區域東探溝，他們正在擴張兩條探溝的範圍。東邊已經挖到和南邊一樣的青銅時代中期地層，也同樣取得良好的陶器序列。他們也繼續發掘後來被稱作 2048 號神廟的建築物，這個我們前面已經說過；那尊小型坐姿神像就是在這個建築物裡發現的。勞德說這是「米吉多從未見過的全新建築種類」，入口很寬，左右各有一座塔和柱基。他此時確信這座神廟建於層位 X 的時期，也就是青銅時代中期（西元前第十六世紀），但在整個青銅時代晚期還繼續使用著，一直到鐵器時代早期（西元前第十世紀）層位 VIA 的城市被摧毀為止。[33]

至於北部區域，勞德說，他們挖出了體積龐大的城牆，厚度達到兩公尺。他認為這些城牆年代是在層位 VIII，壓在正上方的火燒泥磚層 VIA 也有很好的文物出土，這兩層中間則夾著層位 VII 的破爛城牆。事實上他們後來決定重新為這些出土物定年，將厚城牆歸到層位 VII，破爛城牆則歸到副層位 VIB，讓整體定年變得合理許多。他們也開始猜測這些城牆是不是宮殿外牆，最後證明確實如此。[34]

勞德在給威爾森的信裡作總結，說東探溝與北探溝裡的大型建築物年代大概都是在青銅時代晚期的同一時期，「參與米吉多之戰的居民一定生活在這個時期」。他認為城內最窮的居民住在南邊，團隊在南邊每一層都挖出普普通通的房屋。他依然打算找一個地方往下直挖，一路挖到基石，但這件事要等春天再來做，因為此時的雨勢使他們無法在探溝裡進行工作。但同時他也一再提醒威爾森，「上述大部分資訊都是從寬度僅五公尺的探溝裡得來，不能被當作確鑿證據。」結論是，「工作季結束前，我這些想法有可能不得不改變，」又說「我相信你不會讓上述任何內容被送印出版。」[35]

接下來，米吉多這支小隊伍在一九三五年聖誕節放了個短假，他們慶祝節日的方式是二十四日晚上去海法跳舞，二十五日早上拆禮物，據勞德說「給僕人的是小費，給隊員的是搞怪的禮物。」[36]

數日後，奧布萊特在回國的路上順道造訪，他將要去巴爾的摩待一年半。勞德為此非常開心，在現場日誌裡寫說奧布萊特「看來對我們的發掘工作與出土文物非常讚嘆，對我們目前提出的理論也沒有任何質疑或反對……他同意我說東邊建築物絕對是座神廟無疑，且他也認為北邊建築物是座宮殿，跟我們所希望的一樣。」[37]

他們繼續工作到新的一年，接著勞德與希普頓在一月中去伊拉克與敘利亞兩星期，因為東方研究所停止在荷爾沙巴德的工作，所以他們要去處理那裡的地產。他們離開時由拉蒙與阿特曼接手主掌，包括土丘上與工作中心的一切事務。[38]

然而隊員都不知道，勞德出發前往伊拉克前收到威爾森的電報，通知他整個東方研究所都面臨「大規模緊縮」。不過威爾森也只提到下個季度的預算「免不了要減少一些」，看來此時米吉多會受到的影響還很微小。[39]

在隨後寄達的信裡，威爾森解釋說，洛克斐勒董事會在一九二八年撥給整個東方研究所的十年贊助金即將用罄。由於一九二九年的股市崩盤以及接下來的經濟大恐慌，這時的世界與他們當初收到那筆錢的時候顯然已經大大不同，所以他們早已預見有朝一日非得進行改組不可。威爾森這時才說明這就是他與布瑞

圖四十一：（a）北探溝（AA 區域）；（b）東探溝（BB 區域）；（c）南探溝（CC 區域）（Loud 1948: figs. 1-3，芝加哥大學東方研究所提供）

斯提德去年秋天那趟近東之旅的目的，以他的說法是「主要是為收集有用的資訊，用來在紐約大力推動對方再融資。」[40]

這樣一個「大力推動」的計畫如今已無從實現，因為那得靠布瑞斯提德與約翰・洛克斐勒二世的私人關係才有可能進行。布瑞斯提德猝逝後，這個「改組」（威爾森在該年春天的通訊裡一直使用這個詞）的政策「基本上已經成了未來繼續獲得贊助的必要條件。」更重要的是改組馬上就要開始，東方研究所某些海外計畫將被列入「提早妥善」（這是威爾森的用詞）結束的清單，意思是它們還能再繼續運作一小段時間，而這段時間就是用來收尾的。[41]

不過米吉多還沒被分到這一類，威爾森只說他們一九三六到三七年的預算會有些縮減。他還要勞德估計，如果每年有四萬美金預算，未來需要幾個季度才能完成米吉多的發掘。威爾森數年前在米吉多工作過，不久之前又造訪該地，他有信心他們「不必挖掉土丘上每一公尺的土壤」就能「完成」（complete，這是他的原話）工作，還說「只要發掘土丘某一些區域，就能獲得必要的事實。」[42]

勞德的回應很簡要。他說他最低最低還需要再三個季度，不能再少；最多的話他希望可以再有六個季度。至於來年預算縮減一事，他說這是個打擊，但在當前情況下也可理解，他們能拿到什麼就湊合著用。威爾森對於勞德能理解狀況表達感謝，於是發掘工作也就在之後兩個月持續進行，未受到這些事情干擾。[43]

二月初，勞德剛從伊拉克回來就向上面報告說米吉多一切進行順利，[44] 雨停了，新添的工人不斷來報到，他們現在薪資名冊上有二百二十五名當地勞工，其中約有二百人每天都來上工。[45] 除此之外，他的鋼琴也終於運抵米吉多，已經安放在工作中心。他還新養了一隻愛爾蘭長毛獵犬。[46]

在東邊區域，他們已經挖到三尊埃及小雕像的殘塊，其中至少有兩尊出自中王國時代。此時他們暫且先把神廟放著不去進一步發掘。小雕像其中一尊是人物坐在椅子上，上面刻有銘文，說這個人物是「圖提霍特普」（Thuthotep，最近被重新拼寫為 Djehutihotep），埃及官員，第十二王朝上埃及的一個地方首長。另外兩尊都是女性，也都只有頭部與上半身保留下來。這些雕像想必都是當時的傳家寶，因為它們的年代都早於它們出土的地層；但這都是很有意思的額外證據，證明米吉多在西元前第二個千年的中期與埃及有交流，或可能是處於埃及勢力影響之下。[47]

勞德說，他們還在神廟外找到這一帶地區首度發現的「肝占」（liver omen）。這類東西在美索不達米亞較常發現，通常是以陶土做成肝臟形狀，祭司用它來輔助解釋預兆或預測未來。[48]

他們在二月稍後才開始發掘這個區域，勞德記錄說層位 VII 分做兩部分，中間隔著一層火燒層，這與它們早先在南邊區域注意到的情況相符，將來他們在北邊區域要辨識宮殿遺跡的時候這就很重要了。[49]

同一時間，說到北邊區域，他們此刻正在北掘坑專心發掘城門一帶。這座「所羅門王城門」是蓋伊當初在一九二八年發掘出土，勞德很確定此時他們已能看見城門三個不同的建築階段，並希望很快就能取得更多資料。[50] 然而，他在三月意外必須去貝魯特割闌尾，[51] 考古隊在他離開的時候卻發現原來這並非所羅門王城門，而是屬於新亞述時期、西元前第八到第七世紀的層位 III。[52]「真正的層位 IV 城門在更下面」，勞德後來這樣說，並說他們必須把發掘區域稍移一點才可能挖到這座城門。[53]

他還說，他們目前仍將北邊區域的宮殿定年在層位 VIII，也就是西元前第十五世紀，但他們也開始懷疑其中一部分建築物的年代是否在層位 VII，也就是西元前第十四世紀，且這裡的層位 VII 可能也分做兩階段。無論如何，據他的說法這座宮殿是個「龐然大物」，他們絕對不可能在這個工作季就發掘完畢。他們還在推測可能為宮殿庭院的地方發現一些彩繪石膏的碎片，這些石膏片大多被塗成藍色，但也有一些塗成紅或綠色。此外還有個進展也很有意思，他們發現一列巨大的黑玄武岩階梯，可能通往當時的城門，甚至可能跟宮殿有關聯。[54]

我們現在還能看到這些黑玄武岩，就位在重建後的青銅時代晚期城門內。不遠處是層位 IV 城門的遺跡，勞德此時認為這才是所羅門時期的城門。不幸的是，他們將整座城門挖出土清理完畢後，卻將其中一半拆除，以便往下發掘出更多的層位 VII 與 VIII（這項工程要等到隔年才會完成，也就是一九三七年三月）。[55]

當初這作法給後來的發掘者製造不少問題，包括伊加爾·雅丁與伊色列·芬克斯

圖四十二：清理出土的層位 IV 城門，由北向南看，右側尚未被拆除

坦，這兩人都討論過城門年代。舉例來說，雅丁認為他能將這座城門與蓋在夏瑣、基色的城門建築連在一起，得到一個西元前第十世紀存在「所羅門時期建築計畫」的結論。[56]

相反地，如本書開頭所述，芬克斯坦從一九九〇年代開始就主張要調降整個上古以色列西元前第一個千年早期的編年。他提出許多不同說法來證實這個所謂的「低限年代學」，其論據一部分基於傳統陶器編年，一部分基於最尖端的科技研究，包括放射性碳定年以及貝氏分析（Bayesian analysis）。他所主張的重新定年可能會造成很大影響，比如他認為這座城門更該被定年在西元前第九世紀，可能是在亞哈王或暗利王在位的時代。這場爭議一直持續到今天。[57]

勞德在四月中又寫信給威爾森，他對於前一份報告沒有多少要補充的，只說他們還繼續在北邊與東邊區域工作，在東邊神廟的內室發現一些珠寶和另一座埃及雕像下半部，上面刻有銘文。他們也開挖少數幾條小型探溝來檢證原本的分層與定年，因此他現在很有信心地把層位IX定年在西元前第十七和第十六世紀，也就是希克索人統治埃及的時代。此外，用他的話來說，他也確認層位VIII和VII「占滿了第十五、第十四與第十三世紀」。[58]

稍後，勞德在文物局規定要交的報告裡說明他們該季度的工作內容。他在其中提到他們同時也在發掘層位X、XI、XII和XIII，回到大約西元前二千年，也就是青銅時代中期的最開始。他進一步寫說他們現在認為東邊區域的神廟最早建於層位IX，但在層位VIII與VII被徹底重建過。此外，他們現在也認為這座神廟祭祀的是迦南神祇雷瑟夫（Resheph），證據是神廟內部與周圍發現的許多小型青銅「雷瑟夫小雕像」，呈現這位神明高舉一手準備「擊滅」某個敵人的姿態。[59]

勞德還告訴文物部，說他們在城門一帶的層位III、IV與V發現了各種「坡道」（或許更精確的說法是「道路建設」），全都呈現數百年來由外進入這座城市的通衢大道模樣。層位III與IV的城門在這一季造成不小的分層問題，但除此之外他們還在這些後期城門往西一點的地方發現一座定年於層位VIII的四室城門建築（到了層位VII還繼續使用），這就是本書一開頭所說今日遊客會通過的那座青銅時代晚期城門。往更西邊去，層位XI的城門也有一點坡道建築。換句話說，米吉多城的主城門一直都在北邊區域，但隨著地層逐漸往上而緩慢西移。[60]

四月中，勞德開始處理關閉發掘現場，進行將這個工作季收尾的事宜。他發電報給威爾森，通知他他們本季最後一個發掘工作日是在兩星期後，也就是該月最後一天。[61] 發掘工作進行如此順利，分層與定年如此清晰明瞭，不禁讓人揣想如果這裡一開始就讓勞德掌管，跳過費雪與蓋伊，那此時情況將會如何不同？但這問題的答案我們永遠不可能知道了。

勞德還把文物分配的時間安排在五月初發掘活動剛結束的時候，這樣就能馬上把這一季的發現拿來進行分配。他們在二月時已經將之前挖出來的層位I到V文物作出分配，這兩次分配都讓東方研究所拿到不少好東西，勞德在五月中將七箱裝滿文物的箱子運回芝加哥，再加上滿滿一箱的發掘紀錄檔案。[62]

然而就在此時，在這個工作季畫下句點的同時，從四月底到五月中，米吉多與芝加哥之間再度出現大量電報往返。開頭第一封是威爾森發給勞德的密碼電報，時間就在工作季預定結束的一星期前；勞德將電

報解碼後大吃一驚：[63]

> 指令 董事會 終止 東方研究所 全部 海外活動 現在 或 下個 季度 句號 下個 季度 米吉多 必須 終止 並 清算

威爾森隔天寄出一封長信，裡面他說得更詳細。他和東方研究所其他人在三月時向洛克斐勒董事會呈上削減了百分之五十的預算書，這點如前所述。但董事會認為這樣還不夠，於是他們在四月中乾脆「撥一筆款項給東方研究所，然後結束他們與研究所的關係。」[64] 易言之，董事會大概是不想再與東方研究所打交道，同時也利用布瑞斯提德已經不在人世這個事實，於是決定給東方研究所一個我們現在所謂的「黃金降落傘」（golden parachute），從此雙方各走各的路。

我們在洛克斐勒基金會一九三六年的年度報告裡找到實際細節，如下：

> 基金會已撥給芝加哥大學兩筆款項，終止資助東方研究所。第一筆總計一百一十六萬九千七百六十六點零一元整，用以資助研究所或其基金目前運作。第二筆款項總計一百萬元整，雙方同意研究所應將這筆款項設為基金保留十年。這兩筆撥款意在終止本基金會對東方研究所工作的參與。[65]

這兩筆錢總計超過二百萬美元，聽起來像是很大一筆錢，而這確實也是好大一筆錢；威爾森卻告訴勞德這些錢只夠維持東方研究所最低限度的運作，沒辦法供應任何教學、獎學金、出版或現場工作所需。他是這樣說的，「東方研究所當年成立……而今終止，雖然我們會希望它只是暫停。」他說，因此，他們會盡快關閉大多數計畫與海外活動，集中力量發表他們過去十年來在埃及與近東地區發現的材料。在那之後他們會以小規模繼續運作，預算只有現在的一半不到，希望有朝一日能「送個小隊伍去做現場工作」。敘利亞考古活動立刻結束，伊朗考古活動會在今年內結束，米吉多、伊拉克與盧克索要在一九三七年六月之前結束，而米吉多最後一個季度只分到三萬八千美金可用。「到了一九三七年七月，『東方研究所』將不再有任何現場工作隊伍，」威爾森寫道，「我們遭遇的這場打擊已不是讓人搖頭嘆氣的程度，其暴烈使人只能木然。」[66]

這已經是臨頭大難，但米吉多這群人卻還得面對更慘的境況。五月第一個星期結束前，威爾森發出第二封電報，這次用的是直白英文。[67]

抱歉 米吉多 下一個 季度 不可能 考古活動 立刻 終止 句號 你 能否 留下 由

帕克 林德 協助 清算 建物 與 設備 句號 將 終止 消息 告知 文物部

一九三六到三七年的下一個工作季沒了，他們必須馬上關門歇業，中止發掘，賣掉工作中心與裡面所有附帶的東西。電報後面又說阿特曼、拉蒙和希普頓會繼續留在薪資名冊上，但是是為了回去芝加哥準備成果發表。帕克與林德的合約到此為止，等到六月底就說再見。另一封較長的信也是同一天寄出，信中解釋說研究所高層三星期來都在努力找尋解決這場財務兩難的方法，但最後結論還是他們得立即終止所有考古活動，沒辦法讓它們再延一年。[68] 對於米吉多這支小隊伍來說，這就是他們眼中的世界末日，是他們個人所面臨的哈米吉多頓。

之後幾天內，更多電報橫越大西洋來來去去，光是勞德發給威爾森的就有三封。勞德在電報裡簡潔告知威爾森說他、帕克與希普頓會留在現場清算一切，直到做完為止。他還哀哀求情，說能不能讓他們用二萬美金的極少資金再做一個季度，但威爾森的回答是不可能。還有，勞德在一封電報中告訴威爾森，當地情況非常不安定，清算變賣建物與所有設備會很困難。他幾乎是緊接著又發出一份電報，這次是用密碼，說騷動的情況日益嚴重，清算實質上不可能，且當地政府認為這情況會持續好幾個星期。他建議將清算工作延至秋季，如果到時情形安定了再說。69

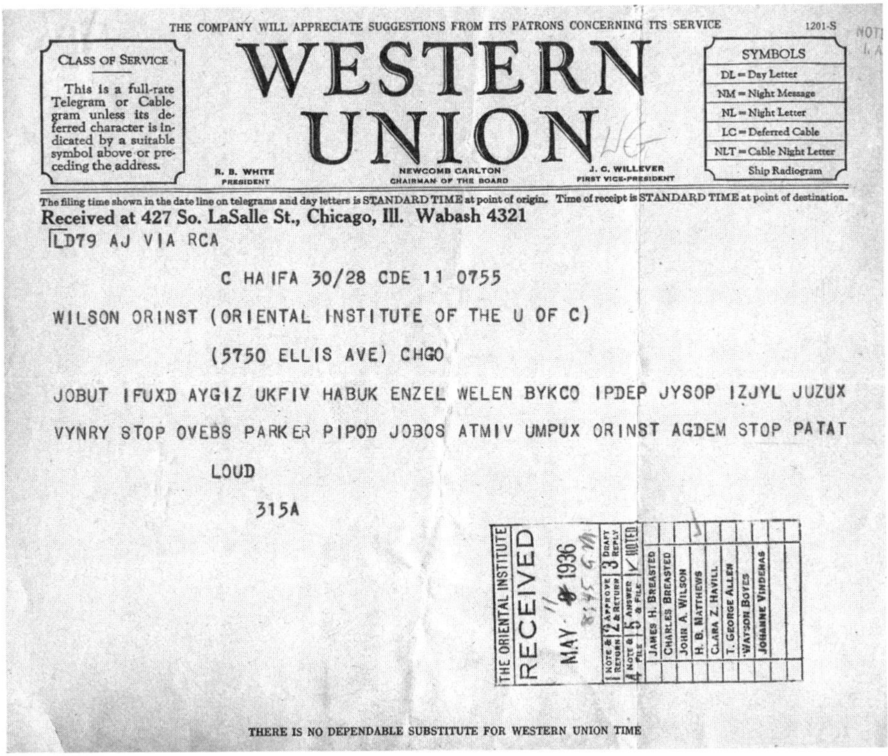

THE COMPANY WILL APPRECIATE SUGGESTIONS FROM ITS PATRONS CONCERNING ITS SERVICE 1201-S

CLASS OF SERVICE
This is a full-rate Telegram or Cablegram unless its deferred character is indicated by a suitable symbol above or preceding the address.

WESTERN UNION

R. B. WHITE PRESIDENT — NEWCOMB CARLTON CHAIRMAN OF THE BOARD — J. C. WILLEVER FIRST VICE-PRESIDENT

SYMBOLS
DL = Day Letter
NM = Night Message
NL = Night Letter
LC = Deferred Cable
NLT = Cable Night Letter
Ship Radiogram

The filing time shown in the date line on telegrams and day letters is STANDARD TIME at point of origin. Time of receipt is STANDARD TIME at point of destination.

Received at 427 So. LaSalle St., Chicago, Ill. Wabash 4321

LD79 AJ VIA RCA

C HAIFA 30/28 CDE 11 0755

WILSON ORINST (ORIENTAL INSTITUTE OF THE U OF C)

(5750 ELLIS AVE) CHGO

JOBUT IFUXD AYGIZ UKFIV HABUK ENZEL WELEN BYKCO IPDEP JYSOP IZJYL JUZUX VYNRY STOP OVEBS PARKER PIPOD JOBOS ATMIV UMPUX ORINST AGDEM STOP PATAT

LOUD

315A

THE ORIENTAL INSTITUTE RECEIVED MAY 11 1936

THERE IS NO DEPENDABLE SUBSTITUTE FOR WESTERN UNION TIME

圖四十三：勞德發給威爾森的加密電報，一九三六年五月十一日

勞德這是在說什麼？到後來這場「騷動」延續了整整六個月，學者將其視為一九三六到三九年英國巴勒斯坦託管地阿拉伯起義（Arab Revolt）的開頭。勞德在現場日誌裡記下當時一些事件，他在四月十九日寫道：「午茶後加斯唐夫婦來坐了五分鐘……但大家都被警察匆匆忙忙叫走。賈法和特拉維夫都發生暴動，警察為了以防萬一，來到這裡叫人別出門。海法目前還沒事。」隔天他寫說目前還不清楚這些暴動對他們當地會有什麼影響。到了四月二十二日，他記錄說暴動已逐漸平息，對他們當地工作情況沒有影響。70

勞德與其他人當時所經歷的只是開場，事情很快變成一場從一九三六年五月延續到十月的全面罷工。第二階段變得更暴力、更危險，始於一年後的一九三七年秋季。皮爾委員會（Peel Commission，為調查一九三六年大罷工起因而成立的委員會）於該年七月公布調查結果，結論是英國無法再繼續控制該地，建議採取分割手段，將這片土地百分之八十分給阿拉伯人，百分之二十分給猶太人。皮爾報告書引發抗爭狂潮，一直持續到一九三九年，期間導致的死傷估計包括一百五十名英國士兵、五百名猶太人、以及超過三千名阿拉伯人。但這些都還是將來的事。71

五月十二日，用盡所有與芝加哥溝通的管道後，勞德由帕克陪同動身前往耶路撒冷。隔天早上他去見文物部部長里奇蒙，但里奇蒙不在，勞德於是與漢彌頓會晤，告知這裡結束了，不是這個季度，而是永遠結束。這消息顯然讓漢彌頓心有戚戚焉，要記得他一九二九年也曾在米吉多當過幾個星期的考古隊成員。同日稍後，漢彌頓手寫一份短箋給里奇蒙，精確呈現勞德心不甘情不願帶來的這段訊息：「東方研究所正式關閉米吉多考古活動，他們正在把所有東西打包，只除了掛畫、植物這些。帕克先生將於秋季回來把事情收尾……勞德先生希望目前能先將發掘活動終止一事對外保密。」[72]

接著勞德向其他隊員宣布此事，其他人似乎直到此時都還對情況天真地一無所知。消息一出馬上有了反應，希普頓寫信表達他聽說「米吉多必須和其他所有現場考古計畫走上同一條路」這個噩耗時的「驚愕之情與無比失望」，更何況他認定下一個季度必然會挖出了不得的東西，因此他的失望就更加強烈。就後面這一點來說他的預言奇準無比，我們後面會講到。[73]

在所有人裡面，歐洛夫・林德最難面對此事。勞德在現場日誌中記錄說歐洛夫與艾絲翠德在四月十五日拂袖而去，阿特曼夫婦與拉蒙夫婦比他們早一些離開往海法去，但這四人離開時的態度就比較莊重一些。[74] 隔天，林德從傑寧手寫一封信寄給芝加哥的威爾森，由此展開一系列讓雙方火氣愈來愈大的魚雁往返，時間延續過大半個夏天。「我們帶著自己擁有的全部財產被困在傑寧，」他的第一封信這樣開頭，「我會跟著護航船隊去耶路撒冷，但我被迫把東西全留在這。如此突然就叫我們走，這實在太過分；我已經幫你們做了十年的事，我很想聽聽你接下來想把我怎樣。」[75]

到最後，經過不少一來一往，裡頭林德還暗示過要把事情告上法院，以及某封信最底下一行哀怨萬分的手寫字「研究所承諾過給我一個未來」。研究所付給林德七月與八月的薪水作為資遣費，然後從此把他拒於門外。[76] 如果林德能改一改他的態度，他大概還能繼續待在考古隊裡，但到頭來他在與威爾森的互動中表現得實在太強勢太惹人厭，結果當一九三六年十二月考古隊重組回到米吉多時，林德已經是個不受歡迎的人了。

第十三章

你說你想要「可觀成果」

事實上，考古隊的命運從走向覆滅到一百八十度大轉彎的速度如此之快，當威爾森與洛克斐勒董事會的史蒂芬斯於七月中再度會面時，林德都還在吵著要他的遣散費。威爾森告知史蒂芬斯他們已撥劃二萬八千美金作為米吉多考古工作一九三六到三七年這個季度的費用，態度裡不乏挑釁意味。他說，需要的話，他們在出海前往米吉多之前甚至還可能募到更多錢。[1] 史蒂芬斯對此沒意見，東方研究所想怎麼用錢是他們的事，只要搞清楚他們除了剛通過的那些款項外再也別想從洛克斐勒董事會拿到一毛錢，這樣就行。

威爾森與勞德就此開始考慮下個季度考古隊人事問題，而老實說能讓他們挑選的隊員也沒剩幾個。東方研究所再也不可能雇用林德，恩堡與拉蒙則在芝加哥忙於準備成果發表。恩堡正在修訂蓋伊的墓葬研究手稿，同時還要完成自己研究希克索人的博士論文，而拉蒙正在寫分層研究的那一冊，也就是將來的《米吉多I》。雖然希普頓也在準備成果發表，但他們實在須要希普頓回來現場，同樣他們也須要阿特曼夫婦與帕克。

但首先，他們得確定自己弄得到重新開始進行發掘的許可。勞德在九月初寄信給文物部部長里奇蒙和耶路撒冷的託管地祕書長。他解釋說情況出現新發展，讓米吉多又可以繼續進行一個季度的工作，他們想要將清算工作延後，而在十一月或十二月再度開始進行發掘。[2]

里奇蒙表示同意，於是勞德此時只剩一件事要做，那就是等著看大罷工會不會結束，讓他們可以開始工作。他十月中發電報給里奇蒙詢問情況，十月底又發一次，最後終於收到肯定答覆：「以　目前　狀況建議　十二月　重新開始　工作。」[3]

勞德通知希普頓與帕克準備立刻動身，然後告知里奇蒙十一月底帕克會到達，他自己則會在十二月中抵達。他還申請下個工作季的發掘許可，里奇蒙第三度給予肯定回應，並附上准許勞德和東方研究所進行發掘的許可證，有效期限到一九三七年十二月。[4]

離開美國前往米吉多之前，他們最後做的幾件事之一就是把之前用的一些考古術語的定義協商出共識，這件事甚至等他們去了米吉多以後都還得繼續進行。這些術語此時將被印在書裡出版給全世界看。東方研究所編輯部的喬治・艾倫（George Allen）被蓋伊在墓葬研究中使用的某些相對定年說法搞得一個頭兩個大，蓋伊用的不是「西元前一四七九年」這種絕對的編年日期，而是他自己的一套考古分類法，這套方法裡有的時期時間互相重疊，還包括一些所謂「青銅中晚期」（Middle-Late Bronze，縮寫為M-LB）這種說法。艾倫說得很不客氣，說蓋伊這套分類法「看來既不符合事實也不符合他自己實際上的使用」。艾倫還堅持他們現在就必須下工夫解決這問題，這樣將來幾冊裡所用的新術語才能一致。

艾倫提議他們採用一套新方法，四年前奧布萊特在一九三二年出版他在貝美森丘（Tell Beit Mirsim）發掘成果時首先開始使用這套方法，將各種不同階段標為青銅早期（Early Bronze）、青銅中期（Middle Bronze）、青銅晚期（Late Bronze）、鐵器早期（Early Iron Age），諸如此類，然後以羅馬數字標出次一層的分期，這樣當某個學者說這是EB I時期或LB II時期的時候，其他學者就能確切理解他在說什麼。經過不少爭執（主要是希普頓與艾倫這兩人），勞德在不得不時還必須親身介入，最後他們總算同意採用艾倫的主張，並將這件事義務性地告知蓋伊。事後證明他們這個決定很明智，因為奧布萊特的文化編年系統被所有後來的研究者廣為採納，一直到今天研究上古近東的考古學家都還在使用這套系統。[5]

勞德在十二月初搭乘英國皇家郵輪瑪麗王后號（RMS *Queen Mary*）從紐約啟程，不到一星期就抵達法國北部瑟堡港（Cherbourg）。他在巴黎過一夜，隔天搭火車去義大利布魯迪辛（Brindisi），從那裡搭輪船加利利號（SS *Galilea*）去海法，然後直接前往米吉多，十二月十四日「到的時候還來得及吃個稍晚的早餐」。帕克與希普頓兩星期前就已到達，所以工作中心已經萬事俱備只待工作季開始，不過阿特曼夫婦還要再等十天才會出現。[6]

就這樣，雖然阿特曼夫婦還沒來，但發掘工作就正式在幾天後的十二月十九日展開，距離它被宣告終止預備進行清算還不到六個月。[7]他們過去從來不曾在一年之內這麼晚的時候開始，前幾年他們此時都已在收尾工作準備放寒假了，但這一年他們這時間才正要開工。隊員人數非常少，勞德是現場主持人，希普頓與帕克一直都在，再加上查爾利與愛麗絲・阿特曼，總共就這樣。米吉多考古隊又回到十年前的小規模，也就是一九二六年春季他們剛開始頭一個工作季的模樣，那時費雪與希金斯針鋒相對，狄洛亞、克羅格和費雪的侄兒史坦利在一旁看著。幾星期後勞德告訴威爾森，「我們五個人在這棟大屋子裡吵吵鬧鬧的。」[8]

說說好消息，他們發現當地有太多勞動力可供取用，很快地他們每一天都得監管超過兩百名工人，這情況很大原因是當地人已被十月才剛結束的大罷工搞得民不聊生。[9] 勞德說這整個地區到處都還有人心懷怨憤，但考古隊的財產在他們離開時沒受到破壞，有當地人自發在照看。此時夜間出行很危險，恐怕路上會遇到劫匪，所以要安全前往耶路撒冷的話只能在大白天上路。到了後來，雖然威爾森一直對該地政治情況很不放心，但勞德與其他人似乎整個季度都沒遇上什麼問題，至少他們從未報告過這類事情。[10]

他們一開始就重新展開北邊與東邊區域的發掘工作，把南邊區域放著不動。勞德的目標是要把北邊區域城門以西的地方全部挖到層位 VIII，這樣才能把「大屋子」也就是宮殿建築完全清理出土。不過當時他們進度還只到層位 VI，要達到目標還須花點時間，況且他們還知道這區域的層位 VII 與 VIII 狀況非常複雜。至於東邊區域，他們已經挖到層位 IX，勞德此時仍確信這是接近青銅時代中期末尾的希克索時期。[11]

隨著聖誕節逐漸接近，他們開始在東邊區域找到一些奇怪的墓葬，與層位 VIII 神廟附近所蓋的房屋有關。有座墳墓就在一間房間角落底下，裡面是一具男性骨骸，不知為何有片金屬片架在他的鼻子與雙眼上，且他的頭下面枕著某種動物的顎骨。[12] 另一座墳墓剛剛好在附近一棟房屋地板下方，墓裡有一個雪花石膏罐子，一只貝殼，一塊黃色顏料，以及一隻人腳——沒有其他骨頭，就只有一隻腳。勞德在現場日誌裡寫說他很好奇黃色顏料代表什麼意義，但我們也確實會想（開個玩笑）上古迦南人是不是同樣也會說「那人已經一隻腳踏進墳墓了」。

令人感到滑稽的是，他還記說他們確實已經發現一枚雕有阿斯塔特女神的黃金鍊墜，但整體而言「目前的東西實在無甚可觀，沒有出現石碑也沒有黏土板，墳墓裡也沒挖出什麼皇家寶藏。」他壓根兒不知道自己就要遇上兩個不同的大發現，兩個都「可觀」至極，舉世矚目，但這還要再等幾個月才會發生。[13]

查爾利與愛麗絲終於在二十四日下午來到，恰好趕上過聖誕節。該工作季所需的食物與其他補給品在前一天已經寄達，所以他們有足夠存貨來張羅一頓聖誕大餐。不幸的是，勞德的鋼琴在運送過程中不知怎麼「受外力與水害」弄壞了，他們拆箱雜貨的時候一起打開裝鋼琴的箱子，卻發現琴體兩邊側板都有裂痕，表面的加工也毀傷，幸好琴弦與音板都還完整無損，所以當晚想必還是有音樂演奏節目。一星期後，因為他們從二十四日開始就被雨勢阻擋無法工作，於是他們去海法的俱樂部聽托斯卡尼尼（Arturo Toscanini）音樂會來慶祝新年，我們可說這一年是在歡樂的氣氛中結束。[14]

一月初，土丘上已有超過二百名全職工人在工作，到了二月中他們已經在清理東邊區域的層位 XI，開始挖進層位 XII。勞德的計畫是在這塊區域不斷往下挖，以此確立約從西元前兩千年以降的文化與陶器序列。他們這一季最後往下挖到了層位 XVII，完成這個目標；過程中發現其中一層有「巨牆，龐大的階梯，〔以及〕一道彎曲的圍牆（可能是某個遠眺平原的陽台建築上的女兒牆）。」勞德認為這些建築屬於他所謂的「聯鎖」層位 XIV 與 XV，但也說他們得等到下一個工作季才能搞清楚這些該被擺在整體序列中的哪個位置。[15]

在此同時，威爾森初步嘗試說服洛克斐勒基金會給他們更多錢，但鎩羽而歸。他在一月底寄給勞德的一封信裡寫說，這絕對就是米吉多的最後一個季度：「上星期去紐約的這一趟沒能改變我們財務狀況……現在看來，不論是下一季或未來任何時候，米吉多都不太可能開工了。」他在結語裡這樣說：「一切都讓人灰心，但你到現在大概已經對此免疫了。無論如何，此時你人在考古現場，而我挺羨慕你的。能做多少就做多少吧，祝你這季馬到成功。」[16]

就在四天前，勞德才送了一份長長的公文給威爾森，開頭直陳他熱切想望著很快能在米吉多挖到驚天動地的東西：「我渴望在米吉多獲得可觀成果，程度不亞於你，」他寫道，「能有什麼令人大吃一驚的那就太好了。但我眼下最大的願望就是天氣能對我們開恩，這樣我們才能動手去挖那甕黃金，不論那黃金的形式是什麼。」[17]

勞德在一九三七年一月底再度寫信，說他們當時已經被雨阻擋超過一星期無法進行發掘，目前降雨量已超過過去整個冬天的平均總量。但他們並沒有因此遊手好閒，而是利用這機會，將他們前幾星期所有發掘的墓葬裡出土的無數陶器加以記錄與登記。幾天後，他說他們又得放雨假，「但這雨總不可能永遠不停吧，」他寫道。[18] 旁觀者清地說，這就是費雪與蓋伊從來不在冬天這幾個月進行發掘的原因。

結果呢，勞德這封信說他渴望獲得「可觀成果」，到最後居然預言成真。烏雲總算散去，太陽露出臉來，鳥兒開始鳴叫，如此這般。到了二月底，勞德就能寫信向威爾森報告說，他原本以為北邊那塊是個既無聊又麻煩的區域，但「現在我們全部的注意力都在那裡。」據他描述，他們發現宮殿建築占地廣大且建築宏偉，某些地方牆高有四公尺，上面覆蓋著彩繪土製石膏，還有一處「看起來像是馬賽克拼花地磚的貝殼地板」。更好的是，考古隊開始挖到小型象牙雕刻，有些上面刻有埃及聖書體文字，其他則飾有複雜圖樣。很快地，一開始挖出來這些小東西，後面跟著出土的就是大量文物，先是一批金器，接著馬上就出現藏滿象牙器物的寶庫。上述這些都是在北邊區域宮殿的少數幾間房間裡找到，讓這一季成為威爾森後來所說「無比成功的一季」。[19] 勞德在三月初寫道，「這座土丘的重要性再也不容置疑。」[20]

他們在三月第一天發現第一件東西。勞德在隔天的現場日誌裡寫道：「過去三天我們整天都在忙，但有太多額外的事得做，那些不要緊的只好先別管。之所以我們會處在這狀況，很大一部分是因為我們可能找到了本季最大發現：北邊宮殿一間外室 3100 出土大批黃金珠寶、黃金器皿等。我們挖到的東西極其豐富、極其多樣又極其脆弱，光是把它們移出土並加以清理就是做不完的工。一開始是昨天早上，那時我們剛發現一個貝殼型盤子，裡面有個黃金封口的綠石罐子。」[21]

四天後，他發一封加密電報通知芝加哥有大發現。芝加哥那一方解碼後的電報內容如下：[22]

圖四十四：3100 號房間地板下方層位 VIII 的金器堆
（Loud 1939: fig. 58，芝加哥大學東方研究所提供）

層位 八 宮殿 發現 大批 驚人 埃及 黃金： 貝殼型 有溝槽 碗， 香水 瓶， 珠寶， 之類， 第十八 王朝 背景 〔但〕 風格 顯示 一部分 中 王國 來源， 此地前所 未見。

就如蓋伊將近十年前發現馬廄那時一樣，回覆的電報只有一個字，「恭喜」。23

勞德同一天還寄出一封長得多的信，內容記載詳細情況。開頭是：「親愛的約翰：之前某一封信裡你說你想要『可觀成果』，要不就是我大錯特錯，要不就是這話已成事實。」北邊區域城門旁他們說了好一陣子的「大屋子」如今成了「滿藏奇珍異寶的華麗宮殿」，千真萬確。精確來說，他們找到的是大量黃金與象牙珍寶，被刻意埋在宮殿北邊一間小房間（3100）的西南角地板下。這些東西令人目不暇給，「整批壯觀至極，在巴勒斯坦絕對獨一無二。」24

不論是勞德或考古隊其他成員，他們對找到的某些器物都不太確定其功能為何。其他前來查看文物的考古學家，包括伊里夫和名聲響亮的皮特里，據勞德說他們也都「一頭霧水」。這些器物大部分是金器，但也有的是象牙、青金石、蛇紋石或其他材料所製。

依據勞德所言，這些東西是從兩層地層裡出土。上層地層出土中有一個被他稱為象牙「權杖」的器物，但其實看起來更像某種號角，上面有三圈刻紋金環，較窄的一端有個女人頭像。還有個貝殼型有溝槽的金碗，碗裡躺著一只蛇紋石香水瓶，瓶口鑲金。此外還有十五顆小金珠子，幾顆青金石圓珠，一個從北敘利亞來的米坦尼（Mitanni，西元前十四到十五世紀的美索不達米亞古國，勢力範圍約在今日敘利亞北部與安那托利亞東南部）青金石滾印章，三個鑲在金底座上的錐狀鉛玻璃圓飾牌，一塊可能是磨刀石的東西，還有火燒過的骨頭（或許是人骨）「散落得到處都是」。

這批文物底下是另一層器物，裡面有一個黃金聖甲蟲大戒指，但聖甲蟲已經嚴重碎裂，他們無法辨識上面的聖書體文字。這裡還有另一只香水瓶，這個大概是赤鐵礦所製，瓶口與瓶底鑲金。有兩只象牙圓盤，幾個「圓盤冠」（disk crown），一條兩端連接不明物體的網狀金鍊，以及一個由兩尊金像構成的器物，被勞德標記為「埃及連體嬰，以薄黃金塑成美麗形狀，裡面灌注鉛玻璃。」現在學界認為這是埃及女神哈索爾（Hathor）的兩尊塑像，耳部相連，每尊頭頂上各連著一只盛裝化妝品或油膏的勺子。

最後面還有一些東西，一塊象牙小雕像的部分臉部，另一只兩端有金帽的米坦尼青金石滾印章，一只金頭飾，以及其他一些珠子。勞德說，最後這幾件是在其他東西出土兩星期後才被發現，位置與其他的也有一點距離，是在北牆下方而非旁邊。[25] 勞德在現場日誌裡記載說，雖然出現了像是燒過的人骨的東西，但沒有證據顯示這裡是座墓葬。相反地，他一開始覺得這像「搶匪的贓物庫」，但十幾年後他在《米吉多 II》這一冊裡實際發表這一批所有發現時，他卻推測說這批文物時代應與原本層位 VIII 宮殿相同，只是「被埋在地底下，顯然希望危險的來犯者不會注意到它們」。[26]

晚近，大衛•烏什金提出主張，說這批文物其實是藏在深坑裡，這座坑是從稍後的層位 VIIA 宮殿地板往下挖，一路挖進層位 VIII，但勞德的工人沒能發現這座坑存在。若真如此，這些器物很可能是在層位 VIIA 宮殿被毀的時候被藏起來，也就是西元前第十二世紀的某一刻。這說法比較具有合理性，因為沒有任何證據表示層位 VIII 的宮殿曾遭摧毀，西元前第十五世紀晚期或第十四世紀早期也不曾發生過什麼與「危險來犯者」有關的大事。但無論這批器物是何時被埋進土裡，總之它們一直到一九三七年才重新被人發現，距離當初已隔三千多年。[27]

二〇一〇年，特拉維夫大學米吉多考古隊在他們的H區域發現一批類似金器，內容主要是金耳環與大量金珠，出土位置就在這座宮殿的西邊。這批金器被藏在一個罐子裡，罐子埋在建築物地板底下。[28] 這些器物年代很可能是宮殿最終被摧毀的那個時期或更晚一些，也就是說，如果烏什金將勞德這批發現重新定年的做法正確，這兩批寶物被埋藏的時間就大約相同，埋藏的原因也會是一樣，那就是襲擊層位 VIIA 城市、導致宮殿與該層位其他部分一同被毀的真實災難。

勞德歡天喜地，說米吉多成了「巴勒斯坦的圖坦卡門墓」，因為這裡出土大量金器，也因為這些器物絕大部分年代都在埃及第十八王朝。但他也留了條但書，說其中有的可能是中王國時期留下來的傳家寶；就這點而言他引用了伊里夫與皮特裡的說法，皮特里認為那些香水瓶絕對是「第十八王朝中葉」，但勞德也寫說皮特里從未見過任何類似那只貝殼型金碗的文物，皮特里「覺得它比較偏亞洲而非埃及」。[29]

稍後勞德將金器的照片寄給威爾森，問他可否先把整批文物都借來，這樣他們就能在芝加哥或紐約辦起展覽，或是在兩地都展出。[30] 威爾森自然贊同要辦展覽，部分是因為這可能為米吉多和整個東方研究所吸引未來的贊助者。不過，他寫說雖然報紙「迫不及待垂涎著想要刊載金器圖片並附上一篇想像出來的故事，」但總之他們得等到工作季結束後文物分配完成，然後去把伊里夫拿給博物館的那些文物借來，這樣才能開始辦展覽。[31]

在此同時，威爾森還是先把消息通知媒體，於是美國各地報章雜誌很快紛紛登出相關報導。舉個例子，《聖路易斯郵報》興奮地報導說「西元前一四〇〇年的埃及黃金」在巴勒斯坦出土，並引用威爾森的話說這是在「米吉多王侯的宮殿裡」發現。這篇報導登上頭版，與阿道夫・希特勒保證不與法國開戰的報導並排，報紙裡說這種說法（指希特勒的報導，不是威爾森的）被視為一種要「鑿沉」國際聯盟的意圖。[32]

稍後，這批黃金寶藏在八月初終於展出，伊里夫在文物分配時只拿走少數幾件給博物館（有溝槽的金碗、蛇紋石香水瓶、以及三顆金珠）。聖路易斯同一家報紙此時用一整頁刊登專題報導，還刊出金器與其他一些文物的照片。[33]

然而這些竟然都只是開胃小點，主菜還未上桌。他們後來發現宮殿裡藏的遠不止這批金器，事實上他們下一個發現的重要性幾乎完全蓋過這些金子，成為今天學界談到米吉多時，最常引用也最常討論的重點。

圖四十五：由南向北看的藏寶庫（3073）
（Loud 1939: fig. 3，芝加哥大學東方研究所提供）

在勞德三月初給威爾森的同一封信裡，他報告說他們正在清理另外三間房間，而這三間房間後來卻成了「名副其實」的象牙器物「寶礦」。光是在其中一間房間的一個角落，他們就找到「梳子、湯匙、銘牌、圓飾牌等物，全都亂七八糟跟一具兒童骨骸、一具幼駱駝骨骸、另一個人類頭骨和更多的駱駝頭骨擺在一起！」他說，裡面最好的一件此時還半埋在土裡，看起來像是杯子或高腳杯的一部分，上面精雕細琢石榴造型與渦卷紋路。[34]

勞德鮮少在信中使用驚嘆號，所以他寫這些的時候想必興奮的不得了。後來他向威爾森解釋說，他本來也想發電報通知發現象牙器物的消息，但後來沒這樣做，「生怕米吉多這麼多大消息會讓你承受不了驚嚇。」[35] 勞德通知發現金器消息的電報是由芝加哥的霍華德・馬修斯（Howard Matthews）負責解碼，勞德對他說，自從發了那封電報之後，所發現的象牙製品「已經遠超出原本所獲，現在它們已擠下金器成為頭號發現。」[36]

同一天，勞德在現場日誌裡寫說「位於NW角落，發現為數眾多象牙器物碎塊的 N=3073，裡面有一座奇特的墓葬〔——〕一顆駱駝頭（？），有可能是一隻完整的駱駝——頭、脖子與前腿現在已經出土——，兩顆人類頭顱，一些人類肋骨，諸如此類。跟這些奇怪的骨頭組合混在一起的是大量象牙……我們必須先清理整座墳墓以供攝影，在此之前任何一件器物都不能移走。」[37]

他在隔天寫道，「N=3073 出現的象牙數量已經多得嚇人。」且他又提了一遍他們正在發掘出土的兩具骨骼和另兩顆頭骨：「骨骼有兩副，一個兒童、一個幼年駱駝，另有兩顆頭骨，一個人類一個駱駝。這加起來是多麼怪異的組合。」兩天後，他又寫說：「各種大小、形狀和特徵的象牙製品從 N=3073 和 3073 本身出土，這會是一整套豐富多樣的絕好文物，但必須先把它們好好處理過，而處理過程得花上數月。」[38]

事實上，光是小心翼翼把所有象牙器物挖出土移走就花了他們一個多月時間，從三月六日一直忙到四月七日，期間還得招待前來參觀這些發現的訪客，包括在這地區工作的一些最著名的考古學家，例如皮特里、尼爾森・格列克（後來當上希伯來協和學院〔Hebrew Union College〕校長）、以利澤・蘇肯尼克（Eliezer Sukenik，後來因買下並翻譯死海書卷頭三卷而聞名）、奧爾嘉・圖弗內爾（Olga Tufnell，當時正與詹姆斯・史塔基〔James Starkey〕在拉吉〔Lachish〕進行發掘）、以及傑拉德・蘭克斯特・哈汀（Gerald Lankester Harding，當時的約旦文物部部長）。將這些象牙移走是件費時費力的大工程，過程中得用賽璐珞來將碎塊加固或粘起來，得用溶劑把沾在上面的頑強污垢軟化。偶爾他們還得把紙粘在碎塊上，這也得用掉大

圖四十六：藏寶庫北邊房間西側發現的完整動物骨骼與象牙器物，上方為東方（Feldman 2009: fig. 3，芝加哥大學東方研究所提供）

量賽璐珞，這樣事後就能輕鬆剝除。[39]

象牙製品全都確定出自層位 VIIA 宮殿，是在三間房間的毀滅層（destruction layer）裡發現，年代在西元前第十二世紀。這三間相連的房間構成後來勞德所稱的「藏寶庫」，是半地下室的形式，因此位置比其他房間要低一兩公尺。較早期的宮殿沒有這些建築，它們是後來增建。此外，宮殿其他地方沒有明顯通往這三間房間的通道。勞德假想這裡原本有坡道或階梯能從上往下走進房間，但他也說了這並沒有實際證據。[40]

勞德依照他們當時使用的編號規則，將中央房間編號為 3073，靠北的一間是 N=3073，所有的象牙幾乎都出自這間；靠南的一間則是 S=3073。後來勞德在《米吉多 II》這一冊裡將三間房間重新編號為 3073A、B 與 C，A 是南側房間，B 在中間，C 在北邊。

勞德還記錄說，在兩間不同房間發現的破碎器物殘片卻能被拼合在一起。他說的是「不過，一間房間發現的碎塊卻能與另一間房間出土的完美契合。」這是明顯證據，顯示這些房間彼此相關，但我們仍不清楚這些器物是怎樣損壞、以及是什麼原因導致這種損壞。[41]

後來勞德送了一份簡報給伊里夫，報告各種象牙器物的出土點。裡面寫說大部分象牙是在最北邊房間（原本編號是 N=3073，後來改為 3073C）的西半部，因為出土器物數量太大，所以勞德以一平方公尺為單位分割這間房間，每一格都標上 I 到 IX 的羅馬數字，以此紀錄各式象牙器物發現的地點。我們現在稱這種方法為「細網格化」（fine gridding）或「微網格化」（micro gridding），是在這種情況下經常施用的一般作法。勞德在報告裡附上一張草圖，這張圖最後沒被印行出版，但上面清楚畫著這三間房間，以及北邊房間細部分格的情況。[42]

稍早之前勞德估計這裡有超過一百件「第一等的東西」，事實上到最後總共找到將近四百件。勞德認為裡面某些器物上面有「埃及式、敘利亞式、克里特式和亞述式的紋樣」，他說對了，後來的學者鑑定出這批文物來自四方各國，在裡面找到西台、邁錫尼、埃及、烏加里特（Ugarit，位於北敘利亞的上古港城）、迦南、以及亞述的紋樣。[43] 出土的象牙如此之多，勞德告知威爾森說他已經雇用一名來自美國耶路撒冷殖民地的攝影師G・艾利克・馬森（Gastgifvar Eric Matson），協助進行繁重的紀錄工作。[44] 不到六個月前他們才與林德分道揚鑣，而勞德此時絕對後悔了。

除開勞德在三月初原本給威爾森那封信裡提到的梳子、湯匙、銘牌、圓飾牌、以及其他各種物品以外，他們還發現一個盒子，底部長寬皆十五公分，高十公分，四面都刻有深浮雕，其中兩面是一對人面獅身像，另外兩面有著「你所可能找到的最精美的巴比倫之獅雕刻」。勞德須要有人幫忙處理這件東西，所以伊里夫就帶著象牙專家來幫忙將它從土中移走，避免過程中造成不必要的損害。伊里夫還同意讓他手下文物管理員免費協助芝加哥考古隊處理所有象牙碎塊，並答應立即出借那些尚稱完整、能承受得起運送到美國這段過程的象牙器物，這兩件事他都做得非常慷慨大方。[45]

還有一件東西，另一個長方形盒子，它屬於最晚出土的一批，其重要性卻可能冠絕群倫。這盒子通常被識別為「筆盒」，亦即埃及書記用

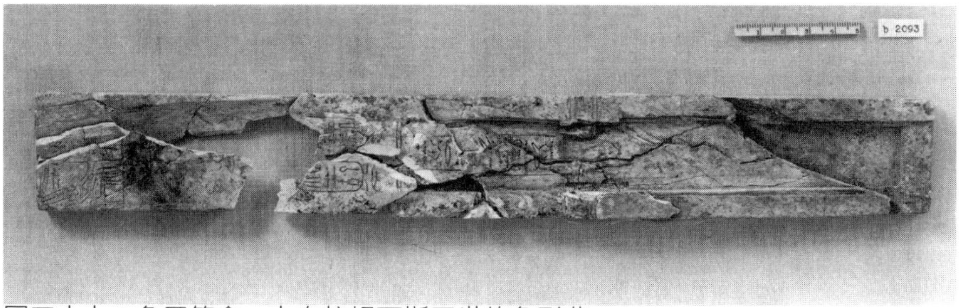

圖四十七：象牙筆盒，上有拉姆西斯三世的象形繭
（Loud 1939: plate 62，芝加哥大學東方研究所提供）

來裝書寫用句的容器，而這一個是埃及官員「皇家使者」那赫特—阿蒙（Nakht-Amon）的所有物。盒子上銘文內容包括法老拉姆西斯三世名字的象形繭，這對發掘者來說簡直喜從天降，因為這樣他們就能確定這個盒子以及這整批象牙器的年代，甚至是這座宮殿被摧毀的時間；拉姆西斯是西元前第十二世紀前半在位（西元前一一八四到一一五三年），[46]這是廣為人知的史實。有件事或許值得順帶一提，布瑞斯提德生前一直在等的就是這樣的大發現，只可惜遲了兩年。

勞德後來將象牙器物出版發表時，他用了一些之前寫在私人信件與現場日誌裡的字句：「這些象牙被發現時那亂七八糟的擺放情形令人吃驚，」他在一九三九年寫道，「這批器物絕大部分是在最外側房間『N=3073』的西半部出土，它們亂成一堆，與偶有的金珠寶、雪花石膏瓶、以及四散各處的動物骨骼雜在一起。」他繼續寫說這些象牙出土時並非整齊放成一層一層，相反地「一件可能疊在另一件上，而且常是真正接觸交疊著。它們出土時是以各種方式擺放，平躺著的跟斜角支撐著的一樣常見。」[47]

勞德與後來的學者都認為這些象牙「亂七八糟」的擺放情況是闖進藏寶庫的盜賊劫匪所為，事情可能發生在宮殿最後被毀的當下，闖入的賊人搗毀木製家具之類，讓這些象牙器物散亂一地。不過勞德也強調說，不少象牙器是在掩埋前就碎裂，意思是說它們不是在最後一刻才裂壞，而是較早之前就已碎掉。他還提出一種說法，說象牙器物原本被裝在木櫃子裡，但木櫃子早已分解；這說法受到其他許多學者認同。他最後的結論是：這些器物，包括那些碎掉的，可能都是某個喜歡收藏象牙器物的米吉多王侯庫中藏品。[48]

然而後代學者對勞德的結論頗有異議，長期在大英博物館擔任專業主管的李察・巴奈特（Richard

Barnett）就非常不喜歡勞德所謂米吉多「怪癖王侯」嗜好「收集象牙」這個「說服力很弱」的說法。巴奈特與其他人指出這些象牙極具商業價值，連那些散落其間的破損雪花石膏瓶、金珠和其他物品也是如此；他們認為這些東西實際代表著米吉多之主與王室家族的雄厚財力。瑪麗安•費德曼（Marian Feldman）和大衛•烏什金最近加入此一陣營，費德曼提出說這些器物可能是刻意被湊成一組加以掩埋，而非只是某人嗜好之下龐雜的蒐集物之一部分。也有其他學者說這裡可能是個象牙工坊。[49]

勞德始終沒解出骷髏之謎，到今天這問題還是沒有答案。等到所有象牙器物都被安全移走之後，勞德寫信給威爾森：「這批象牙製品與拉姆西斯三世有關，年代之晚最初讓人覺得驚愕，但發現象牙的房間很明顯是宮殿最後階段的建築，較早的牆壁被硬生生拆毀來建造這個單元，地面高度低於較早的宮殿地板。我依據整個情況推測這是一座類地窖式的藏寶庫，裡面那些真正有價值的東西被匆忙搬走，而這些象牙製品就被扔在一旁。但我依然無法解釋兒童與駱駝骨骸的存在，除非他們是在行竊過程中被逮到，於是當場被施以極刑。」[50]

他最後發表這些象牙器物的時候更進一步寫道：「就算接受了『象牙蒐藏品』這個理論，我們還是無法解釋為何會有動物骨骼與完整骨骸跟象牙一同出土。」[51] 注意他這裡只說了「動物骨骼」與「完整『動物』骨骸」。無論是在此處，或是在他的《米吉多II》這一冊裡，他都完全沒提到兒童骨骼，甚至也沒說個一句「兩顆人類顱骨和一些人類肋骨」，但這些東西在他的兩封信件與兩篇現場日誌裡都有很精確的紀錄。[52] 難道說這「兩顆人類頭顱，一些人類肋骨」或是「骨骼有兩副，一個兒童、一個幼年駱駝，另有兩顆頭骨，一個人類一個駱駝」後來都只成了「動物骨骼」？這可能性看來非常之低，一般人鮮少會把人的頭骨肋骨與動物骨骼搞混。

所以說，我們該怎麼看待這完整或不完整的兒童骨骸和動物骨骼？世上哪有「竊賊駱駝」這種事情？大多數學者乾脆放棄，他們直接忽視掉勞德在自己討論這批象牙的研究著作裡附上的那張圖，圖裡清楚呈現動物骨骼出土時原位原貌的狀況，位置就在象牙的出土點上，勞德之後會用細網格系統進行將此處象牙移走的工作。東方研究所檔案管理還有另一張拍得更好的照片，該圖片最早由瑪麗安・費德曼出版（見圖四十六）。[53]

然而，的確有一個說法可以解釋勞德在這些房間裡發現的所有東西，以及它們被發現時那亂七八糟、且把學者也搞得亂七八糟的狀況。羅夫・哈赫曼（Rolf Hachmann）在一九九三年提出說：米吉多這三間相連的房間其實是建築起來的皇室陵墓，刻意讓地板位在宮殿裡半地下的高度。在他之後也有其他學者支持這個說法。哈赫曼之前曾發表他在勞茲山（Kamid el-Loz）遺址所發現一個可用來對照的絕佳例子。勞茲山位於今日敘利亞境內，鄰近大馬士革，這裡有一座蓋成建築物的墳墓，附屬於一座青銅時代晚期的宮殿。他說，在比布羅斯（Byblos，黎巴嫩古城）和阿拉拉赫（Alalakh，土耳其古城）這些遺址還發現了其他可能可以對照的實例。[54]

有趣的是，勞茲山那座墳墓原本也被發掘者稱為「藏寶庫」，裡面一間房間裡有一名兒童和一名成人的骨骸，另一間房間裡有第二具兒童骨骸，顯然與前者是在不同時間下葬。陪葬品包括陶器、黃金裝飾品、以及數件埋進墳墓時就已碎壞的象牙器物，還有其他一些陪葬品明顯是在後人打開墓室進行第二次葬禮的時候被弄得散落一地。[55]

如果米吉多這幾間房間也是墓室，甚至可能是在前後兩次不同時間埋進屍骨，那就能解釋兩名孩童與兩頭動物的骨骼從何而來，也能解釋為何東西四處散亂甚至破裂。[56] 依照這樣的假想情境，象牙器物是第一次葬禮的陪葬品，而兩具殘缺的骨骸，也就是其中一名孩童和另一隻動物的顱骨（可能還包括那些肋骨），也是在第一次葬禮下葬。為了進行第二次葬禮，包括象牙器物在內等早先埋進來的東西都得被清到墓室後面，這是這種情況下常見的做法。倘若象牙器物是被人粗手粗腳扔到後室堆成一堆來給第二次葬禮清空間，這就能解釋為何它們被發現時散落得「亂七八糟」毫無秩序，「平躺著的跟斜角支撐著的一樣常見。」這也能解釋為何不同房間發現的破片卻能合在一起，因為它們可能是在這過程中被摔壞摔碎的。

更進一步說，這樣的假想情況還能解釋為何其他器物被發現時也與象牙製品錯雜在一起，例如黃金石榴珠、金飾、聖甲蟲、雪花石膏瓶破片和破陶片，[57]這些現在大概都可以被確認為陪葬品。還有，如果兩名兒童是在不同時間被埋葬進來，這也就能解釋為何那具完整的動物骨骸是直接躺在象牙器物上面，因為第二個兒童後來葬禮所埋下的陪葬品，包括這隻動物在內，或許都只被放置在較早的東西上面或旁邊。

雖然上述這些都還應被視為一個試驗性的假設，但這說法確實能解釋現場發現的所有東西以及它們在房間裡的位置，且比目前為止其他任何說法都有說服力。更何況有件事值得拿來重提，勞德一開始在他當天的日誌裡就說這些出土骨骼是「奇特的墓葬」，但他後來似乎完全忘記自己寫過這句話。[58]

至於那具完整的動物骨骸，費德曼認為這更有可能是某種牛科動物，是一頭牛而非一隻駱駝。[59]但哈斯克爾（Haskel Greenfield）與緹娜•葛林菲德（Tina Greenfield）後來又提出更新的說法，說事實上這更可能是馬科動物（也就是馬、驢或亞洲野驢這類生物）。[60]由於這些骨骼早就被勞德給扔了，我們現在只剩下低品質的模糊照片可以看，很難確認這到底是哪種動物，也無法知道另一顆「駱駝」頭骨是出自哪種動物身上。不過，倘若這真是馬科動物，迦南地區有數座型制類似或不類似的墓葬裡也有馬科動物被葬在人類遺骸身邊，包括青銅時代早期的薩菲丘遺址，以及青銅時代中期的阿諸丘（Tell el-Ajjul）遺址。[61]

另一個得考慮的細節是這一切到底發生於何時，既然筆盒上刻有拉姆西斯三世象形繭，這就表示宮殿不可能在他登基之前被毀，但問題是事情到底發生在他在位期間或是之後不久？這個問題非常重要，因為大約就在這段時期，近東地區大多數主要文明和一些次要文明全都土崩瓦解，史學家常稱之為青銅時代末尾的「大崩壞」（Collapse）。[62]

米吉多層位 VIIA 宮殿最後被毀的情況也符合這個大背景，放射性碳定年的結果似乎顯示事情發生在拉姆西斯三世駕崩後不久，時間不早於大約西元前一一三〇年，可能比這個更晚數十年，而非發生在拉姆西斯在位期間。[63] 然而，我們還有另一方面的資訊得考慮，因為這座宮殿的前一個階段、亦即層位 VIIB 的宮殿建築也是遭到摧毀，這件事我們還沒說到。

警覺心強的讀者此時應當想起勞德在一年前，也就是一九三六年春季對東邊區域的觀察所得，那時他記下說層位 VII 似乎分兩部分，中間隔著一層火燒層。這段紀錄與他們在南邊區域所見相符，而當時他們已經開始猜測北邊區域是否也會有同樣情形。此刻他們已能確定宮殿的情況確實如此。

層位 VIIB 這個階段的宮殿建築位於層位 VIII 與 VIIA 的大樓大屋之間，也就是說這間宮殿的整個歷史從西元前第十五世紀的某時開始，一直到西元前第十二世紀的某刻結束。勞德說到西側有些建築物經過改建，後來在層位 VI 蓋起的建築又將西廂摧毀大半。然而層位 VIIB 的宮殿也至少有一部分是遭到暴力摧毀，勞德在他的《米吉多 II》裡寫了如下內容：「層位 VIIB 宮殿很明顯遭到強大力量毀壞，情況非常嚴重，使得層位 VIIA 的宮殿建築者決定不像之前的重建工程那樣將舊建築全部拆除，而是直接把摧毀後的宮殿廢墟地整平，然後就把新宮殿蓋在上面。發掘時，我們發現層位VIII到VIIB的2041號院子和3091號房間都塞滿落石，填塞高度達一點五公尺……這上面一定鋪著層位VIIA的一條新道路。」已故的伊塔馬爾•辛格（Itamar Singer）說過，這表示層位VIIA宮殿的地板是位在層位VIIB宮殿地板上方將近兩公尺處。[64]

回到一九九五年，大衛•烏什金提出說宮殿建築並沒有兩度被毀，而是建築物本身即為二層樓，而一起在西元前第十二世紀遭到摧毀。他後來一直大力提倡這個說法，但不怎麼被其他學者所接受。[65]

馬里歐•馬丁（Mario Martin）目前是正在活動的特拉維夫大學米吉多考古隊共同主持人之一，他最近提出一個不同的假設情景，在我看來這比烏什金的說法要合邏輯。他認為層位VIIB這個階段的宮殿是在西元前第十二世紀早期毀壞，與其他遺址遭到摧毀的時間相符；然後，他將層位VIIA這階段宮殿以及整座城市被摧毀的時間定在層位VIIB毀滅的數十年之後。[66]

無論如何，發掘工作在四月中停止，這個神奇的季度終於收工。[67]一月時沒人料得到這一切，更何況從前一季結束後發生的事情看來，這一季原本差點就胎死腹中。他們花了整個工作季勞心勞力發掘出宮殿，但他們最後做的事情之一就是開始將宮殿遺跡清除掉。勞德在四月七日那天的現場日誌寫說他們已著手「將發現象牙那個單元的牆壁打掉，以便弄清它與宮殿本身連接的情況。」一星期後他又寫說「逐步摧毀象牙房間，以便探查底下較早期的牆壁，其構成的平面圖與這一層十分不同。」[68]

接下來幾個工作季，他們把層位VIII與VII宮殿所發現的每一磚每一瓦全都清掉，一點不留。他們拆除整整四公尺高、上面有彩繪石膏的牆，以及貝殼馬賽克步道，以便勘查底下還有什麼。可惜的是，下方埋的東西遠不及這兩層要壯觀，如今米吉多遺址已經完全看不到這座曾經壯麗輝煌的宮殿。我個人為此深感惋惜，並同意烏什金最近對此事的評語，說這是「一個全然多餘的作為」。69

不過，此地仍有部分宮殿留存下來，也就是勞德與他的考古隊隊員沒挖出土的那些。這部分是宮殿往南邊延伸的建築，如今以魅人之姿矗立在芝加哥考古隊挖成的高達十二公尺的地脊上，只有局部看得見。當前的特拉維夫考古隊已在一九九〇年代早期開始發掘這片絕壁，但後來就移去挖別的地方。從那之後他們一直在發掘他們的H區域，也就是西邊緊鄰這裡的地區，並獲得豐碩成果，如今已經挖到青銅時代中期的地層。但他們卻也因此喪失掉發掘出整座宮殿的機會，儘管他們距離這個機會最多只有十幾公尺。

此工作季發現的文物是在五月一日進行分配，只有象牙器物除外。70 兩天後勞德寫信給威爾森說「這場分配真是出人意料」，他和伊里夫已經達成共識將象牙留到隔年，等它們都修補保存完畢再拿來分配，所以這次分配的只有其餘物品。勞德告訴威爾森說伊里夫有可能是「對象牙蟄伏以待」，但他個人其實認為「這是因為伊里夫對我們考古隊有好感，對我們的未來有所期望。」伊里夫拿走大量陶器與聖甲蟲，「但這都是應該的。」況且，依據勞德所說，伊里夫對其餘物品「他幾乎沒拿什麼」。71

勞德說，除了他們在分配中獲得的所有文物，他還打算把一百多件「藏寶庫」出土的象牙器物以及兩件黃金製品也都運回芝加哥。兩件黃金製品屬於 3100 號房間出土的那批金器，伊里夫已經把它們拿走變成博物館藏品，但在未來這一年先借給他們使用。他們已經獲得許可把這些全部用來展出，勞德希望如果一切順利的話展覽可以在十月開幕。72

接下來，勞德將所有象牙器物送去耶路撒冷做初步保存與修復，還附上一份長達好幾頁的物品資料詳細清單，這樣他們就能知道哪件器物出土自三間房間裡哪一間。73

做完這些以後，勞德和其他考古隊隊員開始收拾工作中心，準備各自散去度他們絕對應得的假期。他們將在秋天於芝加哥重聚，連希普頓也會來（這是他第一次去美國，他非常期待），大家一起準備成果發表。不過到時拉蒙不會加入，因為他三月時已經接下石油地質學家的工作，要前往哥倫比亞伊巴圭（Ibagué）任職。前面提過，他後來的職涯發展一直都在這條路上。[74]

勞德四月底寄給威爾森的信是這樣作結，「米吉多一九三六／三七年的季度於此結束。」他在五月中離開米吉多，搭船經過的港航向倫敦，待了一星期後再乘阿奎塔尼亞號回紐約，在六月的第一天抵達目的地。其他人比他晚幾天走，去約旦的佩特拉（Petra）和阿卡巴（Aqaba）度一個理所應當的假期，然後他們也要動身回美國去。[75]

第十四章

不入流的死亡威脅信

一九三七年春季發現的大批金器與象牙寶藏成為勞德主持四個季度中的最高成就，但這是以能夠引發大眾想像的閃亮亮珍寶為基準做出的評判；其實，若以這個考古隊所要達到的整體目標來說，他的最後幾個季度絕對擁有同樣的重要性。到這時候他們終能在ＢＢ區域（他們的東邊掘坑）一路挖到最底層的岩床，將米吉多整個生活層序列完整重建，從最早有人煙痕跡的層位XX，一直到層位I最後的居民放棄土丘遷居為止。

然而，在最後這幾個季度裡，生活在英國巴勒斯坦託管地的他們同時還面臨危險——阿拉伯起義從一九三六年的大罷工開始，此時正要進入最後也最兇暴的階段。從米吉多考古隊這邊來說，這些危險包括有人威脅要侵害勞德性命，有人試圖刺殺與他們交好的伊里夫，還有一名考古學家同僚在前往巴勒斯坦考古博物館開幕式的路上遭人殺害。

但以上這些都還在不遠的未來，當勞德與其他人（阿特曼夫婦與希普頓）在一九三七年十一月中一同離開紐約再度前往米吉多，考古隊對這些事情都毫無所知。[1] 春季那些震撼人心的大發現替他們爭取到又一個季度，事實上威爾森一開始還持悲觀態度，但意料之外的投資回收已經讓他們能在二月底給一九三七到三八年這個季度列出二萬五千美金預算，此時那些黃金象牙珍寶都還沒開始被挖出土呢。就算這數字比之前一九三六到三七這個季度少了三千美金，仍足以支持他們以最精簡的現場職員編制再進行一年發掘工作。[2]

跟他們同來的還有一名考古隊新成員，哈佛畢業的年輕建築師喬治・普瑞斯敦・佛雷澤（George Preston Frazer），大家都只叫他是「普瑞斯敦」。他被雇來擔任新的建築學助理，但最後這卻成了他待在米吉多的唯一一季，因為他接下來就獲得維吉尼亞理工大學（Virginia Tech）藝術助理教授的職位，在那裡任教終生，從一九三九年一直到一九七四年，中間在第二次世界大戰期間暫時離職，加入美國陸軍第二裝甲師（Second Armored Division）。勞德在上一個工作季結束時致信哈佛大學詢問是否有有興趣者願意報名參加，當時他就表示自願加入米吉多考古隊。而到了這時候，他已經開心地與其他成員共乘一船，看著他們的輪船駛離紐約港。[3]

他們在十一月二十五日下午抵達海法，雖然讓行李通關的過程看似沒完沒了永無止盡，但他們還是及時來到米吉多工作中心，與十天前就到來的帕克共享一頓感恩節晚宴。第二天，勞德寄信給文物部部長，告知說他們已經回來，並詢問可否更新他們的發掘許可，讓他們在新的一年進行工作。[4]

想當然耳他們獲得了許可，於是他們在十二月初重新展開發掘，有將近一星期的時間他們必須自己親身下場，指揮一百六十名當地成年與未成年男性勞工，直到埃及工人抵達開始這一季工作為止。這回他們挖的還是北邊與東邊區域，但一開始的工作內容多是破壞而非探索，是將一邊的宮殿與另一邊他們稱為「東神廟」（現在的 2048 號神廟）拆除清走，用勞德的說法就是「拆毀我們最佳的建築樣本」，只為看看下面還埋了什麼。[5]

之後不久，歐洛夫・林德現身，他一星期內就來了兩次，來看這裡事情怎麼樣，也為了就他留在工作中心的一些東西如何處理達成協議。這是大家一年多來頭一次見到他，而他的態度遠比之前樹倒猢猻散那時要友善許多。這段時間以來，他在海法南邊半小時距離的地方買了座果園，每天忙著照顧果樹；現在他可是倫敦泛阿拉伯公司（Pan Arab Corporation）的「柑橘出口專員」，擁有五千株蘋果樹和另外五千株梅、桃、梨、以及其他各種果樹，揚眉吐氣。[6]

到了十二月中，勞德告訴威爾森他希望很快就有「宣布驚天大發現的大量電報讓西聯忙不過來」，但事情並不如他預期。大約在同時他告訴馬修斯，說「挖了兩星期之後，我們上一季那麼小心翼翼發掘出來的建築物都被清得差不多，但挖到的東西卻很少。」等到十二月底，東邊區域的神廟已經消失，但他們還忙於把北邊的宮殿拆掉，「一塊一塊」。勞德哀傷地報告說目前情況「發掘現場的無聊沉悶程度無以復加」，他只能回想上一個季度也是這樣，一開始什麼都沒發現，後來才「排沙見金」，以此自我安慰。[7]

對於他們在層位 VIII 到 VII 宮殿底下究竟發現了什麼，勞德後來能說的實在很少。他只說他們挖到了青銅時代中期的地層，尋找可能存在的西克索時期遺跡，而此地的發掘結果證實了他們在東邊區域發掘所判定的地層序列。[8]

不過，他確實說他們也在對之前發掘出馬廄的某塊區域進行清理，現在正在將其中一座清掉，以便在該區域繼續往下挖掘。[9] 雖然他沒精確講出位置，但只要花一點偵探的功夫就能發現這座馬廄（5082）是土丘北部五座馬廄最靠西邊那一座，最初由蓋伊在一九二八年發掘。五座馬廄裡最東邊一座（507）已經在蓋伊主持期間被清理掉，中間三座則由特拉維夫大學考古隊在一九九八到二〇〇七年之間進行發掘，至於勞德手下工人則是在這一季以及下一季將東邊這座馬廄拆除，來看看下面埋了什麼。[10]

除此之外，他們也繼續在各個城門區域進行工作。他們發現了屬於層位 XIII 的青銅時代中期城門，位置就在他們剛拆毀的宮殿正下方，且他們還將與宮殿同時期的城門整個發掘出土。[11]

此外他們還開了一個新挖掘點，一開始是以原本探溝裡劃分方格的編號將其稱為「K-10」。這個新探坑最初只有八公尺長（寬度應該也是照例的五公尺），但很快範圍就被擴大，最後成為ＤＤ區域。此區域位置在層位 III 與 IV 的城門東邊，也就是在他們原本的北邊區域和東邊區域之間。在這裡發掘的目的是想連接舒馬赫原本那條長溝以及他們自己在城門一帶的發掘區（也就是ＡＡ區域）。[12]

在這新區域，他們很快挖過上面幾層地層，直到他們挖到「我們除了宮殿以外，在層位 VII 前所未見的絕好牆垣」。勞德說，如果他們要找更多被他稱為「埃及地層」這段時期的遺跡，那這塊區域是未來很有希望的下手處。將這些牆垣也拆除之後，他們在這區域一樣挖到層位 XIII，預備好下一季要往下挖到很深的地方。[13]

快到十二月底時，威爾森以加密電報發來喜訊，剛好成為給考古隊的聖誕節大禮。紐約的國際教育委員會剛剛捐贈五萬美金資助米吉多考古活動，這個單位原本與洛克斐勒基金會同氣連枝，但此時已要停止營運，正在找地方來用掉剩餘資金。就算國民教育委員會和洛克斐勒基金會已說過它們不再資助東方研究所，但這第三個基金會出於某些原因並不受上述決定限制，所以研究所能與他們達成協議，讓他們出錢再贊助米吉多兩季，每季度二萬五千美金。[14]

這禮物全是威爾森的功勞，他在十一月初致信董事會，大吹特吹考古隊發現的象牙與金器之美輪美奐華麗無雙，還附上勞德在《倫敦畫報》（*Illustrated London News*）刊登的兩份長達好幾頁的報導。他力陳米吉多考古隊正挖到「成果纍纍」的地層，卻在此時失去贊助，這是如何的一場悲劇，並請求對方出資負擔接下來兩季，也就是一九三八到三九年與一九三九到四〇年這兩個季度所需的五萬美金費用，還有另外的一萬二千五百美金作為成果發表經費。他在信件結尾估計他們總共需要六萬二千五百美金「來打這場哈米吉多頓之戰」。不到一個月，董事會就表決通過給他們五萬美金，足以支持之後兩個季度的發掘工作，但不包含成果發表。[15]

因此，就算勞德整天長吁短嘆挖不到東西，威爾森卻回答說他個人毫不擔心，特別是現在他們已有足夠資金撐到一九四〇年春天，八成可以在這處遺址做完整整十五個年頭。除此之外，他還說了些很有智慧的話，「縱然是關於一處遺址的負面資訊……也能增加我們所知。……我們將來會挖到更多東西，你不必覺得有壓力要每個月或甚至每一季都得獲得些什麼。」[16]

考古隊在聖誕夜享用晚宴，同席的還有芝加哥大學考古學家羅伯特（Robert Braidwood）與琳達•布雷伍德（Linda Braidwood）夫婦，以及他們的建築專家卡爾•海因斯（Carl Haines）。此次布雷伍德夫婦是突然來訪，他們將來會成為史上最聲明卓著的考古學家夫婦之一，但這時候他們才剛起步；他們不久之前結婚（一九三七年），正在敘利亞的塔伊納特丘（Tell Tayinat）進行發掘，這是布瑞斯提德數年前著手實現的大規模考古計畫之一部分。海因斯未來也是事業有成，特別是一九四〇年代晚期他在伊拉克尼普爾（Nippur）擔任考古工作現場主持人的經歷最為重要。[17]

霍華德・馬修斯已接任查爾斯・布瑞斯提德成為東方研究所執行祕書，此時他正在計畫一九三八年三月要造訪米吉多，因為威爾森要求他去中東地區走一趟，而米吉多是其中一站。這是兩年半以來頭一回有東方研究所主管人員正式到訪米吉多，上一次就是布瑞斯提德和威爾森兩年半以前來過，那次之後不久布瑞斯提德就猝然離世。[18]

勞德在十二月中寫信給威爾森，大力保證馬修斯來米吉多很安全，且不論英國託管地巴勒斯坦與美國本土各家媒體近來那些報導內容。用他的話來說，「當地報紙說，離我們不遠的地方就有炸彈、槍擊與各種不好的事在發生，但我們一點都感覺不到那些事情存在。」這種情況其實類似今日世界考古工作常有的處境，生活在發掘現場的人就像活在一個泡泡裡，基本上就算發生在近處的事也不會影響裡頭，尤其如果你都不離開發掘工作區域的話就更是如此。如勞德所說，「鐵路沿線實施宵禁，我們與海法的夜間交通斷絕，但既然我們晚上都待在家，因此也沒受到什麼麻煩。」[19]

更何況，勞德幾天後說，雖然最近太比里亞斯地區有警察、空軍與陸軍聯合發起攻擊，四十幾名匪徒遭到剿滅，其餘的都被俘虜，但他們自己這片地區仍是一片平靜。他還建議馬修斯不要太把報紙關於英國託管地巴勒斯坦的報導放在心上。他說，確實，「違法之事很多，」但「只要適度提防就能避開。」[20]

然而事情不久就急轉直下。一月初，在拉吉進行發掘的詹姆士・史塔基慘遭殺害，當時他正在前往耶路撒冷的路上，原本預備與伊里夫共進晚餐並參加巴勒斯坦考古博物館的開幕式預演。[21] 這之後勞德一直與海法地區的負責警官貝利先生（Mr. Bailey）保持接觸，維持對於發掘現場與工作中心的「預防性警備」，這是勞德的用詞。勞德在現場日誌裡說，「雖然我不擔心會有什麼重大危機，但我們還是得知道後面山頭上就有成群盜匪，應該提防他們攻擊這裡。」[22]

事實上，在一月的最後一天，勞德口中這些「成群盜匪」在烏姆阿法村（Umm el-Fahm）裡向軍隊開火；這些人其實並非一般劫路大盜，而是一九三六到三九年的阿拉伯起義一部分。烏姆阿法位於通入耶斯列谷地的瓦迪阿拉隘道，也就是圖特摩斯三世和艾倫比將軍前後相隔三千四百年都曾使用過的行軍途徑，距離米吉多並不遠。勞德在現場日誌裡也寫說，此事導致「盜匪」與軍隊全面開戰。英國人派來援軍，還下令飛機從上空直接轟炸叛黨。勞德說他們整個下午與晚上都聽得到爆炸聲與機關槍，但隔天早上戰場似乎就移到離他們比較遠的地方了。[23]

同一時間，他們在二月的第三個星期已經把「東掘坑」也就是ＢＢ區域挖到基岩處，這是個了不起的成果，因為這樣他們就有土丘從頭到尾的完整生活層序列。事實上，勞德在交給文物部的最終報告裡說，他們這季最大的成就就是「將東邊廣大區域清理直至基岩，建立起該遺址幅度完整的生活層序列」，[24]接著就詳細將各層列出。

從最底層開始，他說緊密疊在基石上的層位XX是該遺址最早出現建築的時期，建築物主要是簡陋石牆，陶器則混雜了新石器與銅石並用時代的形式，最多的是非常粗糙的灰陶碗，上面裝飾類似不遠處耶利哥遺址發現的新石器時代陶碗。他們不確定米吉多最早的居住遺跡確切年代是何時，但希普頓認為這些陶器顯示這時期大約應該結束在西元前第四千紀中期（也就是約在西元前三四〇〇年）。現在我們認為此時期始於西元前五千年左右。[25]

有意思的是，他們沿著土丘東坡基石進行勘查時，無意間發現一座大山洞，裡面沒有陶器，但有「為數可觀的碎石與骨骼」。[26]這兒可能才是真正的「第零層」，是人類第一次開始在米吉多定居一段時間，說不定還養了牲畜種了農作物呢。

接下來一層，層位XIX，勞德覺得這裡有趣得多。他認為這層的陶器仍主要是銅石並用時代，但也開始出現一些青銅時代早期的形式。現在學者比較常見的立場是將這一層直接定年在青銅時代早期剛開始的時候（EB IB）。勞德說，在這一層「高度發展的建築物突然出現。」他們在此發現一座大型建築物的一部分，是岩石地基上蓋起的泥磚構造，牆壁有三公尺厚，橫過他們整片發掘區。這道牆是某間房間的一面，房間內有某種類似祭壇的構造。同一區域還發現兩座疊加式的神廟，其中一座被勞德編號為4050號神廟。[27]

就在這些建築物下面，往土丘東側邊緣延伸的地方，勞德從十二月底就開始發掘出一條鋪石路面，許多石頭表面有刮畫出人物與動物圖案。特拉維夫考古隊在二〇〇八年重新調查這區域，在石頭上面發現更多這類刻紋，現在這條路面已經被稱為「圖畫路面」（Picture Pavement）。[28]

再接下來一層，層位XVIII，這層也有銅石並用時代與青銅時代早期的陶器，但青銅時代早期的形式已經蔚為主流，所以這處遺址此時看來已經確定進入青銅時代早期無疑，也就是說這時期被定年在西元前第三千紀。他們在這裡挖出長達四十五公尺的龐然城牆（4045號牆），高度達五公尺，厚度原本就有四公尺，後來在同一時期內又被加厚一倍，所以總共有八公尺厚。這可能是米吉多歷史上所蓋過最大型的城牆，但勞德和考古隊隊員在拍完照後就將牆體完全拆除，以便往下挖到基岩處。[29]我希望將來的考古學家能更有常識，如果他們在鄰近區域挖到這層地層，會懂得要將城牆留在原處別動。

幸好，芝加哥考古隊保留了這一季在此區域發現的另一處重要建築，也就是今天很有名的那座圓形石造祭壇（4017）。芝加哥考古隊在BB區域留下一條深探溝，現在它是溝裡最醒目的建築物，從遺址北觀景台供遊客眺望的地方很容易就能看見。它最初建於層位XVIII，後面幾層地層的時期還繼續被使用。勞德最早是在一月十一日的現場日誌裡提到它：「今天我們所有的注意力都在神廟區，因為探溝西端出現了一座奇怪的石造結構，平面圖上呈圓形，直徑大約八公尺，側面有損壞，東側有座階梯……周遭土壤裡到處都埋著EB陶片與骨頭，但沒有完整的陶器或整副骨骼。」30

由於這區域發現大量骨骼，今天某些導遊會聲稱說青銅時代早期的迦南人在這座祭壇上以兒童獻祭，但特拉維夫大學考古隊重新發掘這塊區域，他們在此挖出成千上萬件骨骼，卻發現大多都是綿羊或山羊骨頭，也有一些是牛骨，甚至還有一隻

圖四十八：米吉多層位 XVIII 的城牆
（Loud 1948: fig. 154，芝加哥大學東方研究所提供）

獅子和一兩隻鴕鳥，而沒有任何人類兒童骨骼。[31]

勞德說下一層地層「層位 XVII」整段都在青銅時代早期，他的說法沒錯。這層的陶器形式包括托盤與碗，還有的容器上有小型凸起，手持或搬動時可以當作把手。這一層也有大規模建築物，面積超出他們發掘的區域，勞德認為這可能又是一座神廟。[32]

說到這些，我們得附上勞德前一季的報告書，報告內容接續把BB區域這些地層的狀況說下去。[33]他在裡面說層位 XVI 到 XIII 之間幾乎沒有什麼變化，這些地層裡發現的陶器主要是由一種紅色抛光結構構成。勞德認為這些地層年代在青銅時代中期，但事實上現在學者認為層位 XVI 到 XIV 都還在青銅時代早期與中間期（Intermediate Bronze Age），而層位 XIII 才是青銅時代中期的開始，約在西元前二千年（見前言表一）。這部分最壯觀的是一座泥磚建的巨大城牆，它在層位 XIII 這時期將整座土丘繞一圈；目前，特拉維夫考古隊近年來已把這座令人歎為觀止的城牆發掘出更多部分，就在他們進行工作的K區域。[34]

勞德在一九三七年的報告書裡說「層位 XII 與 XIII 之間的陶器形式沒有中斷，從一個自然發展出另外一個。」他對層位 XII 的定年是正確的，說「不過，層位 XII 的起始點一定在西元前第十八世紀中期某個時候，此事毫無疑義。」這裡的陶器與前一時期類似，紅色抛光結構的陶器很常見，與敘利亞某些遺址發現的陶器似可類比。[35]

勞德很適切地將層位 XI 與 X 所在的時期定義為「希克索時期」，這是青銅時代中期的最後一段。來自迦南這地區的入侵者就在此時攻入埃及，從大約西元前一七二〇年到大約一五五〇年之間統治埃及。[36]

米吉多的這些地層，以及這時期的墓葬，裡面都有數量眾多的希克索聖甲蟲，以及許多被認為與希克索人有關的匕首和矛頭。這是個戰火連綿的時代，部分原因來自於武器創新，包括新型戰車與複合弓的出現，複合弓射程比更早的弓要遠，而這兩種武器都是希克索人當時征服埃及的助力。勞德認為 2048 號神廟也是在這時期開始建造，[37] 之後幾層地層裡隔一段時間就會將它重建或翻修。2048 號神廟如今已不存在，因為芝加哥考古隊這一季花了大部分時間將它完全拆除。

青銅時代晚期從層位 IX 開始，勞德將這層定年在西元前一五五〇年到一四七九年之間，認為這就是圖特摩斯三世所攻陷的那座城。勞德有可能是對的，埃及軍攻下的大概不是層位 IX 就是層位 VIII，但由於層位 VIII 和 VII 之間沒有出現中斷（如前所述），所以其實層位 IX 的可能性更高。[38]

另一方面，AA 區域層位 VII 那座發現大批黃金與象牙寶藏的壯麗宮殿，其實是在層位 VIII 的時代開始建造。這段時期

圖四十九：BB 區域的 4017 號石造祭壇
（Loud 1948: fig. 165，芝加哥大學東方研究所提供）

米吉多開始穩定發展與賽普勒斯和愛琴海地區的國際貿易，出土文物裡包括進口的賽普勒斯與邁錫尼陶器。ＢＢ區域有這個時期的大型建築，前面說的 2048 號神廟就是一個例子。[39]

勞德說，層位 VII 有兩個不同的建築或重建階段：先是 VIIB，再來是 VIIA。兩階段加起來是從西元前一三五〇年到一一五〇年或更晚一點（也就是古埃及第十八與第十九王朝，再加上第二十王朝早期一部分時間）。[40] 畢日第亞就是在這時期，也就是西元前第十四世紀中葉統治米吉多，他與埃及法老阿曼霍泰普三世與其子阿克納頓都有聯繫。

接下來他們就來到層位 VI，遭遇火焚的鐵器時代早期泥磚城市，關於這層我們前面已經說過不少。再上面就是層位 V 到層位 I，這部分拉蒙與希普頓正在準備發表成果，其時代是從北部王國以色列興盛開始，經過新亞述、新巴比倫時期，然後進入波斯時期。

隨著馬修斯預定造訪的時間愈來愈近，勞德的態度變化更大，因為他在三月初收到死亡威脅。工作中心一名僕人大清早去村裡拿牛奶時，發現通往土丘那條路路旁被人放了一封信。寫信的人在信裡號稱自己是「黑手幫」（Black Hand Gang），要求發掘工作立刻全盤中止，否則勞德就會死。簽名處是六滴血漬。[41]

雖然勞德確信不會真的發生危險，但他還是在當天工作結束時把這封信唸給工人聽，告訴他們發掘工作暫停，直到這件事解決為止。他還將此事通知海法地區的負責警官貝利，貝利隨即通知奈卜勒斯地區的負責警官，最後他們派遣兩名警察每晚睡在工作中心門口大廳，同時把信件送往耶路撒冷檢查。[42]

接下來，他們與當地村民合作，開始試著搞清楚這威脅的真實性。他們與工人和其他村民一起開了幾天會，最後達成共識認為這封信八成是小孩亂寫而非匪徒所寄。不過勞德接著還是將此事通知駐耶路撒冷總領事，並且發了幾封電報給威爾森告知情況。

勞德也寫信給當時人在埃及的馬修斯，「歡迎來到這地方！」他開頭這樣寫道，「我寫這些內容給你，好像你到時會看見我們工作如常。事實上這裡已經全面停工，因為我收到一封不入流的死亡威脅信。我從各方面判斷都相信這只是一場無害的惡作劇，然而在我確證此事之前，我們必須屈從威脅停工。」[43]勞德後面還說，他很確定等到馬修斯與他太太達瑪（Dagmar）抵達時，問題應該都已解決。他說，反正每天都在下雨，所以他們也沒因為死亡威脅而損失任何發掘時間。[44]

十天後，由於傑寧地區的負責警官向他們保證這大概沒啥好怕，勞德發通知給工人說三月十二日復工。所有工人在當天一大早準時上班，但第二封信也同時出現，這封信綁在通往土丘的主道旁邊一個方形標誌上，信裡說這是最後警告。勞德在現場日誌裡也記錄說某些工人前一晚動身上路時收到類似的威脅信，但他沒有說得更詳細。[45]

隔天來了一隊警察，他們帶著的那頭警犬順利聞出味道，一路追蹤到萊均村，卻在那裡的小溪追丟了氣味蹤跡。警察還是抓了兩名大人四名男孩當作嫌犯，他們認出其中三名男孩最近才被考古隊開除工作，但據勞德說「這些人被打之後全都沒招」。[46]

到頭來，這三名男孩其實無辜，另外三個男孩才是犯人。這三人的錯就是去跟同伴吹噓自己做了什麼，於是同伴就向警方檢舉他們三個。這三人接下來都受到審問，連他們的爸爸都被叫來，最後他們才招認自己寫了那些威脅信。[47]

雖然判決結果明確要求他們在感化院待五年，但勞德與其他人並不想追究此事，所以這些男孩就被

「要求行為檢點」然後釋放。然而，此時時間已接近三月底，亦即這些男孩所作所為讓來自村裡的工人們每人都損失將近一個月工資。因此，他們被爸爸帶回家之後還是遭到鄰居以毆打和吐口水等方式報復施懲。[48]

同一天，也就是三月二十四日，馬修斯夫婦抵達發掘現場，同來的一樣還有布雷伍德夫婦，時間再恰好不過。發掘工作差不多在隔天重新開始，馬修斯夫婦會待到三月最後一天，所以他們總算能實地看見現場工作進行。[49]

雖然大家覺得謎團已經解開，威脅信原來也只是幾個男孩子的惡作劇，但考古隊還是雇用幾名工人擔任夜間警衛，從此不曾取消。這還沒算上那兩位仍睡在工作中心門口大廳的警察呢。[50]

有趣的是，他們在三月最後一天收到真正當地盜匪頭子送來的兩封信，「寫在官方信紙上」。兩封信內容相同（其中一封顯然是寄送過程耽誤了），盜匪頭子在信裡拼命向勞德保證那些死亡威脅與他無關。他說，事實上，發掘現場的人根本不用怕他們，因為考古學家對當地阿拉伯村民很好，所以被他們視為「同一邊的人」。[51]

更何況，盜匪頭子還說，如果將來又有什麼威脅，勞德應該私下通知他，這樣匪幫人士就能動手抓出「任何搗蛋鬼」加以懲罰。頭子在信件結尾說，只有寫在官方信紙上的信件內容才是真的。[52]

就像我們任何一個人一樣，對於盜匪居然還有「官方信紙」，勞德一定也感到吃驚，但收到這兩封保證信也讓他吃了顆定心丸。他在現場日誌寫說，「總之，我認為我們從這來源獲得的保障比從警察那裡多得多。」盜匪頭子接著還寫信給村民，叫他們必須回土丘去工作。幾天後，這位頭子本人親自現身工作中心，向勞德保證他們完全不必害怕他或他手下好漢。[53]

除了三月大部分時間停工之外，考古隊從前年十一月底到今年整個四月基本上都有順利進行工作，在勞德率領下度過一個正常的發掘工作季。不過他們也要求馬修斯在工作季將近結束時先送來兩千美金額外經費，部分原因是他們這一整季都多了名新成員普瑞斯敦・佛雷澤，且還有另一名新成員在後半季才加入。[54]

這第二位考古隊新成員是古斯塔夫斯・德布利・波普二世（Gustavus Debrille Pope, Jr.），來自密西根州底特律的二十六歲年輕有為建築師，朋友都叫他「東尼」（Tony）。米吉多考古隊官方紀錄以及許多網站都將他列為一九三八到三九這最後一個季度的考古隊成員，但其實勞德在現場日誌裡的記載卻表示波普在二月中就已到來，一直到倒數第二個季度結束他都在場。大約十年後，波普獲得耶魯大學博士學位，之後他建築師生涯大部分時間都在康乃狄克州與麻塞諸塞州執業。[55]

工作季最後一天是四月二十七日，埃及工人隔天離開回家。伊里夫一如往常地前來進行文物分配，用掉五月初的幾天時間。前一季度發掘出的全部三百八十六件象牙也在這一年拿來分配，其中包含去年借去美國展覽的那些。勞德記錄說，從美國送回的那些文物，很不幸地在運往英國託管地巴勒斯坦時沒包裝好，結果其中將近三分之一，也就是一百一十三件裡的三十九件，都得重新修補過才能拿來進行分配。[56]

發掘現場在五月十五日正式歇工，勞德前一天寫信給馬修斯說「我們明天關門，而我沒有什麼遺憾。」[57] 到頭來，史冊上會記載說他們在一九三七到三八年這個季度編整出米吉多完整的生活層序列，就算當時英國託管地巴勒斯坦的各種風暴在他們身邊呼嘯，但這一季度仍可謂成功。

第十五章

分層架構的骨骼

一九三八到三九年的季度即將開始，考古隊員集結，此時又一名新成員加入。勞德在工作季開始之前不久成婚，新娘是奧娜・梅瑞爾（Honor Merrell），活躍於芝加哥社交界與慈善界的年輕仕女。他們十一月初在第四長老會教堂（Fourth Presbyterian Church）舉行婚禮，這是位在芝加哥東胡桃街（East Chestnut Street）的高聳哥德復興式建築，就在「華麗一英里」（Magnificent Mile，芝加哥最著名的高級商業區）這一帶。勞德戴著大禮帽看來風度翩翩，《芝加哥論壇報》（*Chicago Tribune*）說新娘身穿「乳白緞子高領禮服，長袖長裙裾。」查爾利・阿特曼擔任迎賓員，伴郎則是勞德的一個密友哈爾・諾柏（Hal Noble，我們後面會再見到他）。[1]

先是小型婚禮，然後去附近新娘父母在湖濱大道（Lake Shore Drive）的房子舉行規模較大的婚宴，接著兩人幾天後就搭乘「薩伏依伯爵號」輪船（SS *Conte di Savoia*）離開美國。[2]這艘義大利遠洋客輪當時才出廠六年，是世界上第一艘安裝陀螺穩定儀的航船，專門設計來更平順地載運乘客橫越大西洋。[3]他們去西西里度蜜月，然後直接到英國託管地巴勒斯坦，在十二月中抵達米吉多。帕克已經到了，阿特曼夫婦、波普、希普頓則在一星期後到達。勞德一如既往立即寫信給最近剛升任文物部部長的漢彌頓，漢彌頓正在等待消息看他們何時抵達。勞德請他發給新一年的發掘許可，漢彌頓立刻予以肯定回應。[4]

五天後他們開工，每天工時改為上午六點四十五到下午三點五十五。勞德幾天後寫信給馬修斯，說這令人「大喜過望，工作終於又能繼續進行。」他高興地向馬修斯報告說米吉多一切平靜，目前為止他還沒收到任何威脅信，工人很高興能回來上工，當地匪幫也很高興村民能拿錢，這樣他們才有錢可偷。他還覺得這些盜匪終究會被圍捕或被驅趕，這應該「只是時間問題」。[5]

由於前一季他們已經挖到基岩處，一九三八到三九年這個季度大部分時間都用來釐清一些不夠清楚的地方。勞德在五月交出的最終報告裡寫道，「既然已經完整建立二十層層位與其副層位，一九三八—三九年季度的目標……以及未來所有季度的目標都是替這分層架構的骨骼添上血肉，並將過去發掘的幾個區域統整在一起。」[6]

除了繼續在K-1（DD區域）進行工作以外，他們還重新開始發掘更北邊與更東邊一點的地方，也就是他們前一季開始著手的馬廄區域。除此之外，他們也在緊鄰BB區域的地方開闢新掘坑，南北長五十公尺，將他們的東邊區域與舒馬赫的長溝連接起來。等到季度結束，他們在這新掘坑裡已經下挖到層位XV。[7]

不過事情一開始進展很慢，勞德在一月底對威爾森承認說這是「極度無聊的一個月，不論從科學或從外界事件的立場來看都是如此。」後者是好事，前者就不是了。[8]

勞德提到說，他們在東邊區域內原本的神廟一帶找到第二個肝占，[9]還在K-10挖出更多年代在層位VII

與 VIII 的遺跡，包括一座中央庭院的一部分，以及庭院西邊和北邊的房間；用他的說法是，這座建築「與宮殿的三個主要階段如此相似，這可不是鬧著玩的。」和宮殿一樣，地板以上只有很少文物，但他希望能在挖到地板下面之後找到一些「埋藏的寶物」。[10]

同時，威爾森寫信說他可能在秋天去近東走最後一趟，如果政治情況與研究所的財務狀況允許，他會在他們工作季開始的時候去米吉多拜訪，問他們意下如何，勞德回信說他認為這是「非常好的主意」。但最後這場旅行沒能成行，[11] 一部分原因威爾森在信內有提到，那就是「倫敦會議」。威爾森預期倫敦會議一定會遇到「雙方在某個點上總會有一方不同意」，他認為接下來英國託管地巴勒斯坦馬上會出現新的騷亂，而這可能影響他計畫好的近東之行。勞德的回應比威爾森要樂觀一點：「除非倫敦會議把現有情勢全盤打亂，不然我們應該沒什麼好怕的。」[12]

他們到底在說什麼？這是他們頭一次在通訊裡提到這場會議，之後幾個月他們還會繼續提及此事。這場會議現在被稱作一九三九年倫敦會議（London Conference of 1939），或稱作聖詹姆斯宮會議（St James' Palace Conference），會議時間是一九三九年二月七日到三月十七日。這段期間，英國政府在倫敦與阿拉伯人和猶太人雙方的代表團開了一系列的會，試圖做出一個計畫將託管制度結束，並決定這地區將來會是個怎樣的政治體。[13]

這場會議造就了現在所稱的「一九三九年白皮書」（1939 White Paper）。這份文件發布於五月中，內容裡面有一項是建議控制猶太人有限度移入，未來五年內容許的新來移民總人數上限是七萬五千人，並限制猶太人能夠購買土地的區域。如果接下來十年內巴勒斯坦沒有爆發動亂，英國就會將政權轉交給一個代議制政府，自己由此地退出。[14]

想當然耳，這份被某些人譴稱為「黑皮書」的白皮書一問世，英國託管地巴勒斯坦馬上又發生暴動，正如威爾森和世上大多數人所擔憂的一樣。依據歷史學家湯姆・塞格夫（Tom Segev）所言，大衛・班古里昂（David Ben Gurion，以色列建國者之一）在他的日記裡寫道：「就連撒旦自己也造不出比這更令人痛心、令人恐懼的夢魘。」[15] 不過勞德與米吉多考古隊其他人很幸運，白皮書公布的時候，他們幾天前早已將發掘現場收工關門並離開當地，這我們在後面會說到。

此時間，考古隊聽到消息說林德與他太太艾絲翠德已經離婚，背後顯然是女方父母在鼓吹此事。她當時已經回瑞典，他則留著經營海法南邊那座新果園。[16] 工作中心一切依舊平靜，只有當地叛黨領袖（跟前面提過使用官方信紙的那位不同）送來兩隻雞給勞德，引得眾人一陣驚愕；最後大家終於弄清楚這兩隻雞的意義是禮物而非威脅，表示這位老兄想來找勞德聊聊天。[17]

勞德後來對威爾森描述說這人來的時候「全副武裝」，但其實這位叛黨先生的確是態度友好，且這人背後還有另一個動機：他的弟弟在發掘現場當工人，不是叛黨成員，而這位叛黨領袖想確保他這個年輕弟弟安全不受害。順帶一提，勞德還說了個非常有趣的現象，說「叛黨的友善態度很明顯，從我們這是全巴勒斯坦唯一一間去年夏天沒被搗毀的發掘工作中心就知道了。」[18]

大約同時，一群耶路撒冷美國東方研究學會的人造訪米吉多考古隊，領隊是當時擔任學會會長的格列克。格列克對這場訪問的紀錄值得全文引述：[19]

到了靠近米吉多的地方，我們半路停車，在野外吃午餐，給這座大土丘拍照，然後驅車前往芝加哥大學東方研究所工作中心，該機構已經在米吉多進行數年發掘工作，成果豐碩。現在發掘工作的主持人是戈登・勞德先生，我相信這已經是他在這裡的第三個季度。他、勞德夫人和其餘隊員都熱情地歡迎我們，一進門就奉上美味的土耳其咖啡。我很高興能回報說他們這裡一切都好，發掘工作穩步進行。勞德先生花了幾小時帶我們到處參觀，詳細對我們解釋過去的發掘進展，前兩年這裡曾有不同凡響的大發現。我也和傑弗瑞・希普頓聊了巴勒斯坦發現的青銅時代器物上凸起狀把手，以及我們學會在外約旦考古調查過程中發現的文物與此的關聯，聊得特別盡興。他和羅伯特・恩堡過去曾發表巴勒斯坦銅石並用時代與青銅時代早期的研究筆記，已成為研究巴勒斯坦陶器的基本必讀資料，而筆記中有一大篇都在討論凸起狀把手。我們大約在下午四點離開米吉多。

勞德在當天現場日誌裡記說費雪也同來，但格列克的通訊內容裡沒有提到費雪。勞德趁這機會給費雪看了蓋伊的《米吉多墓葬研究》這一冊，此書最近總算出版，一兩天前才寄到這裡。雖然勞德說此書樹立起「一個高標準，我們未來的成果發表必須追上這個標準」，但他也寫到說費雪對此書反應並不熱切。[20]這也難怪，畢竟此書內容包括費雪自己在一九二五到二六年發掘出來但從未發表的六十座墓葬。

一月底，勞德從傑寧地區的負責警官那裡收到一份通知，內容令他有點意外，說有個當地地主費伊茲・薩德（Feiz Saad）也就是費雪當初在一九二五年打交道那位哈珊・薩德的兒子，這人此時要求考古隊把一九二八年以來的地租全都付清給他。費伊茲找了個名叫阿斯福（Asfour）的律師，已經一狀告上去要求政府採取行動。這件事看來就是野火燒不盡春風吹又生，從來不曾真正解決，但這回是因為前一年十一月土地法庭作出某個判決，結果對他們這些土地的徵收問題特別產生一些影響，才搞得事情又冒出苗來。勞德於是將情況的新發展通知威爾森，然後聯絡政府代表，一個名叫瓦茲沃斯（Wadsworth）的人。[21] 雖然花了點時間，瓦茲沃斯最後告知勞德請考古隊放心，就算他們真的得付租金，政府也會接手這事，因為是政府沒有完成土地徵收作業。事實上，我們前面已經說過，等到一九四八年以色列獨立戰爭後，新的以色列政府統治這片地區，這問題也就無聲無息結束了。

同時間，英國軍隊間歇性地會在萊均村一帶進行圍捕，勞德注意到他們通常在發薪日行動。一月一日第一次圍捕行動裡，兩名男性試圖逃走而被擊斃。四天後第二次圍捕行動，勞德記述說飛機「在村莊和我們附近到處飛來飛去，有的還真在工人出門上工的時候向萊均和土丘之間的道路開火，因為他們之前已在村裡空投小冊子，說任何走到外面的人都會被射殺。」這裡有八名工人被抓進監牢，據說關了三個月。[22]

第三次圍捕是在一月中，勞德說行動期間飛機又來開火，「這次……非常接近工作中心，真的讓人很不舒服。」這是因為三十多名當地人跑來躲在工作中心建築物內部或周遭，雞舍裡躲了人，其他好幾個地方也躲了人。最後他們的當地人工頭法瑞德（Fareed）遭到扣留，就算勞德很需要他也只能徒呼無奈。[23]

雖然發生這些事，但發掘工作這方面的情況還是如計畫進展，順利進入二月。天氣好得不尋常，雨只下了一點點，他們不斷清走大量土石，挖出許許多多的牆壁和一般的東西。勞德說他們還沒挖到什麼可觀之物，但「大家都好好的，沒人被搶或被人開槍，軍事行動也似乎會避開我們這地方。」到此時他們已經完成了一開始稱為 K-10 的這個區域，開始在比較東邊和南邊的地方動工來擴大這塊發掘區。他們在這裡挖出更多馬廄，與蓋伊之前發掘出來的連成一氣，然後他們就將馬廄迅速拆掉。還有，過去 5082 號馬廄所在的區域，他們在這裡也往下挖到更深；勞德認為他們此時挖到的是層位 IX 到 XI 這段，他在信裡附上照片來佐證他的論點。[24]

接下來，到了二月底，勞德說某天中午來了一輛從海法來的卡車，傳來錯誤消息說倫敦會議有了結果，阿拉伯人的要求得到滿足，阿拉伯獨立就在眼前。他們的工人臨時舉行慶祝，導致當天下午與隔天的工作都取消。然而就在隔天，海法有兩顆炸彈爆炸，一顆在火車站，另一顆在市場。[25]不安的氣氛再度升高，這次距離他們更近。

到了三月，連續兩星期雨下不停，勞德此時報告說 K-10 與馬廄區域的工作都繼續進行，但他們的發掘「仍舊挖不出任何可以讓人士氣高昂一點的東西」。況且軍方依然不願釋放他們的工頭，事實上這人還被判了三個月拘留。「他可能跟匪徒確實有來往，」勞德說，「但說到底，誰不是？」他們當時有大約二百名工人，其中約有一半是年輕男孩，這些人大概都擔任挑籃工，負責把裝滿的籃子搬去鐵路車廂傾倒。勞德信裡還附上一張平面草圖，讓威爾森和馬修斯更清楚知道他們是在哪些位置工作。[26]

對於以上這些，威爾森的回應跟上一季度差不多，說他們就算沒發現多少「好東西」，但勞德已將北邊、東邊、城門與馬廄區域連在一起，並將它們盡可能連接上舒馬赫的長溝，這件事情的重要性無以復加。他的說法是：「從文物的角度來說，米吉多已經給出非常精采的成果。我們需要你繼續現在做的這種工作，來讓我們的研究結果更不會出問題。」[27]

三月初，大概就在寫信給威爾森那時候，勞德也寫信給馬修斯，說這地區的情勢很緊張，「阿拉伯人與猶太人都在猜測倫敦那邊的結果。」他預料會有新一波恐怖攻擊出現，但他希望這不會持續太久、不會影響到他們。十天後他又提到這情況，寫說「所有人都還在等倫敦會議的結果，希望事情趕快塵埃落定。」[28]

他還跟威爾森說「自從有人開始公開示意『阿拉伯獨立』之後，這整個地區氣氛都很緊繃。」自從他月初寄信給馬修斯以後，城鎮裡爆發新的恐怖攻擊，他說「絕對會發生更多、更糟的事」。不過他認為他們在米吉多完全不必害怕，因為他們與村民關係很好，當地叛黨領袖還親自來拜訪好幾次，喝喝咖啡聊聊天。勞德有刻意叮囑威爾森將最後這段消息瞞住不要外傳，「因為軍方顯然認為任何不去主動追剿匪徒的人都是通敵者。」[29]

威爾森如此回應：「雖然倫敦的協商造成一些謠言與警訊，但你那邊似乎還能運作。等英國強制執行決議方案的時候，我不知道你所在的那一帶會發生什麼，只希望能像過去一樣，不會讓你跟當地人的關係因此出現變化。」[30] 事實上，雖然一九三九年白皮書還要再等一個多月才會發布，但暴力事件已經開始增加。威爾森在四月初寫這封信之後沒幾天，米吉多這裡的人就聽聞消息，說他們的好朋友伊里夫在耶路撒冷遭一名失敗的刺客開槍射擊導致重傷。

格列克在幾天後敘述當時情況，[31] 說伊里夫看來是在星期一下午近晚時去美國東方研究學會接他太太，格列克與伊里夫在那裡聊了不少考古學的事情，花了一些時間，所以伊里夫離開時已經大約是晚上七點十五分，開車載他太太回到僅隔三個街區的家中。但不到三分鐘時間，格列克就聽到兩聲槍響，緊接著就是伊里夫夫人打電話來，她在電話裡尖叫「天哪，我先生中槍了，救命啊！」伊里夫是一場預謀攻擊的受害者，刺客躲在他房子外面等他回家。

格列克在兩名警察陪同下趕往伊里夫家，看見他躺在長椅上，胸口槍傷不斷流血。第一顆子彈沒打中他，但第二顆先打穿他的右肺才射出體外。他們將伊里夫緊急送醫，他立即獲得重症加護醫療救治，總算救回一命。

勞德在現場日誌裡說，他是從收音機聽說伊里夫被槍擊。消息也傳回芝加哥，馬修斯寫信給勞德說他們「幾乎是同時知道了伊里夫中槍、伊拉克費沙爾國王（Faisal I）駕崩*、英國駐摩蘇爾（Mosul）領事被殺的消息，不禁令人心驚膽戰。」馬修斯說，在這之後他們從勞德信中知道米吉多安然無事，於是比較放心，「但要等我們知道你已經踏上回美國的歸途，那時我們會更加放心。」[32]至於伊里夫，他花了好幾個月的漫長時光養傷，最後總算復原，能夠回到巴勒斯坦考古博物館任職。

儘管外面暴力事件愈演愈烈，但四月給了他們本季最好的一些收獲，至少以建築的角度來看是如此。他們還找到一根骨製「魔杖」，這是他們對這東西的稱呼，這東西上面有埃及銘文，他們無法立即翻譯。更重要的是，他們已經挖到馬廄下方的層位XV處，發掘出三座各自分開但平面配置一模一樣的建築物，都是前面一座雙柱柱廊，中間一間大房間，後面一間較小的房間。這種平面配置通常稱為「美格隆」（megaron）式，類似建築主要出現在愛琴海與東地中海，最早期是像米吉多這樣的獨棟建築，後來通常被融合進王宮建築成為主體部分，希臘青銅時代晚期的邁錫尼遺址就是一個例子。[33]

* 譯註：此處說的應是一九三九年在意外中死亡的伊拉克國王加齊一世（Gazi I，1912-1939），費沙爾一世已於一九三三年逝世。

一開始，在給威爾森的信裡、在現場日誌裡、以及他交給文物部的最終報告裡頭，勞德都稱這些建築是「希拉尼」（hilani）建築，但希拉尼式建築其實精確來說是源自北敘利亞，年代通常也是在稍後的鐵器時代。八月時勞德已經發現這問題，於是請文物部在出版報告書之前將內容裡的「希拉尼」改為「美格隆」，文物部也就照辦。最後成果發表的時候，他特地說明這類美格隆建築「通常與邁錫尼愛琴海世界有關聯，但出現地點不限於此」，並特別引用特洛伊第二城市（即舒里曼發掘出土的特洛伊城）裡面這類建築的類似群集為例。特洛伊這例子的年代約在西元前二四〇〇年，而米吉多層位XV的這些美格隆建築大約處於同年代，性質似乎是神廟。事實上，此時他們可以認為勞德前一季發現的大型圓石祭壇與三座建築其中一座（4040號神廟）是一體，它緊鄰這棟建築正後方，兩者在這一層顯然有關。[34]

快到四月底，發掘工作已在一星期前結束，[35] 伊曼紐・本多爾（Immanuel Ben-Dor）被派來負責米吉多的文物分配，因為伊里夫此時還在住院。本多爾將在一九四八年當上文物部副部長。勞德在安排這件事的時候對漢彌頓提到說，他們很樂意招待本多爾住下，但本多爾可能想住在海法而非米吉多。勞德寫說，「我很無奈地說，我們的生殺大權完全掌握在『山民』手中」，山民指的就是那些叛黨。他急忙補充說「山民」到目前為止都非常友善，且「我們自己很安全，我們的客人大概也會很安全，只要那些人不覺得一個『政府代表』很值得他們出手就好。」[36]

本多爾選擇待在海法，利用白天時間來回米吉多。這大概也不出人所料，就算伊里夫是在耶路撒冷出事，但這事才剛發生呢。事實上勞德在現場日誌記錄說，本多爾是搭計程車跟著一大群護送車隊一起來，回程的時候官方特地派來一輛武裝轎車護送他回去。[37]

這次文物分配不如以往那麼順利，伊里夫的職位讓他能依自己的判斷行事，本多爾不行。稍後，勞德先是提出申訴說政府方把這一季的好東西全拿走，不像過去會雙方均分，接著他親自去了一趟耶路撒冷進一步處理這件事。到最後，雙方都同意公平分配，勞德終能安排將額外幾個裝滿小骨董（antikas，他們對這些文物的暱稱）的箱子在五月中運回芝加哥。38

考古隊員接著就各自去過暑假，殊不知這是他們的最後一個暑假。勞德在五月初去醫院探望伊里夫，然後他、妻子奧娜以及東尼•波普一起去雅典度個短假，然後就回紐約，在六月初抵達目的地。阿特曼夫婦在五月十一日直接搭船回美國，兩天後帕克將工作中心關門，和希普頓一起在海法留了一個月，之後希普頓就得又回去芝加哥準備成果發表。39

於是，這些美國人全都離開英國託管地巴勒斯坦，沒幾天後英國就在五月十八日發

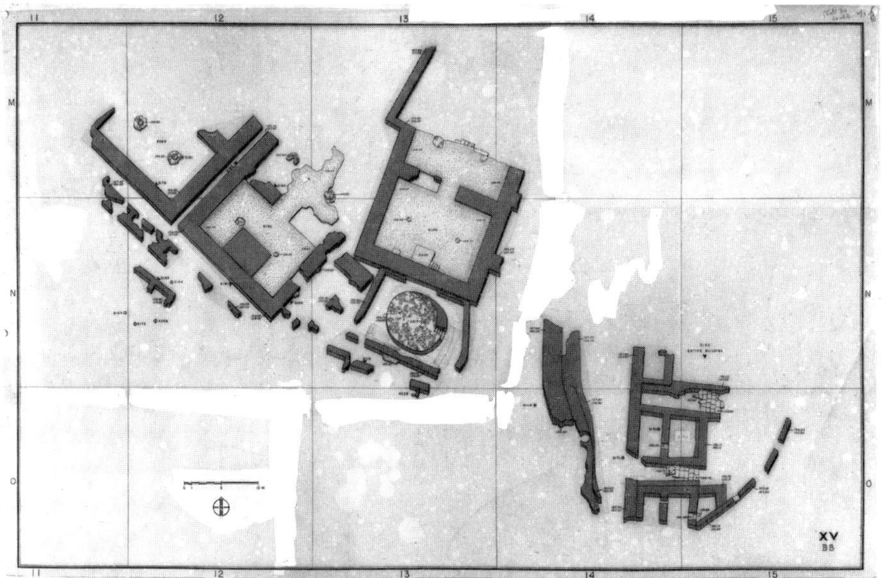

圖五十：層位 XV 平面圖，呈現圓形石造祭壇位於其中一座美格隆式神廟後方（Loud 1948: fig. 384，芝加哥大學東方研究所提供）

布一九三九年白皮書。正如預料，不到一星期暴亂就開始，槍擊與爆炸事件一直延續到六月初。幾星期前勞德寫信給馬修斯說，「我認為我們之中不會有誰……在時候到的時候會捨不得從那裡出來。」稍後他跟威爾森說了類似的話，「我可不會……捨不得從巴勒斯坦的緊張氣氛裡脫身。」就算這樣，他們在希臘度假時讀到報紙頭條一定還是心焦如焚，因為帕克與希普頓當時人還在海法。[40]

故事到這裡還沒結束。不到三星期後，希普頓就寫信宣布一件出人意料的事。他說，他知道勞德和芝加哥大學已經保證接下來兩年會雇用他，但他還是決定進入經營貨品供應與配銷的史賓尼公司（Spiney's，現在是中東地區的連鎖超市企業）任職，立刻就要上任。他會以公司職員的身分留在海法工作，不會再回芝加哥，也不會參與米吉多最後一個季度的工作。[41]

勞德後來告訴希普頓，說他這封出人意表的信傳來時就像「海法市場被扔了一顆炸彈」，把他們該年夏天剩餘時間以及之後的成果發表計畫「炸成碎片」。這同時也讓他們接下來的發掘工作季出現明顯人事問題，必須加以處理。[42]

希普頓說，他很清楚這會把事情搞得天翻地覆，對於讓大家知道得這麼突然，他自己也很難受。但縱然他的心確實是在考古學，他實際上就是沒辦法放棄這個工作機會。「如果我有些私人收入，事情就會完全不同，」他寫道，但現實情況並非如此。況且他沒受過考古學專業教育，他認為這會讓他的考古學家之路終究走不通，他以後也不可能在這個領域「立功成名」。[43]

希普頓真沒想到，他靠著那兩冊米吉多考古主要研究成果，將來還真的在考古學界立了功並成了不小的名。事實上，他寫層位VI到XX陶器研究的那一冊才剛問世，當他寄這封信到芝加哥的同時，芝加哥可能也正要把成書寄給他，而他與拉蒙共同著作的《米吉多I》將要在這一年結束之前正式出版。[44]

希普頓突如其來辭職離隊，這下子所有事情，從成果發表的計畫到接下來的一九三九到四〇年季度，全部都被打亂。勞德在八月初寫信給希普頓，說他們決定不找人替補他在成果發表和現場發掘的職務，而希望他能在發掘工作季開始之後再度加入他們，比如說利用星期日或甚至星期三下午，畢竟這兩個時間他都不必上班。他們也決定不寫《米吉多II》和《米吉多III》，而是把五個季度（一九三五到三九年）全部濃縮成一冊。[45]

希普頓立刻回信，說他「樂意之至」在下一季度幫忙陶器這部分，而且「星期天出門去米吉多絕對是其樂無窮——必要的話星期三下午也行。」不過他也警告勞德，因為德蘇之間有了互不侵犯條約，英國託管地巴勒斯坦的情況非常緊張，他很確定「接下來幾天內就會爆發戰爭」。他才剛收到他的預備軍官徵召令，已經向空軍報到入伍。他說，如果戰爭真的打起來，「我可能得去往某些倒楣的德國人頭上扔炸彈，雖然我個人對他們毫無敵意。」[46]

他還說，縱然他在史賓尼公司的工作目前可稱既有樂趣又有意思，「長遠而言這實在比不上考古工作」。不過他確實手下有好幾個祕書，每天忙著口述信件，從早上七點半一直忙到下午兩點，讓他覺得自己非常非常具有重要性，「但我好像是唯一這麼覺得的人！」[47]

接著，一九三九年夏天，米吉多出現了前所未見的情況。從七月開始，謝爾蓋•楚博，也就是一九三六年差點因為勞德而被解雇的那位司機，開始規律寄出字跡工整、英文流利的信件。接下來幾年內，楚博與帕克會穩定維持與芝加哥之間的信件與消息傳遞，先是寄給威爾森，後來是寄給威爾森在東方研究所的繼任者卡爾・克萊林（Carl Kraeling）；他們兩人留在工作中心看顧房子與設備，為下一個發掘工作季做準備，然而這下一個工作季永遠沒有成真。楚博說，此時帕克與希普頓人在海法，他偶爾會與他們碰面。米吉多這一帶情況都很平靜，看不到真正的叛黨，只剩一些小型當地幫派會偶爾搞出些事情。[48]

八月最後一天，楚博又寫信說米吉多還是一切平安，除了夏季肆虐的瘧疾問題讓他和他太太都正病著。發生戰爭的可能性非常高，所有人都愈來愈擔心；而他們的憂心果然成真，因為希特勒就在隔天九月一日入侵波蘭。楚博說大家都在做防空演習，當局也已經對糧食價格實施一些管制。[49]

威爾森與勞德還沒真正認知到米吉多接下來這個工作季沒得開工，更沒想到他們其實已經不會再有下一個工作季。勞德在九月初發電報給帕克：「仍 期望 回去 等確定 就 發電報 說你的 計畫。」九月稍後勞德寫信給楚博，說他們原本打算十月中從美國出發，十一月中開始在米吉多進行工作，但這些計畫都因戰爭而被擱置。他十月也寫信給帕克，十一月又寫一封，每一封都把預定的出發日期更加延後。[50]

然而勞德這些信全都沒寄到楚博手上，楚博在十月中又寫信去問下一季度的規劃，並要求將來所有信都以掛號方式寄出，這樣才能確保他有收到。他說，工人「都還期望著，等著這一季開始上工，」而他自己是「急切想從你那裡知道米吉多未來將要如何。」除此之外，他還說帕克把他自己和希普頓的個人財物全都搬去他們在海法的公寓裡，公寓位置靠近海邊。[51]

十一月中，勞德試著要再找一個全職隊員，一個就好，因為他合理地認為自己和查爾利・阿特曼兩人不可能顧好土丘上所有活動，就算希普頓每週三下午和每週日整天都能來處理陶器也還是不夠。哈爾・諾柏是勞德的好友，也是他結婚時的伴郎，勞德經由他介紹而連絡上亞瑟・陶伯樂（Arthur J. Tobler）。

陶伯樂曾在賓州大學的考古隊工作，工作地點是西北伊拉克的高拉丘，位於上古尼尼微城（Nineveh）

的遺址附近，他從一九三六年開始在那裡工作了好幾個季度。有趣的是，考古學本來就是個大家彼此都有關係的小世界，當年尤其如此，從這裡就可以證明：亞瑟‧皮普洪，一九三三年五月到七月間在米吉多；伊曼紐‧本多爾，不久前才來米吉多負責一九三八到三九年發現文物的分配工作，這兩人都在一九三二到三三年那個季度以考古隊成員身分參與高拉丘發掘活動。事實上，皮普洪當年就是在高拉丘的工作季結束後（四月）直接從那裡過來米吉多（前面某章有說到）。[52]

一開始雙方有不少信件往返，看來事情似乎很有希望，但陶伯樂最後還是直接拒絕勞德。他最後一封給勞德的電報內容只有這樣，「遺憾 在 這種 時候 無法 應聘 祝 好運。」[53]

出發前往英國託管地巴勒斯坦的日期已經連續延後三次，勞德最後終於在十一月底放棄掙扎。[54] 他寫信給楚博，「過去好幾個星期以來我們都在計畫重返米吉多，但直到上星期我們才明白這一季不可能去了。」他說大家對於這一季沒得進行都很失望，而他自己對於辜負工人期望、讓他們一年沒有工作這件事特別難受。但勞德這人總是樂觀，他說他們「很放心，因為知道我們明年就會回去。」現在這時候，他說他們都忙於整理前幾季發掘出土的東西，準備進行成果發表。[55]

勞德對帕克說，他們居然湊不出一隊隊員，這實在太諷刺，「因為現在的情況可能比過去兩年都更適合進行發掘，但卻沒有隊員可用。」不過，勞德承諾它們會繼續給帕克（以及楚博）薪水，要他時不時去工作中心看顧一下東西，但這樣的話薪水也只能有原來的四分之一。[56] 希普頓在十二月初代表他自己與帕克回信，信裡證實目前的確是「發掘現場一片平靜——比過去幾年都還要平靜。」[57]

收到陶伯樂最後一份婉拒聘僱的電報後，勞德又寫信給陶伯樂，也說了同樣的諷刺感受。所有消息都指向英國託管地巴勒斯坦情況尚好，說境內「比過去三年都要平靜得多」，[58] 但他們卻呆坐在芝加哥「跟成果發表奮戰」，而不是去那裡進行發掘，這實在太錯亂。然而他還是心存希望，總想著能湊足一隊人馬去挖最後一季。最後他的這個希望並未成真。

第四部

1940-2020

第十六章

已下指示要求保護這處房地產

想當年，一九二六年頭一個發掘季度差點就在剛開始一星期後馬上告終，但到了此時，最後一個表定的季度卻在開始之前便已結束。縱然經費足夠支撐最後一季，整個發掘計畫還沒圓滿完成，但考古隊已經不得不將發掘現場永遠關門大吉。他們辛辛苦苦走到這裡，卻因為第二次世界大戰而突然沒了下一步。[1]考古隊隊員，或至少大部分的成員，都以不同方式服役參戰，將他們在考古現場與在英國託管地巴勒斯坦學到的東西拿來發揮另一種功用，試圖阻止現代世界走上通往新哈米吉多頓之路。

然而，在一九四〇年初，勞德還是抱持樂觀態度，期望著他們能在秋天重新展開發掘。他又開始努力想組成一支考古隊，時間離這些人真正上工還早了好幾個月。[2]除此之外，勞德還說他在一九四〇年一月初聽到傳言，據說恩堡已經被提名接替尼爾森・格列克成為下一任耶路撒冷美國東方研究學會會長。等到一月底，用勞德的說法，恩堡被任命一事已經「不只是傳言且更是事實」，恩堡夫婦預定在六月或七月搭船前往英國託管地巴勒斯坦走馬上任。如果考古隊能重回米吉多發掘，有了恩堡當美國東方研究學會會長，這對考古隊一定助益良多。

只是戰爭在此處又作了梗，到了恩堡夫婦原本預定啟程的日期，他們已將行程無限延後。諷刺的是，克拉倫斯・費雪此時仍在耶路撒冷寫他的陶器研究那一冊，而他卻被請去當臨時會長，在恩堡夫婦能夠搭船來之前掌管學會。而費雪就這樣接任，一直到他一九四一年七月底猝逝為止。[3]之後恩堡始終不曾去耶路撒冷就任，反而是格列克在費雪死後再度上任。

同樣時間，勞德一直無法把「重新組成一支隊伍，秋天回去進行一季發掘」這個可能性變成現實，所以他終究還是授權帕克開始把米吉多的設備一點點賣掉，把能帶的家具都帶回帕克自己在海法的公寓去用。勞德那架鋼琴是他的自豪，也是他的喜悅，卻被送去耶路撒冷給了美國殖民地的威斯特（Vester）一家。考古隊的車賣給英國軍方，被送去伊拉克，在那裡很快就跟油罐車對撞而報廢。勞德後來意外知道這件事，因為一個不知名的軍官把這輛撞爛的車翻倒在沙漠路邊的照片寄給他。不久他們也開始接到各種機構的請求，問是否能借工作中心做各種用途，比方說儲存物資之類；舉例來說，帕克的一封信裡就說到「醫護當局」來問此事。[4]

一九四一年，米吉多相關的兩件大新聞都與希普頓有關。第一件是文物部請他寫一本《米吉多導覽》（*Guide to Megiddo*）供參觀遺址的許多觀光客使用，而他在取得芝加哥同意之後就答應這樣做。這本導覽書在一九四二年底問世。[5]

不過，更重要的可能是另一件事，至少對他個人而言更重要，那就是他與海絲特・伍德小姐（Hester Wood）閃電結婚。伍德小姐顯然原本是要來英國託管地巴勒斯坦的耶路撒冷女學院（Girl's College in

Jerusalem）教書，但此時卻在海法一間公立醫院工作。據帕克說，她是個「好的不得了的女孩」，差不多與希普頓同年紀。他們二月的時候認識，六星期內就訂婚，五月中結婚。婚禮規模很小，只邀請十四個人來海法參加典禮，但之前在米吉多舉辦的訂婚宴可是非常盛大，來了一百二十個人，其中包括伊里夫、漢彌頓夫婦、以及克拉倫斯・費雪。謝爾蓋・楚博報告說工作中心的沙龍、餐廳、甚至桌球間都擠滿賓客。希普頓的工作也是一帆風順，此時他已升到主管階層，據帕克說希普頓的正式職銜是「史賓尼公司祕書」（帕克還繼續跟剛結婚的希普頓夫婦在海法同住）。[6]

到一九四二年，工作中心與遺址都被英軍占領。安東尼・畢沃爾（Antony

圖五十一：米吉多考古隊的車子在伊拉克因車禍而翻覆毀壞
（芝加哥大學東方研究所提供）

Beevor）講二次大戰克里特島之戰的書於一九九一年出版，他在書中提到英國傘兵在米吉多附近的拉馬特‧大衛空軍基地受訓，還特地寫到說「某些學生，尤其是那些要派去做情報工作的，之後會去米吉多谷地的美國考古學會上另一門教祕密行動的課程，內容包括易容、密碼和死轉手（dead-letter drops，指在祕密地點留下訊息讓對方來取）等技術。」因為「米吉多谷地」並沒有什麼「美國考古學會」存在，這話指的只有可能是米吉多考古隊工作中心。我們在別的地方找到佐證，二〇一一年一月十二日《每日電訊報》（*The Telegraph*）刊載伊安‧馬克費爾森（Ian Macpherson）這個人的訃聞，文章裡說他在一九四四年之前某時曾參加「海法附近米吉多的情報員訓練課程，那裡教給他的是爆炸物、敵後破壞、以及如何散布『黑色宣傳』（black propaganda，指偽裝成敵方來源發布假信息）。」[7]

同樣也在這時間，勞德自己自願或被徵召為美國作戰。他在一九四二年五月初向東方研究所請休假，休假理所當然獲得批准，接下來他每年都繼續休假直到一九四五年。[8] 這幾年內他為戰略情報局（Office of Strategic Services, OSS）工作，這是美國中央情報局（CIA）的前身，當時由「瘋狂比爾」唐諾文（“Wild Bill” Donovan）執掌。勞德一部分的職務內容是擔當尼爾森‧格列克的主要聯絡人，格列克當時也為戰略情報局工作，但他的工作地點是在中東而非華盛頓特區。[9]

戰爭結束後，大西洋石油公司，也就是狄洛亞從一九三五年開始任職的那間公司，請勞德去它們那裡工作。勞德告訴威爾森說他不能放棄這個工作機會，特別是他工作的地方會在開羅。威爾森不情不願地同意，只是附帶要求勞德必須把《米吉多II》這一冊全部完成。勞德在一九四六年一月向東方研究所遞辭呈，說他將來「回顧我替研究所工作的這段經驗，這是一個人所能希冀的最快樂合作關係。」[10]

勞德再也沒有回去發掘米吉多，但他接下來的十年就在開羅居住，在大西洋石油公司開羅辦公室工作，地理上也不算太遠。米吉多退役人員裡已經有拉蒙與狄洛亞在離開考古隊後進入石油天然氣公司任職，就這樣勞德也加入他們的行列。

不過，芝加哥這裡仍有些人希望有朝一日他們終能再回米吉多。回到一九四二年十一月，也就是勞德頭一次請休假那時，當時擔任東方研究所代理所長的哈羅德・奈爾森（Harold Nelson）致信文物部部長漢彌頓，他在信裡寫說他們想要等到情況允許重新開始發掘，請文物部給「官方認證」證明他們對該遺址的權力，許可年限必須包含整個戰爭期間，再加上「戰爭結束後以一年為期的時間」。漢彌頓樂意照辦，甚至還錦上添花，他在一九四三年二月寫一份短箋說「聽說只要情況允許，東方研究所有意盡快重新在米吉多展開發掘，這讓我非常高興。我可以向你們保證，歐洲戰爭結束後兩年之內，我們不會在未獲東方研究所同意之下將米吉多的發掘許可發給其他任何人或任何機構。」[11]

只是這場期盼終究未能成真。到了二次大戰結束時，就算帕克與楚博花了心力維護，米吉多遺址現場仍舊是一片狼藉。帕克與漢彌頓在一九四六年春天前往遺址，發現城門、城牆、馬廄、供水隧道的豎井、以及其中一座有立石的建築物都受到損害，某些損害是風化造成，但有些是當地村民把發掘出來的遺跡當成採石場，把大石頭搬回去蓋房子，例如馬廄就是這樣被破壞的。[12]

芝加哥考古隊自己也從遺址拆走一些石頭，希普頓在一九四四年告訴漢彌頓說有三個共濟會會館（Masonic lodge）來問是否能取得「米吉多城所羅門王時期一些刻有石匠符號的建築基石」。希普頓說，這幾個會所分別是蘇格蘭總會所（Grand Lodge of Scotland）、英格蘭總會所（Grand Lodge of England）以及希蘭王會所（King Hiram Lodge）。他們的請求後來獲得同意，雖然我們現在知道刻有這類符號的石頭最有可能屬於暗利王與亞哈王的時代，而非所羅門王的時代，但這些石頭還是在一九五二年運往芝加哥，完整無缺地交貨，接下來應當就被分送往這幾個共濟會了。[13]

然而，前面這些事情，比起一九四八年以色列獨立戰爭期間的情況都是小巫見大巫。該年發生三個不同事件，都與米吉多和工作中心有關：一是五月三十到三十一日之間發生的戰役，一是六月底到七月底之間發生的掠奪案，還有一個是十月中一場大火將工作中心燒毀大半。

一月時，這一年一開場就是林德在他海法南側的果園地裡遇上阿拉伯軍隊與猶太人軍隊交火。他手下僕人逃往亞特利特（Athlit），然後轉往代爾亞新（Deir Yassin），卻又被捲入該地四月初發生的事件裡（而後生還）。林德自己最後則在五月底逃往瑞典，[14] 他離開之後才五天米吉多就爆發戰爭，以色列軍戈蘭尼旅（Golani Brigade）向這座上古土丘發起衝鋒，用的就是芝加哥考古隊在土丘東南挖出的通道，也就是他們稱為CC區域的地方。

阿拉伯軍倉皇撤退，以色列軍不費一顆子彈占領遺址。接著，當友軍越過平原前去攻占大約一千三百公尺開外米吉多十字路口的警察局，他們就利用此地制高優勢來提供掩護火力。警察局就在今天監獄的位置，也就是前面某章提到最近發現耶穌名字馬賽克的地方。他們也派士兵駐守米吉多，名義上是保護工作中心與遺址裡暴露地表的出土建築，但更重要的是防禦阿拉伯人可能發起的攻擊。據帕克說，謝爾蓋・楚博與妻子一開始被拘押，但稍後獲釋。[15]

二〇〇八年到一四年間，特拉維夫大學考古隊在他們編號的Q區域找到數百個機關槍射擊留下的廢彈殼，這是當年這些軍事行動所殘留的痕跡。考古隊還發現，此區域層位III有數個新亞述時代的長方形房間，原本是費雪在一九二五到二六年這個季度發掘出來，之後芝加哥考古隊就沒再去動過，但戰時卻被阿拉伯或以色列軍隊改造成士兵躲藏的散兵坑和機關槍用的發射平臺。[16]

這場戰役之後，在一九四八年六月底，數名聲譽卓著的考古學家在一趟北方之行裡短暫造訪米吉多，這些人包括前面提過的伊曼紐・本多爾、舒謬爾・葉文（Shemuel Yeivin）和班傑明・麥斯勒（Benjamin Maisler，他更為人知的名字是班傑明・馬札〔Benjamin Mazar〕）。他們記述說工作中心沒有受到任何損害，且某些文物以及芝加哥考古隊圖書館館藏都被運往海法的博物館保管，但還有三間房間與一間儲藏室裡有存放東西，考古學家建議這些東西也應該要「移往海法一處安全地點」。[17]

不幸的是，他們的建議未獲採納。不到一個月，工作中心就慘遭洗劫，裡面許多家具裝潢遭竊，據說竊賊是以色列國防軍裡面一些尋找補給品的個別士兵或群體。三名考古學家在七月底回到米吉多查看損害狀況，他們後來交出的報告書內容十分沉重。[18]

報告裡，他們寫說舒馬赫長溝中間現在有讓傷兵使用的隱蔽區，土丘斜坡上也挖出防禦用壕溝。不過他們也說遺址本身受到的損傷很小，受破壞的主要是工作中心。他們被眼前情景嚇到了，在報告裡寫說「整體而言工作中心這些房間看來像是實際經歷一場『反猶暴動』（pogrom）。」他們記說，「檔案與紙張被扔到地上，撕破了弄壞了。關著的櫥櫃被破開，玻璃被打碎，東西被亂七八糟堆在一起。」他們以最為強烈的詞語譴責發生過的事，然後做出結論，「這件事情是來自友邦的一支科學團隊其私產遭到侵凌劫掠，以不負責任的方式蓄意加以破壞。」面對這些人呈上的證詞，政府立刻成立一個官方委員會展開調查，委員會最後在一九四九年公布兩份報告。[19]

然而與此同時，厄運還未結束。據帕克所說，一九四八年十月中，一名士兵決定「燒掉外側一棟建築物屋頂上的一個虎頭蜂巢」結果卻燒掉整座工作中心。他說損失簡直無可計數，因為「房屋本身與外側建築全部燒毀」。[20] 他與謝爾蓋・楚博都將個人損失的財物列出清單，以及一份更長更長、長達整整十頁的工作中心物品清單。他們將清單交給保險公司，但保險公司拒不理賠，因為這兩人當時並未居住在工作中心。保險公司反而建議說，以色列軍方或以色列政府才應該賠償東方研究所的全部損失。[21]

帕克最後還是在一九四九年六月初寫信給外交部，信裡他詳述自己在前一天也就是六月一日親眼所見，當時他與美國領事和副領事一起去視察遺址與工作中心。這封信值得全文引用，因為它記錄了一九四八年七月劫掠以及一九四八年十月火災造成的損害：[22]

鈞座：

本人期望能將此紀錄在案，我代表芝加哥大學東方研究所，昨日六月一日在美國領事布羅沃斯先生（Mr. Bloodworth）和副領事克羅斯比先生（Mr. Crosby）陪同下前往米吉多考古隊工作中心與地產進行視察，發現：

1. 整棟房屋與地產完全遭棄置。
2. 整處地方完全混亂不堪。
3. 所有能移動的東西都（徹底）被拿走。
4. 所有固定物，包括浴室、廁所、電力等設備，以致最後一片瓷磚，也都被拿走。
5. 室內所有房間、嵌入式櫥櫃等的門扇都被拿走。

6. 超過一半以上的窗戶，包括防瘧疾裝置，都被拿走。
7. 窄軌鐵路的所有設備，除了幾個集裝箱以外其他全部都被拿走。
8. 發電機與電池室被徹底毀壞，其中所有有價值的物品，例如配電盤、發電機等，全部都被拿走。

我引述您的信件 F.O./H/173/6263，收信者為東方研究所所長，信件內文第二項第三款，您在此處聲明已下指示要求保護這處房地產。我很遺憾地通知您，我們昨日所見顯示這些指示完全遭到忽視。

由於我必須向東方研究所回報，可否請您告知將採取何種措施保護米吉多遺址與剩下的產業，不勝感激。

送出這封信之後，帕克過了一星期又寫一封較短但內容同樣扼要的信，寄回去給東方研究所的威爾森。信裡他說，當他與美國官員抵達遺址時，他們看見那裡「荒棄無人管理，誰想進去都進得去。」更有甚者，那裡整個都亂七八糟，帕克寫說他從未見過「如此肆恣的破壞行為，整棟房屋內外能拿走的東西都被拿走，室內固定物、浴缸、洗手台、馬桶設施、電力設備、冰箱，族繁不及備載，全部都被拿走。他們甚至把浴室、臥室與廚房所有磁磚都拆走，你可知道我們以前的浴室有多漂亮……好啦，現在整個地方都成了廢墟。」他在信裡結論說：「為了保存此地設備與房屋以備將來繼續進行研究，東方研究所花了多少工夫，當我想到這點我就非常難過。如果要重新開始，我們只得回到一九二六年那時候的處境與情況，至少以設備這方面來說是如此。」[23]

到頭來，保險公司依舊拒絕擔負任何責任，並再度表示說軍方或政府才該負責，於是帕克又繼續跟外交部交涉。[24] 時間又過數年，又一個委員會對此事進行研商，東方研究所這才拿到一筆鉅額損害賠償。內文後來說賠償金數額「超過一萬里拉（Lira，一九五二到一九八〇年間以色列的貨幣單位）」，換算成今日幣值將近五十萬美元。以色列政府此舉是為了避免一場嚴重的公共醜聞。[25]

一九五四年末，帕克終於結束與東方研究所的雇傭關係，他領到一筆額外的退休津貼，感謝他將近三十年來的服務。如前所述他搬去賽普勒斯島住了幾年，最後回到英國，一九七九年十二月在倫敦過世。[26] 大約與帕克同時，謝爾蓋・楚博也領到他的退休津貼。我們最後一次看見關於他的消息也是大約在一九五四年，那時他住在海法，雖然已經六十五歲了但還在當司機。[27]

一九五五年一月十八日，東方研究所以象徵性的代價「一美元」將米吉多工作中心無聲無息簽字轉讓給以色列政府（精確來說是以色列文物與博物館部，Israeli Department of Antiquities and Museums）。芝加哥大學米吉多考古隊至此正式結束，距離克拉倫斯・費雪和他麾下小小一支隊伍在一九二五年首度抵達此地，已過了三十年。[28]

尾聲

某些工作區域未曾完整發掘

這本書進入結論，我也該說明一下：在寫作本書之前，我一直不懂芝加哥大學在二次大戰結束後為什麼不回去米吉多繼續發掘？而現在我知道了，他們其實一直都想回去。我們前面看到，漢彌頓同意將他們的使用權延長到戰爭結束後兩年，但到那時勞德已經離開考古學界加入石油公司。東方研究所還來不及找到別人領導重新開始發掘活動，時間就到了一九四八年，工作中心慘遭洗劫，設備全部被偷，然後房子又被意外燒毀。正如帕克所說，他們已經倒退回一九二六年那時的狀況。就這樣，東方研究所沒有從頭再來，而只是在中東地區其他地方展開考古發掘。芝加哥考古隊在米吉多的日子結束了，但這處遺址其實還有不少東西。

拉蒙與希普頓討論一九二五到三四年這些季度的《米吉多 I》在一九三九年問世，勞德的《米吉多 II》則是討論一九三五到三九年這些季度，在三年後的一九四二年完成，但因為戰爭的緣故又拖了六年才在一九四八年出版。[1]

勞德自己都承認《米吉多II》內容不盡理想，他前言一開始就這樣寫：「本書並非關於米吉多早期地層的詳盡全面發掘成果，在發掘這些文物的那幾年裡，工作人員所預想的成果絕不只如此。本書原本應有的全面性因兩個因素而無法獲致，兩者都由第二次世界大戰造成。」[2]

他說，其中一個因素是他們少了本來應有的最後一個季度，因此使得「某些工作區域未曾完整發掘」。舉例來說，他們實際上發掘出的最早地層範圍只有原本計畫中的三分之一不到；這些地方上層地層都已被移開，但考古隊還沒對下層地層進行勘探。他們也尚未將各個發掘區域之間聯結起來，以至於很多問題都沒能解答清楚。[3]

除此之外，勞德說，本冊對出土材料的講解也不夠完整，因為「考古隊成員一個接一個……在戰時緊急動員裡被徵召去擔任各種職務。」他們面對的是兩種選擇，要不就是在戰爭期間暫停準備成果發表，要不就「以目錄的方式發表，至少讓這些資訊能在最短時間內供科學界取用。」勞德說他們選擇了後者，因此他一開頭這些話就在提醒讀者，說這一冊「假裝只是一本建築與文物目錄，主要是一九三五到三九年各季度的發掘成果」，但也有「包含相當分量的敘述性文字」，而他很清楚這一冊整體來說處處不足，因此他特意邀請未來的學者「動手接下發掘者被迫擱置的任務」。[4]

這幾冊書出版後，其內容立刻受到同僚反詰，其中最重要的反饋是其他人對拉蒙與希普頓在《米吉多I》裡將建築物與文物定年到哪個層位的正確性提出質疑，特別是層位IV與V這部分。撒瑪利亞的發掘者約翰・克羅富特首先發難，他在一九四〇年《巴勒斯坦探索季刊》（*Palestine Exploration Quarterly*）發表書評，反對兩人給這兩個層位所定的年代，主張層位IV的馬廄其實應該是在亞哈王的年代，層位V才是所羅門王的時代。[5]

考古隊前隊員赫伯特・梅伊於一九三五年出版《米吉多信仰相關物質遺存》，此時連他都加入戰局。他在一九四〇年二月初寫信給奧布萊特，說他又去看了費雪的「阿斯塔特神廟」然後猜想「費雪到底是不是真看出了……兩個不同的建築時期，其實根本就是同一個時期。」他接著說，「很多地方我都跟不上拉蒙的論證思路……且我自己對拉蒙的結論很大程度上不同意。」[6]

奧布萊特給這本書的第一篇書評登在一九四〇年的《美國考古期刊》（*American Journal of Archaeology*），內容也包括他給希普頓陶器研究那一冊寫的評論，整體來說他給的評價頗高。然而，到了一九四三年，很可能某種程度是受到梅伊那封信的影響，奧布萊特提出說拉蒙和希普頓在某些定年問題上確實有誤，還把書中的層位IV改稱為IVA，因為書中已經有了層位IVB。[7]

除此之外，勞德在他的《米吉多II》這一冊內接著也將拉蒙與希普頓的層位V分割成層位VB與VA，但範圍僅限於DD區域（且他註明自己其實不知道這兩個層位哪個時間上比較早）。喬治・恩尼斯特・賴特（George Ernest Wright）是奧布萊特教過的學生，當時是芝加哥麥考密克神學院（McCormick Theological Seminary）的教授，他當即明確提出：比起原本所設想的，被發掘者分到錯誤時代的建築物絕對還有更多，因此這些建築物所屬層位必須重新檢驗，並再度重新加以編號。

賴特特別說到CC區域的層位IVB和DD區域的層位VA應該是同一層，因此應該要一同稱為層位VA/IVB；後來的學者確實都這樣做。還有一項是某些學者認為最重大的問題，他與其他一些人說VA/IVB這一層才應該被定年為「所羅門王之城」，其依據是克羅富特、奧布萊特和賴特多年來所做的修訂與提出的意見。[8] 1723號宮殿與6000號宮殿現在都歸到這一層，伊加爾・雅丁也認為這一層是所羅門王的時代。只是事情至今仍未塵埃落定，芬克斯坦和其他一些學者現在是將這一層定年在亞哈與暗利王的時代，這是根據他們將此處建築物與石匠記號與撒馬利亞遺址（由亞哈王與暗利王所建）的比對結果得出的結論。

這場爭論直到現在還在持續，但確實連那些與此事密切相關的人都常被弄得混亂不已。[9] 一般情況下這種事不會引起考古學家以外任何人的興趣，就連考古學界也只有一小撮人感興趣。但問題在於我們仍不確定米吉多哪一層屬於所羅門王的時代，這下子就會有許多人想要參與討論。事實上，就發掘所羅門時代米吉多城這件事而言，蓋伊在一九二八年首度發現馬廄時以為他們已經成功了，但實情遠不如他們所想像。

明白說來，事情基本上就是這樣：過去蓋伊在一九二八年六月電報裡所稱的「所羅門王馬廄」很快就變成「亞哈王馬廄」，現在可能又要變成「耶羅波安二世馬廄」。同樣的，到現在為止各個考古發掘者（以及其他學者）已經把「所羅門之城」這個稱號給了米吉多至少四個不同地層。蓋伊很確信層位 IVA 就是所羅門時代的米吉多（但其實這可能是耶羅波安二世的時代），克羅富特、奧布萊特、賴特和雅丁都認為答案是層位 VA/IVB（但這可能是亞哈王／暗利王的時代），而現在烏什金又猜測說有可能是層位 VB（但這層的遺跡實在無甚可觀）。不過，如前所述，芬克斯坦在一九九六年提出說層位 VIA 年代可能在西元前第十世紀，也就是聯合王國的時代。[10] 我自己是認同說，答案應該很有可能還是這座被火燒過的泥磚城，況且既然其他大部分選項都已遭否定，那也就只剩它了。話說回來，這一切的前提假設都是米吉多遺址確實有座所羅門之城存在。我們唯一能一致同意的只有一件事，那就是要找出所羅門時代的米吉多城極其困難，我們可能永遠得不出一個確切結論。

芝加哥考古隊在米吉多的發掘結束後，依然留下很多問題，於是伊加爾•雅丁在一九六〇年代與一九七〇年代早期帶著耶路撒冷希伯來大學的研究生來此工作好幾季，這一點本書開頭已經說過。[11]之後又過二十年，許多問題依舊沒有解決，且特拉維夫大學的伊色列•芬克斯坦與大衛•烏什金從一九九二年在此進行新一系列的發掘工作，於是又有新的問題浮現。這是此地最新的發掘活動，現在他們每隔兩年的夏天來此進行工作，目前已經持續了十四個季度，跟芝加哥考古隊當年進行的季度數量一模一樣。[12]

然而，從一九〇三年的舒馬赫開始，如今已有這麼多隊伍曾在此挖掘，但古老遺址哈米吉多頓的表面仍只被挖開小小一點，且我們只在一處往下直挖到基石，還有太多東西等著被我們發現。更何況，就算芝加哥考古隊盡了全力，再加上他們之前的舒馬赫與他們之後又兩支考古隊伍，但當初引發布瑞斯提德決定致力發掘米吉多的那個問題，我們仍然未能得到清楚答案。那個問題就是：哪一座城市的城牆是由所羅門王所建造？又是哪一座城市遭到圖特摩斯三世征服？

或許特拉維夫大學現在這支考古隊將來能解答這些問題，或許還要等到未來不知何時的另一支考古隊來解答，又或許這些問題註定永遠沒有答案。我們現在知道考古學並非萬能，我們只能將恰好發現的東西盡心竭力加以詮釋——從費雪、蓋伊和勞德的時代以來，一直如此。

人物表：芝加哥考古隊隊員與配偶

（依姓氏英文首字字母排序，含參與時間）

愛麗絲・S・阿特曼：記錄員，查爾斯・阿特曼之妻（一九三五年十月到一九三九年）

查爾斯（查爾利）・B・阿特曼：建築師與攝影師，愛麗絲・阿特曼之夫（一九三五年十月到一九三九年）

E・F・博蒙特：測量員（一九三三年六月到十月，一九三四年十一月到一九三五年二月，一九三五年四月）。

查爾斯・布瑞斯提德：其父詹姆斯・亨利・布瑞斯提德的執行祕書（一九二五年到一九三五年）

詹姆斯・亨利，布瑞斯提德：東方研究所所長，米吉多考古隊主持人（一九二五年到一九三五年十一月）

詹姆斯・亨利・布瑞斯提德二世：考古隊成員（一九三二年九月到十月）

T・A・L・康卡農：建築師（一九三三年九月到一九三四年六月）

愛德華・L・狄洛亞：地圖繪製員與測量員（一九二五年九月到一九三〇年三月），助理現場主持人（一九二七年七月到九月）。

佛羅倫斯・狄洛亞：愛德華・狄洛亞之妻（一九二九年五月到一九三〇年三月）
艾琳（珍）・恩堡：羅伯特・恩堡之妻（一九三〇年十月到一九三四年六月）
羅伯特・M・恩堡：地圖學助手（一九三〇年十月到一九三四年六月）
克拉倫斯・S・費雪：現場主持人（一九二五年九月到一九二七年五月），顧問主持人（一九二七年五月
　到一九二九年六月）
克拉倫斯・S（「史坦利」）・費雪：會計（一九二五年九月到一九二六年十一月）
喬治・普端斯敦・佛雷澤：助理建築師與畫家（一九三七年十一月到一九三八年四月）
威廉・嘉德：助理測量員（一九二五年九月到一九二七年五月）
菲利浦・朗斯塔夫・歐爾德・蓋伊：現場主持人（一九二七年五月到一九三四年八月）
葉米瑪・蓋伊：蓋伊之妻（一九二七年五月到一九三四年八月）
羅伯特・W・漢彌頓：助手（一九二九年六月二十四日到七月十日）
哈珊・哈珊：繪圖員（一九二七年四月到十月）
丹尼爾・F・希金斯二世：測量員與助理現場主持人（一九二五年八月到一九二六年六月）
C・M・哈克斯比：測量員（一九三一年六月到七月）
威廉・A・艾爾文：記錄員（一九三四年四月到十一月）
約翰・P・克羅格：助手（一九二六年五月到十月）
查爾斯・肯特：繪圖員（一九二九年三月到六月）
尤金妮雅・拉蒙：羅伯特・拉蒙之妻（一九三三年二月到一九三六年四月）

羅伯特・S・拉蒙：繪圖員與測量員（一九二八年九月到一九三六年四月），一九三四年秋季工作季與一九三五年春季工作季的代理現場主持人。

歐洛夫・E・林德：攝影師（一九二六年八月到一九三六年八月）

查爾斯・利特：繪圖員（一九二八年四月到七月）

戈登・勞德：現場主持人（一九三五年十月到一九三九年四月）

奧娜・梅瑞爾・勞德：戈登・勞德之妻（一九三八年十二月到一九三九年四月）

海倫・梅伊：赫伯特・梅伊之妻（一九三一年十月到一九三四年六月）

赫伯特・G・梅伊：金石學家與記錄員（一九三一年十月到一九三四年六月）

J・G・歐尼爾：助手（一九二七年四月到五月）

拉爾夫・B（「哈利」）・帕克：管理員（一九二七年六月到一九三九年四月〔實際上他一直做到一九五四年〕）

達德利・W・菲利浦斯：助手（一九三〇年十月到一九三一年一月）

亞瑟・C・皮普洪：助手（一九三三年五月到七月）

古斯塔夫斯・D・波普二世：助手（一九三八年二月到四月，一九三八年十一月到一九三九年四月）

傑弗瑞・M・希普頓：繪圖員與記錄員（一九二八年一月到一九三九年六月）

拉比布・索里亞：助理測量員（一九二五年九月到一九二七年五月）

瑪格麗特・盧絲・史塔波：威廉・史塔波之妻（一九二八年九月到一九三一年七月）

威廉・E・史塔波：金石學家與記錄員（一九二八年九月到一九三一年七月）

謝爾蓋・楚博：司機（一九二七年伊月到一九三九年四月〔實際上他一直做到一九五四年〕）
伊凡・特倫提耶夫：測量員（一九二八年六月到九月）
伊曼紐・威倫斯基：測量員與考古學助手（一九二八年四月到六月，一九三二年四月到一九三三年六月）
約翰・A・威爾森：測量員與考古隊成員（一九二七年四月到六月）
瑪麗・威爾森：約翰・威爾森之妻（一九二七年四月到六月）
露比・伍德黎：記錄員／登記員（一九二六年八月到一九二八年八月）
簡妮特・沃爾曼：勞倫斯・沃爾曼之妻（一九二九年九月到一九三〇年六月）
勞倫斯・C・沃爾曼：建築師（一九二九年九月到一九三〇年六月）

芝加哥大學考古隊每年人員名單與大事記

年	米吉多現場成員	人事相關	大事記（內部與外界）
一九二五年（秋季）	克拉倫斯・費雪 史坦利・費雪 狄洛亞 希金斯	九月，最早一批成員抵達米吉多。	十月，奧布萊特被拒於遺址門外。
一九二六年（春季）	克拉倫斯・費雪 史坦利・費雪 狄洛亞 希金斯 克羅格	五月，克羅格抵達； 六月，希金斯被開除。	工作中心建設完成； 三月，布瑞斯提德來訪。
一九二六年（秋季）	克拉倫斯・費雪 史坦利・費雪 狄洛亞 林德 伍德黎	八月，林德與伍德黎被雇用； 十月，克羅格在工作季結束前離開；十二月初，史坦利・費雪離開。	發掘工作終於開始。

年	米吉多現場成員	人事相關	大事記（內部與外界）
一九二七年（春季）	蓋伊夫婦 狄洛亞 林德 歐尼爾 帕克 楚博夫婦 威爾森夫婦 伍德黎	一月，楚博加入； 四月底，費雪被調職，蓋伊接任現場主持人； 威爾森從四月待到六月； 歐尼爾四月抵達五月被開除； 六月，帕克抵達。	四月，布瑞斯提德來訪。
一九二七年（秋季）	蓋伊夫婦 狄洛亞 林德 帕克 楚博夫婦 伍德黎	七月到九月，狄洛亞被任命為助理現場主持人，暫時協助蓋伊。	七月，當地發生地震，米吉多未受影響。
一九二八年（春季）	蓋伊夫婦 林德 利特 帕克 希普頓 楚博夫婦 特倫提耶夫 威倫斯基 伍德黎	一月，希普頓抵達；狄洛亞留在芝加哥；威爾森從四月待到六月；特倫提耶夫從六月待到九月；七月，利特在工作季結束時離開；八月，伍德黎被開除。	六月初，發現馬廄。

年	米吉多現場成員	人事相關	大事記（內部與外界）
一九二八年（秋季）	蓋伊夫婦 狄洛亞 拉蒙 林德 帕克 希普頓 史塔波夫婦 楚博夫婦	九月，拉蒙與史塔波夫婦抵達，狄洛亞也約於此時回歸。	考古隊發覺蘿莎蒙・田波頓夫人擁有米吉多大部分地產。
一九二九年（春季）	蓋伊夫婦 狄洛亞夫婦 漢彌頓 肯特 拉蒙 林德 帕克 希普頓 史塔波夫婦 楚博夫婦	四月底，狄洛亞結婚；肯特只從三月待到六月；漢彌頓只待了六月與七月。	三月，布瑞斯提德與洛克斐勒家族造訪。
一九二九年（秋季）	蓋伊夫婦 狄洛亞夫婦 拉蒙 林德 帕克 希普頓 史塔波夫婦 楚博夫婦 沃爾曼夫婦	九月，沃爾曼夫婦抵達。	八月，就在米吉多工作季開始之前阿拉伯人發生暴動；十月二十九日「黑色星期二」，美國股票市場崩盤；首度進行熱氣球空照實驗。

年	米吉多現場成員	人事相關	大事記（內部與外界）
一九三〇年（春季）	蓋伊夫婦 狄洛亞夫婦 拉蒙 林德 帕克 希普頓 史塔波夫婦 楚博夫婦 沃爾曼夫婦	三月，狄洛亞夫婦離開；六月，沃爾曼夫婦離開。	三月，希金斯在田納西州過世；六月，新的巴勒斯坦考古博物館舉行奠基典禮
一九三〇年（秋季）	蓋伊夫婦 恩堡夫婦 拉蒙 林德 帕克 菲利浦斯夫婦 希普頓 史塔波夫婦 楚博夫婦	十月，恩堡夫婦與菲利浦斯夫婦抵達。	十二月，東方研究所以三千五百美元買下田波頓夫人在米吉多遺址的產權。
一九三一年（春季）	蓋伊夫婦 恩堡夫婦 哈克斯比 拉蒙 林德 帕克 希普頓 史塔波夫婦 楚博夫婦	一月，菲利浦斯被開除；哈克斯比只待了六月與七月；七月，史塔波夫婦在工作季結束時離開。	開始發掘供水隧道

年	米吉多現場成員	人事相關	大事記（內部與外界）
一九三一年（秋季）	蓋伊夫婦 恩堡夫婦 拉蒙 林德 梅伊夫婦 帕克 希普頓 楚博夫婦	十月，梅伊夫婦抵達。	繼續發掘供水隧道
一九三二年（春季）	蓋伊夫婦 恩堡夫婦 拉蒙 林德 梅伊夫婦 帕克 希普頓 楚博夫婦 威倫斯基	四月，威倫斯基回歸；五月，威倫斯基之妻遭遇奇險顱骨受傷。	二月到三月，布瑞斯提德在米吉多與其他場所拍攝影片《人類歷險記》（一九三五年上映）
一九三二年（秋季）	蓋伊夫婦 布瑞斯提德（兒子） 恩堡夫婦 拉蒙 林德 梅伊夫婦 帕克 希普頓 楚博夫婦 威倫斯基	布瑞斯提德（兒子）從九月待到十月。	蓋伊請求用一個工作季來進行成果研究，布瑞斯提德拒絕，發掘工作繼續進行。

年	米吉多現場成員	人事相關	大事記（內部與外界）
一九三三年（春季）	蓋伊夫婦 博蒙特 恩堡夫婦 拉蒙夫婦 林德 梅伊夫婦 帕克 皮普洪 希普頓 楚博夫婦 威倫斯基	二月，拉蒙結婚；六月，威倫斯基被開除；皮普洪從五月待到七月；博蒙特從六月待到十月。	四月，布瑞斯提德造訪，此時工作中心已翻修完畢；威倫斯基出問題。
一九三三年（秋季）	蓋伊夫婦 康卡農 恩堡夫婦 拉蒙夫婦 林德夫婦 梅伊夫婦 帕克 希普頓 楚博夫婦	九月，林德結婚，康卡農抵達。	十一月，阿拉伯大罷工，米吉多受到影響。

年	米吉多現場成員	人事相關	大事記（內部與外界）
一九三四年（春季）	蓋伊夫婦 康卡農 恩堡夫婦 艾爾文 拉蒙夫婦 林德夫婦 梅伊夫婦 帕克 希普頓 楚博夫婦	四月，艾爾文抵達；六月，恩堡夫婦、梅伊夫婦與康卡農都在工作季結束時離開；八月，蓋伊被開除。	梅伊被控走私文物，最後遭到罰款，後續導致蓋伊被開除。
一九三四年（秋季）	拉蒙夫婦 博蒙特 艾爾文 林德夫婦 帕克 希普頓 楚博夫婦	拉蒙被任命為代理現場主持人；十一月，博蒙特回歸，艾爾文離開。	隊員全體進行成果發表準備；研究工作季，不進行發掘。
一九三五年（春季）	拉蒙夫婦 博蒙特 林德夫婦 帕克 希普頓 楚博夫婦	拉蒙繼續擔任代理現場主持人；博蒙特二月與四月在現場。	隊員繼續進行成果發表準備；發現分層錯誤並加以修正。

年	米吉多現場成員	人事相關	大事記（內部與外界）
一九三五年（秋季）	勞德 阿特曼夫婦 拉蒙夫婦 林德夫婦 帕克 希普頓 楚博夫婦	勞德成為新任現場主持人，將阿特曼夫婦一起帶來米吉多。	十月，布瑞斯提德造訪；十二月初，布瑞斯提德在歸途中過世。
一九三六年（春季）	勞德 阿特曼夫婦 拉蒙夫婦 林德夫婦 帕克 希普頓 楚博夫婦	四月，拉蒙夫婦在工作季結束時離開；八月，林德被資遣。	阿拉伯起義（一九三六到三九年）開始，從四月開始影響米吉多發掘活動；工作季結束時，由於缺乏資金，發掘活動差一點就此終止。
一九三六年（秋季）	勞德 阿特曼夫婦 帕克 希普頓 楚博夫婦	工作季開始時間較晚	阿拉伯起義（一九三六到三九年）持續；發掘工作季獲得資金贊助。
一九三七年（春季）	勞德 阿特曼夫婦 帕克 希普頓 楚博夫婦	考古隊成員與上個工作季相同，無人加入，無變化。	阿拉伯起義（一九三六到三九年）持續；三月，發現大量金器；四月，發現象牙器物。

年	米吉多現場成員	人事相關	大事記（內部與外界）
一九三七年（秋季）	勞德 阿特曼夫婦 佛雷澤 帕克 希普頓 楚博夫婦	十一月，佛雷澤抵達。	阿拉伯起義（一九三六到三九年）持續。
一九三八年（春季）	勞德 阿特曼夫婦 佛雷澤 帕克 波普 希普頓 楚博夫婦	二月，波普抵達；四月，佛雷澤在工作季結束時離開。	阿拉伯起義（一九三六到三九年）持續；一月，史塔基被殺害；三月，勞德收到死亡威脅。
一九三八年（秋季）	勞德夫婦 阿特曼夫婦 帕克 波普 希普頓 楚博夫婦	勞德在工作季開始前不久結婚。	阿拉伯起義持續（一九三六到三九年）。

年	米吉多現場成員	人事相關	大事記（內部與外界）
一九三九年（春季）	勞德夫婦 阿特曼夫婦 帕克 波普 希普頓 楚博夫婦	四月，波普在工作季結束時離開；六月，希普頓在工作季結束後辭職。	阿拉伯起義（一九三六到三九年）持續；四月，伊里夫遭槍擊；五月中，「一九三九年白皮書」發布。
一九三九年（秋季）	帕克 楚博夫婦	找不到接替希普頓的人選。	工作季取消，發掘工作進行十五年後於此終止。
一九四〇到五四年	帕克 楚博夫婦	一九四一年五月中，希普頓結婚；最後一個季度始終未能成真，但楚博夫婦仍待在工作中心；帕克住在海法，也常來看顧建築物與設備。	工作中心與土丘在第二次世界大戰期間遭到許多不同單位占據使用；一九四八年五月，米吉多發生戰役；同年七月，工作中心遭劫掠；同年十月，工作中心被燒毀。

銘謝

本書寫作獲得美國國家人文學術基金會（National Endowment for the Humanities）公共學人獎助金贊助，我是二〇一五到一六年度三十六名首度獲獎人之一，不勝榮幸；只是，寫完本書所花的時間遠遠超出我原本預想，希望他們願意忽略不計較此事。這筆獎助金讓我能將二〇一六年春季學期全部時間用在研究與寫作，同時喬治華盛頓大學（George Washington University，GWU）的行政單位也非常體諒，願意讓我在該學期休假。

之前喬治華盛頓大學已在二〇一五年春季學期讓我進行學術休假，且當時我也獲得芝加哥大學東方研究所特藏研究獎金（Collections Research Grant），讓我得以進行最初步的工作，著手處理這些研究資料。之後，到了本書最後衝刺時節，喬治華盛頓大學給我一筆學院研究首席獎學金，並讓我在二〇一九年春季學期休假，使我能夠給書稿做最後潤飾，並讓這個著作計畫進入出版程序。

上述這些都是我感謝的對象，此外還有我在喬治華盛頓大學大學部二〇一六年秋季學期開的米吉多專題討論課修課學生，他們讓我在課堂上實驗各種想法，並給我他們的反饋與獨到見解。

本書中引用與引述的大量檔案資料，絕大部分出自於芝加哥大學東方研究所博物館的檔案館，主要歸類在「米吉多檔案」（Megiddo Collection）或「主持人通訊」（Director's Correspondence）下面。這些檔案目前尚未數位化，必須親自前往檔案館取得。其他引用資料大部分要感謝以色列文物局檔案館（網上可取得，http://www.iaa-archives.org.il/default.aspx 下面的「Megiddo, Tell」）。

還有其他資料是來自位在紐約州沉睡谷（Sleepy Hollow）的洛克斐勒檔案中心（http://rockarch.org/about/），美國國會圖書館的歐洛夫・林德文件（https://www.loc.gov/item/mm2014085935/），史密森尼學會國家人類學檔案館（National Anthropological Archives）的阿勒斯・哈德利卡文件（https://anthropology.si.edu/naa/fa/Hrdlicka_Ales.pdf），華盛頓特區國家檔案館（https://www.archives.gov），歐柏林學院的赫伯特・梅伊文件（http://www2.oberlin.edu/archive/archon_pdfs/May_Herbert_Inventory.pdf），賓州大學賓大博物館檔案處（https://www.penn.museum/about-collections/archives），巴勒斯坦探索基金會檔案處（https://www.pef.org.uk），美國東方研究學會檔案處（http://www.asor.org/initiatives-projects/asor-archives/），以及其他許多私人文件。

總之，我非常感謝讓這些檔案資料與其他相關項目能被我查閱、被我用來出版的所有對象，以及那些允許我任意引述他們所擁有的資料的人，名單如下（不按任何特定順序排列，並請讓我對任何意外遺漏的對象致歉）。

芝加哥大學東方研究所的吉爾・史坦因（Gil Stein，前所長），約翰・拉爾森（John Larson）與安妮・富蘭納里（Anne Flannery，兩位是前後任檔案管理員），克斯騰・紐曼（Kiersten Neumann，圖書館館長與助理研究員），海倫・麥克唐納（Helen McDonald，註冊員），蘇珊・艾利森（Susan Allison，助理註冊員）凱媞・韋特（Catie Witt，實習生）和查爾斯・瓊斯（Charles E. Jones，前研究檔案管理員、目錄學家）。東方研究所博物館的傑克・葛林（Jack Green，前總策展人）和珍恩・伊凡斯（Jean Evans，現總策展人）。以色列文物局檔案處處長希薇雅・克拉普科（Silvia Krapiwko）。洛克斐勒檔案中心的李・西爾茲克（Lee R. Hiltzik，資深助理研究員），愛米・費希（Amy Fitch）和湯姆・羅森堡（Tom Rosenbaum，兩位都是檔案管理員），以及其他了不起的工作人員。賓大博物館的檔案管理員亞力山德羅・佩札第（Alessandro Pezzati）。

巴勒斯坦探索基金會（PEF）的執行主持人費莉西提・科賓（Felicity Cobbing）。歐柏林學院的肯・葛羅西（Ken Grossi，檔案管理員），艾德・維爾穆（Ed Vermue，圖書館特殊館藏與資料維護專員）和露易莎・霍夫曼（Louisa Hoffman，助理檔案管理員）。史密森尼學會史密森尼博物館支援中心國家人類學檔案館的黛西・容庫（Daisy Njoku）。國會圖書館（麥迪遜大樓〔Madison Building〕）手稿閱覽室的各位助理檔案管理員。太平洋宗教學院巴德聖經考古學博物館（Badè Museum of Biblical Archaeology）的亞倫・布洛迪（Aaron J. Brody，館長）和塔拉・利溫多斯基（Tara Lewandowski，館藏管理人）。美國東方研究學會的檔案管理員和網站管理人辛西雅・魯佛—麥柯米（Cynthia Rufo-McCormick）。伊利諾州丹維（Danville）拉蒙邸（Lamon House）的蘇・利希特（Sue Richter，館長）和亞蘭・沃德魯（Alan Woodrum，志工管理員）。印第安那州新和諧村勞工博物館（Working Men's Museum）的萊安・李克奇（Ryan Rikicki，館長），蘿絲・歐韋頓（Rose Overton）和琳達・瓦倫（Linda Warrum）。威拉德圖書館（Willard Library）檔案管理員派翠西亞・賽德斯（Patricia Sides）。印第安那州新和諧村楓嶺墓園網站管理人丹・艾略特（Dan Elliott）。勞倫斯與簡妮特・沃爾曼之子大衛・沃爾曼（David Woolman）讓我閱讀並引用他未出版的手稿中關於他父母在米吉多與盧克索那段時期的部分。芭芭拉・凱勒（Barbara A. Keller）將史坦利・費雪產業所有的資料與照片提供給我。克拉倫斯・費雪的孫子史蒂芬・費雪（Steven R. Fisher）。葉米瑪・蓋伊的孫子麥可・史坦那（Michael Stanner）。戈登・勞德的孫女安娜貝爾・雷德威・杜恩（Annabelle Redway Dunn）和梅瑞兒・雷德威・謝魯尼（Merrell Redway Cherouny），以及表親蘇珊・戈登・克恩（Susan Gordon Kern）和戈登・勞德（Gordon S. Loud）。愛德華與佛羅倫斯・狄洛亞之女卡蘿・狄洛亞・弗萊徹（Carol DeLoach Fletcher）還提供她雙親的信件、日記與照片給我，遠超出我原本所求。本書裡引用或引述的檔案與其他資料都要感謝以上各機構、博物館與個人，我在此對他們致上最深的謝忱。

我還要感謝其他人提供我關於各種主題的資訊，以及幫助我搜尋與取得各種檔案資料，包括喬治華盛頓大學雅各伯恩斯法學院圖書館（Jacob Burns Law Library）的賀伯・索莫斯（Herb Somers），喬治華盛頓大學蓋爾曼圖書館（Gelman Library）的施穆爾・本嘉德（Shmuel Ben-Gad），美國國會法律圖書館（Law Library of Congress）全球法律研究中心（Global Legal Research Center）的茹絲・雷伍煦（Ruth Levush），伊凡斯維爾大學（University of Evansville）的珍妮・艾伯齡（Jennie Eberling），土耳其海峽大學（Bosphorus University）的艾登・艾爾德（Edhem Eldem），西台大學（Hitit University）的亞薩爾・艾索伊（Yasar Ersoy），伊斯坦堡考古博物館（Istanbul Archaeological Museum）館長澤納布・齊濟爾丹（Zeynap Kiziltan），薩班哲博物館（Sabanci University）館長娜珊・奧徹爾（Nazan Ölçer），德國柏林古代近東博物館（Vorderasiatisches Museum）的薩賓妮・波美（Sabine Böhme），以色列海法大學（University of Haifa）的阿納特・基德隆（Anat Kidron）與亞隆・培里（Yaron Perry），耶路撒冷以色列博物館掌管鐵器時代與波斯時期考古學的弗里德波爾達管理員伊蘭・艾里，芬蘭赫爾辛基大學（University of Helsinki）的拉茲・柯列特爾（Raz Kletter），美國北卡羅萊納大學夏洛特分校（UNC Charlotte）的席蒙・吉卜森（Shimon Gibson），還有以色列特拉維夫大學與特拉維夫米吉多考古隊的伊色列・芬克斯坦與大衛・烏什金（名譽教授）。就如我其他著作一樣，這本書還仰賴其他許多人的協助才可能寫成，實在太多而無法一一列舉，但他們知道我在說的是他們，我非常感謝他們對我的幫助。

關於本書內使用的照片與插圖，我想特別對以下人士致謝，感謝他們的允許以及他們為這些圖像付出的辛勞：芝加哥大學東方研究所的安妮・富蘭納里和蘇珊・艾利森，歐柏林學院的艾德・維爾穆和肯・葛羅西，美國東方研究學會（ASOR）的辛西雅・魯佛—麥柯米，巴勒斯坦探索基金會（PEF）的費莉西提・科賓，史密森尼博物館支援中心的黛西・容庫，其他還有芭芭拉・凱勒、傑克・葛林、麥可・史坦那、澤耶夫・赫爾佐格（Zeev Herzog）、諾瑪・富蘭克林、丹・艾略特。我還要感謝愛森布勞出版社（Eisenbrauns）與賓州大學出版社（Pennsylvania State University Press）允許我重新出版蘿莎蒙・田波頓與她對米吉多所有權的相關資料。

此外，我還要向我強悍無畏的編輯羅伯・田皮歐（Robert Tempio）和普林斯頓大學出版社所有勞心勞力的人們致上謝意與感激之情，感謝他們對我有信心，感謝他們的耐心，感謝他們幫助我讓這本書誕生。我還要特別向諾瑪・富蘭克林致謝，她對米吉多的古往今來瞭若指掌，這本書是藉助她驚人的知識量才可能寫成。米契・艾倫（Mitch Allen）和吉兒・魯伯卡巴（Jill Rubalcaba）兩位都幫忙讓我在書中的遣詞用字行文造句脫胎換骨。我還要感謝另外一些人，他們在本書還是草稿的時候就幫我試閱過部分或全部稿件，這些人包括比爾・達迪斯（Bill Dardis）、珍恩・伊凡斯、史蒂芬・費雪、安妮・富蘭納里、諾瑪・富蘭克林、蕾秋・哈洛特（Rachel Hallote）、藍迪・荷姆（Randy Helm）、麥克・浩威爾（Michael Howell）、芭芭拉・凱勒、拉茲・柯列特和莎拉・帕爾切克（Sarah Parcak）

最後，我要誠敬地以這本書紀念詹姆斯・亨利・布瑞斯提德以及所有參與芝加哥大學米吉多考古發掘活動的工作人員及其配偶，此書同時也獻給我在米吉多認識的大家庭，包括特拉維夫大學考古隊從過去到現在的所有職員與成員。在此我還想再度對我真正的家人致謝，黛安、漢娜（Hannah）與約書亞（Joshua），感謝他們自有記憶以來就長久包容我每隔兩年夏天就要離家遠走米吉多。

註釋

註：正如我在致謝詞中所述，本書撰稿期間參考的大量資料絕大部分出自芝加哥大學東方研究所博物館的檔案館。其他資料出自以色列文物局檔案處、歐柏林學院、賓州大學考古學與人類學博物館、洛克斐勒檔案中心、史密森尼學會、華盛頓特區國家檔案館、國會圖書館、美國東方研究學會、以及巴勒斯坦探索基金會。以下資料若非特別註明則皆出自芝加哥大學東方研究所。

題辭

1 Charles Breasted 1947: 394 引述的原文。

前言

1 啟示錄內容說到終極之戰的地點是在米吉多，一般錯認這是善與惡的最終戰役，但其實最終之戰是在米吉多戰役過後一千年才會發生在耶路撒冷或耶路撒冷附近。更多相關討論請參考 Cline 2000。聖經裡提到米吉多的部分請見約書亞記十二：21、十七：11；士師記一：27、五：19；列王記上四：12、九：15；列王記下九：27、二十三：29、二十三：30。歷代志上七：29；歷代志下三十五：22；撒迦利亞書十二：11，同時請見克里斯・麥金尼（Chris McKinny）的部落：http://seekingahomeland.blogspot.co.il/2009/08/megiddos-identification-in-historical.html。

2 新約聖經最早的版本裡此字字首有一個送氣音，發成「H」的音，所以此字原本是唸做「Harmageddon」，但希臘文書寫時只以一個撇號來代表送氣音（也就是「‘Armageddon」），長久時間傳抄之下這個撇號被遺漏，所以我們現在都將此字拼為「Armageddon」。

3 關於過去四千年來在米吉多或耶斯列發生的戰役，詳細討論見 Cline 2000。較新的還有關於米吉多過往戰役與近年考古發掘的這篇綜論文章 Weintraub 2015。

4 Niemann and Lehmann 2005a: 694, 2006b。

5 Schumacher 1904b: 33, 36, Abb. 5; later Schumacher 1908: 4-6, fig. 4 and plate II。

6 除了米吉多，米奇納還受到夏瑣遺址（我常說「馬柯」就是「米吉多」加上「夏

瑣」，包括發音雷同與考古結果兩部分都是）和其他他去過的遺址的影響，見 Silberman 1993: 314；May 2005: 173-75；Brocker 2006；Magness 2012: 8；Glatt 2016；以及 http://www.biblewalks.com/files/LookingForTheSource.pdf。

7 可參見 Yadin 1960, 1970, 1980；以及 Ussishkin 1966, 1973, 1980。

8 見 Finkelstein and Ussishkin 1994；Silberman et al. 1999。巴魯赫・哈本（Baruch Halpern）是原本三名共同主持人的第三人，但他只參與了幾個季度就離開。本書作者從二〇〇六年開始擔任助理主持人，然後在二〇一〇年成為共同主持人之一，等到我在二〇一四年退休離開發掘現場的時候，馬特・亞當斯（Matt Adams）和馬里歐・馬丁（Mario Martin）成為共同主持人，與芬克斯坦一起擔任此職務。關於每一年的完整職員名單，見 Ussishkin 2018: 13-14 和 https://megiddoexpedition.wordpress.com/past-seasons/。整體摘要可見最新的 Ussishkin 2018: 79-105。

9 可參見不久之前的 Toffolo et al. 2014；Forget and Shahack-Gross 2016；Sapir-Hen et al. 2016；Sapir-Hen, Martin, and Finkelstein 2017；Cradic 2017；Finkelstein et al. 2017a, 2017b；Shahack-Gross et al. 2018。

10 舉例來說，芬克斯坦最早開始提出「低限年代學」的一些文章可見於 Finkelstein 1996a and 1999。最近的 Finkelstein 2013 則扼要地介紹他較晚近的想法，並引用更多這些年來出現的新文獻。其他的見 Balter 2000；Ussishkin 2018: 323-26；Richelle 2018: 82, 85-88。

11 二〇一八年七月八日在 JSTOR 網站以「米吉多」為關鍵字進行快速搜尋可以獲得七千七百八十三個搜尋結果，包括書籍與論文。其中當然有許多是在討論米吉多與聖經裡哈米吉多頓的關聯，但也有很大數量是關於該遺址的實際考古研究。本書有上千條 endnotes 和數百條參考書目，但我也只能放進那些與本書討論主題關聯最密切的書籍與文章。舉例來說，那些詳細討論特定建築物的學術著作列表可參見 Ussishkin 2018。

12 最後我們發現這個決定真是做得太妙，因為大衛・烏什金在二〇一八年出版一本內容極其詳盡的書，全書幾乎完全都在討論該遺址每一層的建築物，於是我在寫作本書時就得以在適當地方引用烏什金的書。

序章

1 一九二八年六月四日蓋伊與布瑞斯提德之間的電報來往。參見 Franklin 2019a。

2 一九二八年七月三十日布瑞斯提德給洛克斐勒的信，以及一九二八年九月八日洛克斐勒的回信，兩封都在洛克斐勒檔案館（歸檔於 Educational Interests, RG III 2G: Box 111, Folder 802）。

3 《紐約時報》一九二八年八月九日頁二十二、一九二八年八月二十六日頁七十一與七十六。

4 一九二八年六月十一日查爾斯・布瑞斯提德給蓋伊的信。

5 《聖路易斯郵報》一九二八年八月九日頁一。

6 此處引述的聖經原文出自《新修訂標準版聖經》（New Revised Standard Version Bible, copyright 1989 by the Division of Christian Education of the National Council of Churches of Christ in the U.S.A.）。蓋伊後來發表馬廄發掘結果時把這些全部引用，見 Guy 1931: 46。

7 從芝加哥考古隊一開始發現這些建築物的時候，關於它們的爭議就始終未曾止息。參見 Guy 1931: 37-48；Lamon and Shipton 1939: 32-47, 59；Holladay 1986；Pritchard 1970；Yadin 1976；Kempinski 1989: 96-97，以及最新的 Cline 2006, 2009: 37-38；Cantrell 2006, 2011: 87-113；Cantrell and Finkelstein 2006；Cline and Samet 2013；Franklin 2017；Ussishkin 2018: 399-407；Richelle 2018: 54-55。

第一章

1 一九二六年四月二十二日費雪給布瑞斯提德的電報。依據後續一九二六年六月二十四日的電報所言，發掘活動是在四月十八日正式開始。

2 一九二六年四月二十五日布瑞斯提德給費雪的電報。

3 引述自 Robinson and Smith 1856: 116-18；另外請見 Robinson and Smith 1841: 3:177-80；Ussishkin 2018: 22-23, 443。見 Kempinski 1989: 1；Harrison 2004: 1；Hallote 2006: 9-11；其他詳細討論請見 Tepper and De Segni 2006: 8-11 和 Ussishkin 2018: 22-23。《紐約時報》在一九三八年四月十五日的一篇報導（頁二十一）裡說到這件事，剛剛好在一百年後。

4 見 Conder and Kitchener 1882: 65-66, 70。他們在一八七二年十月十四日前往該區域。

5 Conder and Kitchener 1882: 49。

6 Conder 1879: 2:68。兩年之前他在一八七七年《巴勒斯坦探索基金會季報》（*Palestine Exploration Fund Quarterly Statement*）裡初次提出此一主張（Conder 1877: 13-20）。其他請參見更早的 Conder 1873: 5-7，他在此討論耶斯列／艾斯卓伊倫（Esdraelon）平原與其適宜做為戰場的性質。另外請見 Ussishkin 2018: 23 的討論。

7 見 Smith 1894: 380. 385-90，進一步請見 Smith 1931: 386，史密斯在此處下結論確認穆特色林就是米吉多。另外請見米吉多考古隊員自己的說法：Lamon and Shipton 1939: xix 和 Guy 1938: 1。克里斯・麥金尼博士在二〇〇九年八月十九日發表的部落格文章 "Megiddo's Identification in Historical Perspective" 裡有豐富的相關討論與文獻回顧，網址為 Http://seekingahomeland.blogspot.co.il/2009/08/megiddos-identification-in-historical.html。另外請見 Ussishkin 2018: 23。

8 關於艾倫比與圖特摩斯三世這兩人在米吉多的情況，全面討論與更多參考文獻請見 Cline 2000: chap. 1。

9 關於這場暴動的研究資料不少，如 Sachar 1979: 123；Armstrong 1996: 374-75；

Gilbert 1996: 82-84；Smith 1996: 70-71；Segev 2000: 127-29, 132-39。Cline 2004: 251-52 有簡短討論與文獻引用。

10 Larson 2010: 261-62。另外請見 Breasted 1920: 285, 1922: 272；Wilson 1936: 108；Hallote 2006: 172-73；Abt 2011: 230, 246；Cline 2014: 4-5；Ussishkin 2018: 44。布瑞斯提德在五月二十三日開始寫這封信，於六月十日寄出；他在六月二日試著前往米吉多。

11 但我在 Cline 2000 中也說過，我始終無法證實拿破崙是否真的說過這句話。

12 詳細討論見 Cline 2000: chap. 1。更新的討論請見 Ussishkin 2018:221-35。

13 Wilson 1936: 108。洛克斐勒對東方研究所的贊助始於布瑞斯提德在一九一九年二月十六日給洛克斐勒的一封信，最後讓洛克斐勒在一九一九年五月二日答應出資，其後在一九一九年五月十二日、一九二〇年十月二十五日、一九二一年七月九日與二十六日都有相關信件與檔案。原始資料存於洛克斐勒檔案館（歸檔於 Educational Interests, RG III 2G: Box 111, Folder 802 和 Box 112, Folder 812）。

14 事實上，早在二月底，耶路撒冷美國東方研究學會已經提出在他納（Ta'anach）或米吉多進行一年發掘的申請，但布瑞斯提德還是獲得許可。以色列文物局檔案處的資料顯示，考古顧問委員會在一九二〇年十一月十六日通過布瑞斯提德的申請（British Mandate Administrative Files ATQ_169/12[58/58]）。相關文獻如 Letter from Breasted to Garstang dated 13 October 1920；minutes of the 4the Ordinary Meeting of the Archaeological Advisory Board dated 16 November 1920；letter sent by W.J. Phythian-Adams on behalf of Garstang to Breasted on 23 November 1920；Breasted's response to Phythian-Adams dated 4 January 1921，以及一九二五年七月九日發下的許可本身文字。其他參見 Worrell 1920: 35；Running and Freedman 1975: 71-72；Hallote 2006: 170；Hallote 2011: 166。

15 關於包括施里曼與卡特在內的考古學史，請見最新的 Cline 2017a。關於施里曼發掘特洛伊的更多相關文獻請見 Cline 2013，關於聖經考古學這個領域的歷史請見 Silberman 1982；Davis 2004；Hallote 2006；Cline 2009。

16 Hallote 2006: 101-2, 108-18。

17 更多相關文獻見 Cline 2009: 21-23。

18 一九二一年三月七日布瑞斯提德給賈德森的信，現藏於洛克斐勒檔案館（歸檔在 Educational Interests, RG III 2G: Box 112, Folder 824）。

19 一九二一年三月十日賈德森給洛克斐勒的信，現藏於洛克斐勒檔案館（歸檔在 Educational Interests, RG III 2G: Box 112, Folder 824）。奇特的是，明明布瑞斯提德都親自往中東走了一遭，賈德森卻說布瑞斯提德這封請求信的背景是東方研究所「從來無意將考古發掘當成」所務的一部分。不過他的意思有可能只是在說原本雙方協議裡沒有特別提到考古發掘，而不是說無意進行考古發掘。

20 Fosdick 1956: 360。要注意洛克斐勒後來也資助雅典的美國古典研究學院（American School of Classical Studies in Athens），資助項目包括發掘雅典廣場

（Agora）以及重建阿塔羅斯柱廊（Stoa of Attalos），此外他也是羅馬美國學院的贊助者（American Academy in Rome），見 Fosdick 1956: 365-68 和 1962: 236-37。

21 一九二一年四月十九日洛克斐勒給賈德森的信裡答應資助，後續還有一九二一年六月二十八日賈德森的信，原始文獻在洛克斐勒檔案館（歸檔在 Educational Interests, RG III 2G: Box 112, Folder 824），另外請參見 Fosdick 1956: 360；Abt 2011: 359。

22 《紐約時報》一九二一年七月二日頁五（該篇文章影本在洛克斐勒檔案館，歸檔在 Educational Interests, RG III 2G: Box 112, Folder 824）。

23 一九二四年八月五日布瑞斯提德給 W・S・理查森（W. S. Richardson，洛克斐勒的助手）的信，後續有一九二四年十一月十七日波頓（Burton，接替賈德森擔任校長）給理查森的信，原始文獻在洛克斐勒檔案館（歸檔在 Educational Interests, RG III 2G: Box 112, Folder 824）。

24 一九二四年七月十四日費雪給布瑞斯提德的信。

25 遊覽團在一九二一年四月九日來到米吉多。訊息來自美國東方研究學會檔案管理人辛西雅・魯佛—麥柯米，資訊來源是「Fisher, Box 6, Folder 35」裡的檔案。

26 Vogel 1993: 209；Kuklick 1996: 84；Pickett 2013: 14。相關的護照申請書與其他官方文件請見 Ancestry.com（搜尋「Clarence S. Fisher」）。

27 Vogel 1993: 109；Kuklick 1996: 150-52, 161-62, 186；Davis 2004: 57-61。其他請見 Cline 2009: 13-39。

28 一九二四年六月二十七日費雪給戈登的信，全文被引用在一九二五年一月六日戈登給費雪的信中，後者在賓州大學考古學與人類學博物館檔案處（UMA/Fisher/Box 1: 6/27/1924 and 1/6/1925）。其他費雪寫給戈登抱怨類似事情的信寄出於一九二四年十月十七日與十一月二十日，還有一封戈登的回信寄出於一九二四年十月二十一日（UMA/Fisher/Box 1: 10/17/1924, 11/20/1924, and 11/21/1924）。

29 信件寄出後，費雪其實有獲得加薪，且他還繼續就雇用助理一事與館方協商；參見一九二四年十二月七日費雪最初寄給哈里森的信，信在賓州大學考古學與人類學博物館檔案處（UMA/Fisher/Box 1: 12/7/1924），以及後續費雪在一九二五年一月五日寄給戈登的信，和戈登在一九二五年一月六日的回信（UMA/Fisher/Box 1: 1/5/1925 and 1/6/1925）。另外請見一九二四年十二月五日戈登給費雪的信，信中戈登討論了費雪對薪水與雇用助理一事的抱怨；費雪在一九二四年十二月九日回信給戈登（UMA/Fisher/Box 1: 12/5/1924 and 12/9/1924）。

30 一九二四年十二月二十二日布瑞斯提德給費雪的信。

31 一九二四年十二月十八日布瑞斯提德給加斯唐的信，信在以色列文物局檔案處（British Mandate Administrative Files ATQ_169/12 [58/58]）。

32 一九二五年一月十二日英國考古學院代理院長蓋伊給布瑞斯提德的信，在加斯唐不在的情況下寄出，信在以色列文物局檔案處（British Mandate Administrative

Files ATQ_169/12 [58/58]）。要注意這是蓋伊第一次出現在本書裡，他後來會在一九二七年成為米吉多現場主持人。

33 哈里森最後收到費雪的信之後立刻准他辭職，董事會接著在一九二五年一月中覆核並確認讓費雪離職。一九二五年一月十二到十三日有多家報紙刊登費雪辭職的新聞，包括《費城紀錄報》（*Philadelphia Record*）、《晚間快報》（*Evening Bulletin*）、《費城晚報》（*Evening Ledger*）和其他諸多報刊，報導影本藏於賓州大學考古學與人類學博物館檔案處（UMA/Fisher/*Evening Ledger*, *Evening Bulletin*, and *Philadelphia Record* 12-13 January 1925）。另外請參見 Davis 2004: 61；Pickett 2013: 14。

34 這項資訊與引文出處的報紙報導請見賓州大學考古學與人類學博物館檔案處（UMA/Fisher/*Evening Ledger*, *Evening Bulletin*, and *Philadelphia Record* 12-13 January 1925），另外還是請參見 Davis 2004: 61；Pickett 2013: 14。

35 一九二五年九月十日戈登給羅威的信，藏於賓州大學考古學與人類學博物館檔案處（UMA/Beisan/Box 1: 9/10/25）。另請參見 Davis 2004: 61；Pickett 2013: 14，這兩篇都節錄戈登的評語，但皮克特（Pickett）將出處誤植為威廉・F・奧布萊特。

36 一九二五年二月三日費雪給布瑞斯提德的回信。

37 一九二五年九月十日戈登給羅威的信，藏於賓州大學考古學與人類學博物館檔案處（UMA/Beisan/Box 1: 9/10/25）。另請參見 Davis 2004: 61；Pickett 2013: 14。

38 見盧肯比爾親自與費雪會面後於一九二五年六月二十三日寄給布瑞斯提德的信中評論。

39 https://rockfound.rockarch.org/biographical/-/asset_publisher/6ygcKECNI1nb/content/raymond-b-fosdick。

40 一九二五年五月十五日布瑞斯提德給福斯迪克的信，藏於洛克斐勒檔案館（歸檔在 Educational Interests, RG III 2G: Box 112, Folder 824）。

41 一九二五年五月十五日布瑞斯提德給福斯迪克的信，藏於洛克斐勒檔案館（歸檔在 Educational Interests, RG III 2G: Box 112, Folder 824）。

42 一九二五年五月十五日布瑞斯提德給福斯迪克的信，藏於洛克斐勒檔案館（歸檔在 Educational Interests, RG III 2G: Box 112, Folder 824）。

43 一九二五年二月四日希金斯給盧肯比爾的信，以及同樣日期盧肯比爾給布瑞斯提德的信；一九二五年三月二十二日布瑞斯提德給盧肯比爾的信；一九二五年五月十五日盧肯比爾給布瑞斯提德的信；一九二五年五月十八日布瑞斯提德給盧肯比爾的信；一九二五年六月二十五日布瑞斯提德給費雪的信。其他資訊請見 Ancestry.com 以「Daniel F. Higgins」、「Daniel Franklin Higgins」、「Eleanor Ruth Higgins Garraway」和「Mary Elizabeth Higgins」搜索所得結果。

44 一九二五年六月二日福斯迪克給洛克斐勒的信，藏於洛克斐勒檔案館（歸檔在 Educational Interests, RG III 2G: Box 112, Folder 824）。

45 一九二五年六月四日洛克斐勒給福斯迪克的信，藏於洛克斐勒檔案館（歸檔在 Educational Interests, RG III 2G: Box 112, Folder 824）。其他請見後續一九二五年七月六日崔佛・阿涅特（Trevor Arnett，芝加哥大學副校長與營業經理）給理查森的信，同樣日期佛斯迪克給哈洛德・斯威夫特（Harold Swift，芝加哥大學董事長）的信，以及一九二五年八月六日阿涅特給李察森的信，以上都在洛克斐勒檔案館（歸檔在 Educational Interests, RG III 2G: Box 112, Folder 824）。另外請見 Abt 2011: 359, 464n15，以及 New York Times, 9 August 1928, p. 22: "Armageddon Bared by Exploring Party; Well-Laid-Out Town Revealed by the University of Chicago Excavations"。當時與現在的幣值轉換以下列網站為基準：http://www.dollartimes.com/inflation.php?amount=1000&year=1925 和 http://www.carinsurancedata.org/calculators/inflation/215000/1925。

46 見維基百科「RMS Homeric」辭條。

47 一九二五年六月五日布瑞斯提德給盧肯比爾的電報。

48 同見一九二五年二月四日希金斯給盧肯比爾的信，以及同樣日期盧肯比爾給布瑞斯提德的信；一九二五年三月二十二日布瑞斯提德給盧肯比爾的信；一九二五年五月十五日盧肯比爾給布瑞斯提德的信；一九二五年五月十八日布瑞斯提德給盧肯比爾的信；一九二五年六月二十五日布瑞斯提德給費雪的信。

49 一九二五年六月十一日布瑞斯提德給盧肯比爾的信。

50 一九二五年六月十三日布瑞斯提德給費雪的電報；一九二五年六月二十日與二十三日盧肯比爾給布瑞斯提德的電報；一九二五年六月二十三日盧肯比爾給布瑞斯提德的信，相關的有一九二五年六月二十五日布瑞斯提德給盧肯比爾的信；一九二五年七月十五日費雪給布瑞斯提德的信。幾乎是整整一個月之前，一九二五年五月十八日有一份看似布瑞斯提德給盧肯比爾的電報草稿，裡面布瑞斯提德寫道：「找 費雪 給 他 米吉多 發掘活動 現場 主持人。 回電告知我 結果。」

51 一九二五年六月二十三日盧肯比爾給布瑞斯提德的信。

52 一九二五年六月二十五日布瑞斯提德給費雪的信。

53 一九二五年六月二十四日布瑞斯提德給加斯唐的信，藏於以色列文物局檔案處（British Mandate Administrative Files ATQ_169/12 [58/58]）。

54 一九二五年六月十一日布瑞斯提德給盧肯比爾的信；另外請見一九二五年七月六日布瑞斯提德給盧肯比爾的信，信中布瑞斯提德陳述說他們原本在考慮一名叫做提特頓（Titterton）的人，但此人決定去《大西洋月刊》當編輯。這意思是說米吉多考古隊在發掘計畫剛開始時隊裡沒有金石學家。

55 一九二五年六月二十三日盧肯比爾給布瑞斯提德的信；一九二五年七月十日狄洛亞給他母親的信（卡蘿・狄洛亞・弗萊徹提供）。狄洛亞生平資訊出自 Ancestry.com，包括他的出生、結婚與人口調查記錄（以「Edward DeLoach」和「Edward Lowell DeLoach」進行搜尋）。

56 一九二五年六月二十五日布瑞斯提德給費雪的信。

57 一九二六年九月二十九日布瑞斯提德給加斯唐的信。

58 一九二五年七月六日與八日費雪給盧肯比爾的信；以色列文物局檔案處還有一封一九二五年七月二十七日費雪給加斯唐的內容詳盡的信件（British Mandate Administrative Files ATQ_169/12 [58/58]）。其他請見一九二五年八月四日、十一日與十四日希金斯給布瑞斯提德的信，以及八月十三日和十五日布瑞斯提德的回信。

59 關於官方許可，請見一九二五年七月九日加斯唐給布瑞斯提德的信，信中所附官方許可（No. 26）也是同一日期，都在以色列文物局檔案處（British Mandate Administrative Files ATQ_169/12 [58/58]）。關於費雪抵達米吉多的情況與相關事宜請見一九二五年七月十五日費雪給布瑞斯提德的信，以及一九二五年七月二十一日與二十四日費雪給盧肯比爾的信，另外請參見 Harrison 2004: 2，此處說考古發掘活動「在一九二五年夏季開始」。

60 一九二五年七月八日費雪給盧肯比爾的信，另外請見 Fisher 1929: 17。

61 一九二五年八月五日、六日、七日與十三日費雪、盧肯比爾、布瑞斯提德與東方研究所祕書之間的通信。另外請見 Fisher 1929: 17, 24。

62 費雪與其家族的生平資料出自 Ancestry.com，包括出生、結婚與人口調查記錄。我還要感謝費雪的孫子史蒂夫・費雪，他的小說作品（Fisher 2016）內容有一部分是以他祖父的生平為基礎。希金斯的出生年是一八八二或一八八四其中之一（更多請見後文）。

63 一九二五年八月六日布瑞斯提德給加斯唐的信；此外也請見一九二五年七月二十七日費雪給加斯唐的信，兩封信都在以色列文物局檔案處（British Mandate Administrative Files ATQ_169/12 [58/58]）。

64 一九二五年九月二十一日希金斯給布瑞斯提德的電報；一九二五年十月十四日希金斯給布瑞斯提德、希金斯給盧肯比爾的信（關於希金斯這些信，更多請見下文；這些信一直到一九二六年四月底或五月初才寄到收信者手中）。

65 http://www.brynmawr.edu/library/exhibits/BreakingGround/index.html；見 Cohen and Joukowsky 2004 論文集對她們與其他女性考古學家的評論。

第二章

1 《聖路易斯郵報》，一九二五年七月十六日頁十五；週日增刊雜誌，一九二五年九月十三日頁一到二。

2 Fisher 1929: 17；一九二五年七月二十四日費雪給盧肯比爾的信；一九二五年八月二十九日希金斯給布瑞斯提德的信；一九二五年九月十四日費雪給布瑞斯提德的信；一九二五年十月十四日希金斯給布瑞斯提德、希金斯給盧肯比爾的信。另外請見維基百科「RMS Aquitania」詞條，以及一九二五年十月二日狄洛亞給他母親的信（出自國會圖書館歐洛夫・E・林德文件<lccn.loc.gov/mm2014085935>）。

3 以色列文物局檔案處有一封一九二五年九月二十一日費雪給文物部的電報，請求派一名代表來幫忙「協調米吉多土地所有權問題」；另外請見日期為同一天的回信（British Mandate Administrative Files ATQ_169/12 [58/58]）。東方研究所檔案館有一九二五年十月十日給費雪回信的復本以及同一天追加的另一封信，裡面說已經設立一個「委員會」，其中包括代表地主的哈珊・薩德，代表發掘方的費雪（或另一名代表），以及代表海法地區專員辦公室主持委員會的 L・安德魯斯先生（Mr. L. Andrews）。還有一九二五年十月十四日希金斯給布瑞斯提德、希金斯給盧肯比爾的信都寫了差不多的細節，還包括他抱怨費雪當初同意的租金過高。其他請見 Ussishkin 2018: 51-52 的討論。

4 Fisher 1929: 18。東方研究所檔案館裡的租約日期為一九二五年十月二十四日與十一月一日。

5 如前所述，一九二五年十月十四日希金斯給布瑞斯提德、希金斯給盧肯比爾的信裡說了這場爭議以及他對費雪其他的不滿，特別是對於土地租金過高一事，但這兩封信直到一九二六年四月底或五月初才寄到收件人手上。

6 一九二五年十一月十一日狄洛亞給他母親的信，現在為狄洛亞之女卡蘿・狄洛亞・弗萊徹所有，此處經過她同意引用。

7 費雪給布瑞斯提德的備忘，日期只有「一九二六年」。

8 一九二五年十月二日狄洛亞給他母親的信（出自國會圖書館歐洛夫・E・林德文件<lccn.loc.gov/mm2014085935>）。

9 Fisher 1929: 17-19；一九二五年十月二日狄洛亞給他母親的信（同上）。

10 Fisher 1929: 17-19；一九二五年十月二日狄洛亞給他母親的信（同上）。另外請見 Ussishkin 2018: 48-50。

11 一九二五年十二月十三日布瑞斯提德給費雪、布瑞斯提德給希金斯的信，以及一九二六年一月二十四日狄洛亞給布瑞斯提德的信。

12 一九二六年一月二十六日加斯唐給布瑞斯提德的信。

13 見 Fisher 1929: ix-x。

14 一九二六年三月一日奧布萊特給布瑞斯提德的信。

15 一九二六年一月十二日從拿撒勒送往芝加哥的未署名短箋。

16 一九二六年一月二十四日狄洛亞給布瑞斯提德的信；另外請見 Fisher 1929: 20。

17 請參見 Benzinger 1904；Schumacher 1904a, 1904b, 1905a, 1905b, 1905c, 1906a, 1906b, 1906c, 1906d, 1908；Kautzsch 1904；Erma and Kautzsch 1906；Macalister 1906: 62；Watzinger 1929。另外請見 Ussishkin 2018: 29-41 的討論。

18 Fisher 1929: ix-xii, 12-15, figs. 7-9, 60-61；另外請見 Guy 1931: 44, fig. 17；Lamon and Shipton 1939: 60-61, fig. 70；Ussishkin 1990: 71-74, figs. 1-2, 2018: 326-31；Chapman 2009: 4-17, figs. 1a-b, also 2015。

19 Schumacher 1908: 7, Tafel 1；Harrison 2004: 1；Tepper and Di Segni 2006: 11-12；Fisher 1929: 26。另外請見巴勒斯坦探索基金會的舒馬赫人物資料（http://www.

pef.org.uk/profiles/gottlieb-schumacher）。

20 Schumacher 1908；Watzinger 1929。Böhme 2014: 41-43 寫到舒馬赫在一九〇八年從米吉多發掘處送了十四箱文物回柏林。關於施里曼發掘特洛伊的討論與更多相關文獻請見 Cline 2013。

21 Fisher 1929: ix-xii, 12-15, 60-61, figs. 7-9；另外請見 Guy 1931: 44, fig. 17；Lamon and Shipton 1939: 60-61, fig. 70；Ussishkin 1990: 71-74, fig. 1-2；Chapman 2009: 4-17, figs. 1a-b, 2015。Sagrillo 2015: 69-70 寫到舍順克石片的展品編號是洛克斐勒考古博物館 1.3554。舍順克其他常見的英文拼法還有 Sheshonk，有時則會寫成 Shoshenq/k。

22 見前面提到 Ussishkin 1990: 71-74；Cline 2000: 75-82；Cline 2009: 25, 81；Cline 2017a: 223-24 的討論。另外更多相關文獻請見 Chapman 2009, 2015；Levin 2012；Sagrillo 2015。

23 一九二六年五月十九日希金斯給盧肯比爾的信。

24 一九二六年三月二十五日布瑞斯提德給費雪的手寫信（年份誤植為一九二五年）。

25 一九二六年三月二十九日布瑞斯提德給盧肯比爾的信。

26 一九二六年三月二十九日布瑞斯提德給加斯唐的信。

27 一九二六年三月二十四日布瑞斯提德給洛克斐勒的信，以及一九二六年四月十八日洛克斐勒的回信。

28 一九二六年三月二十九日加斯唐給布瑞斯提德的信。

29 一九二八年五月二日蓋伊給布瑞斯提德的電報；依據一九二八年六月二十八日蓋伊給布瑞斯提德的一封信，文物分配是在四月二十七到二十八日進行，他在六月五日親自將石片帶去耶路撒冷，六月七日帶回來。Sagrillo 2015: 69-70 寫到舍順克石片的展品編號是洛克斐勒考古博物館 1.3554。

30 許多學者已經討論過這個主題，見最新的 Ussishkin 2018: 328-29。另外請見 James and van der Veen 2015 這部學術會議論文集裡面的許多文章。

31 見 Fisher 1929: xi 引述。另外請見 Breasted 1926: 164-65，此外 Ussishkin 2018: 329 也有引述。

32 《聖路易斯郵報》週日增刊雜誌，一九二六年六月二十日頁二。

33 《聖路易斯郵報》週日增刊雜誌，一九二六年六月二十日頁二。

34 Fisher 1929: 60-61；Guy 1931: 44。

35 Harrison 2004: 7-8；更多討論請見 Chapman 2009: 6-7 及其他各處。

36 一九二六年三月二十九日布瑞斯提德給盧肯比爾的信。

第三章

1 芝加哥檔案館裡費雪給布瑞斯提德的信，一九二六年四月五日；以色列文物局檔案處藏有費雪、加斯唐和蓋伊（當時是該地區古物監察員）寫的相關信件，日期

為一九二六年二月十六與二十日，三月四日、二十八日與二十九日，四月一日、七日與二十八日。對於關稅與芝加哥考古隊要求退稅的討論持續一整個公曆年，資料可見於一九二六年六月到十二月的大量往返信件，最後的結果對芝加哥一方有利，至少他們要求退稅的大部分物品都獲得退稅。

2 Breasted 1928: 20。

3 一九二六年三月二十九日與五月三日布瑞斯提德給盧肯比爾的信。

4 這些信是在一九二五年十月十四日寫給布瑞斯提德與盧肯比爾，最早是在一九二六年五月三日布瑞斯提德寫給盧肯比爾的信裡提到這些信件。另外請見一九二六年八月十七日加斯唐給布瑞斯提德的信，以及布瑞斯提德在一九二六年九月二十九日給加斯唐的回信。費雪也知道加斯唐有收到希金斯給盧肯比爾的信的複本，參見一九二六年九月二十六日費雪給布瑞斯提德的信。兩封信在事情發生很久之後都到了布瑞斯提德手上，於是也進了東方研究所檔案館。

5 Breasted in Fisher 1929: x-xi。Harrison 2004: 2 寫到費雪在丘頂進行發掘的部分被後來的芝加哥考古隊隊員編號為 C 區域。

6 一九二六年五月三日布瑞斯提德給盧肯比爾的信。

7 一九二六年五月七日克羅格給盧肯比爾的信。

8 一九二六年四月二十二日盧肯比爾給布瑞斯提德的信；一九二六年四月二十五日布瑞斯提德給費雪的電報；一九二六年五月二十四日布瑞斯提德給費雪的信。

9 一九二六年四月二十五日布瑞斯提德給希金斯的電報手寫複本（我在引用時自行將全部字母改為大寫，與正本相同）；另外一九二六年五月三日瑞斯提德給盧肯比爾的信裡也有提到此事。

10 資料出自 Ancestry.com（以「John P. Kellogg」「John Payne Kellogg」和「John Kellogg」進行搜尋）。另外請見一九二五與一九二六年克羅格、布瑞斯提德與盧肯比爾之間的通信，其中有些是克羅格自己寄出或是寄給克羅格，其他的只是在信中提到或引述克羅格。依據芝加哥大學註冊員的說法（二〇一八年五月二十一日的個人通訊），克羅格在一九二五年十月一日到一九三八年十二月二十日之間註冊為芝加哥大學學生，但並未獲得任何學位。

11 一九二六年四月二十二日盧肯比爾給布瑞斯提德的信；一九二六年五月七日克羅格給盧肯比爾的信。

12 一九二六年五月七日克羅格給盧肯比爾的信。

13 一九二六年五月二十七日盧肯比爾給布瑞斯提德的信；以及一九二六年六月一日布瑞斯提德給盧肯比爾的信。

14 一九二六年四月二十六日費雪給布瑞斯提德的電報。

15 一九二六年五月十九日希金斯給布瑞斯提德的信；此外希金斯在同一天（一九二六年五月十九日）給布瑞斯提德的另一封信裡把好幾點又再說一次。

16 一九二六年五月十九日克羅格給布瑞斯提德的信；五月十二日費雪給布瑞斯提德的信。後面說到的這些資訊出自一九二六年五月二十九日費雪給布瑞斯提德的

信，信中內容也證實克羅格十天前的信所言不虛。

17 一九二六年五月二十九日費雪給布瑞斯提德的信。

18 一九二六年六月二日克羅格給盧肯比爾的信。

19 一九二六年九月二十六日費雪給布瑞斯提德的信。

20 一九二六年六月十六日布瑞斯提德發的電報。

21 一九二六年六月十六日的電報稿是由董事會祕書 J·史賓賽·狄克森（J. Spencer Dickerson）從芝加哥發出，而非布瑞斯提德所發。另外還有兩封給希金斯的電報副本，日期為六月二十一日與二十三日。

22 一九二六年六月二十六日與七月十七日克羅格給布瑞斯提德的信；一九二六年六月二十五日與二十七日希金斯發給芝加哥的電報。

23 一九二六年五月十九日希金斯給布瑞斯提德的信；一九二六年五月二十九日與六月十六日布瑞斯提德給希金斯的信。

24 一九二六年布瑞斯提德給希金斯的信。

25 一九二六年七月十七日克羅格給布瑞斯提德的信，後來布瑞斯提德在一九二六年八月十七日給盧肯比爾的信中引述此信內容。

26 請注意此處大部分資訊都出自 Running and Freedman 1975: 130-31 的敘事內容，東分研究所檔案館裡找不到任何盧肯比爾與奧布萊特之間關於此事的通訊資料。

27 一九二六年五月十九日希金斯給盧肯比爾的信。

28 Running and Freedman 1975: 130。

29 一九二五年六月二十三日盧肯比爾給布瑞斯提德的信。布瑞斯提德在一九二五年七月六日給盧肯比爾的信中感謝他向費雪清楚表明此事，說「我尤其高興你明白告知費雪我們面對奧布萊特的立場。我們不會需要他的任何協助。」

30 Running and Freedman 1975: 131。

31 一九二六年六月十九日布瑞斯提德發的電報。

32 一九二六年六月二十四日費雪發的電報。

33 一九二六年七月二十五日費雪的宣誓報告書。

34 一九二六年七月二十五日費雪的宣誓報告書。

35 一九二六年六月二十九日布瑞斯提德給希金斯的信；後續一九二九年七月十七日希金斯與布瑞斯提德之間的電報往來；一九二六年七月二十二日希金斯給布瑞斯提德同意接受條件的最後一份電報；一九二六年八月十七日布瑞斯提德給盧肯比爾的信；一九二六年七月二十五日費雪宣誓報告書所附的備忘，日期為一九二六年八月十八日。

36 依據 Ancestry.com 的搜尋結果以及希金斯在伊利諾州威爾縣（Will County）久利特（Joliet）／曼哈坦（Manhattan）布朗斯教會墓園（Browns Church Cemetery）的墳墓墓碑，他生於一八八二年，死於一九三〇年。然而一九三〇年六月《美國石油協會地質學家通報》（*AAPG Bulletin*）刊登的他的訃聞（p. 819）卻說他生於一八八四年，並詳細登載他在一九三〇年三月二十一日過世於田納西州諾克斯維

（Knoxville）。

37 一九二六年八月六日費雪給布瑞斯提德的信；另外請見 Fisher 1929: 24。東方研究所伍德黎的檔案裡一份筆記說她在一九二八年十二月三十一日正式辭職，但她的名字卻被列在一份英國入境旅客名單裡，上面說她的職業是「考古學家」，年齡三十七（誕生年登記為「abt. 1891」），並記錄她在一九二八年八月二十四日搭船抵達英國（見 Ancestry.com「Ruby Woodley」搜尋結果）。

38 國會圖書館手稿閱覽室現在保存有四箱歐洛夫・E・林德的檔案文件（Olof E. Lind papers <lccn.loc.gov/mm2014085935>），內容包括許多林德在加入米吉多考古隊之前與之後的生平相關資訊。另外請見 https://www.loc.gov/collections/american-colony-in-jerusalem/about-this-collection/。

39 一九二六年八月六日費雪給布瑞斯提德的信；另外請見 Fisher 1929: 24。

40 一九二六年九月二十六日費雪給布瑞斯提德的信。

41 一九二六年九月二十六日費雪給布瑞斯提德的信。

42 一九二六年十月七日費雪給布瑞斯提德的信。

43 一九二五年八月六日費雪給盧肯比爾的信；一九二五年八月七日布瑞斯提德給費雪的信；一九二六年五月二十九日、八月六日與八月十七日費雪給布瑞斯提德的信。

44 一九二七年二月二十六日費雪給艾倫的信。

45 一九二六年九月二十六日費雪給布瑞斯提德的信。

46 一九六年十月二十一日與三十日布瑞斯提德給費雪的信。

47 一九二六年十二月二十九日布瑞斯提德給費雪的信。

第四章

1 一九二六年七月十日克羅格給布瑞斯提德的信。

2 一九二六年七月十七日克羅格給布瑞斯提德的信。

3 一九二六年八月十七日費雪給布瑞斯提德的信；另外請見 Fisher 1929: 24, 28。

4 一九二六年八月十七日費雪給布瑞斯提德的信。

5 一九二六年八月十七日費雪給布瑞斯提德的信；另外請見 Fisher 1929: 28；Guy 1938: 2；Lamon and Shipton 1939: xxiii。另外請見 Davis 2004: 62；以及最新的 Ussishkin 2018: 52。

6 Fisher 1929: 28。另外請見最新的 Ussishkin 2018: 52-55。

7 Fisher 1929: 28。另外請見最新的 Ussishkin 2018: 52-55。

8 Fisher 1929: 29-30。

9 Fisher 1929: 30-31。

10 一九二七年八月十三日蓋伊給布瑞斯提德的信。

11 一九二六年九月二十六日費雪給布瑞斯提德的信。

12 一九二六年八月十七日費雪給布瑞斯提德的信。

13 一九二六年九月二十六日費雪給布瑞斯提德的信。

14 一九二六年八月十七日費雪給布瑞斯提德的信。

15 Fisher 1929: 66；另外請見 Lamon and SHipton 1939: 88-91, fig. 98 關於層位 I 的最終發表內容。

16 見 Lamon and Shipton 1939: 83-87, figs. 95-97，更新的討論見 Kempinski 1989: 103-5；Singer-Avitz 2014: 124。

17 Fisher 1929: 61；Barag 1966: 10；Kempinski 1989: 103-7；Stern 2002。

18 Fisher 1929: 16, 59-75；Guy 1931: 9-10, 19-20；Lamon and Shipton 1939: 91；Albright 1940: 549；Barag 1966: 10；Kempinski 1989: 107；Harrison 2004: 2；Ussishkin 2018: 440-41。

19 提出這個說法的是以法連・斯騰（Ephraim Stern）和肯平斯基（Kempinski），出處是 Kempinski 1989: 107。

20 詳細討論與更多相關文獻見 Cline 2000。

第五章

1 一九二六年十二月二十九日布瑞斯提德給蓋伊的信。

2 細節出自巴勒斯坦探索基金會 P・L・O・蓋伊個人資料：http://www.pef.org.uk/profiles/It-col-philip-langstaffe-ord-guy-1885-1952。

3 細節出自 Green 2009: 167-71 和巴勒斯坦探索基金會 P・L・O・蓋伊個人資料：http://www.pef.org.uk/profiles/It-col-philip-langstaffe-ord-guy-1885-1952。另外請見最新的 Ussishkin 2018: 55。

4 細節出自 Green 2009: 167-71 和巴勒斯坦探索基金會 P・L・O・蓋伊個人資料：http://www.pef.org.uk/profiles/It-col-philip-langstaffe-ord-guy-1885-1952。

5 細節出自 Green 2009: 167-71 和巴勒斯坦探索基金會 P・L・O・蓋伊個人資料：http://www.pef.org.uk/profiles/It-col-philip-langstaffe-ord-guy-1885-1952。

6 一九二七年三月二十六日費雪給文物部部長的信，現藏於以色列文物部檔案處（British Mandate Administrative Files ATQ_7/6 [56/56]）。

7 一九二七年四月六日布瑞斯提德給費雪、費雪給布瑞斯提德的信；一九二七年四月七日史提芬斯基（Stefanski）給費雪的信；一九二七年四月十二日布瑞斯提德與費雪之間的電報通訊。

8 一九二七年四月十九日布瑞斯提德給費雪的信，以及一九二七年四月二十日布瑞斯提德給蓋伊的信。

9 一九二七年五月二十五日布瑞斯提德給蒙哥馬利的信。

10 Breasted in Fisher 1929: xii。

11 Guy 1931: 9。

12 一九二七年五月二十五日布瑞斯提德給蒙哥馬利的信。

13 一九二七年四月二十三日亞倫・羅威給費城賓州大學考古學與人類學博物館祕書

麥可修女士（Miss McHugh）的信，藏於賓州大學考古學與人類學博物館（UMA/Beisan/Box 2: 4/23/27）；另外請見 Davis 2004: 63 和 Pickett 2013: 14。

14 Kuklick 1996: 83-89，但請務必注意這裡引用的是現場主持人希爾普萊施特的說法，希爾普萊施特原本支持費雪，後來卻變成他的反對者（而希爾普萊施特最後確實跟大部分學生與同事都反目成仇）。

15 Ousterhout 2010: 12。

16 Geere 1904。

17 此處我要感謝諾瑪・富蘭克林，是她假設蓋伊可能厭惡某些教育程度比他更高、且又是布瑞斯提德派過來的同僚。

18 一九二七年四月二十一日蓋伊給布瑞斯提德的信，以及一九二七年四月二十三日布瑞斯提德給蓋伊的回信。

19 一九二七年五月二十日狄洛亞給布瑞斯提德的信。

20 資料出自 Ancestry.com（以「Ralph Bernard Parker」進行搜尋）；另外請見一九二七年八月十三日蓋伊給布瑞斯提德的信。

21 一九二七年八月十三日蓋伊給布瑞斯提德的信。

22 見芝加哥大學東方研究所檔案夾，包含寄信人為帕克、收信人為帕克或內容與帕克相關的信件，年份到一九五四年為止。另外請見 Ancestry.com（以「Ralph Bernard Parker」進行搜尋）。

23 一九二七年五月二十日狄洛亞給布瑞斯提德的信。

24 一九二七年七月四日狄洛亞給布瑞斯提德的信。

25 一九二七年五月二十日與六月五日狄洛亞給布瑞斯提德的信。

26 見一九二七年七月十八日 J・C・卡特（J. C. Carter）向耶路撒冷衛生部瘧疾調查組（Malaria Survey Section）提交的報告〈至一九二七年六月二十日本季活動摘要〉（Summary of Activities during Quarter Ending June 20, 1927）；副本在洛克斐勒檔案館（歸檔在 Rockefeller Foundation International Health Board/Division [IHBD], RG 5, Series 3 [3.825/3.825I], Box 250, Folder 3030）。

27 Wilson 1972: 68-69。

28 Wilson 1968-69: 8。

29 一九二七年五月十日蓋伊給哈羅德・H・奈爾森的信，副本給布瑞斯提德；一九二七年五月十一日蓋伊給布瑞斯提德的電報；一九二七年六月十八日布瑞斯提德給蓋伊的回電。狄洛亞也在一九二七年五月二十日寫信給布瑞斯提德講他自己的版本。另外請見一九二七年五月十四日蓋伊給耶路撒冷入境事務主任的兩封密信，他在信裡說他列出來的這些埃及工人「對雇主毀約背信」所以「應該被送回埃及〔，〕無一例外」；兩封信都在以色列文物局檔案處（British Mandate Administrative Files ATQ_7/6[56/56]）。

30 一九二七年六月三日歐尼爾給蓋伊的信。

31 一九二七年八月十三日與九月二十六日蓋伊給布瑞斯提德的信，以及一九二七年

十月十八日布瑞斯提德給蓋伊的回信。

32 https://vault.sierraclub.org/history/bade.aspx。英文維基百科「William F. Badé」的條目內容很充實：https://en.wikipedia.org/wiki/William_F._Badé。

33 一九二七年六月六日巴德給布瑞斯提德的信。

34 一九二七年六月六日巴德給布瑞斯提德的信。

35 一九二七年六月六日巴德給布瑞斯提德的信。

36 一九二七年五月二十五日費雪與布瑞斯提德之間的電報通訊。

37 一九二七年六月六日巴德給布瑞斯提德的信。

38 一九二七年六月十五日「旁觀者」給布瑞斯提德的信。

39 一九二七年六月十八日布瑞斯提德給蓋伊的信。

40 一九二七年六月二十四日布瑞斯提德給蓋伊的信；以及一九二七年八月五日布瑞斯提德給蓋伊的信。

41 一九二七年六月二十五日布瑞斯提德給巴德的信。

42 Guy 1931: 9。

43 見一九二七年六月五日、十一日和二十四日狄洛亞與布瑞斯提德之間的信件來往。

44 一九二七年六月十四日、十八日、二十四日、七月六日布瑞斯提德給蓋伊的信；以及一九二七年六月十七日與二十五日布瑞斯提德給蓋伊的電報。布瑞斯提德在一九二七年六月二十四日的信以及六月二十五日的電報裡通知狄洛亞他被升職；狄洛亞在一九二七年七月四日給布瑞斯提德的回信中確認收到這個消息。

45 一九二七年七月十五日蓋伊給布瑞斯提德的信；另外請見一九二七年七月四日狄洛亞給布瑞斯提德的信。

46 一九二七年七月四日狄洛亞給布瑞斯提德的信。

47 一九二七年七月十二日狄洛亞給布瑞斯提德的電報和一九二七年七月十九日狄洛亞給布瑞斯提德的信；還有七月十六日林德給布瑞斯提德的信和一九二七年八月十五日布瑞斯提德的回信。

48 一九二七年八月九日與十日布瑞斯提德與蓋伊之間的電報往返，以及一九二七年八月十一日布瑞斯提德給蓋伊的信。

49 一九二七年七月十九日狄洛亞給蓋伊的信。

50 一九二七年七月十九日狄洛亞給蓋伊的信。費雪是在一九二七年二月二十四日給布瑞斯提德的信中第一次說到謝爾蓋・楚博是「我們的俄國司機」。

51 一九二七年八月三日狄洛亞給布瑞斯提德的信。

52 一九二七年八月三日狄洛亞給布瑞斯提德的信。另外請見一九二七年八月十一日與九月二十一日布瑞斯提德的回信，以及一九二七年八月二十五日查爾斯・布瑞斯提德的回信，這幾封都在感謝狄洛亞向他們報告這些訊息。

53 Cohen 2014: 107；Guy 1931: 9；一九二七年八月十三日蓋伊給詹姆斯・亨利・布瑞斯提德的信，以及一九二七年九月二十二日蓋伊給查爾斯・布瑞斯提德的信。

54 一九二七年十月三日巴德給蓋伊的信。

55 一九二七年八月二十五日查爾斯・布瑞斯提德給狄洛亞的信。

56 一九二七年八月十三日蓋伊給詹姆斯・亨利・布瑞斯提德的信，以及一九二七年九月二十二日蓋伊給查爾斯・布瑞斯提德的信。

57 一九二八年一月九日布瑞斯提德給蓋伊的信。

58 一九二七年六月二十四日布瑞斯提德給蓋伊的信；一九二七年六月二十五日布瑞斯提德給蓋伊的電報。後續請見一九二八年一月二十四日、六月十一日與三十日、七月三十日布瑞斯提德給蓋伊的信。另外請見一九二八年一月二十八日布瑞斯提德給國民教育委員會弗萊克斯納博士（Dr. Flexner）的信，信中特別說到狄洛亞患瘧疾的情況，藏於洛克斐勒檔案館（歸檔在 General Education Board, RG 2324.2, Series 1, Box 659, Folder 6852）。

59 見 https://www.harvardartmuseums.org/art/311394，這是威倫斯基在努茲畫的一幅畫。另外請見 https://archive.org/stream/in.ernet.dli.2015.106111/2015.106111.Excavations-At-Nuzi-Vol1-texts-Of-Varied-Contents_djvu.txt。

60 一九二八年三月二十二日布瑞斯提德給蓋伊的兩封信，以及一九二八年六月二十八日蓋伊給布瑞斯提德的信；其他還有 Guy 1931: vii 的名單。

61 一九二八年三月二十二日布瑞斯提德給蓋伊的信，以及一九二八年六月二十八日、七月八日、七月二十八日蓋伊給布瑞斯提德的信；一九二七年七月二十八日蓋伊給赫斯特（Hurst）的信；另外請見 Guy 1931: vii 的名單。

62 一九三一年七月八日 J・M・P・史密斯給布瑞斯提德的信（在歐柏林學院檔案處：Herbert G. May Papers, IV. Correspondence, Box 2, Letters to Universoty of Chicago）。

63 以下史料呈現希普頓與他周遭的人如何努力讓他能進芝加哥大學；見一九三四年一月九日恩堡給珍恩・羅伯特女士（Miss Jean Roberts，布瑞斯提德的助理）和羅伯特女是一九三年一月二十六日的回信；一九三四年三月二十一日布瑞斯提德給恩堡的信；一九三四年八月十三日華爾特・瓊斯先生（Mr. Walter Jones，希普頓在威爾斯就讀中學的前任校長）給查爾斯・布瑞斯提德的信和一九三四年八月三十一日查爾斯・布瑞斯提德的回信；一九三四年九月六日查爾斯・布瑞斯提德給希普頓的信和一九三四年十月二日希普頓的回信；一九三五年一月十六日艾爾文給查爾斯・布瑞斯提德的信。布瑞斯提德過世後，希普頓最後在一九三六年一月向芝加哥大學提出申請，但無論是入學或獎學金都遭拒絕，見一九三六年一月一日希普頓給威爾森的信；一九三六年一月二十八日與四月一日威爾森給希普頓的信；一九三六年五月十七日希普頓給威爾森的信；一九三七年一月四日希普頓給威爾森的信；一九三七年一月二十六日和三月十日威爾森給勞德的信。

64 一九二八年一月十四日與四月四日蓋伊給布瑞斯提德的信；一九二八年一月二十四日、三月三日、以及一九三八年七月三十日布瑞斯提德給蓋伊的回信。另外請見一九二八年六月二十日的 1928-29 預算；Guy 1931: vii 的名單；Braund

1975: 94-98；以及希普頓的訃聞（Braidwood and Esse 1988）。關於希普頓在一九三九年六月辭職的情況，見一九三九年六月二十三日與二十九日戈登・勞德給約翰・A・威爾森的信；一九三九年六月二十六日、二十九日與七月五日威爾森給勞德的回信；以及一九三九年六月二十八日勞德給希普頓的信，和同樣在一九三九年六月二十八日霍華德・馬修斯（當時東方研究所的執行祕書）給希普頓的信。

65 一九二八年八月二十七日查爾斯・布瑞斯提德給蓋伊的信。另外請見之前一九二八年八月十三日拉蒙給查爾斯・布瑞斯提德的信。關於他的「良好家世」，包括他當法官的祖父在格羅弗・克里夫蘭總統（Grover Cleveland）在任期間就職於內政部，請見 http://lamonhouse.org/Lamon_Tree/lamon_tree.html；http://lamonhouse.org/Lamon_Tree/RBL_0001.html。

66 見 Ancestry.com 的資訊（以「Robert Scott Lamon」進行搜尋）；另外請見 Finch 2002: 19。

67 Engberg and Shipton 1934；Lamon 1935；Lamon and Shipton 1939；Shipton 1939；Shipton 1942。費雪、蓋伊和勞德個別寫出了 Fisher 1929；Guy 1931；Guy 1938；Loud 1939；Loud 1948。其他成果發表著作包括梅伊在一九三五年出版的米吉多信仰祭祀遺跡，以及恩堡在一九四〇年和一九四一年出版的兩篇通俗短文。

68 依據 Guy 1931: vii 的名單；一九二八年八月十三日與二十七日查爾斯・布瑞斯提德給蓋伊的信。另外請見 https://archive.org/stream/jstor-1354727/1354727_djvu.txt，出自《美國東方研究學會通訊》（*Bulletin of the American Schools of Oriental Research*〔BASOR〕）上面刊登的一份啟事，內容提到史塔波數年前獲得耶路撒冷美國東方研究學會塞耶爾獎金（Thayer Fellowship）。

69 一九二八年六月二十八日蓋伊給布瑞斯提德的信。

70 一九二八年七月三十日布瑞斯提德給蓋伊的信。

71 一九二八年六月二十八日蓋伊給布瑞斯提德的信。

72 一九二八年六月二十八日蓋伊給布瑞斯提德的信。

73 一九二八年六月二十八日蓋伊給布瑞斯提德的信。

74 一九二八年六月六日巴德給布瑞斯提德的信。

75 一九二八年六月二十八日蓋伊給布瑞斯提德的信。

76 依據 Guy 1931: vii 的名單，伍德黎女士在考古隊的最後一天是一九二八年八月十三日，且她的名字列在八月二十四日抵達英國一艘船的乘客名單裡，如前所述。

77 見 Waterhouse 1986: 34-37, 78-79, 142, 144, 160；另外請見《雅典英國學院：一九一九年到一九八〇年代》（*L'École britannique à Athènes de 1919 aux années 1980*），內容已放在網路上：https://www.academia.edu/27029614/L_ÉCOLE_BRITANNIQUE_A_ATHÈNES_De_1919_aux_ années_1980。

78 可參見一九二八年六月二十巴日蓋伊給布瑞斯提德的信中對費雪的抱怨，以及一九二八年七月十二日費雪給布瑞斯提德的信，信裡抱怨蓋伊不該如此對待他。

79 一九二八年六月二十八日蓋伊給布瑞斯提德的信。

80 一九二八年六月二十八日蓋伊給布瑞斯提德的信。

81 Geere 1904:89, 196。

82 一九二八年六月二十八日蓋伊給布瑞斯提德的信。

83 一九二七年七月十九日與八月三日狄洛亞給布瑞斯提德的信。

84 一九二八年七月七日蓋伊給布瑞斯提德的信。

85 一九二八年七月七日蓋伊給布瑞斯提德的信。蓋伊著手調查時先在一九二八年四月十三日寄信給里奇蒙，接著一直到一九二八年六月雙方都有書信往來。他在信中說了同樣的事，並說他正在寫信通知布瑞斯提德；見以色列文物局檔案處（British Mandate Administrative Files ATQ_7/6[56/56]）。

86 一九二八年七月十八日蓋伊給布瑞斯提德的信。蓋伊在之前兩封信裡已經開始與布瑞斯提德討論這事：一個是一九二八年六月二十八日一封信底下的手寫筆記，另一個是一九二八年七月七日的信件。後續討論見一九二八年七月十八日、九月十日、十一月一日蓋伊給布瑞斯提德的信；一九二八年十月十日布瑞斯提德給蓋伊的信；以及一九二八年九月二十六日與十月一日蓋伊與布瑞斯提德之間的電報通訊。後面這些事情經過較長的版本首先發表於伊色列·芬克斯坦紀念文集（Cline 2017b），此處所說的版本較短並更新了一些部分，這裡我非常感謝賓州大學出版社的協助。

87 見 Templeton 1929；Wilson 1964: 206-8；Taylor 1982: 242-72；Tornede 1992；Casey 2015: 248, 253-62；Goldman 2009: 47-56；Oren 2012。

88 Wilson 1964: 206-8；Taylor 1982: 254；Tornede 1992: 111-12；Goldman 2009: 75-76, 81-85；Casey 2015: 253。

89 Tornede 1992: 107-8；《紐約時報》一九三〇年十二月一日頁一〈美國寡婦以三千五百元售出哈米吉多頓戰場以供勘探〉

90 《倫敦日報》（London Daily News）一九〇三年十一月十三日頁三〈哈米吉多頓所有人：訪談 R·田波頓夫人〉；《愛丁堡晚報》（*Edinburgh Evening News*）一九〇三年十二月十二日頁五〈英國女士擁有哈米吉多頓〉。這場訪談似乎是在該年田波頓夫人出版一本小冊子〈中保〉（The Mediators）的時候進行（Templeton 1903）。

91 Oliphant 1887: 178-80；Henderson 1956: 234-35；Taylor 1982: 222-23；Tornede 1992: 109；Casey 228-33, 241, 253, 261-62, 278。

92 Oliphant 1887: 178-80；Henderson 1956: 234-35；Taylor 1982: 222-23；Casey 228-33, 241, 253, 261-62, 278。

93 《倫敦日報》（*London Daily News*）一九〇三年十一月十三日頁三〈哈米吉多頓所有人：訪談 R·田波頓夫人〉；另外請見《愛丁堡晚報》（*Edinburgh Evening*

News）一九〇三年十二月十二日頁五的較短版本〈英國女士擁有哈米吉多頓〉。另外請見 Tornede 1992: 107n228；Trombetta 2009。

94 同樣請見《倫敦日報》（*London Daily News*）一九〇三年十一月十三日頁三〈哈米吉多頓所有人：訪談 R・田波頓夫人〉；另外請見《愛丁堡晚報》（*Edinburgh Evening News*）一九〇三年十二月十二日頁五的較短版本〈英國女士擁有哈米吉多頓〉。

95 Templeton 1929。

96 Templeton: 242-43；Goldman 2009: 84 也有引述和引用這篇。

97 一九二八年十二月二十六日羅莎蒙・田波頓寄出的信，信裡附上一份她在一九二八年十二月十九日寄給 A・亞伯蘭森先生（A. Abramson Esq.）信件的副本。

98 Newton 1948: 98；Tornede 1992: 107-8, 120。

99 一九二八年九月十日蓋伊給布瑞斯提德的信。

100 一九二八年九月十日蓋伊給布瑞斯提德的信。

101 一九二八年九月二十六日蓋伊給布瑞斯提德的電報。另外請見一九二八年九月四日布瑞斯提德給代理高級專員 H・C・路克（H.C. Luke）的信；一九二八年九月二十日里奇蒙給祕書長的信；一九二八年九月二十五日路克給布瑞斯提德的信；一九二八年十月八日蓋伊給祕書長的信；以及以色列文物局檔案處所藏一九二八年十月到十一月間其他各種相關資料（British Mandate Administrative Files ATQ_7/6[2nd Jacket: 122/120]）。另外請見一九二八年九月二十五日路克給布瑞斯提德的信、以及一九二八年十月十二日布瑞斯提德回信這兩封信的另一份副本，都在以色列文物局檔案處（British Mandate Administrative Files ATQ_7/6[5th Jacket: 132/136]）。十年後拉吉遺址也展開類似的土地徵收行動，拉吉位於米吉多南方遠處，這樣考古隊才能在丘頂進行發掘；見最新的 Garfinkel 2016 與其引用文獻。

102 一九二八年十月一日布瑞斯提德給蓋伊的電報；一九二八年十月十日布瑞斯提德給蓋伊的信。

103 一九二八年十一月一日與十二月二十四日蓋伊給布瑞斯提德的信。

104 一九二八年十二月二十四日蓋伊給布瑞斯提德的信。

105 見發表在《國際法報告》（*International Law Reports*〔5 ILR 183-184〕）的英文摘要，以及發表在《以和平條約建立的混合仲裁庭決議集》（*Recueil des décisions des tribunaux arbitraux mixtes institués par les traités de paix* 9: 239-41）的法文原本。我要感謝喬治華盛頓大學雅各伯恩斯法律圖書館的賀伯・索莫斯和喬治華盛頓大學蓋爾曼圖書館的施穆爾・本嘉德協助我取得這些資料。

106 《紐約時報》一九三〇年十二月一日頁一；另外請見《紐約時報》一九三〇年十二月二日頁二十四〈哈米吉多頓之地〉，以及《紐約時報》一九三〇年十二月十四日頁一六五〈上古哈米吉多頓平原成為美國人所有〉。另外請見《諾丁罕晚

報》（*Nottingham Evening Post*）一九三〇年十二月十二日頁七〈七百鎊買下哈米吉多頓，考古學家的藏寶庫在附近〉；以及達蘭（Durham）的《哈特浦北方每日郵報》（*Hartlepool Northern Daily Mail*）一九三〇年十二月十二日頁九〈七百鎊買下哈米吉多頓〉。要注意 Tornede 1992: 119-20 內容有誤，說她只賣了「半畝地」給東方研究所。幣值轉換以以下網站為基準：http://www.dollartimes.com/inflation/inflation.php?amount=1000&year=1925。

107 見 Templeton 1929 修訂版的新的最後一章；另外請見東方研究所檔案館與以色列文物局檔案處所藏相關信件。我要感謝亞歷・約夫（Alex Joffe）告訴我以色列國家檔案館網站上可能發布有更多相關資料（https://www.archives.gov.il/en/）。

108 印第安那州新和諧村楓嶺墓園蘿莎蒙・田波頓紀念牌牌上銘文。我要感謝維護墓園網站的丹・艾略特提供我墓碑的高解析度照片。

109 一九二八年六月十一日、三十日與七月三十日布瑞斯提德給蓋伊的信。

110 一九二八年十二月十二日蓋伊給布瑞斯提德的信。

111 一九二八年十二月十二日蓋伊給布瑞斯提德的信。

112 一九二八年十一月一日與十二月十二日蓋伊給布瑞斯提德的信。

第六章

1 Guy 1931: 9。

2 一九二七年四月三十日布瑞斯提德給蓋伊的信。

3 一九二七年八月十三日蓋伊給布瑞斯提德的信。另外請參見一九二七年六月五日狄洛亞給布瑞斯提德的信，信中內容說到類似的各項事務。

4 一九二七年五月二十三日蓋伊給布瑞斯提德的信。

5 一九二七年八月十三日蓋伊給布瑞斯提德的信；Guy 1931: 10-17；Harrison 2004: 2。一九二七年七月四日狄洛亞給布瑞斯提德的信也描述了邊坡低處進行的發掘，以及某些在該區域發現的墓葬和陪葬品，包括一些聖甲蟲、兩個滾印章、和一座埃及小雕像的局部。

6 一九二七年八月十三日蓋伊給布瑞斯提德的信。

7 一九二七年八月十三日蓋伊給布瑞斯提德的信。

8 一九二七年八月十三日蓋伊給布瑞斯提德的信；另外請見 Harrison 2004:2。

9 一九二八年六月二十八日蓋伊給布瑞斯提德的信；Harrison 2004: 2。他們在清理的城牆位於 M-N 15 和 O-P 14 兩個方格內。

10 一九二八年六月二十八日蓋伊給布瑞斯提德的信。

11 一九二八年六月二十八日蓋伊給布瑞斯提德的信。關於一九二八年四月二十七日進行的文物分配，見一九二八年一月二十日與五月三日里奇蒙給蓋伊的信；一九二八年一月二十七日與四月十三日蓋伊給里奇蒙的信；這些信件都在以色列文物局檔案處（British Mandate Administrative Files ATQ_7/6 [56/56]）。

12 一九二八年六月二十八日蓋伊給布瑞斯提德的信。另外請見 Guy 1931: 42-43 裡

蓋伊後來對此所做的註解。

13 一九二八年六月二十八日蓋伊給布瑞斯提德的信。

14 一九二八年六月二十八日蓋伊給布瑞斯提德的信。

15 一九二八年七月七日蓋伊給布瑞斯提德的信。最後成果發表內容見 Guy 1931: 37-48；Lamon and Shipton 1939: 32-47, 59。

16 《紐約時報》一九二八年八月九日頁二十二、一九二八年八月二十六日頁七十一與七十六。

17 另外請見最新的 Cline 2006；Cantrell 2006；Cantrell and Findelstein 2006；Cantrell 2011: 87-113；Cline and Samet 2013；Franklin 2017；Ussishkin 2018: 399-407。

18 一九二八年七月七日蓋伊給查爾斯・布瑞斯提德的信，以及一九二八年八月十三日查爾斯・布瑞斯提德給蓋伊的信。

19 一九二八年六月二十八日蓋伊給布瑞斯提德的信。見 Guy 1931: 37-48；Lamon and Shipton 1939: 32-47, 59。其他文獻請見前文所述「馬廄爭議」部分。

20 我非常有幸能參與發掘此一區域；見 Cline 2006；Cantrell 2006；Cantrell nad Finkelstein 2006；Cline and Samet 2013。

21 一九二八年六月二十八日蓋伊給布瑞斯提德的信。

22 Albright 1943: 2-3n1, 29-30n10；Wright 1950a: 42, 1950b: 59-60, 1959: 14-15。另外請見 Albright 1940, 1949；Yadin 1976；Cantrell 2006；Cantrell and Finkelstein 2006；Franklin 2006, 2017, 2019a,b；Richelle 2018: 54-55。關於庫爾赫石碑銘文，請見 Miller and Hayes 2006: 292, 294, 297。

23 一九二八年六月二十八日蓋伊給布瑞斯提德的信。

24 一九二八年七月七日蓋伊給布瑞斯提德的信。

25 一九二八年七月七日蓋伊給布瑞斯提德的信。

26 一九二八年七月七日蓋伊給布瑞斯提德的信。

27 一九二八年十一月一日與十二月十二日蓋伊給布瑞斯提德的信。

28 一九二八年十一月一日蓋伊給布瑞斯提德的信。

29 一九二八年十一月一日蓋伊給布瑞斯提德的信。

第七章

1 關於這場股市崩盤的簡短總介，參見 http://content.time.com/time/nation/article/0,8599,1854569,00.html 和 http://www.history.com/topics/1929-stock-market-crash。關於一九二九年八月中到八月底始於耶路撒冷又擴散到整個託管地的「哭牆暴動」請見後文。

2 一九二八年十一月一日蓋伊給布瑞斯提德的信；另外請見一九二八年十二月四日布瑞斯提德給蓋伊的回信。

3 一九二九年一月十六日和二月十二日蓋伊給布瑞斯提德的信。

4 一九二九年二月四日布瑞斯提德給蓋伊的信。

5 一九二九年二月四日與十七日查爾斯・布瑞斯提德給蓋伊的信。

6 見一九二九年三月十二日與十四日布瑞斯提德給蓋伊的信，另外請見一九二九年三月四日到十二日的行程表、「巴勒斯坦之行」的旅行計畫表、以及洛克斐勒私人日記裡「三月八日星期五」的內容，以上都在洛克斐勒檔案館裡約翰・洛克斐勒二世私人文件（歸檔在 Rockefeller Family; RG III 2Z (2, OMR); Series II; Box 42, Folders 376 and 377）。

7 一九二九年四月九日布瑞斯提德給蓋伊的信。

8 Wilson 1936: 108-9。

9 約翰・洛克斐勒三世日記，在「一九二九年三月七日星期四到八日星期五」的那幾頁；另外請見一九二九年三月八日《每日論壇報》（*Daily Tribune*）、《紐約先驅報》（*New York Herald*）、《紐約時報》對這場代表權爭奪戰的報導。以上資料都在洛克斐勒檔案館，歸檔在 Office of the Messrs, Rockefeller records；日記在 John D. Rockefeller III papers, Series 1, Subseries 1: Personal Papers, Box 4, Folder 41 (FA108)，報紙膠捲則在 John D. Rockefeller, Jr. Personal Papers, Series Z, Subseries 9 (9, OMR); Volume 11-12, Reel M26 (FA335)。

10 洛克斐勒日記「一九二九年三月八日」內容，藏於洛克斐勒檔案館（歸檔在 Rockefeller Family; RG III 2Z (2, OMR); Series II; Box 42, Folder 376）。其他請見一九二九年二月四日與十七日查爾斯・布瑞斯提德給蓋伊的信，以及一九二九年三月四日蓋伊給查爾斯・布瑞斯提德的信。

11 洛克斐勒日記一九二九年三月八日的內容，藏於洛克斐勒檔案館（歸檔在 Rockefeller Family; RG III 2Z (2, OMR); Series II; Box 42, Folder 376）。

12 一九二九年三月八日洛克斐勒給諾貝爾和給錢塞勒的信，兩封都在洛克斐勒檔案館（歸檔在 Rockefeller Family; RG III 2Z (2, OMR); Series II; Box 41, Folder 367）。

13 一九二九年三月十二日布瑞斯提德給蓋伊的信。

14 一九二九年三月十二日艾碧・洛克斐勒給尼爾森・洛克斐勒的電報，藏於洛克斐勒檔案館（歸檔在 Nelson Rockefeller Papers, Family and Friends; RG III 4H; Series H; Box 28, Folde 361）。

15 一九二九年三月四日蓋伊給查爾斯・布瑞斯提德的信，信中將他們在米吉多的對話內容付諸文字留下紀錄，這是查爾斯要求蓋伊寄給他的資料。

16 一九二九年七月八日洛克斐勒給布瑞斯提德的信，以及伊九二九年七月十六日布瑞斯提德的回信，兩封都在洛克斐勒檔案館（歸檔在 Rockefeller Family; RG III 2H (2, OMR); Series II; Box 49, Folder 363）和東方研究所檔案館。另外請見一九二九年七月十五日布瑞斯提德給查爾斯・布瑞斯提德通知他這項贈禮的信，以及後續一九二九年七月二十五日洛克斐勒給布瑞斯提德的信，應布瑞斯提德之請確認洛克斐勒會先保留這筆錢，只將每季利息交給布瑞斯提德（這種安排方式很奇怪）。

17 一九二九年三月七日拉蒙給查爾斯・布瑞斯提德的信，查爾斯要求拉蒙寫這封信讓他拿去給大學教務長。另為請見一九二九年四月八日查爾斯・布瑞斯提德給拉蒙的信，一九二九年四月十日蓋伊給查爾斯・布瑞斯提德的信，以及一九二九年四月二十日至二十一日查爾斯・布瑞斯提德與蓋伊之間的電報往來。

18 見以下公開發佈的訃聞，現在在網路上可取得：https://www.britac.ac.uk/pubs/proc/files/94p491.pdf；https://web.archive.org/web/20150617040611/；http://www.britac.ac.uk/fellowship/directory/dec.cfm?member=2147；https://www.independent.co.uk/voices/obituaryrobert-hamilton-1576224.html。

19 一九二八年二月十一日布瑞斯提德給費雪的信。

20 一九二九年二月二十日與四月二十九日蓋伊給耶路撒冷文物部部長的信。

21 二〇一八五月七日卡蘿・狄洛亞・弗萊徹與我的私人通訊，我非常感謝她提供我能夠解答此一事件相關問題的資料，以及讓我能更認識愛德華・狄洛亞和佛羅倫斯・伯恩南・狄洛亞的其他資料，包括兩人之間通信的信件與明信片，以及安妮塔・魏列—伯恩南《一分錢環遊世界》（*Round the World on a Penny*，一九四六年）書中的照片與文字節選。

22 一九二九年十月十一日蓋伊給查爾斯・布瑞斯提德的信。

23 Willets-Burnham 1946: 196-97。

24 一九二九年四月十三日蓋伊給布瑞斯提德的電報，以及一九二九年四月十三日查爾斯・布瑞斯提德的回電。

25 Willets-Burnham 1946: 198-202。

26 一九二九年十月十一日蓋伊給查爾斯・布瑞斯提德的信。

27 一九二九年四月十五日查爾斯・布瑞斯提德給蓋伊的信。

28 一九二八年八月二十七日查爾斯・布瑞斯提德給狄洛亞的信。

29 特別請見一九二九年八月十日查爾斯・布瑞斯提德給蓋伊的信，以及一九二九年十月十一日蓋伊的回信。

30 一九二九年十月十伊日蓋伊給查爾斯・布瑞斯提德的信。

31 一九二九年八月十日查爾斯・布瑞斯提德給蓋伊的信。原本詹姆斯・亨利・布瑞斯提德給蓋伊的信日期是一九二七年六月二十四日。

32 九二九年八月十日查爾斯・布瑞斯提德給蓋伊的信。一九二九年四月十五日查爾斯・布瑞斯提德給蓋伊的信中有類似表述，大意是「米吉多目前這群工作人員有種難得的快樂氣氛，」而他希望加入「新的這位我不熟悉的人只會更強化這個良好狀態。」經過這段期間，他顯然認定佛羅的加入並未強化原本的良好狀態。簡妮特・沃爾曼從一九二九年九月到一九三〇年三月之間的信件與日記內容大概描述了一個比較接近真實的情況。

33 一九二九年四月十五日與八月十日查爾斯・布瑞斯提德給蓋伊的信。

34 資料出自安妮塔・魏列・狄洛亞・海因斯（Anita Willet DeLoach Haines）的訃聞，刊載於《休士頓紀事報》（*Houston Chronicle*）六月二日到四日：https://

www.legacy.com/obituaries/houstonchronicle/obituary.aspx?n=anita-willets-de-loach-haines&pid=17961996。

35 一九二九年八月十日查爾斯・布瑞斯提德給蓋伊的信，但蓋伊在一九二九年十月十一日的回信中說狄洛亞從來沒跟他說過想調職的事，這是他頭一次聽到這回事。另外請見一九三〇年三月五日與四月一日簡妮特・沃爾曼寄給她雙親的信。感謝卡蘿・狄洛亞・弗萊徹提供關於狄洛亞及他辭職意願的額外相關資料（二〇一九年九月十四日私人通訊）。

36 見大衛・沃爾曼尚未出版的手稿（pp. 5-6, 37）。在此我要再度感謝勞倫斯與簡妮特・沃爾曼之子大衛，感謝他讓我閱讀並引述他關於沃爾曼夫婦在米吉多這段時光的尚未出版著作內容。以下相關討論以勞倫斯和簡妮特・沃爾曼的信件和日記為據，大衛將這些資料捐贈給東方研究所，並以這些資料寫出他尚未出版的著作。請注意本書後文所有關於沃爾曼夫婦在米吉多的腳註我都應該引述大衛的手稿，但為了節省空間，我只在手稿內容超出檔案資料或與我對檔案資料的理解不符時加以引用。

37 參見一九二九年五月一日查爾斯・布瑞斯提德給蓋伊的信；一九二九年五月三日沃爾曼給查爾斯・布瑞斯提德的信和一九二九年五月六日給沃爾曼的回信；一九二九年五月九日查爾斯・布瑞斯提德給蓋伊的電報；同樣是一九二九年五月九日查爾斯・布瑞斯提德給沃爾曼的信，以及同一天沃爾曼以電報發回的收信證明；一九二九年五月十七日蓋伊給布瑞斯提德的電報，以及一九二九年五月三十日蓋伊給查爾斯・布瑞斯提德的電報；一九二九年五月三十一日查爾斯・布瑞斯提德給蓋伊的信。

38 一九二九年五月十七日蓋伊給布瑞斯提德的電報，以及一九二九年五月十八日布瑞斯提德的回電和查爾斯・布瑞斯提德較長的回信。

39 依據大衛・沃爾曼尚未出版的手稿（p. 20），兩人於八月十七日中午在賓州哈立斯堡（Harrisburg）結婚，之後他們立刻去車站趕搭往費城的火車。

40 一九二九年五月十八日查爾斯・布瑞斯提德給蓋伊的信；後續一九二九年八月十日查爾斯・布瑞斯提德給蓋伊的信裡用更多篇幅說明此事道理。

41 一九二九年五月三十日蓋伊給查爾斯・布瑞斯提德的電報；一九二九年五月三十一日查爾斯・布瑞斯提德的回信。一九二九年七月六日查爾斯・布瑞斯提德給蓋伊的信。

42 一九二九年八月二十七日到三十一日以及九月二日蓋伊和布瑞斯提德之間的電報往來。關於沃爾曼出發日期的細節出自一九二九年八月三十日勞倫斯・沃爾曼給他雙親的信，以及大衛・沃爾曼尚未出版的手稿（p. 21）。

43 相關資料很多，可參見 Sachar 1939: 173-74；Armstrong 1996: 381-82；Gilbert 1996: 120-26；Smith 1996: 89-90；Segev 2000: 309-10, 314-27；Wasserstein 2001: 324-27。另外更多相關文獻請見 Cline 2004: 253-54 的簡短討論。

44 一九二九年九月十八日勞倫斯・沃爾曼給他雙親的信。

45 一九二九年九月十八日勞倫斯・沃爾曼給他雙親的信。

46 例如一九二九年九月十八日、十九日、二十五日、十月二十日和十一月二十六日勞倫斯・沃爾曼給他雙親的信。

47 大衛・沃爾曼尚未出版的手稿（pp. 43-44）。

48 參見一九二九年九月十九日與二十八日、十月一日與六日勞倫斯・沃爾曼給他雙親的信。

49 一九二九年八月三十一日與九月三日蓋伊給布瑞斯提德的電報，以及一九二九年九月三日到四日間布瑞斯提德與蓋伊之間的其他電報往來。另外請見一九二九年十月十一日蓋伊給布瑞斯提德的信。

50 一九二九年九月二十一日與二十五日勞倫斯・沃爾曼給他雙親的信。

51 見大衛・沃爾曼尚未出版的手稿（p. 58）。

52 一九二九年九月十九日勞倫斯・沃爾曼給他雙親的信。

53 一九二九年十月六日勞倫斯・沃爾曼給他雙親的信。

54 一九二九年十一月二日勞倫斯・沃爾曼給他雙親的信。

55 一九二九年十月九日葉米瑪・蓋伊給布瑞斯提德的信。另外請見後續一九二九年十月十一日蓋伊給布瑞斯提德的信。

56 一九二九年十月十一日與十一月一日蓋伊給布瑞斯提德的信。關於芝加哥世界博覽會的事請見一九二九年三月四日蓋伊給查爾斯・布瑞斯提德的信。

57 一九二九年十月十一日與十一月一日蓋伊給布瑞斯提德的信。

58 一九二九年十月九日勞倫斯・沃爾曼給「瑪莉姑媽」（Aunt Marie）的信；一九二九年十月十二日、十六日、二十三日、十一月四日勞倫斯・沃爾曼給他雙親的信。

59 一九二九年十一月十日和十二月十六日勞倫斯・沃爾曼給他雙親的信。

60 一九二九年十一月十一日蓋伊給查爾斯・布瑞斯提德的信；還有一九二九年十一月十二日查爾斯・布瑞斯提德給蓋伊的電報，以及後續一九二九年十一月二十七日的信，在查爾斯抵達開羅後寄出。另外請見一九二九年十二月八日蓋伊給布瑞斯提德的信。

61 一九二九年十月三日、六日、十二日、十六日、二十三日、十一月二十日、二十三日勞倫斯・沃爾曼給他雙親的信。一九二九年十一月二十七日查爾斯・布瑞斯提德給蓋伊的信中寫說他非常想看看這些擴建計畫的藍圖，但他也對相關開支有些擔心。關於新建設的更多資訊在一九二九年十二月三日蓋伊給查爾斯・布瑞斯提德的信裡。

62 一九二九年十月二十三日勞倫斯・沃爾曼給他雙親的信。

63 一九二九年十二月八日和一九三〇年三月五日勞倫斯・沃爾曼給他雙親的信。另外請見大衛・沃爾曼尚未出版手稿中的討論與引述內容（例如 pp. 87, 100, 118, 198）。

64 一九二九年九月十九日、二十五日、十月三日簡妮特・沃爾曼的日記內容。

65 一九二九年九月十九日勞倫斯・沃爾曼給他雙親的信。

66 一九二九年十一月八日和十二月十二日勞倫斯・沃爾曼給他雙親的信。

67 一九二九年十一月二日、四日、十四日、十二月八日勞倫斯・沃爾曼給他雙親的信。

68 一九二九年九月十八日簡妮特・沃爾曼給她姊妹佩格（Peg）的信。另外請見一九二九年九月二十一日與十一月二日勞倫斯・沃爾曼給他雙親的信。

69 一九二九年九月十八日簡妮特・沃爾曼給佩格的信；一九二九年十一月六日勞倫斯・沃爾曼給他雙親的信；另外請見一九二九年十月九日勞倫斯給「瑪莉姑媽」的信。

70 一九二九年九月二十八日與十月十六日勞倫斯・沃爾曼給他雙親的信。

71 一九二九年十一月六日勞倫斯・沃爾曼給他雙親的信；一九三〇年十一月二十九日赫斯特給蓋伊的信是關於這些雜誌續訂事宜。

72 一九二九年十一月十四日勞倫斯・沃爾曼給他雙親的信。

73 一九二九年九月二十八日與十月三日勞倫斯・沃爾曼給他雙親的信。

74 一九二九年十月一日勞倫斯・沃爾曼給他雙親的信。

75 一九二九年十一月二十日勞倫斯・沃爾曼給他雙親的信。

76 一九二九年十二月十二日勞倫斯・沃爾曼給他雙親的信。

77 一九二九年十月一日勞倫斯・沃爾曼給他雙親的信。

78 一九二九年十月二十三日勞倫斯・沃爾曼給他雙親的信。

79 一九二九年十二月十三日勞倫斯・沃爾曼給他雙親的信。注意我們並不清楚這裡的「專家」是指什麼。

80 一九二九年十二月三日蓋伊給查爾斯・布瑞斯提德的信，和一九二九年十二月八日蓋伊給布瑞斯提德的信。

81 一九二九年十二月十六日和三十日勞倫斯・沃爾曼給他雙親的信。

82 一九三〇年一月一日勞倫斯・沃爾曼給他雙親的信；另外請見大衛・沃爾曼尚未出版的手稿（p. 142）。

83 一九三〇年二月十九日勞倫斯・沃爾曼給他雙親的信；另外請見大衛・沃爾曼尚未出版的手稿（p. 156）。

84 一九三〇年三月五日勞倫斯・沃爾曼給他雙親的信；另外請見大衛・沃爾曼尚未出版的手稿（p. 142）。

85 一九三〇年一月二十九日蓋伊給布瑞斯提德的電報與布瑞斯提德的回電。

86 一九三〇年三月五日勞倫斯・沃爾曼給他雙親的信。

87 一九三〇年三月五日、九日、十一日勞倫斯・沃爾曼給他雙親的信；另外請見三月十日簡妮特・沃爾曼給她姊妹佩格的信，三月十二日簡妮特給勞倫斯雙親的信，以及她在三月四日、五日、十日的日記內容。

88 見 https://www.britannica.com/topic/Mauretania-ship-1906-1935。

89 一九三〇年三月十日簡妮特・沃爾曼給她姊妹佩格的信。

90 一九三〇年三月五日與九日勞倫斯・沃爾曼給他雙親的信；另外請見一九三〇年三月十日簡妮特・沃爾曼給她姊妹佩格的信。後來這些事情的資訊感謝卡蘿・狄洛亞・弗萊徹提供。

91 一九三〇年三月十六日蓋伊給布瑞斯提德的電報；另外請見一九三〇年三月十二日蓋伊給赫斯特的信。

92 一九三〇年五月十八日勞倫斯・沃爾曼給他雙親的信，信中引述簡妮特剛收到的佛羅・狄洛亞從芝加哥的來信內容。

93 依據一九三〇年三月二十六日與十二月十六日蓋伊給布瑞斯提德的信，一九三〇年的發掘活動在三月二十三日開始，十二月八日結束。另外請見一九三〇年三月二十五日與三十一日勞倫斯・沃爾曼給他雙親的信。

94 一九三〇年三月二十五日勞倫斯・沃爾曼給他雙親的信。關於晚近對於重建馬廄的可能性的再評估，請見 Belkin and Wheeler 2006。

95 一九三〇年二月二十三日與二十七日勞倫斯・沃爾曼給他雙親的信。

96 一九三〇年三月三十一日勞倫斯・沃爾曼給他雙親的信；以及一九三〇年二月蓋伊的一份短箋（現藏於東方研究所檔案館）裡面提到一間「現場主持人套房」，一座裝紗窗的陽台，一間新的餐廳，以及將舊的餐廳、舊的交誼廳、食品儲藏室、廚房和其他許多房間都翻新。另外請見大衛・沃爾曼尚未出版的手稿（pp. 203-4）。

97 一九三〇年三月三十一日勞倫斯・沃爾曼給他雙親的信；另外請見大衛・沃爾曼尚未出版的手稿（pp. 183-84）。

98 一九三〇年五月十九日查爾斯・布瑞斯提德給蓋伊的信，以及後續一九三〇年五月二十三日給蓋伊的信。

99 一九三〇年一月二十二日查爾斯・布瑞斯提德給史塔波的信；其他還有一九三〇年三月十三日與七月二日史塔波給查爾斯・布瑞斯提德的信；一九三〇年七月七日、十一月二十日、二十二日布瑞斯提德給史塔波的信；一九三〇年七月七日查爾斯・布瑞斯提德給蓋伊的信・一九三〇年十月二十六日與十二月十一日史塔波給布瑞斯提德的信；一九三〇年十一月二十二日布瑞斯提德給蓋伊的信；一九三〇年六月十似日蓋伊給布瑞斯提德的電報；以及一九三〇年六月十三日、十一月六日、十二月十四日蓋伊給布瑞斯提德的信。

100 一九三一年二月七日布瑞斯提德給史塔波的信，以及一九三一年三月六日史塔波的回信。

101 一九三〇年一月十八日布瑞斯提德給蓋伊的信。

102 一九三〇年五月二十七日查爾斯・布瑞斯提德給蓋伊的信，接著還有一九三〇年九月二十七日瑞斯提德給蓋伊的電報，一九三〇年十月五日蓋伊的回電，一九三〇年十月九日蓋伊的內容較詳盡的信，以及一九三〇年十月二十九日布瑞斯提德的確認信。

103 一九三〇年五月十八日勞倫斯・沃爾曼給他雙親的信。另外請見大衛・沃爾曼尚

未出版的手稿（pp. 205, 302）。

104 一九三〇年六月十九日蓋伊給布瑞斯提德的電報。

105 布瑞斯提德送來在一九三〇年六月十九日巴勒斯坦考古博物館典禮上宣讀的賀詞。關於洛克斐勒與贊助該博物館一事，見 Fosdick 1956: 362-63。

106 資訊出自大衛・沃爾曼尚未出版的手稿（pp. 221, 299, n483）。

107 一九三〇年一月二十二日查爾斯・布瑞斯提德給蓋伊的信；Fox 1955: xxv；Ward 2013: 179。

108 一九三〇年一月二十二日查爾斯・布瑞斯提德給蓋伊的信。

109 一九三〇年四月十八日布瑞斯提德給菲利浦斯的信，信中將邀請他開始工作的日期提早為一九三〇年十月一日。關於菲利浦斯突然離開的情況，見一九三一年一月十四日蓋伊給布瑞斯提德與蓋伊給赫斯特的信。

110 資訊出自《美國東方研究學會通訊》（*Bulletin of the American Schools of Oriental Research*）七十一期（一九三八年十月）刊登的〈學會新聞〉。一九三四年五月三十一日愛琳・拉蒙（Irene Lamon）在林德保管的一本簽名簿上簽自己的名字為「珍恩・拉蒙」（出自國會圖書館歐洛夫・E・林德文件<lccn.loc.gov/mm2014085935>）。

111 一九三〇年九月二十五日布瑞斯提德給蓋伊的信，以及一九三〇年十一月二十二日收到的蓋伊的回信。

112 一九三〇年十二月十七日編輯祕書給史塔波的信，可參閱 Staples 1931。

113 一九三〇年十二月三十一日蓋伊給查爾斯・布瑞斯提德的信；同樣是一九三〇年十二月三十一日查爾斯・布瑞斯提德給蓋伊的信。

114 一九三〇年十二月二十七日羅伯特・J・巴爾（Robert J. Barr）給蓋伊的信。

115 一九三一年一月十四日蓋伊給赫斯特、蓋伊給查爾斯・布瑞斯提德的信；一九三七年一月二十七日查爾斯・布瑞斯提德給蓋伊的信（從開羅寄出）。

116 一九三一年一月十四日蓋伊給查爾斯・布瑞斯提德的信。

117 一九三〇年十一月六日蓋伊給布瑞斯提德的信。

118 一九三一年一月十五日蓋伊給查爾斯・布瑞斯提德的信。

119 一九三一年一月十五日蓋伊給查爾斯・布瑞斯提德的信，以及一九三一年二月三日蓋伊給布瑞斯提德的信；一九三一年一月二十七日查爾斯・布瑞斯提德給蓋伊的信；一九三一年三月十二日盧絲・史塔波給查爾斯・布瑞斯提德的信。

120 一九三一年六月三十日布瑞斯提德給史塔波的信；一九三一年七月一日查爾斯・布瑞斯提德給史塔波的信。史塔波應聘之前在四月初獲得又一年東方研究所研究獎學金，並於五月中接受，兩天後他妻子就在加拿大為他生下一個女兒伊莉莎白・瑪莉恩・史塔波（Elizabeth Marion Staples）；他決定接下維多利亞學院教職之後就謝絕了東方研究所研究獎學金（一九三一年四月三日查爾斯・布瑞斯提德給史塔波的信通知他獲得獎學金；一九三一年五月十四日史塔波給查爾斯・布瑞斯提德的信回應接受；出生證明日期是一九三一年五月十六日）。

121 一九三一年六月十一日史塔波給布瑞斯提德與史塔波給查爾斯・布瑞斯提德的信；一九三一年六月二十二日蓋伊給查爾斯・布瑞斯提德的信；以及一九三一年七月一日、七月二十二日、八月七日、八月十三日史塔波與查爾斯・布瑞斯提德之間的信件往返。

122 關於史塔波在維多利亞學院的執教生涯，見 http://www.csbs-sceb.ca/A_History_of_CSBS.pdf。關於一九五三年畢業生伊莉莎白・史塔波・麥克里奧所贊助的一個獎項，見 http://nuc.utoronto.ca/undergraduate/awards/。

123 一九三一年五月六日蓋伊給布瑞斯提德的電報；五月七日查爾斯・布瑞斯提德給蓋伊的回電；一九三一年六月二十二日蓋伊給查爾斯・布瑞斯提德的信；一九三一年七月七日蓋伊給布瑞斯提德的信。

124 一九三一七月七日蓋伊給布瑞斯提德的信。

125 一九三一年六月二十二日蓋伊給查爾斯・布瑞斯提德的信；另外請見一九三一年七月七日蓋伊給布瑞斯提德的信。

126 一九三一年七月一日布瑞斯提德給蓋伊的信。

127 一九三一年七月六日蓋伊給布瑞斯提德的信，以及一九三一年七月七日蓋伊給布瑞斯提德的信。

128 一九三一年七月八日 J・M・P・史密斯給布瑞斯提德的信（東方研究所檔案館與歐柏林學院都有副本，歐柏林的副本在 Herbert G. May Papers, IV. Correspondence, Box 2, Letters to University of Chicago）。

129 一九三一年七月十六日查爾斯・布瑞斯提德給蓋伊的信；一九三一年七月八日 J・M・P・史密斯給布瑞斯提德的信；一九三一年八月十三日布瑞斯提德給蓋伊的信；一九三一年十月二十六日梅伊給查爾斯・布瑞斯提德的信。

130 一九三二年一月十日蓋伊給布瑞斯提德的兩封信。

131 一九三一年七月七日蓋伊給布瑞斯提德的信（當日第二封）；還有之前一九三〇年十二月三十一日給查爾斯・布瑞斯提德報告早先事件的信。

132 一九三一年九月十八日布瑞斯提德給蓋伊的信；一九三一年十月二十日布瑞斯提德給蓋伊的信。

133 Guy 1931；見巴勒斯坦文物部部長與芝加哥大學羅伯特・J・巴爾之間的通信往來，內容是關於芝加哥大學應要求再寄一份報告過去的事。

134 一九三一年二月二十八日布瑞斯提德給蓋伊的信。

135 一九三一年二月二十八日與六月十二日布瑞斯提德給蓋伊的信。

136 一九三一年六月三十日蓋伊給布瑞斯提德的信。

137 一九三一年六月三十日蓋伊給布瑞斯提德的信。

138 一九三一年八月十三日布瑞斯提德給蓋伊的信。

第八章

1 一九三一年六月十三日蓋伊給布瑞斯提德的電報。

2 一九二九年四月十一日與十二月八日蓋伊給布瑞斯提德的信。

3 一九二九年十二月八日蓋伊給布瑞斯提德的信。

4 一九二九年七月十三日蓋伊給布瑞斯提德的電報；一九二九年十二月八日蓋伊給布瑞斯提德的信。

5 關於層位 IVA 這個城門的詳細討論請見 Ussishkin 2018: 422-27，更多討論與相關文獻請見後文，特別是 Yadin 1960, 1970, 1980；以及 Ussishkin 1966, 1973, 1980。關於層位 VIII 的城門見 Loud 1948: 16, figs. 39-45。

6 一九二九年十二月八日蓋伊給布瑞斯提德的信。

7 一九二九年十二月八日蓋伊給布瑞斯提德的信。

8 一九二九年十二月八日蓋伊給布瑞斯提德的信。

9 一九二九年十二月八日蓋伊給布瑞斯提德的信。

10 一九二九年六月二十五日查爾斯・布瑞斯提德給蓋伊的信。另外請見之前一九二九年一月十六日蓋伊給布瑞斯提德的信，一九二九年一月十七日蓋伊給查爾斯・布瑞斯提德的信，以及一九二九年一月三日、十六日、十九日、三月十日、十三、十五日、五月十日、十三日里奇蒙與蓋伊之間的信件來往，這些都在以色列文物局檔案處（British Mandate Administrative Files ATQ_7/6 [2nd Jacket: 122/120]）。

11 Ussishkin 2018: 20 寫到米吉多拍攝第一張空拍照片其實是在一九一七年第一次世界大戰期間由德國飛行員拍攝，比考古隊早了十幾年。更進一步的討論請見 Ussishkin 2018: 58-61。

12 Guy 1932a: 148。

13 一九二九年四月十五日查爾斯・布瑞斯提德給蓋伊的信。

14 Guy 1932a: 149。

15 Guy 1932a: 150。另外請見一九二九年十一月七日蓋伊給赫斯特的信。

16 參見 Parcak 2009；McNeil 2015；Dunston 2016；Parcak et al, 2016；更進一步的簡短討論與相關文獻見 Cline 2017a: 82-87。另外請見最新的 Parcak 2019。

17 簡妮特・沃爾曼日記一九二九年十一月五日內容；另外請見一九二九年十一月六日她寄給她姊妹佩格的信；以及一九二九年十一月四日、六日、十二月十六日勞倫斯・沃爾曼給他雙親的信。

18 一九二九年十二月八蓋伊給布瑞斯提德的信；一九二九年十二月十六日勞倫斯・沃爾曼給他雙親的信。

19 Guy 1932a: 154-55。

20 一九三〇年一月三日布瑞斯提德給蓋伊的信。

21 一九三〇年一月二十八日蓋伊給布瑞斯提德的信。

22 一九三〇年二月五日查爾斯・布瑞斯提德給蓋伊的信。

23 參見 http://munsell.com；https://www.nrcs.usda.gov/wps/portal/nrcs/detail/soils/edu/?cid=nrcs142p2_054286；http://munsell.com/color-blog/brown-soil-color-chart-

archaeology/；http://munsell.com/about-munsell-color/how-color-notation-works/how-to-read-color-chart/；https://extension.illinois.edu/soil/less_pln/color/color.htm。注意拉蒙與希普頓在《米吉多 I》以類似方式用十三塊陶片圖片做成色表「呈現用來描述陶器的各種顏色用詞」來對照全書內容，顏色從黃色（yellow）到棕褐色（sepia）都有（Lamon and Shipton 1939: plate 116）。

24 一九三〇年四月二十六日蓋伊給布瑞斯提德的信；以及好一陣子以後一九三〇年九月二十五日布瑞斯提德給蓋伊的信，信中提到蓋伊四月二十六日的信件內容。

25 一九三〇年十二月十六日與一九三一年二月三日蓋伊給布瑞斯提德的信。

26 簡妮特・沃爾曼一九三〇年五月十七日的日記內容；另外請見大衛・沃爾曼尚未出版的手稿（p. 207）。

27 一九三〇年十一月二十二日蓋伊給布瑞斯提德的信；一九三〇年十二月十六日蓋伊給布瑞斯提德的信。

28 一九三一年二月三日蓋伊給布瑞斯提德的信。

29 一九三一年二月三日蓋伊給布瑞斯提德的信。

30 一九三一年二月三日蓋伊給布瑞斯提德的信。

31 一九三一年二月三日蓋伊給布瑞斯提德的信。

32 一九三一年二月三日蓋伊給布瑞斯提德的信。

33 一九三一年六月三十日蓋伊給布瑞斯提德的信；Breasted 1931: 43, 46-47；Guy 1932b: 161-62。一九三一年九月二十五日布瑞斯提德給洛克斐勒的信中以很長篇幅講述這座供水系統，一九三一年十月二十三日洛克斐勒回信，兩封都在洛克斐勒檔案館（歸檔在 Educational Interests, RG III 2G; Box 111, Folder 802）。

34 一九三一年六月三十日蓋伊給布瑞斯提德的信。

35 一九三一年六月三十日蓋伊給布瑞斯提德的信。

36 一九三一年六月三十日蓋伊給布瑞斯提德的信。

37 一九三一年六月三十日與七月五日蓋伊給布瑞斯提德的信。

38 一九三一年六月三十日與七月五日蓋伊給布瑞斯提德的信；一九三一年七月八日蓋伊給布瑞斯提德的電報（同樣也未加密）。

39 Lamon 1935: 9-10。

40 Zarzecki-Peleg 2016: 176-77；見較早的 Zarzecki-Peleg 2005（以希伯來文發表）。另外請見 Yadin 1970: 90-91。

41 一九三一年六月三十日與七月五日蓋伊給布瑞斯提德的信。

42 Lamon 1935: 10-36；Yadin 1970: 89-93；Kempinski 1989: 129-31；Franklin 2000: 515-23；Zarzecki-Peleg 2016: 178-80；Ussishkin 2018: 409-15。

43 一九三一年六月三十日蓋伊給布瑞斯提德的信。

44 http://bibleodyssey.org/en/places/related-article/siloam-inscription-and-hezekiahs-tunnel; translation by Christopher Rollston。

45 一九三一年六月三十日蓋伊給布瑞斯提德的信；一九三一年六月二十二日蓋伊給

查爾斯・布瑞斯提德的信。

46 一九三一年六月三十日蓋伊給布瑞斯提德的信。

47 一九三一年六月三十日蓋伊給布瑞斯提德的信。

48 一九三一年六月三十日蓋伊給布瑞斯提德的信。

49 Lamon 1935: 10-12, 26, 36；Ussishkin 2018: 415；一九三四年十月十三日拉蒙給布瑞斯提德的信。

50 Yadin 1970: 89-93。

51 Zarzecki-Peleg 2016: 167-80, exp 178-80；Ussishkin 2018: 409-15。

52 Franklin 2000: 515-23；另外請見 Franklin 2013；http://www.asor.org/anetoday/2013/10/who-really-built-the-water-system-at-megiddo/。

53 參見 Warner and Yannai 2017: 26-27, 56-57。

54 一九三一年七月五日蓋伊給布瑞斯提德的信。

55 Lamon 1935: 37；另外請見最新的 Franklin 2000: 517-21。

56 一九三一年六月三十日蓋伊給布瑞斯提德的信；Guy 1932b: 162。

57 一九三一年六月十二日蓋伊給布瑞斯提德的電報；一九三一年六月二十二日與三十日蓋伊給布瑞斯提德的信。

58 一九三一年七月七日蓋伊給布瑞斯提德的信。

59 一九三一年七月六日蓋伊給文物部部長的信，藏於以色列文物局檔案處（British Mandate Administrative Files ATQ_7/6 [3rd Jacket: 277/271]）。

60 一九三一年十二月五日蓋伊給布瑞斯提德的電報；一九三一年十二月十日與十一日蓋伊和布瑞斯提德之間的電報往來。

61 一九三二年一月十日蓋伊給布瑞斯提德的信。一年後一九三三年一月三日蓋伊給布瑞斯提德的信中確認一九三一年工作季結束較晚，結束於一三二年一月七日，接下來一九三二年的工作季是在一九三二年三月二十七日開始，其間假期比之前慣例要短。

第九章

1 一九三二年一月十日蓋伊給布瑞斯提德的兩封信，以及一九三二年七月三日蓋伊給查爾斯・布瑞斯提德的信。

2 一九三二年一月一日布瑞斯提德給恩堡的信；一九三二年四月十二日與五月二十七日恩堡給查爾斯・布瑞斯提德的信；一九三二年十月九日蓋伊給查爾斯・布瑞斯提德的信。

3 一九三二年一月十日蓋伊給布瑞斯提德的信#2（多頁）。

4 一九三二年一月十日蓋伊給布瑞斯提德的信#2（多頁）。

5 一九三二年一月二十八日查爾斯・布瑞斯提德給詹姆斯・亨利・布瑞斯提德的手寫短箋；關於威倫斯基的出身與宗教信仰，見 Black and Morris 1991: 7；以及 http://cosmos.ucc.ie/cs1064/jabowen/IPSC/php/authors.php?auid=44197。

6 一九三二年二月二日與九日查爾斯・布瑞斯提德與蓋伊之間的電報往來；一九三二年以月一日蓋伊給威倫斯基的信；一九三二年五月二十三日查爾斯・布瑞斯提德給蓋伊的電報，一九三二年五月二十八日接著寄出的信，一九三二年六月二十九日蓋伊的回信，以及一九三二年七月二十三日查爾斯・布瑞斯提德最後給蓋伊的電報與信件，和一九三二年十月九日蓋伊的回信。

7 見一九三二年的信件與檔案，日期包括二月九日、二十三日、三月十六日、十七日、十九日、四月六日、五月九日、以及五月二十一日和三十一日最後確認監獄建設地點的信件；以上都在以色列文物局檔案處（British Mandate Administrative Files ATQ_391 (33/33)）。

8 見 Tepper 2002, 2003a, 2003b, 2007；Tepper and Di Segni 2006: 5-15；McGreal 2005；Myre 2005；Wilson 2005；Tzaferis 2007；Ashkenazi 2009；Pincus et al. 2013；Adams, David, and Tepper 2014；Ben Zion 2015；Ussishkin 2018: 441-43。另外請見米吉多網站的簡短介紹，可於以下網址取得：https://sites.google.com/site/megiddoexpedition/additional-information/an-early-christian-prayer-hall；以及 NBC 新聞（NBC News）二〇〇五年十一月六日的報導〈考古學家讓以色列古教堂現身〉（Archaeologists Unveil Ancient Church in Israel），可於以下網址取得：http://www.nbcnews.com/id/9950210/ns/technology_and_science-science/t/archaeologists-unveil-ancient-church-israel/#.VoWd_jbFpbk。

9 一九三二年二月二日、九日、二十二日蓋伊與布瑞斯提德父子之間的電報往來；以及一九三二年三月十二日蓋伊給查爾斯・布瑞斯提德的信。

10 一九三二年四月七日恩堡給赫斯特的信。

11 Abt 2011: 382-83；一九三五年十月二十五日查爾斯・布瑞斯提德給勞德的信。這部電影已經被上傳到 YouTube 上東方研究所的頻道，可於以下網址觀看：https://www.youtube.com/watch?v=yysHJk0v5XA。

12 一九三五年這篇影評是影片在卡內基廳放映期間刊載於《紐約時報》，可於以下網址付費取得：https://www.nytimes.com/1935/10/30/archives/at-carnegie-hall.html。此處應由丹尼爾・修珀（Daniel Shoup）居功，二〇〇九年八月他在自己的部落格「Archaeopop」興高采烈發文說這位嚴肅古板的影評家「顯然缺乏對於印第安那瓊斯與蘿拉卡芙特（Lara Croft）這類電影發展脈絡的預知能力」（http://archaeopop.blogspot.com/2009/08/insult-to-archaeologists-and-stamp.html）。另外請見曾在東方研究所擔任檔案管理員的目錄學專家查爾斯・E・瓊斯（Charles E. Jones）發表在 http://oihistory.blogspot.com/2009/09/review-of-review-of-human-adventure.html 的這篇文章，文中引用修珀的文章。

13 這部電影目前可取得的版本是由東方研究所放在網路上，此版本中米吉多這段結尾時旁白的台詞說：我們現在將前往東方研究所在安納托利亞阿利沙爾（Alishar，位於現在土耳其中部）的發掘現場。然而接下來的影片只呈現地圖上往北走的一條虛線，然後就突然轉向前往現代城市摩蘇爾，接著是伊拉克的尼尼

微與荷爾沙巴德這兩個上古遺址，其間看不到任何關於阿利沙爾的討論或阿利沙爾發掘工作的介紹。我要感謝查爾斯・E・瓊斯向我指出影片中這處問題，並告知我此部電影最初版本的膠捲之一很有可能已經丟失；我認為他的這個假設很可能是真的。

14 一九三三年一月三日蓋伊給布瑞斯提德的信。

15 見 Cline 2017a: 103-4 的簡短討論與其他引用文獻。

16 麥考溫的父親與兄長都是知名考古學家，分別在約旦和伊朗工作；見 http://anthropology.iresearchnet.com/theodore-d-mccown/。關於麥考溫父親的更多資訊請見後文腳註。

17 此處也請見 Cline 2017a: 103-4 的簡短討論與其他引用文獻。

18 一九三二年六月二十九日蓋伊給查爾斯・布瑞斯提德的信。

19 一九三二年五月二十六日與三十日蓋伊給查爾斯・布瑞斯提德的電報；一九三二年五月二十七日查爾斯・布瑞斯提德給蓋伊的慰問信，接著一九三二年五月二十八日查爾斯・布瑞斯提德給蓋伊的一封較長的信，以及一個月後一九三二年六月二十九日蓋伊的回信。

20 一九三二年六月二十九日蓋伊給查爾斯・布瑞斯提德的信；另外請見一九三二年七月二十三日查爾斯・布瑞斯提德給蓋伊的回信，以及一九三二年十月九日蓋伊給查爾斯・布瑞斯提德的信。

21 一九三二年六月四日布瑞斯提德給蓋伊的信。

22 一九三二年六月四日布瑞斯提德給蓋伊的信。

23 一九三二年六月四日布瑞斯提德給蓋伊的信。後來證明布瑞斯提德說的對，層位 VIII/VII 的宮殿確實就在土丘北邊角落城門旁邊出土，這點後文會說到。

24 一九三二年六月四日布瑞斯提德給蓋伊的信。

25 一九三二年七月三日蓋伊給布瑞斯提德的信。

26 一九三二年七月三日蓋伊給布瑞斯提德的信。

27 一九三二年七月三日蓋伊給布瑞斯提德的信。

28 一九三二年七月二十七日布瑞斯提德給蓋伊的信。

29 一九三二年十月九日蓋伊給查爾斯・布瑞斯提德的信。見國會圖書館歐洛夫・E・林德文件中一九三七年夏季的信件（lccn.loc.gov/mm2014085935）。

30 《米吉多 I》的名單裡將布瑞斯提德的幼子記為一九三二年九月到十月在發掘現場，但由於九月大家都還在放假，他應當不可能這麼早就來；更何況，當蓋伊回到發掘現場於十月九日寫信時，信中說這裡積了一大堆寄給這位年輕人的信，而蓋伊也正在等他明天來到。依據 Abt（2011: 182, 434n27），布瑞斯提德這個小兒子是在一九〇八年出生，比查爾斯小十歲；他後來進普林斯頓大學唸學士，然後在芝加哥大學獲得藝術史碩士，最後成為洛杉磯郡立美術館（Los Angeles County Museum）館長（另外請見《紐約時報》一九八三年五月六日 D15 的訃聞）。

31 一九三二年十月二十八日拉蒙給查爾斯・布瑞斯提德的信；一九三二年十一月八

日布瑞斯提德給蓋伊的信，以及同一天東方研究所檔案中布瑞斯提德口述的備忘；一九三二年十一月二十三日布瑞斯提德給蓋伊的電報；一九三二年十一月三十日蓋伊給布瑞斯提德的電報。

32 關於拉蒙的父親賈德生・A・拉蒙（Judson A. Lamon）過世一事，見 https://www.findagrave.com/memorial/84750095/judson-alexander-lamon；關於賈德生過世與鮑伯・拉蒙和尤金妮雅・克夫成婚這兩件事，請見 http://www.lamonhouse.org/Lamon_Tree/RBL_0003.html。

33 一月二十五日這封信現已不存，但在一九三三年三月二十五日蓋伊給布瑞斯提德的信中有提到這封信。

34 《紐約時報》一九三三年二月四日的文章；副本在洛克斐勒檔案館（歸檔在 Rockefeller Family; RG III 2H 92, OMR）; Series II; Box 49, Folder 362）。

35 一九三三年三月二十五日蓋伊給布瑞斯提德的信。

36 一九三三年三月二十五日蓋伊給布瑞斯提德的信。

37 一九三三年三月三十一日布瑞斯提德給蓋伊的信。

38 一九三三年四月十七日貝蒂・穆瑞給她母親的信（現藏於巴勒斯坦探索基金會檔案處）。

39 Davis 2008: 65-66。肯永有兩本著作名為《發掘耶利哥》（*Digging Up Jericho*）和《發掘耶路撒冷》（*Digging Up Jerusalem*）（Kenyon 1957, 1974），本書標題是在向她致敬。

40 一九三三年四月十七日貝蒂・穆瑞給她母親的信（現藏於巴勒斯坦探索基金會檔案處）。Davis 2008: 59 也提到這支考古隊的幾次米吉多之旅。另外請見 Davis 2004: 62 提到契斯特・麥考溫（Chester McCown）對工作中心的類似描述（1943: 173）；麥考溫是太平洋宗教學院院長，曾短暫擔任耶路撒冷美國東方研究學會會長，他也是泰德・麥考溫的父親。米吉多考古隊隊員造訪斯庫爾洞窟、威倫斯基夫人受重傷的那次（見前文），泰德・麥考溫當時是以體質人類學家身分參與斯庫爾洞窟發掘活動。

41 一九三三年五月五日布瑞斯提德給蓋伊的信。

42 一九三三年四月二十九日布瑞斯提德給蓋伊的電報。

43 一九三三年四月二十九日布瑞斯提德給蓋伊的電報。

44 一九三三年五月五日布瑞斯提德給蓋伊的信。

45 一九三三年五月五日布瑞斯提德給蓋伊的信。

46 一九三三年五月五日布瑞斯提德給蓋伊的信。

47 一九三三年十一月二十日梅伊給布瑞斯提德的信；一九三三年十二月十五日布瑞斯提德的回信。

48 見 Lamon and Shipton 1939: xxiii, fig.3。布瑞斯提德在信中誤把方格 O 的 O 寫成 Q，但依據後來各個地形圖上對「A 區域」的範圍標示，布瑞斯提德信中的意思很明確，不會造成誤會。另外請見 Harrison 2004: 2，哈里森在此處確認一九三三

年春季發掘工作「僅限於 A 區域，範圍涵蓋遺址西南大部分地區。」

49 一九三三年五月五日布瑞斯提德給蓋伊的信。

50 一九三三年五月五日布瑞斯提德給蓋伊的信。

51 一九三三年五月五日布瑞斯提德給蓋伊的信。

52 一九三三年五月五日布瑞斯提德給蓋伊的信。

53 一九三三年五月五日布瑞斯提德給蓋伊的信。

54 一九三三年五月五日布瑞斯提德給蓋伊的信。

55 十一月十一日與十三日布瑞斯提德與蓋伊之間的電報往來，其中布瑞斯提德說到應交的書稿已經逾期很久，並問蓋伊何時能交稿，蓋伊回應說他十一月底會交給（然而他到時仍然未交）。

56 一九三三年十一月八日蓋伊給布瑞斯提德的信（他在該季度交回的第三份每月報告）。

57 一九三三年十一月八日蓋伊給布瑞斯提德的信。蓋伊謹守承諾，在一九三三年這一年內持續通知布瑞斯提德成果發表的進度，於六月一日、九月十二日、十一月八日、十二月九日分別送出報告。

58 一九三三年十一月八日蓋伊給布瑞斯提德的信。

59 Green 2009: 169；一九二六年九月費雪給布瑞斯提德的信。

60 一九三三年五月五日梅伊給威廉・C・格蘭姆的信（現藏於歐柏林學院檔案處：Herbert G. May Papers, IV. Correspondence 1933, Box1）。

61 一九三三年四月二十八日布瑞斯提德給威倫斯基的信。

62 一九三三年五月日威倫斯基給蓋伊的信；一九三三年五月七日蓋伊給威倫斯基的信；一九三三年五月七日蓋伊給布瑞斯提德的信；一九三三年五月二十三日布瑞斯提德給蓋伊的信；一九三三年六月三日蓋伊給威倫斯基的信。

63 一九三三年三月二十五日蓋伊給布瑞斯提德的信。一九三〇年皮普洪已在基督教信義會（Lutheran Church）被授予聖職，之後對他的正式稱呼是亞瑟・C・皮普洪博士牧師（Rev. Dr. Arthur C. Piepkorn）。他曾在多個教區服務，一九四〇年到一九五一年間在美國陸軍擔任隨軍牧師（官階上校），參加過第二次世界大戰與韓戰，之後他從一九五一年開始在密蘇里州聖路易斯（St. Louis）的偕同神學院（Concordia Seminary）任教。他在一九七三年逝世，享年六十六歲。見 http://pdf.oac.cdlib.org/pdf/gtu/piepkorn.pdf，http://cyclopedia.lcms.org/display.asp?t1=p&word=PIEPKORN.ARTHURCARL，以及 https://www.findagrave.com/memorial/112154314/arthur-carl-piepkorn。

64 一九三三年七月三日蓋伊給布瑞斯提德的信。

65 Green 2015: 15-19。

66 Green 2015: 15-19。

67 事情發生在一九三三年六月七日。一九三三年六月八日蓋伊給威倫斯基的信；一九三三年七月二日皮普洪給梅伊的信；一九三三年七月三日蓋伊給布瑞斯提德

的信。

68 一九三三年七月二十三日布瑞斯提德給查爾斯・布瑞斯提德的備忘錄。

69 一九三三年七月三日蓋伊給布瑞斯提德的信；一九三三年七月二十三日布瑞斯提德給查爾斯・布瑞斯提德的備忘錄；一九三三年七月二十七日、八月五日、七日查爾斯・布瑞斯提德給布瑞斯提德的備忘錄；一九三三年八月九日查爾斯・布瑞斯提德給布瑞斯提德以及給蓋伊的電報。

70 一九三三年九月二日蓋伊給東方研究所的電報；一九三三年九月十二日蓋伊給布瑞斯提德的信。關於康卡農後來的職業發展，參見 Millar 2014: 175。

71 一九三三年九月十二日、十一月八日蓋伊給布瑞斯提德的信。

72 一九三三年十二月九日蓋伊給布瑞斯提德的信。

73 一九三三年八月二十九日布瑞斯提德給查爾斯・布瑞斯提德的備忘錄。

74 一九三三年八月二十九日布瑞斯提德給查爾斯・布瑞斯提德的備忘錄；一九三三年九月十二日蓋伊給布瑞斯提德的信；一九三三年九月十九日查爾斯・布瑞斯提德給蓋伊的信；一九三三年十一月六日蓋伊給布瑞斯提德的信；一九三三年十一月十日布瑞斯提德給蓋伊的信；一九三三年十二月九日蓋伊給布瑞斯提德的信；一九三三年十二月十七日蓋伊給文物部部長的信（以色列文物局檔案處〔British Mandate Administrative Files ATQ_7/6 (3rd Jacket: 277/271)〕）。

75 一九三三年十二月七日梅伊給理查森的信（歐柏林學院檔案處：Herbert G. May Papers, IV. Correspondence 1933, Box 1）。

76 一九三三年十二月十一日與十二日布瑞斯提德給蓋伊的信；一九三三年十二月十二日布瑞斯提德給拉蒙、給恩堡與給梅伊的信。

77 一九三三年十月二十八日林德給查爾斯・布瑞斯提德的手寫信。

78 一九三三年十月二十九日蓋伊給東方研究所的電報；一九三三年十一月八日蓋伊給布瑞斯提德的信。

79 一九三三年十一月八日蓋伊給布瑞斯提德的信。

80 一九三三年五月五日梅伊給威廉・C・格蘭姆的信（歐柏林學院檔案處：Herbert G. May Papers, IV. Correspondence 1933, Box 1）；一九三三年七月二十九日赫伯特與海倫・梅伊發出的小孩誕生通知；一九三三年九月一日歐洛夫與艾絲翠德・林德發出的結婚通知；一九三三年十月三日布瑞斯提德的賀信；一九三三年九月十八日查爾斯・布瑞斯提德的賀信。我要感謝諾瑪・富蘭克林告訴我「奇娜」的由來。

81 一九三三年十月二十八日林德給查爾斯・布瑞斯提德的手寫信。

82 一九三三年九月二十八日查爾斯・布瑞斯提德給蓋伊的信（未寄出）。

83 一九三三年十月二十五日恩堡給查爾斯・布瑞斯提德的信。

84 一九三三年十二月九日蓋伊給布瑞斯提德的信。布瑞斯提德在回信中說他對此感到很高興，認為這是「非常有益的安排」；一九三四年一月五日布瑞斯提德給蓋伊的信。

85 一九三一年七月七日蓋伊給布瑞斯提德的信。

86 一九三四年一月十二日蓋伊給布瑞斯提德的信；有東方研究所章戳「一九三四年一月二十九日收到」的蓋伊給布瑞斯提德的信，未標日期。

87 梅伊給布瑞斯提德的信，未標日期，東方研究所章戳「一九三四年一月十九日收到」。

88 蓋伊給布瑞斯提德的信，未標日期，東方研究所章戳「一九三四年一月二十九日收到」。

89 蓋伊給布瑞斯提德的信，未標日期，東方研究所章戳「一九三四年一月二十九日收到」。

90 蓋伊給布瑞斯提德的信，未標日期，東方研究所章戳「一九三四年一月二十九日收到」。

91 蓋伊給布瑞斯提德的信，未標日期，東方研究所章戳「一九三四年一月二十九日收到」。

92 一九三四年三月十五日布瑞斯提德給蓋伊的信。

93 一九三四年四月十九日布瑞斯提德給蓋伊的電報。

94 Miter 2014: 136。

95 https://www.officialdata.org/1934-GBP-in-2017?amount=525。

96 Black and Morris 1991: 7；另外請見 http://cosmos.ucc.ie/cs1064/jabowen/IPSC/php/authors.php?auid=44197。

97 引文出自 Eyal 2002: 664，翻譯自 Lephen 1987: 99 的希伯來原文。另外請見 Black and Morris 1991: 7；Kahana 2006: xix。

98 Aleksandrowicz 2015: 60。

99 一九三四年一月五日布瑞斯提德給蓋伊的信；一九三四年一月三十一日蓋伊給布瑞斯提德的信；一九三四年三月十五日布瑞斯提德給蓋伊的信。見 Harrison 2004: 2-3 的討論。

100 見 https://www.federalreservehistory.org/essays/gold_reserve_act；https://www.forbes.com/2008/12/09/dollar-devaluation-gold-pf-ii-in_fb_1209soapbox_inl.html#8dbcbc619687；http://library.cqpress.com/cqresercher/document.php?id=cqresrre1934013000；http://www.nytimes.com/2013/10/11/business/at-risk-the-dollars-privilege-as-a-reserve-currency.html。

101 一九三四年三月十五日布瑞斯提德給蓋伊的信；一九三四年五月一日拉蒙給布瑞斯提德的信；一九三四年五月十九日蓋伊給布瑞斯提德的信；一九三四年六月五日查爾斯・布瑞斯提德給蓋伊的電報。

102 一九三四年一月八日梅伊給布瑞斯提德的信。

103 一九三四年二月二十二日梅伊給布瑞斯提德的信。

104 一九三四年三月十四日布瑞斯提德給艾爾文的信。

105 一九三四年三月十五日布瑞斯提德給蓋伊的電報。

106 一九三四年三月十四日布瑞斯提德給恩堡的信。恩堡立刻在一九三四年四月五日寄一封手寫信給布瑞斯提德表達接受。

107 一九三四年五月十九日蓋伊給布瑞斯提德的信；一九三四年六月八日查爾斯・布瑞斯提德給蓋伊的信（直到一九三四年七月十八日才寄出）。

108 一九三四年三月十五日布瑞斯提德給蓋伊的信。

109 一九三四年三月二十一日布瑞斯提德給梅伊的信。

110 一九三四年二月二十二日梅伊給布瑞斯提德的信。

111 一九三四年一月五日布瑞斯提德給蓋伊的信；一九三四年一月九日漢彌頓給蓋伊的信；一九三四年一月三十一日蓋伊給布瑞斯提德的信。文物分配是在一九三四年一月二十八日到三十日之間進行。另外請見後續信件，包括一九三四年二月二日漢彌頓給蓋伊的信，一九三四年二月十九日蓋伊的回信，以及一九三四年三月八日蓋伊給漢彌頓的信，和一九三四年三月十日漢彌頓的回信。

112 伊里夫文件裡有幾箱文件和其他物品是關於他在澳大利亞昆士蘭大學（University of Queensland）的職業生涯，見 https://www.library.uq.edu.au/fryer-library/ms/uqfl514.pdf。另外請見 Donaldson 2015: 7-11（可在網上取得：http://www.friendsofantiquity.org.au/documents/novas/2015/2015-07.pdf）。

113 一九三四年三月十日蓋伊給哈德利卡的信；一九三四年三月二十三日里奇蒙給蓋伊的信；一九三四年四月十五日蓋伊給布瑞斯提德的信。相關的最初通訊還包括一九三四年五月十二日布瑞斯提德給哈德利卡的信，以及一九三四年五月十六日赫克勒女士（Miss Heckler，哈德利卡的祕書）的回信；一九三四年七月三十一日查爾斯・布瑞斯提德給赫克勒女士的信；一九三四年九月二十日哈德利卡給布瑞斯提德的信和一九三四年九月二十六日布瑞斯提德的回信；以及一九三四年十月一日哈德利卡給布瑞斯提德的信，和一九三四年十月九日布瑞斯提德的回信。此處與後文引用的這些信件與相關通訊都在史密森尼學會國家人類學檔案館的阿勒斯・哈德利卡文件裡。我是從強納森・葛林堡（Jonathan D. Greenberg）處得知這些資料的存在，他在喬治華盛頓大學主修考古學，在我指導下寫作大學部專題研究論文（Greenberg 2005），為此參考並引用這些資料。我要感謝黛西・容庫讓我引用並引述這些信件內容。

114 Guy 1938: 192, table VI, figs. 187-203。

115 一九三四年十二月五日布瑞斯提德給哈德利卡的信。另外請見一九三四年十二月八日與十九日哈德利卡給布瑞斯提德的信，一九三四年十二月二十二日布瑞斯提德的回信，以及一九三四年十二月三十一日哈德利卡的收信證明；一九三五年二月二十八日哈德利卡給布瑞斯提德的信和一九三五年三月六日布瑞斯提德的回信；一九三五年六月二十六日威爾森給哈德利卡的信；以及一九三五年七月八日喬治・艾倫給哈德利卡的類似信件，和一九三五年六月二十八日與七月十日T・D・史都華（T. D. Stewart，哈德利卡的助理）的回信；一九三五年十二月二十三日威爾森給哈德利卡的信；一九三五年十二月二十七日哈德利卡給威爾森

的信，以及一九三六年一月二日威爾森的回信，回信中附有一九三三年六月十八日恩堡給蓋伊的信件正本；一九三六年一月六日威爾森給哈德利卡的信，與一九三六年一月十七日哈德利卡的回信；後續一九三六年一月二十四日威爾森的回信和一九三六年一月二十八日哈德利卡的回信；一九三六年二月三日威爾森給哈德利卡的信和一九三六年二月五日與二十一日哈德利卡的回信；一九三六年二月二十五日威爾森給哈德利卡的信，一九三六年三月二十七日哈德利卡的回信；後續信件來往的內容是關於哈德利卡這幾頁的內容排版與最後審訂。

116 寇特妮・普魯茲曼（Courtney Prutzman）當時也是喬治華盛頓大學學生，她對這些骨骼遺物做了一些初步測量，葛林堡二〇〇五年的大學專題研究論文附錄之一就是普魯茲曼的測量結果。華盛頓大學考古學系勞芮・普爾曼（Laurel Poolman）二〇一四年的大學專題研究論文內容包括對其中十一個個體牙齒進行的同位素分析（Poolman 2014）；塞西莉亞・奇斯達克（Cecilia Chisdock）的大學專題研究論文則研究米吉多這些骨骼承受壓力與增生的情況。就我所知，這些大學專題研究論文是自哈德利卡之後到目前為止學界對史密森尼學會所藏這些骨骼遺存僅有的研究成果。要注意的是以色列文物局檔案處所藏一九四六年的信件（British Mandate Administrative Files ATQ_7/6 [5th Jacket: 132/126]）內容包括文物部請東方研究所歸還三十七或三十九具骨骼（此處數目不確定）的紀錄。重達上百公斤的五箱骨骼遺存顯然有被送回，但這些與還在史密森尼學會的那些骨骼似乎不同；見一九四六年四月五日漢彌頓給威爾森的信；一九四六年六月一日威爾森給漢彌頓的信，以及一九四六年七月四日漢彌頓的回信。

117 一九三四年六月五日蓋伊給文物部部長的信，以及一九三四年六月九日和十六日漢彌頓的回信，以上都在以色列文物局檔案處（British Mandate Administrative Files ATQ_7/6 [3rd Jacket: 277/271]）；一九三四年七月十三日蓋伊給布瑞斯提德的信。

118 一九三四年七月十一日蓋伊給布瑞斯提德的電報。

119 一九三四年七月十三日蓋伊給布瑞斯提德的信。

120 一九三四年八月二十八日查爾斯・布瑞斯提德給蓋伊的信。另外請見 Harrison 2004: 3。

121 標記一九三四年七月十三日蓋伊給布瑞斯提德信件原本的標籤紙。我們另外只有一個可能的線索，是一九三四年七月三十日布瑞斯提德私人祕書珍恩・羅伯特女士給查爾斯・布瑞斯提德的短箋。她以暗語寫道：「布瑞斯提德博士是否將 GUY 事宜——以及他離開芝加哥之前最後那幾天手邊幾個信件資料夾留給你了？」查爾斯・布瑞斯提德的回覆以潦草字跡寫在這條打字訊息之下，只說：「他把資料帶走，會從哈瓦那寄信回覆我們。」

122 一九三四年六月十九日文物部不知名職員填寫的備忘，藏於以色列文物局檔案處（British Mandate Administrative Files ATQ_7/6 [3rd Jacket: 277/271]）。

123 一九三四年六月二十日艾爾文給布瑞斯提德的手寫信。

124 一九三四年六月二十日艾爾文給布瑞斯提德的手寫信。另外請見一九三四年九月二十六日布瑞斯提德給艾爾文的這封遲到很久的感謝函，以及一九三四年十月三十一日艾爾文的手寫收信證明。

125 一九三四年六月十九日文物部不知名職員填寫的備忘，藏於以色列文物局檔案處（British Mandate Administrative Files ATQ_7/6 [3rd Jacket: 277/271]）。

126 一九三四年六月十九日文物部不知名職員填寫的備忘，藏於以色列文物局檔案處（British Mandate Administrative Files ATQ_7/6 [3rd Jacket: 277/271]）。

127 一九三四年六月十九日漢彌頓填寫的備忘，藏於以色列文物局檔案處（British Mandate Administrative Files ATQ_7/6 [3rd Jacket: 277/271]）。

128 一九三四年六月十九日漢彌頓填寫的備忘，藏於以色列文物局檔案處（British Mandate Administrative Files ATQ_7/6 [3rd Jacket: 277/271]）。

129 請見 Ancestry.com 以「Herbert G. May」為關鍵字的搜尋結果。

130 一九三四年六月十九日漢彌頓填寫的備忘，藏於以色列文物局檔案處（British Mandate Administrative Files ATQ_7/6 [3rd Jacket: 277/271]）。

131 一九三四年六月二十九日里奇蒙給史提德的信；一九三四年七月三日史提德的回信；一九三四年七月十一日里奇蒙的收信證明，藏於以色列文物局檔案處（British Mandate Administrative Files ATQ_7/6 [3rd Jacket: 277/271]）。以色列國家檔案館（Israel State Archives）也有史提德這封信的副本：https://www.archives.gov.il/en/archives/#/Archive/0b07170680050224/File/0b07170680720b44。

132 一九三四年九月三日海法海關貨物與貿易司給文物部部長里奇蒙的信，以及一九三四年九月八日里奇蒙的收信證明，都在以色列文物局檔案處（British Mandate Administrative Files ATQ_7/6 [3rd Jacket: 277/271]）。

133 一九三四年六月二十日艾爾文給布瑞斯提德的手寫信。

134 一九三四年六月二十日艾爾文給布瑞斯提德的手寫信。

135 一九三四年七月十一日里奇蒙給祕書長的信，藏於以色列文物局檔案處（British Mandate Administrative Files ATQ_7/6 [3rd Jacket: 277/271]）。

136 一九三四年七月四日蓋伊給文物部部長里奇蒙的信，以及里奇蒙未標日期（可能是一九三四年七月十一日）的回信，都在以色列文物局檔案處（British Mandate Administrative Files ATQ_7/6 [3rd Jacket: 277/271]）。以色列國家檔案館（Israel State Archives）也有蓋伊這封信的副本：https://www.archives.gov.il/en/archives/#/Archive/0b07170680050224/File/0b07170680720b44。

137 一九三四年五月十九日蓋伊給布瑞斯提德的信中說「我知道梅伊預定在六月十七日搭乘白鵑號離開海法，恩堡提出的乘船日期稍晚。」另外請見 Ancestry.com 以「Robert M. Engberg」進行搜尋所得的抵港紀錄，特別請看移民紀錄的部分。

138 一九三四年八月八日梅伊給查爾斯・布瑞斯提德的信。

139 一九三四年八月六日查爾斯・布瑞斯提德給梅伊的信，以及一九三四年八月八日梅伊的兩封回信。

140 一九三四年八月二十日布瑞斯提德給蓋伊的電報；一九三四年八月二十五日查爾斯・布瑞斯提德給帕克的電報；一九三四年八月二十八日查爾斯・布瑞斯提德給蓋伊的信。

141 一九三四年八月二十八日查爾斯・布瑞斯提德給蓋伊的信。蓋伊在一九三四年九月十八日與二十三日分別寄出回信，內容詳盡回應每一項批評，並提出幾項要求來讓他能完成書稿。然而蓋伊的抗辯又遭到布瑞斯提德父子反駁，他們只同意出錢雇用一名打字員來幫蓋伊準時交稿。見一九三四年九月二十七日與十月六日布瑞斯提德給查爾斯・布瑞斯提德的內部備忘；一九三四年十月十三日布瑞斯提德給蓋伊的信；以及一九三四年十月十九日查爾斯・布瑞斯提德給蓋伊的信。

142 一九三四年八月二十八日與一九三五年一月三日查爾斯・布瑞斯提德給蓋伊的信；另請見 Harrison 2004: 3。

143 Green 2009: 167；另外請見二〇〇八年格林發表在巴勒斯坦探索基金會網站上的蓋伊介紹：http://www.pef.org.uk/profiles/lt-col-philip-langstaffe-ord-guy-1885-1952。

144 Ussishkin 2018: 62；見 May 1935: vii。

145 Engberg and Shipton 1934: vii；Lamon 1935: vii；Lamon and Shipton 1939: vii（此處他們確實有感謝「前後兩任現場主持人」但沒有對其中任一人指名道姓）。

146 Guy 1938。

第十章

1 一九三四年六月二十五日蓋伊給文物部部長的信，請求許可將雕像底座（M 6014）送回芝加哥進行處理；一九三四年六月二十八日蓋伊給布瑞斯提德的信，告知他雕像底座以一年為限借得，會另外郵寄回去進行清理。另外請見後續一九三四年十月十日拉蒙填寫的文物部報告，東方研究所和以色列文物局檔案處都有副本（British Mandate Administrative Files ATQ_7/6 [3rd Jacket: 277/271]）。

2 一九三四年十一月二十八日布瑞斯提德給拉蒙的電報；一九三四年十二月五日布瑞斯提德給拉蒙的較長的信，以及一九三四年十二月二十八日拉蒙的回信。

3 十二月五日布瑞斯提德給拉蒙的信；見布瑞斯提德發表在 Loud 1948: 135-38, figs. 374-75 的研究成果。

4 見 Cline 2014: 116-18 對出土處的簡短討論；最早提到出土處的地方是在 Loud 1948: 135n1。另外請見以下的討論：Singer 1988-89: 106-7；Ussishkin 2018: 271-72。

5 一九三三年一月三日蓋伊給布瑞斯提德的信。

6 一九三二年十月九日蓋伊給查爾斯・布瑞斯提德的信；一九三三年一月三日蓋伊給布瑞斯提德的信。

7 一九三三年一月三日蓋伊給布瑞斯提德的信。

8 一九三三年一月三日蓋伊給布瑞斯提德的信；見《米吉多 I》（Lamon and

Shipton 1939）裡面發表的平面圖與 Kempinski 1989: fig. 35, plans 13-14。關於層位 III 請見 Lamon and Shipton 1939: 62-83, figs. 71-94，以及以下這些更新的討論：Peersmann 2000；Reich 2003；Zertal 2003；Singer-Avits 2014。

9 參見 Zertal 2003。

10 關於這些銘文，可參見 Miller and Hayes 2006: 291-335。

11 我在 Cline 2007 對此有非常詳細的討論。

12 Albright 1943: 3；Kempinski 1989: 13, 98-100；Halpern 2000: 565-68；Peersmann 2000；Stern 2000, 2002；Blenkinsopp 2002；Singer-Avitz 2014: 124, 137-39；Ussishkin 2018: 419-20；以及 Franklin 2019b。

13 見 Lamon and Shipton 1939: 62-83, figs. 71-94；較新的研究有 Kempinski 1989: 98-100, 154, 166；Joffe, Cline, and Lipschitz 2000: 140-60；Finkelstein and Ussishkin 2000: 601-2；Halpern 2000: 563；Peersmann 2000；Reich 2003；Franklin 2019b。最新的請見 Ussishkin 2018: 422-34。

14 關於新亞述政權強迫遷移人民的做法請見 Cline 2007, chap. 7 的討論與更多參考文獻。

15 參見 Halpern 2000 的討論。

16 一九三三年一月三日蓋伊給布瑞斯提德的信。

17 Guy 1934: 178-79。

18 Engberg and Shipton 1934。

19 一九三三年七月三日和九月十二日蓋伊給布瑞斯提德的信。

20 一九三三年六月一日蓋伊給布瑞斯提德的信。

21 一九三三年六月一日蓋伊給布瑞斯提德的信。

22 一九三三年六月一日蓋伊給布瑞斯提德的信。

23 一九三三年六月一日蓋伊給布瑞斯提德的信。最新研究見 Franklin 2006, 2017；Ussishkin 2018: 407-8, figs. 18.1 and 18.9。

24 一九三三年六月一日蓋伊給布瑞斯提德的信。

25 一九三三年九月十二日蓋伊給布瑞斯提的信。見 Franklin 2006, 2017；Ussishkin 2018: 399-408, fig. 18:13。

26 一九三三年十一月八日蓋伊給布瑞斯提德的信。此處還是請見上面引用過的 Ussishkin 2018 的討論，以及 Cantrell 2006、Cantrell and Finkelstein 2006 和最新的 Cantrell 2011: 87-113、Franklin 2017 的討論。

27 一九三三年十二月九日蓋伊給布瑞斯提德的信。

28 Guy 1934: 178-79。

29 Guy 1934: 178-79。

30 一九三三年十二月九日蓋伊給布瑞斯提德的信；一九三四年一月三十一日蓋伊給布瑞斯提德的信。

31 一九三四年四月五日恩堡給布瑞斯提德的手寫信；一九三四年四月十五日蓋伊給

布瑞斯提德的信；一九三四年五月一日拉蒙給布瑞斯提德的信。見 Harrison 2004: 2 的討論。

32 一九三四年四月十五日蓋伊給布瑞斯提德的信；另外請見一九三四年七月十三日蓋伊給布瑞斯提德的信和 Harrison 2004: 2 的討論。拉蒙在一九三四年十月十日交給文物部的一九三四年春季工作季報告裡也寫到類似細節，現藏於以色列文物局檔案處（British Mandate Record File SRF_143 [233/233]）。關於宮殿請見 Ussishkin 2018: 336-53。

33 Yadin 1960, 1966, 1967, 1970, 1973, 1976, 1980；Yadin, Shiloh, and Eitan 1972；以及 Dunayevski and Kempinski 1966, 1973；Ussishkin 1966, 1973, 1980, 1990；Eitan 1974；Shiloh 1980；Kempinski 1989: 162-64；Wightman 1990；Finkelstein 1996a, 1999；Franklin 2001, 2006, 2017；另外請見 Cline 2006；Lehmann and Killebrew 2010；Cline and Samet 2013；以及最新的 Ussishkin 2018: 354-62。

34 一九三四年四月十五日蓋伊給布瑞斯提德的信；另外一九三四年五月一日拉蒙給布瑞斯提德的信中也說了類似的事。

35 以色列文物局檔案處所藏一九三四年四月二十五日的手寫短箋。

36 一九三四年五月二日蓋伊給文物部部長的信；一九三四年五月四日里奇蒙的文物收件證明。兩封信都在以色列文物局檔案處（British Mandate Administrative Files ATQ_7/6 [3rd Jacket: 277/271]）。

37 一九三四年五月九日梅伊給費斯科（Fiske）的信。

38 烏什金（Ussishkin 2018: 109-311）一直主張敵軍攻擊說，在他之前還有哈里森（Harrison 2003, 2004）和芬克斯坦（Finkelstein 2002, 2009）。但我個人確信地震才是這場災難的成因，我對此的論證與引用的此前所有相關文獻請見 Cline 2011（但這篇卻是發表在紀念烏什金的文集裡，此事讓人有些啼笑皆非）。最新研究請見 Ussishkin 2018: 283-87, 309-11。

39 一九三四年五月二十八日艾爾文給布瑞斯提德的手寫信。

40 一九三四年五月二十八日艾爾文給布瑞斯提德的手寫信。見一九三四年六月十六日布瑞斯提德給艾爾文的信中對他這個「有意思的說法」的反應。

41 一九三四年七月十三日蓋伊給布瑞斯提德的信。見 Harrison 2004: 3 的討論。拉蒙在一九三四年十月十日交給文物部的一九三四年春季工作季報告裡也寫到類似細節。

42 一九三四年七月十三日蓋伊給布瑞斯提德的信。另外請見 Esse 1992: 88 and n59, figs. 1 and 4；Harrison 2004: 3 的討論。

43 一九三四年七月十三日蓋伊給布瑞斯提德的信。另外請見 Esse 1992: 88 and n59, figs. 1 and 4；Harrison 2004: 3 的討論。

44 見 Gadot et al. 2006；Gadot and Yasur-Landau 2006；Marco et al. 2006；Cline 2011。

45 參見 Finkelstein 2002, 2011；Harrison 2003；Finkelstein and Piasetski 2008。

46 一九三四年七月十三日蓋伊給布瑞斯提德的信。

47 Toffolo et al. 2014: 223, 226, 236, 238, 241, tables 2-3, figs. 6-8。另外請見最新的 Finkelstein et al. 2017a: 265, 269, 275。烏什金也引用了托佛洛（Toffolo）的文章和其他相關的放射性碳定年研究文獻，但最後他主張的還是較廣的時間範圍。

48 Ussishkin 2018: 314-15, 326-31，內容包括其他學者之前的討論與論點。

49 Arie 2006: 248；艾里此處也有之前研究的文獻回顧，例如 Aharoni 1972，以及 Esse 1992，還有最新的 Ussishkin 2018: 312-13。

50 Ussishkin 2018: 317。

51 Ussishkin 2018: 332。

52 見 Finkelstein 1996a: 178-80, 182-83。

53 一九三四年七月十三日蓋伊給布瑞斯提德的信。

54 一九三四年七月十三日蓋伊給布瑞斯提德的信；另外請見拉蒙在一九三四年十月十日交給文物部的報告，東方研究所與以色列文物局檔案處都有這份報告的副本（British Mandate Record File SRF_143 [277/271]）。另外請見 Laud 1948: plate 162:7；最新的討論見 Ussishkin 2018: 239 and fig. 12:3，此處引用了 Singer 1995 和 Suter 1999-2000。西台首都哈圖沙（Hattusa）發現的一封信裡也有提到米吉多這個地方，見 Singer 1988。

55 一九三四年五月一日拉蒙給布瑞斯提德的信。

56 一九三四年五月一日拉蒙給布瑞斯提德的信。

57 一九三四年五月一日拉蒙給布瑞斯提德的信。

58 一九三四年五月三十一日布瑞斯提德給拉蒙的信。

59 一九三四年七月三日拉蒙給布瑞斯提德的信；以及一九三四年九月十一日恩堡給梅伊的信（在歐柏林學院檔案處：Series IX, ASOR 1934-1940；這裡我要感謝朱利安・赫許〔Julian Hirsch〕幫我找到這封信）。

60 一九三四年七月三日拉蒙給布瑞斯提德的信；一九三四年七月十三日蓋伊給布瑞斯提德的信；另外請見後續秋季工作季期間提及此事的資料，包括一九三四年九月二十五日與二十六日布瑞斯提德給拉蒙的信，以及一九三四年十月十三日拉蒙的回信。

61 一九三四年五月二十八日艾爾文給布瑞斯提德的手寫信；一九三四年六月十六日布瑞斯提德的回信。

第十一章

1 一九三四年八月十一日查爾斯・布瑞斯提德給布瑞斯提德的備忘；一九三四年八月十六日布瑞斯提德給查爾斯・布瑞斯提德的備忘。

2 Drower 1985: 395。

3 一九三五年三月十六日與五月三日布瑞斯提德給惠勒的信；一九三五年四月五日惠勒給布瑞斯提德的信。

4 本段與下一段裡關於戈登・勞德的生平資料大多出自 C・埃佛列特・勞德（C. Everett Loud）出版的勞德家族史《勞德家族在美三百年》（*300 Years of Louds in America*（1980: 724）），以及一九三八年九月六日《芝加哥論壇報》上茱迪絲・卡斯（Judith Cass）對勞德與奧娜・梅瑞爾即將舉行的婚禮的報導，報導裡說他們兩人是「兩個異常有趣的年輕人」。其餘資訊出自 Ancestry.com（以「Gordon Laud」和「Kenneth Gordon Loud」進行搜尋），特別重要的是蘇珊・戈登・肯恩負責維護的譜系圖資料。一九一〇年美國聯邦人口普查紀錄裡將他的名字登記為「Kenneth Gordon Loud」。另外請見 Ussishkin 2018: 63-71 中對於勞德與他在米吉多工作成果的評價，烏什金說勞德做得「一蹋糊塗」；但在我看來這評語未免太過嚴苛，因我認為勞德做得比費雪與蓋伊都好。

5 一九三五年三月二十四日勞德給查爾斯・布瑞斯提德的信。

6 一九三五年二月二十日查爾斯・布瑞斯提德給勞德的信，以及一九三五年三月二十四日勞德的回信；一九三五年二月二十五日勞德給布瑞斯提德的信；一九三五年三月十五日布瑞斯提德給勞德的信。另外請見 Harrison 2004: 4。

7 一九三四年八月二十八日查爾斯・布瑞斯提德給帕克的信；一九三四年九月一日和五日查爾斯・布瑞斯提德給帕克的電報，以及一九三四年九月五日、七日、八日帕克的回電；一九三四年九月七日與十一日帕克給查爾斯・布瑞斯提德的信；一九三四年九月二十一日查爾斯・布瑞斯提德給帕克的信；一九三四年十月一日帕克給查爾斯・布瑞斯提德的電報；一九三四年十月二日與十五日帕克給查爾斯・布瑞斯提德的信；一九三四年十一月二日布瑞斯提德給帕克的信；一九三四年十二月七日查爾斯・布瑞斯提德給帕克的信；一九三四年十二月九日帕克給查爾斯・布瑞斯提德的信。

8 一九三四年八月十六日布瑞斯提德給查爾斯・布瑞斯提德的備忘；一九三四年九月一日查爾斯・布瑞斯提德給拉蒙的信；Harrison 2004: 3。

9 一九三四年八月十六日布瑞斯提德給查爾斯・布瑞斯提德的備忘。

10 一九三四年九月一日查爾斯・布瑞斯提德給拉蒙的信；查爾斯・布瑞斯提德在一九三四年九月六日也送了一封內容短得多、語氣較有禮貌且較具鼓勵性的信給希普頓。

11 一九三四年九月二十五日布瑞斯提德分別給拉蒙、希普頓與林德的三封信；給林德的信在國會圖書館歐洛夫・E・林德文件裡（lccn.loc.gov/mm2014085935）。

12 一九三四年九月二十七日勞德給林德的信（自國會圖書館歐洛夫・E・林德文件中取得<lccn.loc.gov/mm2014085935>）。關於阿特曼夫婦的資訊出自 Ancestry.com（以「Charles B. Altman」和「Alice Stringham Altman」進行搜尋）。另外請見 Loud and Altman 1938。

13 一九三四年九月二十五日布瑞斯提德給拉蒙與希普頓的兩封信。

14 一九三四年十月一日拉蒙給布瑞斯提德的信。

15 一九三四年十月六日拉蒙給查爾斯・布瑞斯提德的信。

16 一九三四年十一月九日查爾斯・布瑞斯提德給拉蒙的信。

17 一九三四年十月十二日關於拉蒙造訪文物部的備忘；另外請見一九三四年十月九日里奇蒙給拉蒙的信。兩封信都在以色列文物局檔案處（British Mandate Administrative Files ATQ_7/6 [3rd Jacket: 277/271]）。

18 一九三四年十一月三日與十二月十五日布瑞斯提德給里奇蒙的信；一九三四年十一月二十八日里奇蒙給布瑞斯提德的信；用拉蒙的名字發下的第二四四號許可——以上目前都在以色列文物局檔案處（British Mandate Administrative Files ATQ_7/6 [3rd Jacket: 277/271]）；一九三五年二月五日里奇蒙給布瑞斯提德德信，以及一九三死年二月二十五日布瑞斯提德的回信，這兩封信在東方研究所與以色列文物局檔案處都有（British Mandate Administrative Files ATQ_7/6 [3rd Jacket: 277/271]）。

19 一九三四年八月十六日布瑞斯提德給查爾斯・布瑞斯提德的備忘。

20 一九三四年十月一日拉蒙給布瑞斯提德的信。

21 一九三四年十月十三日和十一月八日拉蒙給布瑞斯提德的信；一九三四年十月三十一日布瑞斯提德給拉蒙的信件與電報。

22 一九三四年九月二十五日布瑞斯提德給拉蒙的信；一九三四年十月一日、十三日、十一月一日拉蒙給布瑞斯提德的信。

23 一九三四年十月一日與十三日拉蒙給布瑞斯提德的信。

24 一九三四年九月二十五日布瑞斯提德給拉蒙的信；一九三四年十月一日、十一月八日、十二月二十八日拉蒙給布瑞斯提德的信；後續見 Lamon and Shipton 1939: xxvii。

25 一九三四年十一月八日和十二月二十八日拉蒙給布瑞斯提德的信。

26 一九三四年九月二十五日布瑞斯提德給拉蒙的信；一九三四年十月六日艾倫給恩堡的信；一九三四年十月十二日艾倫給蓋伊的信；一九三四年十月十三日布瑞斯提德給蓋伊的信；一九三四年十一月九日艾倫給蓋伊的信件與電報；一九三四年十一月二十一日蓋伊給布瑞斯提德的信；十二月五日布瑞斯提德給拉蒙的信；一九三四年十二月六日查爾斯・布瑞斯提德給蓋伊的信。

27 一九三四年十月二日與十五日帕克給查爾斯・布瑞斯提德的信；一九三四年十月十三日拉蒙給布瑞斯提德的信；一九三四年十月三十一日艾爾文給布瑞斯提德的手寫信。

28 一九三四年十月十三日與十一月一日拉蒙給布瑞斯提德的信；一九三四年十月十五日帕克給查爾斯・布瑞斯提德的信；一九三四年十月三十一日艾爾文給布瑞斯提德的手寫信。

29 https://www.mayoclinic.org/diseases-conditions/rheumatic-fever/symptoms-causes/syc-20354588。

30 一九三四年十一月八日拉蒙給布瑞斯提德的信。

31 一九三五年三月四日艾爾文給布瑞斯提德的信，以及一九三五年三月七日布瑞斯

提德的回信。

32 https://www.nytimes/com/1967/04/25/archives/william-irsin-a-bible-scholar-exprofessor-at-university-of-chicago.html。

33 一九三五年一月二日帕克給查爾斯·布瑞斯提德的信。

34 一九三五年二月二日拉蒙給布瑞斯提德的信。

35 一九三五年二月二日拉蒙給布瑞斯提德的信。

36 一九三五年二月二日拉蒙給布瑞斯提德的信。

37 一九三五年三月九日拉蒙給布瑞斯提德的信；一九三五年三月十日拉蒙給布瑞斯提德的電報。

38 一九三五年三月九日拉蒙給布瑞斯提德的信；一九三五年三月十日拉蒙給布瑞斯提德的電報。

39 一九三五年三月九日拉蒙給布瑞斯提德的信；Lamon ahd Shipton 1939: 8。

40 一九三五年三月九日拉蒙給布瑞斯提德的信。

41 一九三五年三月九日拉蒙給布瑞斯提德的信。

42 一九三五年三月九日拉蒙給布瑞斯提德的信；後續見 Lamon and Shipton 1939: 3-7, figs. 5-11（層位 V）和 8-61, figs. 12-70（層位 IV）。關於編號 1A 的建築，見最新的 Ussishkin 2018: 385-86。要注意的是（這點後文會再提到），關於這些建築物等出土遺存究竟該分到哪個層位的問題，從《米吉多 I》和《米吉多 II》分別在一九三九和一九四八年出版後就引發爭論，一直持續至今；可參見 Albright 1943: 2-3n1, 29-30n10；Wright 1950a: 42, 1950b: 59-60, 1959: 14-15。另外整體討論請見 Albright 1940, 1949。

43 一九三五年三月九日拉蒙給布瑞斯提德的信。

44 一九三五年三月九日拉蒙給布瑞斯提德的信。另外請見一九三五年三月二十三日拉蒙給布瑞斯提德的信，以及一九三五年四月六日伊麗莎白·豪瑟（Elizabeth Hauṣer）給拉蒙的回信；另外請見一九三五年五月四日拉蒙給布瑞斯提德的信。

45 特別請見 Lamon and Shipton 1939: 58-61，此處他們有列出一些梅伊出版著作中來不及更改的錯誤。

46 一九三五年三月十六日布瑞斯提德給拉蒙的信，以及一九三五年四月十五日拉蒙的回信。

47 一九三五年五月五日布瑞斯提德給拉蒙的電報，以及一九三五年五月十九日拉蒙的回信；另外請見一九三五年五月三十一日查爾斯·布瑞斯提德給帕克的電報。其他請見一九三五年四月二十九日勞德造訪米吉多之前給布瑞斯提德的信，以及一九三五年五月十九日勞德去過米吉多以後給查爾斯·布瑞斯提德的信。

48 一九三五年五月二十三日布瑞斯提德給里奇蒙的信，以及一九三五年六月二十五日里奇蒙的回信和發下的許可——東方研究所與以色列文物局檔案處（British Mandate Administrative Files ATQ_7/6 [3rd Jacket: 277/271]）都有副本；一九三五年六月三日查爾斯·布瑞斯提德給勞德的信。

49 一九三五年四月十二日查爾斯布瑞斯提德給勞德的信件與電報。
50 一九三五年五月十九日拉蒙給布瑞斯提德的信，信末附有一張紅色手寫短箋澄清這項誤會；一九三五年十一月二十一日拉蒙給查爾斯・布瑞斯提德的信。
51 一九三五年五月十六日帕克給查爾斯・布瑞斯提德的信。
52 一九三五年五月十六日帕克給查爾斯・布瑞斯提德的信。
53 一九三五年五月三十一日查爾斯・布瑞斯提德發出的電報，以及一九三五年六月二十五日的信件，兩個都是回應一九三五年五月十六日帕克的來信；一九三五年五月二十四日查爾斯・布瑞斯提德給帕克的信；一九三五年六月九日林德給他妻子艾絲翠德的信（取自國會圖書館歐洛夫・E・林德文件<lccn.loc.gov/mm2014085935>）；一九三五年六月十二日勞德給查爾斯・布瑞斯提德的信。
54 一九三五年五月十六日帕克給查爾斯・布瑞斯提德的信，以及之前幾個月這段期間寄出的其他信件。
55 一九三五年五月二十四日查爾斯・布瑞斯提德給帕克的信。

第十二章

1 一九三五年八月二日勞德給林德的信（取自國會圖書館歐洛夫・E・林德文件<lccn.loc.gov/mm2014085935>）。
2 一九三五年八月一日勞德給布瑞斯提德的信。
3 Loud 1948: 1。
4 一九三五年八月一日勞德給布瑞斯提德的信。
5 勞德現場日誌一九三五年六月十日；南掘坑的變動紀錄在一九三五年十月十九日的現場日誌，那時布瑞斯提德已經從敘利亞歸來；另外請見 Loud 1948: 1。不知為何，勞德在出版的《米吉多 II》說這些探溝是六公尺寬而非五公尺——「挖出三條探溝，每條約六公尺寬，五十到七十公尺長」（Loud 1948: 1）。
6 一九三五年十一月二十一日拉蒙給查爾斯・布瑞斯提德的信。
7 一九三五年八月十五日給馬修斯的備忘。
8 一九三五年十月十六日勞德給馬修斯的信。
9 一九三五年十一月一日馬修斯給貨運公司的信。
10 勞德現場日誌一九三五年十月十二日。
11 勞德現場日誌一九三五年十月十二日到十四日。
12 一九三五年十月十三日布瑞斯提德給勞德的電報；一九三五年十一月十三日布瑞斯提德給勞德的信；一九三五年十月十六日與二十九日勞德給馬修斯的信；一九三五年十一月四日勞德給卡爾森女士（Miss Carlson）的信；一九三五年十一月二十日勞德給查爾斯・布瑞斯提德的信；一九三五年十一月二十一日拉蒙給查爾斯・布瑞斯提德的信。注意最後這兩封信是在布瑞斯提德過世後才寄達芝加哥，一九三五年十二月十六日查爾斯・布瑞斯提德給拉蒙的信裡有說到此事。
13 見大衛・H・史蒂芬斯的會面日誌，他與哈欽斯的會面紀錄是在一九三四年五月

十五日與九月十二日，日誌現藏於洛克斐勒檔案館（歸檔在 Rockefeller Foundation records, officers' diaries, RG 12, S-Z; Box 444, Reel M Ste 1, Frames 1 and 18）。

14 洛克斐勒檔案館；大衛・H・史蒂芬斯傳記（http://dimes.rockarch.org/xtf/view?docId=ead/FA394/FA394.xml;chunk.id=be6a13de5e7a4378b54703cc1929a44f;brand=default;query=FA394&doc.view=contents）。

15 見大衛・H・史蒂芬斯的會面日誌，他與布瑞斯提德的會面紀錄是在一九三四年二月十七日；與哈欽斯是在一九三四年五月十五日與九月十二日；之後又在一九三四年九月十二日與一九三五年七月三十日與布瑞斯提德會面；這些紀錄都在洛克斐勒檔案館（歸檔在 Rockefeller Foundation records, officers' diaries, RG 12, S-Z; Box 444, Reel M Ste 1, Frames 1, 18, and 174）。

16 勞德現場日誌一九三五年十月十七日、十九日、二十日、二十八日、十一月二日到五日；一九三五年十一月九日勞德給布瑞斯提德和給威爾森的信。

17 勞德現場日誌一九三五年十月十二日到十七日、十九日到二十四日、二十六日到二十八日。

18 一九三五年十一月九日勞德給布瑞斯提德和給威爾森的信。

19 勞德現場日誌整個一九三五年十一月的部分，除開其中每星期有一天休息以及感恩節的假期；一九三五年十一月二十日與十二月七日勞德給查爾斯・布瑞斯提德的信；一九三五年十二月十日勞德給馬修斯的信。

20 勞德現場日誌一九三五年十二月九日；一九三五年十二月二十一日勞德給威爾森的信。見後來的 Loud 1948: 159, plates 237-38。

21 關於勞德所稱的 2048 號神廟，見最初的 Loud 1948: 57, 102, 104-5, figs. 126, 247-63。Kempinski 1989: 181-86；Novacek 2011: 40-41；Adams 2017；Ussishkin 2018: 217-20。烏什金稱此為「塔廟」（Tower Temple），這是從希伯來文翻譯過來的詞語（migdal 是「塔」的意思）；關於塔廟 I-III，另外請見 Ussishkin 2018: 16, 69, 203-17 與其他地方（請見他書籍後面的索引）。

22 Abt 2011: 390。

23 《紐約時報》一九三五年十二月三日頁二十五。

24 勞德現場日誌一九三五年十二月三日。威爾森在一九三五年十一月三十日就收到電報知道布瑞斯提德病重，當時他立刻就改變計畫要回去，但來不及在布瑞斯提德逝世之前抵達；見一九三五年十一月三十日查爾斯・布瑞斯提德給威爾森的電報，一九三五年十一月一日威爾森回覆的兩封電報，以及後面一九三五年十二月二日給威爾森的電報，內容只有一句話「院長今早去世。」

25 一九三五年十二月十六日查爾斯・布瑞斯提德給拉蒙的信；另外請見一九三五年十二月十六日查爾斯・布瑞斯提德給高級專員的信；一九三五年十二月十七日查爾斯・布瑞斯提德給勞德的信。另外請見一九三五年十二月十一日查爾斯・布瑞斯提德給洛克斐勒的信，現藏於洛克斐勒檔案館（歸檔在 Educational Interests;

RG III 2G; Box 111, Folder 811）。

26 一九三五年十月二十五日布瑞斯提德給洛克斐勒的信，以及一九三五年十一月二十六日洛克斐勒給布瑞斯提德的回信。

27 此處引文出自一九三五年十二月十一日查爾斯・布瑞斯提德給洛克斐勒的信，此信與後續一九三五年十二月十九日洛克斐勒的回信也都證實布瑞斯提德死前未曾看過洛克斐勒之前這封信。另外請見一九三五年十二月二日洛克斐勒給查爾斯・布瑞斯提德的電報與十二月五日洛克斐勒給查爾斯・布瑞斯提德的信，以及一九三五年十二月十日查爾斯・布瑞斯提德的回信。這些信件副本都在洛克斐勒檔案館（歸檔在 Educational Interests; RG III 2G; Box 111, Folder 811）以及東方研究所檔案館。

28 見大衛・H・史蒂芬斯的會面日誌，他到芝加哥大學與威爾森會面的日期是一九三五年十二月十六日與二十日，日誌現藏於洛克斐勒檔案館（歸檔在 Rockefeller Foundation records, officers' diaries, RG 12, S-Z; Box 444, Reel M Ste 1, Frames 174）。另外請見 Abt 2011: 392。

29 勞德現場日誌整個一九三五年十二月的部分。

30 阿瑪納書信的譯文見 Moran 1992。關於畢日第亞與米吉多的關係，見 Kempinski 1989: 12 和最新的 Ussishkin 2018: 239-39 的簡短討論。

31 一九三五年十二月二十一日勞德給威爾森的信。

32 一九三五年十二月二十一日勞德給威爾森的信。

33 一九三五年十二月二十一日勞德給威爾森的信。Adams 2017: 51 則主張神廟建立於層位 XII 的時期，然後一直使用到層位 VII 的時期。

34 一九三五年十二月二十一日勞德給威爾森的信。關於層位 VIB 的發掘成果請見 Loud 1948: 33, figs. 80-81。

35 一九三五年十二月二十一日勞德給威爾森的信。

36 勞德現場日誌一九三五年十二月二十四日與二十七日。

37 勞德現場日誌一九三五年十二月二十九日。類似的陳述請見一九三五年十二月二十九日勞德給威爾森的信。

38 一九三五年十二月二十一日勞德給威爾森的信；一九三六年一月七日勞德給馬修斯的信；一九三六年一月十四日勞德給查爾斯・布瑞斯提德的信。

39 一九三六年一月十五日威爾森給勞德的電報。

40 一九三六年一月十八日威爾森給勞德的信。

41 一九三六年一月十八日威爾森給勞德的信。

42 一九三六年一月十八日威爾森給勞德的信。

43 一九三六年二月十五日勞德給威爾森的信，以及一九三六年三月二日威爾森的簡短回覆。

44 勞德現場日誌一九三六年二月二日。

45 一九三六年二月八日勞德給威爾森的信。另外請見之前一九三六年一月七日與二

月八日勞德給馬修斯的信，以及一九三六年一月十四日與二月六日勞德給查爾斯・布瑞斯提德的信。

46 勞德現場日誌一九三六年二月二日。

47 一九三六年二月八日勞德給威爾森的信。關於圖提霍特普這三座小雕像及其定年，見 Adams 2017；Ussishkin 2018: 172-74。

48 一九三六年二月八日勞德給威爾森的信。關於肝占請見 Ussishkin 2018: 216-17。

49 勞德現場日誌一九三六年二月十九日、二十二日、二十四到二十五日。

50 一九三六年二月八日勞德給威爾森的信。

51 一九三六年三月十五日與二十五日勞德給威爾森的信；一九三六年四月二日威爾森的回信。

52 一九三六年三月二十五日勞德給威爾森的信；現場日誌一九三五年十二月六日、十三日、十五日、一九三六年一月四日、十六日、二十二日、二十五日、二月二十二日、二十四到二十七日、三月二十三日、四月七日。見之前的 Guy 1931: 24-29, 45-48, and fig. 14；後續討論與解釋請見 Loud and Shipton 1939: 74-83 and figs. 86-94。另外請見 Kempinski 1989: 99, 115-16。

53 一九三六年三月二十五日勞德給威爾森的信。

54 一九三六年三月二十五日勞德給威爾森的信。勞德現場日誌一九三六年二月九日、十八到十九日、三月二十六日、二十九日、四月五日。

55 一九三六年三月二十五日勞德給威爾森的信。見勞德現場日誌一九三六年三月二十三日與一九三七年三月二十一日、二十三日、二十五日。層位 IV 城門最初的發掘成果發表是由拉蒙所寫，請見 Loud 1948: 46-57, figs. 104-16；另外，關於拉蒙將最終版本送交發表之前大家私下進行的一些相關討論，請見一九三七年二月二十二日、三月六日與二十九日勞德給威爾森的信。請見最新的 Ussishkin 2018:319-36, 387-99；以及較早的 Ussishkin 1980；Yadin 1980；Shiloh 1980；Wightman 1985；Kempinski 1989: 112-15。

56 參見雅丁在一九六〇與一九七〇年代的文章，前面已有註釋引用。

57 同樣見 Finkelstein 1996a, 1999, 2013；以及 Balter 2000；Ussishkin 2018: 323-26；Richelle 2018: 82, 85-88。

58 一九三六年四月十五日勞德給威爾森的信；勞德現場日誌一九三六年四月六日。

59 一九三六年五月十四日勞德交給文物部的一九三六季度報告草稿，藏於以色列文物局檔案處（British Mandate Record Rile SRF_143 [233/233]）。

60 一九三六年五月十四日勞德交給文物部的一九三六季度報告草稿，藏於以色列文物局檔案處（British Mandate Record Rile SRF_143 [233/233]）。另外請見勞德現場日誌一九三六年四月許多日子的內容。關於各個不同城門請見 Loud 1948: 16, 22, 25, 31, 33, 37, 45-46（以及拉蒙寫的 46-57），figs. 39-45, 63-64, 89-96, 104（以及配合拉蒙寫的部分的 105-23）。另外請見 Kempinski 1989: 111, fig. 36 這張將所有城門都畫出來的平面圖，以及最新的 Ussishkin 2018:242-45。

61 一九三六年四月十七日勞德給威爾森的電報；一九三六年四月二十四日勞德給威爾森的信。

62 勞德現場日誌一九三六年二月二十八日與五月一日；一九三六年三月十五日、二十五日、四月二十四日、五月二日勞德給威爾森的信；三月二日與三十一日威爾森給勞德的信；一九三六年五月九日與十五日勞德給馬修斯的信；一九三六年五月十五日勞德給國家火車整載公司（National Carloading Co.）的信。以色列文物局檔案處所藏相關信件（British Mandate Administrative Files ATQ_7/6 [4th Jacket: 231/230]）包括一九三六年一月二十一日、二月七日、十九日、四月八日、五月八日、十八日里奇蒙給勞德的信；一九三六年一月十五日、二月四日、十七日、三月（日期不明）、四月七日、五月十五日勞德給里奇蒙的信。

63 一九三六年四月二十二日威爾森給勞德的加密電報。

64 一九三六年四月二十三日威爾森給勞德的信；以及一九三六年四月二十四日勞德給威爾森回覆加密電報的信件，還有 Abt 2011: 392。另外請見湯瑪斯・B・艾普格（Thomas B. Appleget）的會面日誌，與威爾森的會面紀錄在一九三六年三月九日，日誌現藏於洛克斐勒檔案館（歸檔在 Rockefeller Foundation recores, officers' diaries, RG 12 Appleget, Thomas B. 1936, Box 15, Folder 10 of 23）。

65 《洛克斐勒基金會年度報告》（*Rockefeller Foundation Annual Report*）1936: 304-5。另外請見洛克斐勒基金會一九三六年四月十五日會議箚記（Resolved: FR 30659 and 36060），現藏於洛克斐勒檔案館（歸檔在 Rockefeller Foundation records, RG 1.1, Series 216R, Box 17, Folder 235），還有一九三六年五月五日W・W・布瑞黎（W. W. Brierley，國民教育委員會祕書）給哈欽斯校長的信，現藏於洛克斐勒檔案館（歸檔在 General Education Board. RG 2324.2, Series 1, Box 659, Folder 6854）。另外請見一九三六年四月二十三日查爾斯・布瑞斯提德給約翰・洛克斐勒二世的信，以及一九三六年六月四日的回信。

66 一九三六年四月二十三日威爾森給勞德的信。

67 一九三六年五月七日威爾森給勞德的電報。

68 一九三六年五月七日威爾森給勞德的電報；威爾森在同一天還寄出一封內容較長且較詳細的信給勞德。

69 一九三六年五月九日、十日、十一日勞德給威爾森的電報；一九三六年五月十二日威爾森給勞德的回電。

70 勞德現場日誌一九三六年四月十九日、二十日、二十二日。

71 關於一九三六到三九年的歷史事件與其他，見 Bethell 1979: 30, 41；Sachar 1979: 199-208；Armstrong 1996: 383-85；Gilbert 1996: 134, 136, 140-43, 147-48；Smith 1996: 97-101；Hudson 2000: 256；Laqueur and Rubin 2001: 41-43；以及 Cline 2004: 254-56 的簡短綜論和更多參考文獻。

72 一九三六年五月十三日漢彌頓給里奇蒙的手寫短箋，現藏於以色列文物局檔案處（British Mandate Administrative Files ATQ_7/6 [4th Jacket: 231/230]）。另一封

一九三六年五月十四日勞德給里奇蒙的信內容更完整也更正式，東方研究所與以色列文物局檔案處都有這封信，內容包含從他們建造的建築物之法律狀態到各種設備物件的清算等各式各樣技術問題。後續信件包括一九三六年五月十九日里奇蒙給勞德的信，一九三六年五月二十九日祕書長給里奇蒙的信，一九三六年六月二日里奇蒙給祕書長的回信，以及後來一九三六年九月十五日與十八日李奇蒙和祕書長之間的信件往來。這些信件都在以色列文物局檔案處（British Mandate Administrative Files ATQ_7/6 [4th Jacket: 231/230]）。

73 一九三六年五月十七日希普頓給威爾森的信。稍後還有一封八月八日奧布萊特給赫伯特・梅伊的信，信中奧布萊特說他聽到東方研究所各處考古工作中心被拆除的消息很難過，但他也知道這是遲早的事（現藏於歐柏林學院檔案處：Herber G. May Papers, IV. Correspondence, W. F. Albright, Box 2）。

74 勞德現場日誌一九三六年五月十六日。

75 一九三六年五月十六日林德給威爾森的手寫信。

76 一九三六年六月十二日指示解雇林德的備忘；一九三六年六月二十五日威爾森給林德的信；一九三六年七月六日馬修斯給林德的信；一九三六年七月二十三日林德給威爾森的信；一九三六年八月十八日威爾森給林德的信；一九三六年十月二十二日馬修斯給 W・J・馬瑟爾（W. J, Mather，芝加哥大學財務主管）的信。

第十三章

1 見大衛・H・史蒂芬斯的會面日誌一九三六年七月十四日與威爾森會面的紀錄，現藏於洛克斐勒檔案館（歸檔在 Rockefeller Foundation records, officers' diaries, RG 12, S-Z; Box 444, Reel M Ste 1, Frame 293）。

2 一九三六年九月十二日勞德給里奇蒙與給祕書長的信，以及一九三六年九月二十九日里奇蒙的回信；給祕書長的信現藏於東方研究所檔案館，勞德與里奇蒙之間的通信則在以色列文物局檔案處（British Mandate Administrative Files ATQ_7/6 [4th Jacket: 231/230]）。

3 一九三六年十月十九日與二十七日勞德給里奇蒙的電報；一九三六年十月二十九日里奇蒙給勞德的電報——三份都在東方研究所與以色列文物局檔案處（British Mandate Administrative Files ATQ_7/6 [4th Jacket: 231/230]）。另外請見一九三六年十月二十一日與二十八日里奇蒙與祕書長之間討論要怎麼回覆的往來信件，現藏於以色列文物局檔案處（British Mandate Administrative Files ATQ_7/6 [4th Jacket: 231/230]）。

4 一九三六年十月二十九日勞德給希普頓的電報；一九三六年十一月四日勞德給里奇蒙的信，以及一九三六年十一月二十日里奇蒙的回信，兩封都在以色列文物局檔案處（British Mandate Administrative Files ATQ_7/6 [4th Jacket: 231/230]）。

5 一九三六年十月三十一日與十一月二十七日艾倫給希普頓的信，以及一九三六年十一月十一日希普頓的回信；一九三六年十一月二十七日艾倫給蓋伊的信；

一九三六年十二月二十七日勞德給艾倫的信。見 Albright 1932: xxi，和 Sharon 2014: 44-45 的歷史討論。

6 勞德現場日誌一九三六年十二月十四日。

7 勞德現場日誌一九三六年十二月十九日。

8 一九三六年十二月二十七日勞德給威爾森的信。

9 勞德現場日誌一九三六年十二月十九日與二十日。

10 一九三六年十二月二十七日勞德給威爾森的信；以及一九三七年二月二十八日勞德給威爾森的信，和一九三七年三月十日威爾森給勞德的信。

11 一九三六年十二月二十七日勞德給威爾森的信。另外請見勞德的一九三六到三七年季度報告，現藏於以色列文物局檔案處（British Mandate Record File SRF_143 [233/233]）。

12 勞德現場日誌一九三六年十二月二十四日。

13 一九三六年十二月二十七日勞德給威爾森的信；勞德現場日誌一九三六年十二月二十日。

14 勞德現場日誌十二月二十四日與三十一日。

15 一九三六年十二月二十七日、一九三七年二月二十二日、三月六日、四月十七日勞德給威爾森的信；關於工人人數見勞德現場日誌一九三七年一月九日，最早提到層位 XIV 和 XV 巨牆的地方是在勞德現場日誌一九三七年三月二十一日與二十五日。另外請見勞德的一九三六到三七年季度報告，現藏於以色列文物局檔案處（British Mandate Record File SRF_143 [233/233]）。

16 一九三七年一月二十六日威爾森給勞德的信。

17 一九三七年一月二十二日勞德給威爾森的信。

18 一九三七年一月二十二日與二月一日勞德給威爾森的信。

19 一九三七年二月二十二日與四月十四日威爾森給勞德的信；宮殿最後的發掘成果發表請見 Loud 1948: 22-33, figs. 50-79。勞德現場日誌一九三七年二月十五日與十七日紀錄他們在後來被稱為「藏寶庫」（3073）的房間最初發現象牙的情況；貝殼步道記錄在一九三七年二月十八日的日誌裡，藍、紅、黃、紫紅、綠色的彩繪石膏牆則最早被記錄在一九三七年二月二十五日。另外請見 Ussishkin 2018: 245-49。

20 一九三七年三月十日勞德給馬修斯的信。另外請見一九三七年二月二十二日勞德給威爾森的信。

21 勞德現場日誌一九三七年三月二日。

22 一九三七年三月六日勞德給威爾森的電報。

23 一九三七年三月八日威爾森給勞德的電報。另外請見後續一九三七年三月十日威爾森給勞德的信。

24 一九三七年三月六日勞德給威爾森的信。最後成果發表裡對出土地點的描述見 Loud 1948: 25。關於伊里夫到訪的情況見勞德現場日誌一九三七年三月六日。

25 一九三七年三月六日勞德給威爾森的信；勞德現場日誌一九三七年三月二日、六日、二十一日；Lund 1948: 25, 173, figs. 55-58, plates 160, 202, 213, 230-32。最新的見 Ussishkin 2018: 250-52, figs. 12:11-14；較早的見 Negbi 1970: 35-36，Samet 2009: 77, 110, 116，以及 Hall 2016: 51-56。哈爾（Hall）認為這些器物事實上可能是分三批置入這裡，埋藏時緊鄰著連成一條線緊靠著房間西牆（以及／或是埋在西牆下面），但三批的埋藏深度都稍有不同。另外尼格比（Negbi）提出說這些器物的年代應劃歸層位 IX 而非層位 VIII。

26 勞德現場日誌一九三七年三月二日；Loud 1948: 25, 173, with figs. 55-58。見最新的 Hall 2016: 48-49；Ussishkin 2018: 250-52。

27 Loud 1948: 25；Ussishkin 2018: 250-52。關於層位 VIII 的宮殿請見最新的 Yasur-Landau and Samet 2017: 469-73。

28 Hasson 2012；https://english.tau.ac.il/new/tel_megido；Hall 2016: 7-8；Ussishkin 2018: 305-9。見最新的 Arie et al. 2019。

29 一九三七年三月六日與十八日勞德給威爾森的信。關於伊里夫的說法請見勞德現場日誌一九三七年三月六日。

30 一九三七年三月六日、十八日、五月三日勞德給威爾森的信。

31 一九三七年三月二十九日與四月十四日威爾森給勞德的信。

32 一九三七年三月二十九日威爾森給勞德的信；《聖路易斯郵報》一九三七年三月十五日頁一。

33 一九三七年五月三日勞德給威爾森的電報與信見；《聖路易斯郵報》一九三七年八月一日頁四與頁六。

34 一九三七年三月六日勞德給威爾森的信；一九三七年三月十日勞德給馬修斯的信。

35 一九三七年三月十八日勞德給威爾森的信。

36 一九三七年四月七日勞德給馬修斯的信。關於解碼的事情另外請見一九三七年三月十日威爾森給勞德的信，以及一九三七年三月二十日馬修斯給勞德的信。

37 勞德現場日誌一九三七年三月六日。

38 勞德現場日誌一九三七年三月七日與九日。

39 勞德現場日誌一九三七年三月六日與四月七日；一九三七年四月三十日勞德給伊里夫的信，現藏於以色列文物局檔案處（British Mandate Administrative Files ATQ_7/6 [4th Jacket: 231/230]）。

40 參見一九三七年四月十七日勞德給威爾森的信；Loud 1939: 3，1948: 29, 31, fig: 75；Feldman 2009: 177。

41 一九三七年四月三十日勞德給伊里夫的信，現藏於以色列文物局檔案處（British Mandate Administrative Files ATQ_7/6 [4th Jacket: 231/230]）。

42 一九三七年四月三十日勞德給伊里夫的信（附草圖），現藏於以色列文物局檔案處（British Mandate Record File SRF_143 [233/233]，以及 British Mandate

Administrative Files ATQ_7/6 [4th Jacket: 231/230]）。另外請見一九三七年六月一日本多爾給肯內迪・蕭（Kennedy Shaw，英國考古學家）的信，一九三七年六月一日肯內迪・蕭給勞德的信，以及一九三七年六月二十五日勞德給肯內迪・蕭的信，這幾封都在討論「微網格化」以及象牙器物運到巴勒斯坦博物館之後如何以此編號的問題。以上信件都在以色列文物局檔案處（British Mandate Administrative Files ATQ_7/6 [4th Jacket: 231/230]）。

43 一九三七年三月十八日、二十九日、四月十七日勞德給威爾森的信。除了一九三九年勞德正式發表這些器物的資料以外，後來的相關研究包括 Kantor 1956；Barnett 1982: 25-28；Liebowitz 1986；Singer 1988-89；Kempinski 1989: 137-46；Fischer 2007: 118-27；Fieldman 2009；Yasur-Landau and Samet 2017: 474-76；以及最新的 Ussishkin 2018: 253-66。

44 一九三七年四月十七日勞德給威爾森的信。馬森後來成為耶路撒冷美國殖民地照片部門所有照片與底片的所有人，後來他將這些全部捐給國會圖書館；這些資料現在可於網上取得，請見 https://www.loc.gov/collections/g-eric-and-edith-matson-photographs/about-this-collection/。

45 一九三七年三月十八日、二十九日、四月十七日勞德給威爾森的信；Loud 1939: 13, plates 1-3。另外請見討論文物出借事宜的相關信件：一九三七年四月十五日勞德給里奇蒙的信，以及一九三七年四月十七日里奇蒙的回信；一九三七年五月三日勞德給其蒙的信，以及一九三七年五月八日肯內迪・蕭給勞德的信。以上都在以色列文物局檔案處（British Mandate Administrative Files ATQ_7/6 [4th Jacket: 231/230]）。

46 一九三七年四月十七日勞德給威爾森的信；Loud 1939: 9, 11-13, plate 62。更多關於拉姆西斯三世與該時期歷史事件的介紹請見 Cline 2014。關於這個筆盒另外也請見 Barnett 1982: 25；Fischer 2007: 157-63；Feldman 2009: 192 有更多相關文獻；Ussishkin 2018: 270。

47 Loud 1939: 7 and fig. 5。

48 Loud 1939: 7-9, 1948: 31。另外請參考 Barnett 1982: 25；Singer 1988-89: 102。

49 Barnet 1982: 25；Singer 1988-89；Fischer 2007: 119-27；Feldman 2009: 177-78, 188-89；Martin 2017: 270, 273；最新的 Ussishkin 2018: 253-55。

50 一九三七年四月十七日勞德給威爾森的信。之前勞德在一九三七年三月十一日的現場日誌裡寫說「象牙房間看起來愈來愈像是附加的」，意思是說這些房間不是宮殿建築原有的部分，而是後來增建。之後，他在一九三七年三月十八日的現場日誌裡說原本這座宮殿似乎「西邊的界線是在象牙房間底下」。

51 Loud 1939: 9。

52 一九三七年三月六日與四月十七日勞德給威爾森的信；勞德現場日誌一九三七年三月六日與七日。

53 Loud 1939: fig. 5；Feldman 2009: fig. 3。

54 見 Hachmann 1989: 95-122, 1993: 1-40；Adler 1994: 146-49；Fisher 2007: 119-27；Feldman 2009: 177；Samet 2009: 117-53, esp 83-85, 120-21, 134；Wagner-Durand 2012。

55 關於勞茲山的專門研究請見 Hachmann 1989: 95-122, 1993: 2-8；Adler 1994: 146-49；Wanger-Durand 2012。

56 這裡我要感謝哈斯克爾・葛林菲德教授與緹娜・葛林菲德教授（二〇一八年十二月三日私人通訊）向我提出說這副完整的動物骨骼看來像是被刻意埋葬，我因此重新考量這座「藏寶庫」其實是座墳墓的可能性，並在本書中提出這個假設。

57 Loud 1939: 7, 9；Loud 1948: 171 (catalog)。

58 勞現場日誌一九三七年三月六日。

59 Feldman 2009: 177, 189-90。

60 這裡我要感謝哈斯克爾・葛林菲德教授與緹娜・葛林菲德教授（二〇一八年十二月三日私人通訊）以費德曼發表的一張照片為據加以檢驗並向我提出這個可能性。

61 關於古代近東埋葬馬科動物的現象，參見最新的 Weber 2008；Greenfield, Shai, and Maeir 2012；Way 2013；Silber 2014；Wygnańska 2017。另外較早的研究可參見 Stiebing 1971。

62 Cline 2014。

63 Finkelstein 1996b: 171-72, 2009；Toffolo et al. 2014；Finkelstein et al. 2017a。

64 Loud 1948: 29, 31；Singer 1988-89: 101；Kempinski 1989: 159-60；Ussishkin 1995: 241；另外最新的相關討論請見 Martin 2017。

65 Ussishkin 1995, 2018: 276-77。

66 Martin 2017；另外請見 Finkelstein et al. 2017a；以及較早的 Finkelstein 2009。

67 一九三七年四月二十八日勞德給威爾森的信；勞德現場日誌一九三七年四月十八日。令人訝異的是，這一季度的官方報告書內容極其精簡；見 Loud 1938: 45-46。

68 勞德現場日誌一九三七年四月七日與十五日。

69 Ussishkin 2018: 246。

70 見一九三七年四月十五日勞德給里奇蒙的信，以及一九三七年四月十七日里奇蒙的回信；另外請見一九三七年五月四日里奇蒙給勞德的信。以上目前都在以色列文物局檔案處（British Mandate Administrative Files ATQ_7/6 [4th Jacket: 231/230]）。另外請見勞德現場日誌一九三七年五月一日。

71 一九三七年五月三日勞德給威爾森的信。

72 一九三七年五月三日勞德給威爾森的信。另外請見之前一九三七年四月二十八日勞德給威爾森的信。

73 一九三七年四月三十日勞德給伊里夫的信；另外還是請見一九三七年六月一日本多爾給肯內迪・蕭的手寫信，一九三七年六月一日肯內迪・蕭給勞德的信，以及

一九三七年六月二十五日勞德給肯內迪・蕭的信，這幾封都在討論象牙器物運到巴勒斯坦博物館之後如何編號的問題。以上信件都在以色列文物局檔案處（British Mandate Administrative Files ATQ_7/6 [4th Jacket: 231/230]）。

74 一九三七年二月二十五日、三月十日、二十九日、四月十四日威爾森給勞德的信；一九三七年三月二十九日、四月十七日、五月三日勞德給威爾森的向。另外請見一九三七年十一月七日希普頓用華盛頓特區柯斯莫俱樂部（Cosmos Club）信紙手寫給威爾森的感謝信，他是在與其他人一同前往米吉多準備開始進行下一季的半路上寄出此信。

75 一九三七年四月二十八日勞德給威爾森的信。

第十四章

1 十一月十三日威爾森給勞德的電報；一九三七年十一月十九日勞德給威爾森的信（從至尊號輪船〔SS *Rex*〕上寄出）；勞德現場日誌一九三七年十一月十三日。

2 一九三七年二月二十五日威爾森給勞德的電報與信件，以及一九三七年二月二十七日勞德的回電；另外還有一九三七年六月九日馬修斯給勞德的信。以上這幾封內容都與最初一九三七年一月二十六日威爾森寄給勞德那封烏雲密布的信形成強烈對比。

3 一九三七年五月二十八日給勞德的信，信中列出可能的申請人，其中包括佛雷澤；http://tsla.tnsosfiles.com.s3.amazonaws.com/history/manuscripts/findingaids/FRAZER_GEORGE_PRESTON_PAPERS_1978-1992.pdf。

4 一九三七年十一月二十六日勞德給文物部部長的信，現藏於以色列文物局檔案處（British Mandate Administrative Files ATQ_7/6 [4th Jacket: 231/230]）；勞德現場日誌一九三七年十一月二十五日。

5 一九三七年十二月十六日勞德給威爾森的信；勞德現場日誌一九三七年十二月五日。

6 一九三七年十二月十六日勞德給威爾森的信；一九三七年九月九日林德給其妻艾絲翠德的信（出自國會圖書館歐洛夫・E・林德文件<lccn.loc.gov/mm2014085935>）；勞德現場日誌一九三七年十二月十一日與十三日。

7 一九三七年十二月十六日與二十六日勞德給威爾森的信；一九三七年十二月十八日勞德給馬修斯的信；勞德現場日誌一九三七年十二月十一日與十二日。

8 勞德給文物部部長的一九三七到三八年季度成果報告（未標日期但確定是一九三八年五月交出），現藏於以色列文物局檔案處（British Mandate Record File SRF_143 [233/233]）；勞德現場日誌一九三八年一月二十二日與四月大部分日期。

9 勞德給文物部部長的一九三七到三八年季度成果報告（未標日期但確定是一九三八年五月交出），現藏於以色列文物局檔案處（British Mandate Record File SRF_143 [233/233]）；勞德現場日誌一九三八年一月二十二日與四月大部分

日期。

10 見 Lamon and Shipton 1939: 43, fig. 49，Cline 2006: fig. 8. 12 有更新的資料。另外請見 Loud 1941: 211；Loud 1948: 116, figs. 279,414；Franklin 2017: 91。

11 勞德給文物部部長的一九三七到三八年季度成果報告（未標日期但確定是一九三八年五月交出），現藏於以色列文物局檔案處（British Mandate Record File SRF_143 [233/233]）；勞德現場日誌一九三八年一月二十二日與四月大部分日期；Loud 1948:6-8, figs. 6-7。關於層位 XIII 的城門請見最新的 Ussishkin 2018: 182-84。

12 勞德現場日誌一九三七年十二月七日；Loud 1948: 113；Harrison 2004: 5。

13 勞德現場日誌一九三八年一月二十三日、二十四日、二十九日、四月六日、九日到十一日，以及其他部分；Loud 1948: 113-14, 116, figs. 272-79。

14 一九三七年十二月二十日威爾森給勞德的加密電報與信件；一九三七年十二月二十二日勞德的回電，以及一九三七年十二月二十六日勞德給威爾森和給馬修斯的信。另外請見一九三八年一月四日馬修斯給勞德的信。

15 一九三七年十二月四日威爾森給史帝芬斯的信，信裡提到《倫敦畫報》一九三七年十月十六日與二十三日刊登的文章；一九三七年十二月十日布瑞黎給哈欽斯的信，以及一九三七年十二月十三日、十五日、二十日哈欽斯、馬修斯、威爾森分別寄出的回信；一九三七年十二月二十日威爾森給史蒂芬斯的信。以上都在洛克斐勒檔案館（歸檔在 International Education Board, RG 1008.1, Series 1, Box 18, Folder 274）。另外請見威爾森發表在《美國考古期刊》上討論這些象牙器物的短文（Wilson 1938）。

16 一九三八年一月十四日威爾森給勞德的信。

17 一九三七年十二月二十六日勞德給威爾森與給馬修斯的信；勞德現場日誌一九三七年十二月二十二日。關於海因斯請見 Green 2012: 14；關於布雷伍德夫婦請見 https://www.nytimes.com/2003/01/17/us/2-archaeologists-robert-braidwood-95-and-his-wife-linda-braidwood-93-die.html。

18 一九三七年十二月六日馬修斯給勞德的信，以及一九三七年十二月二十六日勞德的回信。

19 一九三七年十二月十六日勞德給威爾森的信。

20 一九三七年十二月二十六日勞德給威爾森的信；一九三七年十二月六日勞德給馬修斯的信。

21 勞德現場日誌一九三八年一月十一日；另外請見尼爾森・格列克在美國東方研究學會一九三八年一月通訊第一號中一月十一日（以及一月十三日）的記事，現藏於美國東方研究學會檔案處，可於網上取得：http://www.asor-glueck.org/diaries/1938-2/。關於史塔基被害當時的情況，最新的研究請見 Garfinkel 2016，以及 Ussishkin 2019 對此的回應。史塔基簡傳請見 https://www.pef.org.uk/profiles/james-leslie-starkey-1895-1938。

22 勞德現場日誌一九三八年一月二十二日。

23 勞德現場日誌一九三八年二月一日。

24 勞德給文物部部長的一九三七到三八年季度成果報告（未標日期但確定是一九三八年五月交出），現藏於以色列文物局檔案處（British Mandate Record File SRF_143 [233/233]）；報告內容公開發表於 Loud 1938-39: 162-63。另外請見 Kempinski 1989: 19-90 對這些層位的簡短討論，以及最新的 Ussishkin 2018 中的相關討論。

25 勞德現場日誌一九三八年二月二十一日與二十七日。另外請見 Kempinski 1989: 19。

26 勞德現場日誌一九三八年三月二十七日。見 Loud 1948: 59-60, figs. 128-30，以及 Kempinski 1989: 19 和 Ussishkin 2018: 106 簡短提到的部分。

27 勞德現場日誌一九三七年十二月二十八日到三十日，以及一九三八年一月二十四日；見 Loud 1948: 61, figs. 135-43，以及最新的 Ussishkin 2018: 112-39 和其中引用的更多參考文獻。另外最新對於層位 XX-XIV 遺存的重新檢驗結果請見 Ussishkin 2015，較早的請參見 Epstein 1965；Kunayevski and Kempinski 1973。

28 勞德現場日誌一九三七年十二月二十八到三十日、一九三八年一月二十四日；Loud 1948: 61, figs. 144-46。關於近年特拉維夫大學考古隊的發現，見 Keinan 2007, 2013；以及 Ussishkin 2018: 116-19。

29 勞德現場日誌一九三八年一月八日、二月一日、三日、六日、十三日到二十二日。除了勞德的一九三八年報告以外，請見《科學通訊》（*Science News Letters*）一九三八年八月六日頁八十三〈科學家在著名哈米吉多頓城發現巨牆〉（Scientists Find Giant Wall at Famed City of Armageddon），可於 JSTOR 網站取得：https://www.jstor.org/stable/3914922。見 Loud 1948: 64, 66, 70, figs. 147-55，以及最新的 Ussishkin 2018: 143-46 和其中引用的更多參考文獻。

30 勞德現場日誌一九三八年一月十一日；另外請見日誌中一月十二日與二十三日的部分。祭壇的發掘最後發表在 Loud 1948: 59, 73, 76, figs. 164-65。見最新的 Ussishkin 2018: 148-50。

31 見 Cline 2014: 228，我在這裡最早發表這些觀察。這些骨骼發掘成果的發表請見 Wapnish and Hesse 2000；另外關於祭壇的整體討論請見 Ussishkin 2018: 148-50。

32 Loud 1948: 70, 73, figs. 156-62。

33 勞德給文物部部長的一九三六到三七年季度成果報告（未標日期但確定是一九三七年五月交出），現藏於以色列文物局檔案處（British Mandate Record File SRF_143 [233/233]）；報告公開發表於 Loud 1938: 45-46 時將其中對各個層位的長篇討論刪除以達精簡效果。

34 關於層位 XVI-XIII，見 Loud 1948: 73, 76-87, figs 168-98。關於最近特拉維夫大學考古隊在 K 區域發現的牆垣，見最新的 Ussishkin 2018: 180-82 and fig. 9.9。

35 勞德給文物部部長的一九三六到三七年季度成果報告（未標日期但確定是

一九三七年五月交出），現藏於以色列文物局檔案處（British Mandate Record File SRF_143 [233/233]）。見 Loud 1948: 87, 92, figs. 197-209, 212。另外關於 Negro 1994 裡重建的層位 XII 可能存在的一座宮殿，請見最新的 Yasur-Landau and Samet 2017: 464-67。

36 Loud 1948: 92, 97, 102, figs. 210-28, 230, 236-39。

37 Ussishkin 2018: 207-11。

38 Loud 1948: 102, figs. 242-44。見最新的 Ussishkin 2018: 234-35。注意 Bonfil 2012 以長篇論證圖特摩斯三世攻下的城市位在層位 X，但學界是否接受這個結論仍有待觀察。

39 勞德給文物部部長的一九三六到三七年季度成果報告（未標日期但確定是一九三七年五月交出），現藏於以色列文物局檔案處（British Mandate Record File SRF_143 [233/233]）；另外請見 Loud 1948: 102, 104, figs. 247-49。

40 勞德給文物部部長的一九三六到三七年季度成果報告（未標日期但確定是一九三七年五月交出），現藏於以色列文物局檔案處（British Mandate Record File SRF_143 [233/233]）。

41 勞德現場日誌一九三八年三月一日。

42 勞德現場日誌一九三八年三月一日。

43 一九三八年三月七日勞德給馬修斯的信。

44 一九三八年三月七日勞德給馬修斯的信；勞德現場日誌一九三八年三月四日到十一日。

45 勞德現場日誌一九三八年三月十二日。

46 勞德現場日誌一九三八年三月十三日；另外請見之前一九三八年二月八日的內容。

47 勞德現場日誌一九三八年三月十六日到二十四日。

48 勞德現場日誌一九三八年三月二十四日到二十五日。

49 勞德現場日誌一九三八年三月二十四日到二十五日；一九三八年四月二十四日馬修斯從巴格達寄出給勞德的信。

50 勞德現場日誌一九三八年三月二十七日。

51 勞德現場日誌一九三八年三月三十一日。

52 勞德現場日誌一九三八年三月三十一日。

53 勞德現場日誌一九三八年三月三十一日、四月二日、五日。

54 一九三八年一月十二日勞德給馬修斯的信；一九三八年一月十四日威爾森給勞德的信；一九三八年一月二十九日馬修斯給勞德的信；一九三八年二月十一日勞德給馬修斯的電報。

55 關於這季度後半波普在米吉多的情況，見勞德現場日誌一九三八年二月十六日、四月十四日、二十七日、五月九日、十三日、十四日；另外波普的家系詳情請見 https://www.findagrave.com/memorial/180349047/gustavus-debrille-pope 和 https://

www.geni.com/people/Gustavus-Debrille_pope-Jr/4908435112840064587。

56 一九三八年四月十一日與五月十日勞德給文物部部長的信；一九三八年五月七日漢彌頓（以文物部代理部長身分）的來信。以上都在以色列文物局檔案處（British Mandate Administrative Files ATQ_7/6 [4th Jacket: 231/230]；另外請見 British Mandate Record Files SRF_143 [233/233]）。另外請見勞德現場日誌一九三八年四月二十一日、二十七日到二十八日、五月二日到五日。

57 一九三八年五月十四日勞德給馬修斯的信，以及一九三八年五月二十四日勞德給馬修斯的電報。另外請見勞德現場日誌一九三八年五月十四日。

第十五章

1 《芝加哥論壇報》一九三八年十一月五日頁十五，以及一九三八年十一月六日頁十九。報導中說伴郎的名字是「愛德華・諾柏」（Edward Noble），但報紙可能是把伴郎名字弄錯了，因為這人應當就是勞德在信中說的「哈爾・諾柏」，本名威廉・H・諾柏（William H. Noble）。雙方訂婚的消息在九月就已宣布（《芝加哥論壇報》一九三八年九月六日頁十九），所以漢彌頓就在一九三八年十月二十一日的信裡提前祝賀新人，此信現藏於以色列文物局檔案處（British Mandate Administrative Files ATQ_7/6 [4th Jacket: 231/230]）。

2 《芝加哥論壇報》一九三八年十一月五日頁十五，以及一九三八年十一月六日頁十九。

3 見 http://www.shippingwondersoftheworld.com/rex.html 這個網頁所提供的詳細資料。

4 《芝加哥論壇報》一九三八年十一月五日頁十五，以及一九三八年十一月六日頁十九。關於他們抵達米吉多的情況請見一九三八年十月十三日希普頓給漢彌頓的信；一九三八年十月四日與十二月二時日勞德給漢彌頓的信；一九三八年十月二十一日與十二月二十三日漢彌頓給勞德的信，以上都在以色列文物局檔案處（British Mandate Administrative Files ATQ_7/6 [4th Jacket: 231/230]）。另外請見一九三八年十二月一日與二十二日馬修斯給勞德的信；勞德現場日誌一九三八／三九年季度開頭頁面（未標日期）。

5 一九三八年十二月二十九日勞德給馬修斯的信；一九三九年一月三十一日馬修斯的回信；勞德現場日誌一九三九年十二月二十七日。

6 勞德給文物部部長的一九三八到三九年季度成果報告（一九三九年五月六日），現藏於以色列文物局檔案處（British Mandate Record File SRF_143 [233/233]），報告公開發表於 Loud 1941: 210-12。

7 勞德現場日誌一九三八年十二月二十七日。另外請見勞德給文物部部長的一九三八到三九年季度成果報告（一九三九年五月六日），現藏於以色列文物局檔案處（British Mandate Record File SRF_143 [233/233]），報告公開發表於 Loud 1941: 210-12。

8 一九三九年一月十六日勞德給馬修斯的信；一九三九年一月二十九日勞德給威爾森的信；勞德現場日誌一九三九年一月四日、七日、九日、十七日。另外請見勞德給文物部部長的一九三八到三九年季度成果報告（一九三九年五月六日），現藏於以色列文物局檔案處（British Mandate Record File SRF_143 [233/233]），報告公開發表於 Loud 1941: 210-12（特別是 p. 211 關於馬廄的部分）。

9 一九三九年一月二十九日勞德給威爾森的信。關於肝占同樣請見 Ussishkin 2018: 216-17。

10 一九三九年一月二十九日勞德給威爾森的信。

11 一九三九年一月十九日威爾森給勞德的信；一九三八年二月十二日勞德給威爾森的信。

12 一九三九年一月十九日威爾森給勞德的信；一九三九年二月十二日勞德的回信。

13 見 Sachar 1979: 210-13. 222-26；Armstrong 1996: 385；Gilbert 1996: 150-51, 154-60；Khalidi 1991: 192-95；Smith 1996: 101-8；Hudson 2000: 256；Segev 2000: 436-43；Wasserstein 2001: 115-16。另外請見 Cline 2004: 255-56 的簡短綜論與更多參考文獻。

14 同樣請見 Sachar 1979: 210-13. 222-26；Armstrong 1996: 385；Gilbert 1996: 150-51, 154-60；Khalidi 1991: 192-95；Smith 1996: 101-8；Hudson 2000: 256；Segev 2000: 436-43；Wasserstein 2001: 115-16；Cline 2004: 255-56。

15 Segev 2000: 440。

16 一九三九年一月二十四日林德關於離婚事宜的信（出自國會圖書館歐洛夫・E・林德文件<lccn.loc.gov/mm2014085935>）。

17 一九三九年一月二十九日勞德給威爾森的信。

18 一九三九年一月二十九日勞德給威爾森的信。

19 格列克〈通信第二號〉一九三九年二月一日；現藏於美國東方研究學會，可於網上取得：http://www.asor-glueck.org/diaries/1939-2/。另外請見勞德現場日誌一九三九年一月二十八日。

20 一九三九年一月二十九日勞德給威爾森的信；勞德現場日誌一九三九年一月二十八日。

21 一九三九年一月二十九日、二月十二日、三月十二日、十六日勞德給威爾森的信；一九三九年一月二十八日勞德給瓦茲渥斯的信；一九三九年三月十一日瓦茲沃斯給勞德的信；一九三九年四月一日威爾森給勞德的信；勞德現場日誌一九三九年一月二十八日。很怪的是，代表當地人的這位阿斯福律師後來自行連絡考古隊提出一模一樣的要求；見一九三九年六月九日勞德給威爾森的信，信中附上一九三九年五月十二日阿斯福的來信；一九三九年六月九日勞德給瓦茲沃斯、帕克給瓦茲沃斯的信；一九三九年六月十二日與七月二十二日帕克給勞德的信，以及一九三九年六月三十日與八月九日勞德的回信；一九三九年六月二十九日與七月八日勞德給威爾森的信，以及一九三九年七月五日威爾森對勞德六月

二十九日那封信的回信；一九三九年六月十二日與十月二十五日威爾森給華盛頓特區美國國務院華拉斯・穆瑞（Wallace Murray）的信，以及一九三九年六月十二日威爾森給耶路撒冷祕書長的信（這封信有副本在以色列文物局檔案處，British Mandate Administrative Files ATQ_7/6 [5th Jacket: 132/126]）；一九三九年十月十七日祕書長給勞德的信；一九三九年十月二十三日美國領事給勞德的信，以及一九三九年十一月十七日勞德的回信。其他還有一九三九年七月十二日與二十六日肯內迪・蕭給祕書長的信，以及一九三九年七月二十日土地註冊處處長何爾頓（Horton）給祕書長的信，以上這些都在以色列文物局檔案處（British Mandate Administrative Files ATQ_7/6 [5th Jacket: 132/126]）。

22 一九三九年一月二十九日勞德給威爾森的信；勞德現場日誌一九三九年一月四日、五日、七日。

23 一九三九年一月二十九日勞德給威爾森的信；勞德現場日誌一九三九年一月十九日。

24 一九三九年二月九日勞德給馬修斯的信；一九三九年二月十二日勞德給威爾森的信，裡面附一張照片（編號為 no. 5064）；勞德現場日誌一九三九年二月十五日、十六日、十九日、二十日、三月一日、二日。馬廄在「K-10」區域裡的位置請見 Lamon and Shipton 1939: fig. 49 和 Cline 2006: fig. 8.12。

25 一九三九年三月十二日勞德給威爾森的信；勞德現場日誌一九三九年二月二十六日與二十八日。

26 一九三九年三月十二日勞德給威爾森的信。

27 一九三九年四月一日威爾森給勞德的信。

28 一九三九年三月一日與十一日勞德給馬修斯的信。

29 一九三九年三月十二日勞德給威爾森的信。

30 一九三九年四月一日威爾森給勞德的信。

31 一九三九年四月八日勞德給漢彌頓的信，現藏於以色列文物局檔案處（British Mandate Administrative Files ATQ_7/6 [4th Jacket: 231/230]）；一九三九年四月六日勞德給威爾森的信；格列克〈通信第七號〉一九三九年四月五日，現藏於美國東方研究學會檔案處，可於網上取得：http://www.asor-glueck.org/diaries/1939-2/。

32 勞德現場日誌一九三九年四月四日；一九三九年四月七日馬修斯給勞德的信。

33 一九三九年四月六日與二十九日勞德給威爾森的信；勞德現場日誌一九三九年三月二十七日、二十九日、四月一日、六日、十八日。見最新的 Ussishkin 2018: 157-66 及其參考文獻。

34 一九三九年四月六日與二十九日勞德給威爾森的信；勞德現場日誌一九三九年四月十八日。關於用詞改正，請見一九三九年八月十一日勞德給肯內迪・蕭的信。另外請見勞德給文物部部長的一九三八到三九年季度成果報告（一九三九年五月六日），現藏於以色列文物局檔案處（British Mandate Record File SRF_143 [233/233]），公開發表於 Loud 1941: 211；最終發表於 Loud 1948: 78, fig. 179。另

外請見 Kempinski 1989: 175-78；Ussishkin 2018: 160-61 說學者對這些神廟有兩種定年說法，一種是青銅時代早期（EB III），一種是青銅時代中間期（IB）。

35 一九三九年四月八日、十七日、二十日、二十二日勞德給漢彌頓的信；一九三九年四月十三日、十九日、二十二日漢彌頓給勞德的信，現藏於以色列文物局檔案處（British Mandate Administrative Files ATQ_7/6 [4th Jacket: 231/230]）。另外請見一九三九年四月二十九日勞德給威爾森的信；勞德現場日誌一九三九年四月二十日。

36 一九三九年四月十七日勞德給漢彌頓的信，現藏於以色列文物局檔案處（British Mandate Administrative Files ATQ_7/6 [4th Jacket: 231/230]）。

37 一九三九年四月十九日漢彌頓的來信，現藏於以色列文物局檔案處（British Mandate Administrative Files ATQ_7/6 [4th Jacket: 231/230]）；勞德現場日誌一九三九年四月二十九日。

38 勞德現場日誌一九三九年四月二十九日；一九三九年四月八日、二十日、二十二日勞德給漢彌頓的信；一九三九年四月十三日與十九日漢彌頓給勞德的信；一九三九年五月一日肯內迪・蕭給勞德的信，以及一九三九年五月六日勞德的回信，現藏於以色列文物局檔案處（British Mandate Administrative Files ATQ_7/6 [4th Jacket: 231/230]；另外 British Mandate Record File SRF_ 143 [233/233] 也有五月一日肯內迪・蕭給勞德的這封信）。另外請見一九三九年四月二十九日勞德給威爾森的信，以及一九三九年五月六日勞德給馬修斯的信。

39 一九三九年四月六日與二十九日勞德給威爾森的信；一九三九年四月七日馬修斯給勞德的信；一九三九年五月六日勞德給馬修斯的信；勞德現場日誌一九三九年五月三日與六日。

40 一九三九年四月十五日勞德給馬修斯的信；一九三九年四月二十九日勞德給威爾森的信。關於暴亂情況同樣請參見前面引用的文獻（Sachar；Khaliki；Armstrong；Gilbert；Smith；Hudson；Wasserstein 及其他）和 Cline 2004: 255-56 的簡短討論。

41 一九三九年六月四日希普頓給勞德的信。

42 一九三九年六月四日希普頓給勞德的信，以及一九三九年六月二十八日勞德的信；另外請見一九三九年六月二十三日與二十九日勞德給威爾森的信，以及一九三九年六月二十六日、二十九日、七月五日威爾森給勞德的回信；一九三九年六月二十八日馬修斯給希普頓的信；一九三九年七月十七日希普頓給勞德的信，以及一九三九年八月三日勞德的回信。

43 一九三九年六月四日希普頓給勞德的信。

44 一九三九年八月九日勞德給帕克的信中講說他希望希普頓的陶器研究那一冊已經寄達海法，希望他們此時已經看過這本書。

45 一九三九年八月三日勞德給希普頓的信，這封信是回應一九三九年六月四日與七月十七日希普頓的來信。

46 一九三九年八月二十四日希普頓給勞德的信。

47 一九三九年八月二十四日希普頓給勞德的信。

48 一九三九年七月二十七日楚博給勞德的信。帕克在一九三九年夏季寫了幾封信給勞德，之後從一九三九年九月到一九四一年十月之間頻繁寫信給勞德，通常一個月寫好幾封信；楚博沒有寫這麼多，但他從一九三九年七月到一九四一年十月之間也至少一個月都會寫一兩封信給勞德。

49 一九三九年八月三十一日楚博給勞德的信。

50 一九三九年九月五日勞德給帕克的電報；一九三九年九月八日勞德給希普頓與帕克的信；一九三九年九月二十六日勞德給楚博的信；一九三九年十月九日與十一月十日勞德給帕克的信；一九三九年十月二十日勞德給帕克與希普頓的信。

51 一九三九年十月十四日楚博給勞德的信；楚博在後來十月二十五日的信中說勞德之前的信總算寄達，但有點好笑的是，依據勞德在十一月一日的回信中所言，楚博前後這兩封信其實都在同一天（也就是這一天）寄到勞德手上。

52 Tobler 1950: 1-2。另外請見 Rothman 2002；Peasnall and Rothman 2003。

53 一九三九年十一月十三日勞德給諾柏的電報；後續一九三九年十一月十五日陶伯樂給諾柏、諾柏給勞德、勞德給陶伯樂的電報；最後一九三九年十一月十六日陶伯樂給勞德的電報。

54 一九三九年九月八日勞德給希普頓與帕克的信；一九三九年十月九日與十一月十日勞德給帕克的信；一九三九年十月二十五日勞德給帕克的電報；一九三九年十一月二十一日勞德分別給楚博與給帕克的信。

55 一九三九年十一月二十一日勞德給楚博的信。

56 一九三九年十一月二十一日勞德給帕克的信。

57 一九三九年十二月十日希普頓給勞德的信。

58 一九三九年十一月十七日勞德給陶伯樂的信。

第十六章

1 Harrison 2004: 5。

2 一九四〇年一月四日勞德給帕克的信；一九四〇年一月二十三日勞德給楚博的信；一九四〇年一月三十一日楚博給勞德的信。

3 一九四〇年一月四日、二十三日、六月二十一日勞德給帕克的信；一九四〇年二月十五日勞德給帕克與希普頓的信；一九四〇年八月十七日、一九四一年三月二十一日勞德給楚博的信；一九四一年八月三日楚博給勞德的信。

4 一九四〇年十月二十九日、一九四一年五月二十八日勞德給帕克的電報；一九四一年一月五日楚博給勞德的信；一九四一年一月十日勞德給帕克的信；一九四一年一月十七日與四月三十日帕克給勞德的信；一九四一年二月一日勞德給楚博的信。

5 Shipton 1942。見一九四一年開始關於導覽書寫作的通訊內容，現藏於以色列文

物局檔案處（British Mandate Administrative Files ATQ_16/9 [1st Jacket: 120/111]）。

6 一九四一年四月十七日與六月十二日帕克給勞德的信；一九四一年五月十八日與八月三日楚博給勞德的信；一九四一年六月十八日勞德給楚博的信。

7 Beevor 1991: 252。我要感謝艾倫・梅耶爾（Aren Maeir）告知我這份文獻存在。一九四四年九月十九日勞德給威爾森的信裡提到一九四四年七月二十八日帕克寄來的一封信，該封信裡說「當局」在一九四四年七月底將工作中心交還。伊安・馬克費爾森的訃聞刊登在《每日電訊報》二〇一一年一月十二日；依據訃聞內容，馬克費爾森還將自己的經驗寫成一本回憶錄，書名是《憶往迷離》（*Blurred Recollections*），一九八九年由私人出版（見 https://www.telegraph.co.uk/news/obituaries/military-obituaries/special-forces-obituaries/8255880/Ian-Macpherson.html）。

8 一九四二年五月八日依瑟・申克（Ethel Schenk）給勞德的信。

9 此處特別請見 Kletter 2006: 93；Jones 2009: viii-ix；以及 O'Sullivan 2012:259n88, 282n166, 338n3, 2015: 228nn43, 54, 62, 66, 229n77, 230n193 引用的這段期間勞德寄出與收到的信件。另外請見馬里蘭州科利吉帕克（College Park）美國國家檔案館二館（National Archives II Building）所藏的極少數相關資料，歸檔於 Loud, Gordon; Record Group 226; Records of the Office of Strategic Services; OSS Personnel Files, 1941-1945; Box 0463, ARC ID 1593270, Entry 224, "Lordi, Joseph to Louttit, Chauncey"。

10 一九四五年十月十八日、十一月十四日、十二月五日勞德給威爾森的信；一九四五年十月二十九日與十一月七日威爾森給勞德的信；一九四六年一月十四日勞德給威爾森的辭職信。美國國家檔案館的戰略情報局工作人員檔案顯示他在一九四六年一月底也從該局辭職。東方研究所檔案館一份未標日期的備忘寫說勞德在一九五五年一月的新住址在華盛頓特區，我們不清楚這時候他是仍在大西洋石油公司工作還是已經退休。

11 一九四二年十一月三日奈爾森給漢彌頓的信，以及一九四三年二月九日漢彌頓的回信；兩封信都在以色列文物局檔案處（British Mandate Administrative Files ATQ_7/6 [5th Jacket: 132/126]）。

12 一九四六年三月二日漢彌頓給馬考利（Makhouly）的信；一九四六年三月二十日馬考利給漢彌頓的信；一九四六年三月二十六日帕克給傑寧地區負責警官的信；一九四六年三月三十日帕克給漢彌頓的信；一九四六年四月四日漢彌頓給帕克的信；一九四六年五月十七日漢彌頓所記與帕克同往米吉多情況的備忘；一九四六年五月十八日漢彌頓去過米吉多後給帕克的短箋。以上目前全部藏於以色列文物局檔案處（British Mandate Administrative Files ATQ_7/6 [5th Jacket: 132/126]）。

13 一九四四年二月十四日希普頓給漢彌頓的信，以及一九四四年二月二十一日漢彌頓的回信，兩封現皆藏於以色列文物局檔案處（British Mandate Administrative

Files ATQ_7/6 [5th Jacket: 132/126]）。另外請見一九五二年六月三十日帕克寄回芝加哥的信，以及一九五二年七月二日所長克萊林確認物品寄達的回信。回到一九三〇年，沃爾曼在一九三〇年三月三十一日給他父母的信中說帕克與蓋伊都是共濟會成員，當天這裡來了兩名共濟會訪客，身分是「英格蘭總會所幹事，其中一個還是『大學士』（Grand Secretary）」。

14 一九四八年二月四日（可能是他的兄弟艾里克（Erik））給林德的信；一九四八年四月十六日（一位名叫穆哈爾〔Muk-har〕的木匠）給林德的信；一九四八年五月結束後一份未標日期的短箋寫到林德在一九四八年五月二十四日離開海法；以上都出自國會圖書館歐洛夫・E・林德文件（lccn.loc.gov/mm2014085935）。林德之後十年都住在瑞典，試圖為他喪失的土地、一萬株果樹、以及銀行戶頭裡的錢爭取賠償。最後他在一九五七年前往美國，在喬治亞州斯泰茨伯勒（Statesboro）定居，給愛德華・狄洛亞年邁的父親當看護。接下來他再婚，試著把他的人生故事包裝成小說出版賣錢，在一九六七年獲得美國公民身分，最後在一九七一年逝世（與戈登・勞德同一年）。見一九五一年五月二十一日、一九五二年四月三日林德給瑞典駐特拉維夫代辦的信；一九五二年三月二十五日林德給斯德哥爾摩某個律師的信；一九五二年五月十五日林德給海法地方法院法官埃吉歐尼（Etsioni）的信；一九五八年七月二十四日以色列國民銀行（Bank Leumi Le-Israel）給林德的信；一九六二年五月十八查斯・A・傑克森（Chas. A. Jackson）給林德的關於書稿的信；一九六六年七月二十八日林德給愛德華與佛羅倫斯・狄洛亞的信，時間在老狄洛亞先生過世之後；一九六七年九月四日喬治亞州沙凡那（Savannah）的歸化證明；以上都出自國會圖書館歐洛夫・E・林德文件（lccn.loc.gov/mm2014085935）。其他資料由卡蘿・狄洛亞・弗萊徹提供（二〇一八年五月七日私人通訊），以及出自《沙凡那晚報》（*Savannah Evening Press*）一九七一年十月三十一日刊登的訃聞。

15 這場戰役發生在一九四八年五月三十日到三十一日，希伯來文的第一手記錄請見 Etzioni 1959: 207-9；記錄相關部分由努瑞斯・戈什（Nurith Goshen）和阿薩夫・雅蘇爾—藍道（Assaf Yasur-Landau）譯成英文，引述於 Cline and Sutter 2011: 165-67。另外請見 Cline 2000: 169-71。關於謝爾蓋・楚博與其妻，見一九五四年四月十三日帕克給克萊林的信。我要感謝拉茲・柯列特（二〇一八年十二月二日私人通訊）給我他對這些細節的想法意見。

16 見 Cline and Sutter 2011 的詳細討論。

17 這些人初次造訪的日期是一九四八年六月二十八日；此處細節與引述英譯譯文出自 Kletter 2006: 6, 8-9。

18 第二度造訪的日期是一九四八年七月二十九日；細節出自 Kletter 2006: 12-13, 15, fig. 2a-b。

19 細節與引述英譯譯文出自 Kletter 2006: 12-13, 15, 28-29。

20 一九四九年十月十四日帕克給威爾森的信。

21 一九四九年二月十日東方研究所給以色列臨時政府的信；一九四九年三月十八日威爾森給帕克的信；一九四九年三月帕克給雅各森（Jacobsen）的信；以及一九四八年八月三十日楚博寫的信件與清單。

22 一九四九年六月二日帕克給外交部的信。

23 一九四九年六月八日帕克給威爾森的信。

24 一九四九年八月二十九日保德信保險股份有限公司（Prudential Assurance Company Limited，於英國註冊成立）；一九四九年十月五日外交部給帕克的信；一九四九年十月十三日帕克給外交部的信；一九四九年十一月九日威爾森給帕克的信；一九四九十二月二日帕克給威爾森的信。

25 細節與引述英譯譯文出自 Kletter 2006: 28-29。

26 一九五四年三月二十三日、八月四日、十月十五日克萊林給帕克的信；一九五四年四月十三日、八月十三日、十月二十三日帕克給克萊林的信。關於帕克晚年的情況可由 Ancestry.com 中取得的資料來了解（搜尋「Ralph Bernard Parker」）。

27 一九四九六月八日帕克給威爾森的信；一九五四年九月九日楚博給帕克的信；一九五四年八月十三日與十月二十三日帕克給克萊林的信。

28 細節與引述英譯譯文出自 Kletter 2006: 29-30, 93, 105。

尾聲

1 Guy 1938；Shipton 1939；Loud 1939；Lamon and Shipton 1939；Loud 1948；一九四〇年一月四日與二十三日勞德給帕克的信。一九三九年一月二十八日文物部部長的一封信確認收到蓋伊一九三八年出版的《米吉多墓葬研究》一書；一九三九年十一月七日漢彌頓給希普頓的信裡感謝他寄來一本他的陶器研究書籍，所以這本書一定是在一九三九年十一月之前就已問世；類似的是，一九四〇年一月三日本多爾給勞德的信裡要他寄一本拉蒙與希普頓的《米吉多 I》過來（雖然本多爾誤把作者的名字寫成「希普頓—恩堡」〔Shipton-Engberg〕），所以這本書也一定是在一九三九年結束之前就已出版；另外還有一封本多爾給勞德的信裡感謝他寄來一九三九年出版的《米吉多象牙器物》一書。這四封信都在以色列文物局檔案處（British Mandate Administrative Files ATQ_7/6 [5th Jacket: 132/126]）。

2 Loud 1948: vii。

3 Loud 1948: vii。

4 Loud 1948: vii。將近半個世紀之後，當時還是芝加哥大學研究生的提姆・哈里森（現在是多倫多大學教授）就接下這個任務，特別對層位 VI 的材料加以研究並於二〇〇四年出版研究成果（Harrison 2004）。道格・艾瑟（Doug Esse）在一九九二年死於癌症，享年四十二歲，他在生前對層位 VI 重新展開研究（見 Esse 1992），後來由哈里森完成。在那之後其他學者也對米吉多其他材料進行更多研究，包括艾略特・布勞恩（Eliot Braun）在二〇一三年出版專門研究東坡發

掘成果的書籍（Braun 2013）。

5 Crowfoot 1940: 132-47。

6 一九四〇年二月五日到六日梅伊給奧布萊特的信。

7 Albright 1940, 1943: 2-3n1, 29-30n10。

8 Loud 1948: 116；Wright 1950a: 42, 1950b: 59-60, 1959: 14-15。另外請見 Crowfoot 1940；Albright 1940, 1943: 2-3n1, 29-30n10, 1949；Kempinski 1989: 91；Davis 2004: 62-63, 102。

9 此處還是請見最新的 Franklin 2006，他認為我們只要把這部分分層為層位 V 和層位 IV 就好了，並以此為基準將各個建築物劃歸兩個層位之一。

10 見 Finkelstein 1996a。

11 參見 Yadin 1960, 1966, 1967, 1970, 1973, 1980；Yadin, Shiloh, and Eitan, 1972；以及 Dunayevski and Kempinski 1966, 1973；Eitan 1974；Shiloh 1980；Ussishkin 1980。最新研究請見 Ussishkin 2018: 73-78。

12 參見 Finkelstein and Ussishkin 1994；Silberman et al. 1999；Finkelstein, Ussishkin, and Halpern 2000, 2006；Finkelstein, Ussishkin, and Cline 2013。整體簡介請見最新的 Ussishkin 2018: 79-105。

參考書目

MEGIDDO PUBLICATIONS RESULTING FROM THE ORIENTAL INSTITUTE'S EXCAVATIONS

Braun, Eliot. 2013. *Early Megiddo on the East Slope (The "Megiddo Stages"). A Report on the Early Occupation of the East Slope of Megiddo. Results of the Oriental Institute's Excavations, 1925–1933*. Oriental Institute Publications 139. Chicago: University of Chicago.

Engberg, Robert M. 1940. Megiddo: Guardian of the Carmel Pass I. *Biblical Archaeologist* 3, no. 4: 41, 43–51.

Engberg, Robert M. 1941. Megiddo: Guardian of the Carmel Pass II. *Biblical Archaeologist* 4, no. 1: 11–16.

Engberg, Robert M., and Geoffrey M. Shipton. 1934. *Notes on the Chalcolithic and Early Bronze Age Pottery of Megiddo*. Studies in Ancient Oriental Civilization 10. Chicago: University of Chicago Press.

Fisher, Clarence S. 1929. *The Excavation of Armageddon*. Oriental Institute Communications 4. Chicago: University of Chicago.

Guy, Philip Langstaffe Ord. 1931. *New Light from Armageddon. Second Provisional Report (1927–29) on the Excavations at Megiddo in Palestine*. Oriental Institute Communications 9. Chicago: University of Chicago.

Guy, Philip Langstaffe Ord. 1932a. Balloon Photography and Archaeological Excavation. *Antiquity* 6: 148–55.

Guy, Philip Langstaffe Ord. 1932b. Excavations in Palestine, 1931: Megiddo. *Quarterly of the Department of Antiquities in Palestine* 1: 161–62.

Guy, Philip Langstaffe Ord. 1934. Excavations in Palestine, 1932–33: Megiddo. *Quarterly of the Department of Antiquities in Palestine* 3: 178–79.

Guy, Philip Langstaffe Ord. 1938. *Megiddo Tombs*. Oriental Institute Publications 33. Chicago: University of Chicago.

Harrison, Timothy P. 2004. *Megiddo 3. Final Report on the Stratum VI Excavations*. Ori-

ental Institute Publications 127. Chicago: University of Chicago.

Lamon, Robert S. 1935. *The Megiddo Water System*. Oriental Institute Publications 32. Chicago: University of Chicago.

Lamon, Robert S., and Geoffrey M. Shipton. 1939. *Megiddo I. Seasons of 1925–34. Strata I–V*. Oriental Institute Publications 42. Chicago: University of Chicago.

Loud, Gordon. 1938. Excavations in Palestine and Trans-Jordan, 1936–37: Megiddo. *Quarterly of the Department of Antiquities in Palestine* 7: 45–46.

Loud, Gordon. 1938–39. Excavations in Palestine and Trans-Jordan, 1937–38: Megiddo. *Quarterly of the Department of Antiquities in Palestine* 8: 162–63.

Loud, Gordon. 1939. *The Megiddo Ivories*. Oriental Institute Publications 52. Chicago: University of Chicago.

Loud, Gordon. 1941. Excavations in Palestine and Trans-Jordan, 1938–39: Megiddo. *Quarterly of the Department of Antiquities in Palestine* 9: 200–212.

Loud, Gordon. 1948. *Megiddo II. Seasons of 1935–39. Text and Plates*. Oriental Institute Publications 62. Chicago: University of Chicago.

May, Herbert G. 1935. *Material Remains of the Megiddo Cult*. Oriental Institute Publications 26. Chicago: University of Chicago.

Shipton, Geoffrey M. 1939. *Notes on the Megiddo Pottery of Strata VI–XX*. Studies in Ancient Oriental Civilization 17. Chicago: University of Chicago Press.

Shipton, Geoffrey M. 1942. *Guide to Megiddo*. Jerusalem: Department of Antiquities, Government of Palestine.

Staples, William E. 1931. An Inscribed Scaraboid from Megiddo. In *New Light from Armageddon. Second Provisional Report (1927–29) on the Excavations at Megiddo in Palestine*, 49–68. Oriental Institute Communications 9. Chicago: University of Chicago.

REVIEWS OF MEGIDDO PUBLICATIONS RESULTING FROM THE ORIENTAL INSTITUTE'S EXCAVATIONS

Albright, William F. 1940. Review of *Megiddo I: Seasons of 1925–34, Strata I–V* and of *Notes on the Megiddo Pottery of Strata VI–XX*. *American Journal of Archaeology* 44, no. 4: 546–50.

Albright, William F. 1949. Review of *Megiddo II: Seasons of 1935–39*. *American Journal of Archaeology* 53, no. 2: 213–15.

Crowfoot, John W. 1940. Megiddo—A Review. *Palestine Exploration Quarterly* 72, no. 4: 132–47.

Wright, G. Ernest. 1950a. The Discoveries at Megiddo 1935–39. *Biblical Archaeologist* 13, no. 2: 28–46.

Wright, G. Ernest. 1950b. Review of *Megiddo II: Seasons of 1935–39*. *Journal of the American Oriental Society* 70, no. 1: 56–60.

PUBLICATIONS ABOUT JAMES HENRY BREASTED AND OTHER MEGIDDO EXCAVATORS

Abt, Jeffrey. 2011. *American Egyptologist: The Life of James Henry Breasted and the Creation of His Oriental Institute*. Chicago: University of Chicago Press.

Braidwood, Robert, and Douglas Esse. 1988. In Memoriam: Geoffrey M. Shipton, 1910–1987. *Bulletin of the American Schools of Oriental Research* 272: 1–2.

Breasted, Charles. 1947. *Pioneer to the Past: The Story of James Henry Breasted, Archaeologist*. New York: Charles Scribner's Sons.

Green, John D. M. 2009. Archaeology and Politics in the Holy Land: The Life and Career of P.L.O. Guy. *Palestine Exploration Quarterly* 141, no. 3: 167–87.

Green, John D. M. 2015. From Chicago to Jerusalem (and Back Again): The Untold Story of E. F. Beaumont. *The Oriental Institute Notes and News* 227 (Autumn): 15–19.

Larson, John A., ed. 2010. *Letters from James Henry Breasted to His Family, August 1919–July 1920: Letters Home during the Oriental Institute's First Expedition to the Middle East*. Oriental Institute Digital Archives 1. Chicago: University of Chicago.

Wilson, John A. 1936. *Biographical Memoir of James Henry Breasted 1865–1935*. Presented to the Academy at the Autumn Meeting, 1936. National Academy of Sciences of the United States of America. Biographical Memoirs, volume XVIII—Fifth Memoir, 93–121. Washington, DC: National Academy of Sciences.

ADDITIONAL RELEVANT PUBLICATIONS RESULTING FROM THE VARIOUS EXCAVATIONS AT MEGIDDO

Adams, Matthew J. 2017. Djehutihotep and Megiddo in the Early Bronze Age. *Journal of Ancient Egyptian Interconnections* 13: 48–58.

Adams, Matthew J., Jonathan David, and Yotam Tepper. 2014. Excavations at the Camp of the Roman Sixth Ferrata Legion in Israel. *Bible History Daily*, 1 May 2014 (originally published 17 October 2013). Available online at: http://www.biblicalarchaeology.org/daily/biblical-sites-places/biblical-archaeology-sites/legio/.

Aharoni, Yohanan. 1972. The Stratification of Israelite Megiddo. *Journal of Near East- ern Studies* 31: 302–11.

Arie, Eran. 2006. The Iron Age I Pottery: Levels K-5 and K-4 and an Intra-Site Spatial Analysis of the Pottery from Stratum VIA. In *Megiddo IV: The 1998–2002 Seasons*, edited by Israel Finkelstein, David Ussishkin, and Baruch Halpern, 1:191–298. Tel

Aviv: Tel Aviv University.

Arie, Eran, Elisabetta Boaretto, Mario A. Martin, Dvory Namdar, Orit Shamir, and Naama Yahalom-Mack. 2019. A New Jewelry Hoard from Eleventh-Century BCE Megiddo. *Near Eastern Archaeology* 82, no. 2: 90–101.

Ashkenazi, Eli. 2009. Discovery of World's Oldest Church May Turn Prison into Tour- ist Site. *Haaretz*, 7 December 2009. Available online at: http://www.haaretz.com/discovery-of-world-s-oldest-church-may-turn-prison-into-tourist-site-1.2676.

Balter, Michael. 2000. The Two Tels: Armageddon for Biblical Archaeology? *Science* 287, no. 5450: 31–32.

Belkin, Lawrence A., and Eileen F. Wheeler. 2006. Reconstruction of the Megiddo Stables. In *Megiddo IV: The 1998–2002 Seasons*, edited by Israel Finkelstein, David Ussishkin, and Baruch Halpern, 2:666–87. Tel Aviv: Tel Aviv University.

Ben Zion, Ilan. 2015. In First, Imperial Roman Legionary Camp Uncovered near Megiddo. *Times of Israel*, 7 July 2015. Available online at: http://www.timesofisrael.com/in-first-imperial-roman-legionary-camp-uncovered-near-megiddo/.

Benzinger, Immanuel. 1904. Die Ausgrabungen auf dem Tell el-Mutesellim. VI. Die Ausgrabungen im Herbst 1903. *Mittheilungen und Nachrichten des Deutschen Palästina-Vereins*, 65–74.

Böhme, Sabine. 2014. "Alltägliches aus Megiddo." Die ersten Funde, ihr Ausgräber, und Berlin. *Antike Welt* 45, no. 5: 41–43.

Bonfil, Ruhama. 2012. Did Thutmose III's Troops Encounter Megiddo X? In *All the Wisdom of the East: Studies in Near Eastern Archaeology and History in Honor of Eliezer D. Oren*, edited by Mayer I. Gruber, Shmuel Ahituv, Gunnar Lehmann, and Zipora Talshir, 129–55. Orbis Biblicus et Orientalis 255. Göttingen: Vandenhoeck & Ruprecht.

Breasted, James H. 1920. The First Expedition of the Oriental Institute of the Univer- sity of Chicago. *Journal of the American Oriental Society* 40: 282–85.

Breasted, James H. 1922. The Oriental Institute of the University of Chicago: A Beginning and a Program. *American Journal of Semitic Languages and Literatures* 38: 233–328.

Breasted, James H. 1926. Luxor and Armageddon: The Expansion of the Oriental Institute of the University of Chicago. *Art and Archaeology: The Arts throughout the Ages* 22: 155–66.

Breasted, James H. 1928. Armageddon Excavations: The Megiddo Expedition. In *Handbook of the Oriental Institute of the University of Chicago*, 18–24. Chicago: University of Chicago Press.

Breasted, James H. 1931. The Megiddo (Palestine) Expedition. In *Handbook of the Ori-*

ental Institute of the University of Chicago, 38–49. 3rd rev. ed. Chicago: University of Chicago Press.

Cantrell, Deborah O. 2006. Stable Issues. In *Megiddo IV: The 1998–2002 Seasons*, edited by Israel Finkelstein, David Ussishkin, and Baruch Halpern, 2:630–42. Tel Aviv: Tel Aviv University.

Cantrell, Deborah O., and Israel Finkelstein. 2006. A Kingdom for a Horse: The Megiddo Stables and Eighth Century Israel. In *Megiddo IV: The 1998–2002 Seasons*, edited by Israel Finkelstein, David Ussishkin, and Baruch Halpern, 2:643–65. Tel Aviv: Tel Aviv University.

Cline, Eric H. 2006. Chapter 8: Area L (The 1998–2000 Seasons) and Chapter 8: Appendix: The 2004 Season (with Margaret E. Cohen). In *Megiddo IV: The 1998–2002 Seasons*, edited by Israel Finkelstein, David Ussishkin, and Baruch Halpern, 1:104–29. Tel Aviv: Tel Aviv University.

Cline, Eric H. 2011. Whole Lotta Shakin' Going On: The Possible Destruction by Earthquake of Megiddo Stratum VIA. In *The Fire Signals of Lachish: Studies in the Archaeology and History of Israel in the Late Bronze Age, Iron Age, and Persian Period in Honor of David Ussishkin*, edited by Israel Finkelstein and Nadav Na'aman, 55–70. Tel Aviv: Tel Aviv University.

Cline, Eric H. 2017b. "English Lady Owns Armageddon": Rosamond Templeton, Laurence Oliphant, and Tell El-Mutesellim. In *Rethinking Israel: Studies in the History and Archaeology of Ancient Israel in Honor of Israel Finkelstein*, edited by Oded Lipschits, Yuval Gadot, and Matthew J. Adams, 47–56. Winona Lake, IN: Eisenbrauns.

Cline, Eric H., and Inbal Samet. 2013. Chapter 6: Area L. In *Megiddo V: The 2004–2008 Seasons*, edited by Israel Finkelstein, David Ussishkin, and Eric H. Cline, 1:275–85. Tel Aviv: Tel Aviv University.

Cline, Eric H., and Anthony Sutter. 2011. Battlefield Archaeology at Armageddon: Cartridge Cases and the 1948 Battle for Megiddo, Israel. *Journal of Military History* 75, no. 1: 159–90.

Conder, Claude R. 1873. The Survey of Palestine. VII. The Plain of Esdraelon. *Palestine Exploration Quarterly* 5–6: 3–10.

Conder, Claude R. 1877. Megiddo. *Palestine Exploration Quarterly* 9, no. 1: 13–20. Cradic, Melissa S. 2017. Embodiments of Death: The Funerary Sequence and Commemoration in the Bronze Age Levant. *Bulletin of the American Schools of Oriental Research* 377: 219–48.

Dunayevski, Immanuel, and Aharon Kempinski. 1966. Megiddo. *Israel Exploration Journal* 16, no. 2: 142.

Dunayevski, Immanuel, and Aharon Kempinski. 1973. The Megiddo Temples. *Zeitschrift des Deutschen Palästina-Vereins* 89, no. 2: 161–87.

Eitan, Abraham. 1974. Megiddo. *Israel Exploration Journal* 24: 275–76.

Epstein, Claire. 1965. An Interpretation of the Megiddo Sacred Area during Middle Bronze II. *Israel Exploration Journal* 15, no. 4: 204–21.

Erman, Adolf, and Emil Kautzsch. 1906. Ein Siegelstein mit hebräischer Unterschrift vom Tell el-Mutesellim. *Mittheilungen und Nachrichten des Deutschen Palästina-Vereins*, 33–34.

Esse, Douglas L. 1992. The Collared Pithos at Megiddo: Ceramic Distribution and Ethnicity. *Journal of Near Eastern Studies* 51, no. 2: 81–103.

Feldman, Marian. 2009. Hoarded Treasures: The Megiddo Ivories and the End of the Bronze Age. *Levant* 41, no. 2: 175–94.

Finkelstein, Israel. 1996b. The Stratigraphy and Chronology of Megiddo and Beth-Shan in the 12th–11th Centuries B.C.E. *Tel Aviv* 23, no. 2: 170–84.

Finkelstein, Israel. 2009. Destructions: Megiddo as a Case Study. In *Exploring the Longue Durée, Essays in Honor of Lawrence E. Stager*, edited by David J. Schloen, 113–26. Winona Lake, IN: Eisenbrauns.

Finkelstein, Israel, Eran Arie, Mario A. S. Martin, and Eli Piasetzky. 2017. [= Finkelstein et al. 2017a]. New Evidence on the Late Bronze/Iron I Transition at Megiddo: Implications for the End of the Egyptian Rule and the Appearance of Philistine Pottery. *Egypt and the Levant* 27: 261–80.

Finkelstein, Israel, Dafna Langgut, Meirav Meiri, and Lidar Sapir-Hen. 2017. [= Finkelstein et al. 2017b]. Egyptian Imperial Economy in Canaan: Reaction to the Climate Crisis at the End of the Late Bronze Age. *Egypt and the Levant* 27: 249–59.

Finkelstein, Israel, and David Ussishkin. 1994. Back to Megiddo. *Biblical Archaeology Review* 20, no. 1: 26–43.

Finkelstein, Israel, and David Ussishkin. 2000. Archaeological and Historical Conclusions. In *Megiddo III: The 1992–1996 Seasons*, edited by Israel Finkelstein, David Ussishkin, and Baruch Halpern, 2:576–605. Tel Aviv: Tel Aviv University.

Finkelstein, Israel, David Ussishkin, and Baruch Halpern, eds. 2000. *Megiddo III: The 1992–1996 Seasons*. Vols. 1–2. Tel Aviv: Tel Aviv University.

Finkelstein, Israel, David Ussishkin, and Baruch Halpern, eds. 2006. *Megiddo IV: The 1998–2002 Seasons*. Vols. 1–2 Tel Aviv: Tel Aviv University.

Finkelstein, Israel, David Ussishkin, and Eric H. Cline, eds. 2013. *Megiddo V: The 2004–2008 Seasons*. Vols. 1–3. Tel Aviv: Tel Aviv University.

Franklin, Norma. 2000. Relative and Absolute Chronology of Gallery 629 and the

Megiddo Water System: A Reassessment. In *Megiddo III: The 1992–1996 Seasons*, edited by Israel Finkelstein, David Ussishkin, and Baruch Halpern, 2:515–23. Tel Aviv: Tel Aviv University.

Franklin, Norma. 2001. Masons' Marks from the Ninth Century BCE Northern King- dom of Israel: Evidence of the Nascent Carian Alphabet? *Kadmos* 40, no. 2: 107–16.

Franklin, Norma. 2006. Revealing Stratum V at Megiddo. *Bulletin of the American Schools of Oriental Research* 342: 95–111.

Franklin, Norma. 2013. Who Really Built the Water System at Megiddo? ASOR Blog post, 8 October 2013. Available online at: http://www.asor.org/anetoday/2013/10/who-really-built-the-water-system-at-megiddo/.

Franklin, Norma. 2017. Entering the Arena: The Megiddo Stables Reconsidered. In *Rethinking Israel: Studies in the History and Archaeology of Ancient Israel in Honor of Israel Finkelstein*, edited by Oded Lipschits, Yuval Gadot, and Matthew J. Adams, 87–101. Winona Lake, IN: Eisenbrauns.

Franklin, Norma. 2019a. Megiddo's Stables: Trading Egyptian Horses to the Assyrian Empire. TheTorah.com, 3 September 2019. https://thetorah.com/megiddos-stables-trading-egyptian-horses-to-the-assyrian-empire/.

Franklin, Norma. 2019b. Megiddo and Jezreel Reflected in the Dying Embers of the Northern Kingdom of Israel. In *The Last Days of the Kingdom of Israel*, edited by Shuichi Hasegawa, Christoph Levin, and Karen Radner, 189–208. Beihefte zur Zeitschrift für die alttestamentliche Wissenschaft, Band 511. Berlin: de Gruyter.

Gadot, Yuval, Mario Martin, Noga Blockman, and Eran Arie. 2006. Area K (Levels K-5 and K-4, The 1998–2002 Seasons). In *Megiddo IV: The 1998–2002 Seasons*, edited by Israel Finkelstein, David Ussishkin, and Baruch Halpern, 1:87–103. Tel Aviv: Tel Aviv University.

Gadot, Yuval, and Assaf Yasur-Landau. 2006. Beyond Finds: Reconstructing Life in the Courtyard Building of Level K-4. In *Megiddo IV: The 1998–2002 Seasons*, edited by Israel Finkelstein, David Ussishkin, and Baruch Halpern, 2:583–600. Tel Aviv: Tel Aviv University.

Greenberg, Jonathan D. 2005. "Megiddo Tombs: Bones of Armageddon." Senior hon- ors thesis in archaeology. Washington, DC: George Washington University.

Hall, Erin. 2016. "Hoarding at Tel Megiddo in the Late Bronze Age and Iron Age I." MA thesis. Tel Aviv: Tel Aviv University.

Halpern, Baruch. 2000. Centre and Sentry: Megiddo's Role in Transit, Administration and Trade. In *Megiddo III: The 1992–1996 Seasons*, edited by Israel Finkelstein, David Ussishkin, and Baruch Halpern, 2:535–75. Tel Aviv: Tel Aviv University.

Harrison, Timothy P. 2003. The Battleground: Who Destroyed Megiddo? Was It David or Shishak? *Biblical Archaeology Review* 29, no. 6: 28–35, 60–64.

Hasson, Nir. 2012. Megiddo Dig Unearths Cache of Buried Canaanite Treasure. *Haaretz*, 22 May 2012. Available online at: http://www.haaretz.com/israel-news/megiddo-dig-unearths-cache-of-buried-canaanite-treasure-1.431797.

Joffe, Alexander H., Eric H. Cline, and Oded Lipschitz. 2000. Area H. In *Megiddo III: The 1992–1996 Seasons*, edited by Israel Finkelstein, David Ussishkin, and Baruch Halpern, 1:140–60. Tel Aviv: Tel Aviv University.

Kautzsch, Emil. 1904. Ein althebräisches Siegel vom Tell el-Mutesellim. *Mittheilungen und Nachrichten des Deutschen Palästina-Vereins*, 1–14.

Keinan, Adi. 2007. "The Megiddo Picture Pavement: Evidence for Egyptian Presence in Northern Israel during Early Bronze Age I." MA thesis. Tel Aviv: Tel Aviv Univer- sity (in Hebrew).

Keinan, Adi. 2013. Chapter 2, Pt. II: Sub-Area Lower J. In *Megiddo V: The 2004–2008 Seasons*, edited by Israel Finkelstein, David Ussishkin, and Eric H. Cline, 1:28–46. Tel Aviv: Tel Aviv University.

Kempinski, Aharon. 1989. *Megiddo. A City State and Royal Centre in North Israel*. Munich: C. H. Beck.

Lehmann, Gunnar, and Ann E. Killebrew. 2010. Palace 6000 at Megiddo in Context: Iron Age Central Hall Tetra-Partite Residencies and the "Bit-Hilani" Building Tra- dition in the Levant. *Bulletin of the American Schools of Oriental Research* 359: 13–33. Marco, Shmuel, Amotz Agnon, Israel Finkelstein, and David Ussishkin. 2006. Megiddo Earthquakes. In *Megiddo IV: The 1998–2002 Seasons*, edited by Israel Finkelstein, David Ussishkin, and Baruch Halpern, 2:568–75. Tel Aviv: Tel Aviv University.

Martin, Mario A. S. 2017. The Fate of Megiddo at the End of the Late Bronze IIB. In *Rethinking Israel: Studies in the History and Archaeology of Ancient Israel in Honor of Israel Finkelstein*, edited by Oded Lipschits, Yuval Gadot, and Matthew J. Adams, 267–86. Winona Lake, IN: Eisenbrauns.

McGreal, Chris. 2005. Holy Land's 'Oldest Church' Found at Armageddon. *Guardian*, 7 November 2005. Available online at: http://www.theguardian.com/world/2005/nov/07/israel.artsnews.

Myre, Greg. 2005. Israeli Prisoners Dig Their Way to Early Christianity. *New York Times*, 7 November 2005. Available online at: http://www.nytimes.com/2005/11/07/world/middleeast/israeli-prisoners-dig-their-way-to-early-christianity.html?_r=0.

Niemann, H. Michael, and Gunnar Lehmann. 2006a. One Hundred Years after Gott- lieb Schumacher, Carl Watzinger and Excavations at Megiddo with an Extract from Emil

Kautzsch's Diary about His Visit to Megiddo in 1904. In *Megiddo IV: The 1998– 2002 Seasons*, edited by Israel Finkelstein, David Ussishkin, and Baruch Halpern, 2:688–702. Tel Aviv: Tel Aviv University.

Niemann, H. Michael, and Gunnar Lehmann. 2006b. Gottlieb Schumacher, Carl Watzinger und der Beginn der Ausgrabungen in Megiddo: Rückblick und Konse- quenzen nach 100 Jarhren. In *Palaestina exploranda: Studien zur Erforschung Palästi- nas im 19. Und 20. Jahrhundert anläßlich des 125jährigen Bestehens des Deutschen Ver- eins zur Erforschung Palästinas*, edited by Ulrich Hübner, 174–203. Wiesbaden: Harrassowitz Verlag.

Nigro, Lorenzo. 1994. The "Nordburg" of Megiddo: A New Reconstruction on the Basis of Schumacher's Plan. *Bulletin of the American Schools of Oriental Research* 293: 15–29.

Peersmann, Jennifer. 2000. Assyrian Magiddu: The Town Planning of Stratum III. In *Megiddo III: The 1992–1996 Seasons*, edited by Israel Finkelstein, David Ussishkin, and Baruch Halpern, 2:524–34. Tel Aviv: Tel Aviv University.

Pincus, Jessie, Tim DeSmet, Yotam Tepper, and Matthew J. Adams. 2013. Ground Penetrating Radar and Electromagnetic Archaeogeophysical Investigations at the Roman Legionary Camp at Legio, Israel. *Archaeological Prospection* 20, no. 3: 1–13.

Poolman, Laurel A. 2014. "An Isotopic Perspective on Internationalism in the Late Bronze Age Levant: Stable Strontium and Oxygen Isotopic Analyses from Tel Megiddo, Israel." Senior honors thesis in archaeology. Washington, DC: George Washington University.

Pritchard, James B. 1970. The Megiddo Stables: A Reassessment. In *Near Eastern Archaeology in the Twentieth Century*, edited by James A. Sanders, 268–75. Garden City, NY: Doubleday and Co.

Reich, Ronny. 2003. The Stratigraphic Relationship between Palaces 1369 and 1052 (Stratum III) at Megiddo. *Bulletin of the American Schools of Oriental Research* 331: 39–44.

Samet, Inbal. 2009. "Canaanite Rulership in Late Bronze Age Megiddo." MA thesis. Tel Aviv: Tel Aviv University.

Sapir-Hen, Lidar, Mario A. S. Martin, and Israel Finkelstein. 2017. Food Rituals and Their Social Significance in the Mid-Second Millennium BC in the Southern Le- vant: A View from Megiddo. *International Journal of Osteoarchaeology*; published on- line (DOI: 10.1002/oa.2629).

Sapir-Hen, Lidar, Aharon Sasson, Assaf Kleiman, and Israel Finkelstein. 2016. Social Stratification in the Late Bronze and Early Iron Ages: An Intra-Site Investigation at Megiddo. *Oxford Journal of Archaeology* 35, no. 1: 47–73.

Schumacher, Gottlieb B. 1904a. Die Ausgrabungen auf dem Tell el-Mutesellim. I. Die Einrichtung der Arbeit. *Mittheilungen und Nachrichten des Deutschen Palästina-Vereins*, 14–20.

Schumacher, Gottlieb B. 1904b. Die Ausgrabungen auf dem Tell el-Mutesellim. II. Der Tell el-Mutesellim und die Chirbet el-Leddschön. *Mittheilungen und Nachrichten des Deutschen Palästina-Vereins*, 33–56.

Schumacher, Gottlieb B. 1905a. Die Ausgrabungen auf dem Tell el-Mutesellim. VII. Die Ausgrabungen im Frühjahr 1904. *Mittheilungen und Nachrichten des Deutschen Palästina-Vereins*, 1–16.

Schumacher, Gottlieb B. 1905b. Die Ausgrabungen auf dem Tell el-Mutesellim. VII. Die Ausgrabungen im Frühjahr 1904 (Fortsetzung und Schluss). *Mittheilungen und Nachrichten des Deutschen Palästina-Vereins*, 17–26.

Schumacher, Gottlieb B. 1905c. Die Ausgrabungen auf dem Tell el-Mutesellim. VIII. Die Ausgrabungen im Herbst 1904. *Mittheilungen und Nachrichten des Deutschen Palästina-Vereins*, 81–82.

Schumacher, Gottlieb B. 1906a. Die Ausgrabungen auf dem Tell el-Mutesellim. VIII. Die Ausgrabungen im Herbst 1904 (Fortsetzung und Schluss). *Mittheilungen und Nachrichten des Deutschen Palästina-Vereins*, 1–14.

Schumacher, Gottlieb B. 1906b. Die Ausgrabungen auf dem Tell el-Mutesellim. IX. Die Ausgrabungen im Frühjahr 1905. *Mittheilungen und Nachrichten des Deutschen Palästina-Vereins*, 17–30.

Schumacher, Gottlieb B. 1906c. Die Ausgrabungen auf dem Tell el-Mutesellim. X. Die Ausgrabungen im Sommer und Herbst 1905. *Mittheilungen und Nachrichten des Deutschen Palästina-Vereins*, 35–64.

Schumacher, Gottlieb B. 1906d. Die Ausgrabungen auf dem Tell el-Mutesellim. X. Die Ausgrabungen im Sommer und Herbst 1905 (Schluss). *Mittheilungen und Nachrich- ten des Deutschen Palästina-Vereins*, 65–70.

Schumacher, Gottlieb B. 1908. *Tell el-Mutesellim: Bericht über die 1903 bis 1905 mit Unterstützung Sr. Majestät des Deutschen Kaisers und der Deutschen Orient-gesellschaft vom Deutschen Verein zur Erforschung Palästinas veranstalteten Ausgrabungen. Band I: Fundbericht*. Leipzig: Rudolf Haupt.

Shahack-Gross, Ruth, Ron Shaar, Erez Hassul, Yael Ebert, Mathilde Forget, Norbert Nowaczyk, Shmuel Marco, Israel Finkelstein, and Amotz Agnon. 2018. Fire and Collapse: Untangling the Formation of Destruction Layers Using Archaeomagnetism. *Geoarchaeology*, 1–16.

Shiloh, Yigal. 1980. Solomon's Gate at Megiddo as Recorded by Its Excavator, R. Lamon,

Chicago. *Levant* 12: 69–76.

Silberman, Neil A., Israel Finkelstein, David Ussishkin, and Baruch Halpern. 1999. Digging at Armageddon. *Archaeology*, November/December, 32–39.

Singer, Itamar. 1988. Megiddo Mentioned in a Letter from Bogazköy. In *Documentum Asiae Minoris Antiquae (Festschrift Heinrich Otten)*, edited by Erich Neu and Christel Rüster, 327–32. Wiesbaden: Otto Harrassowitz.

Singer, Itamar. 1988–89. The Political Status of Megiddo VIIA. *Tel Aviv* 15–16: 101–12. Singer, Itamar. 1995. A Hittite Seal from Megiddo. *Biblical Archaeologist* 58, no. 2: 91–93. Singer-Avitz, Lily. 2014. The Pottery of Megiddo Strata III–II and a Proposed Subdivi- sion of the Iron IIC Period in Northern Israel. *Bulletin of the American Schools of Ori-ental Research* 372: 123–45.

Suter, Claudia E. 1999–2000. The Hittite Seal from Megiddo. *Aula Orientalis* 17–18: 421–30.

Tepper, Yotam. 2002. Lajjun–Legio in Israel: Results of a Survey in and around the Military Camp Area. In *Limes XVIII: Proceedings of the XVIIIth International Congress of Roman Frontier Studies Held in Amman, Jordan (September 2000)*, edited by Philip Freeman, Julian Bennett, Zbigniew T. Fiema, and Birgitta Hoffmann, 231–42. British Archaeological Reports S1084. Oxford: British Archaeological Reports.

Tepper, Yotam. 2003a. Survey of the Legio Region. *Hadashot Arkheologiyot—Excavations and Surveys in Israel* 115: 29*–31*.

Tepper, Yotam. 2003b. "Survey of the Legio Area near Megiddo: Historical and Geographical Research." MA thesis. Tel Aviv: Tel Aviv University (in Hebrew).

Tepper, Yotam. 2007. The Roman Legionary Camp at Legio, Israel: Results of an Archaeological Survey and Observations on the Roman Military Presence at the Site. In *The Late Roman Army in the Near East from Diocletian to the Arab Conquest: Proceedings of a Colloquium Held at Potenza, Acerenza and Matera, Italy (May 2005)*, edited by Ariel S. Lewin and Pietrina Pellegrini, 57–71. BAR International Series 1717. Oxford: ArchaeoPress.

Tepper, Yotam, and Di Segni, Leah. 2006. *A Christian Prayer Hall of the Third Century CE at Kefar 'Othnay (Legio). Excavations at the Megiddo Prison 2005*. Jerusalem: Israel Antiquities Authority.

Tobler, Arthur J. 1950. *Excavations at Tepe Gawra*. Vol. 2, *Levels IX–XX*. Philadelphia: University of Pennsylvania Press.

Toffolo, Michael B., Eran Arie, Mario A. S. Martin, Elisabetta Boaretto, and Israel Finkelstein. 2014. Absolute Chronology of Megiddo, Israel, in the Late Bronze and Iron Ages: High-Resolution Radiocarbon Dating. *Radiocarbon* 56, no. 1: 221–44.

Tzaferis, Vassilios. 2007. Inscribed "To God Jesus Christ": Early Christian Prayer Hall Found in Megiddo Prison. *Biblical Archaeology Review* 33, no. 2: 42–43, 46.

Ussishkin, David. 1966. King Solomon's Palace and Building 1723 in Megiddo. *Israel Exploration Journal* 16, no. 3: 174–86.

Ussishkin, David. 1973. King Solomon's Palaces. *Biblical Archaeologist* 36: 78–105.

Ussishkin, David. 1980. Was the Solomonic City Gate at Megiddo Built by King Solomon? *Bulletin of the American Schools of Oriental Research* 239: 1–18.

Ussishkin, David. 1990. Notes on Megiddo, Gezer, Ashdod, and Tel Batash in the Tenth to Ninth Centuries B.C. *Bulletin of the American Schools of Oriental Research* 277, no. 278: 71–91.

Ussishkin, David. 1995. The Destruction of Megiddo at the End of the Late Bronze Age and Its Historical Significance. *Tel Aviv* 22, no. 2: 240–67.

Ussishkin, David. 2015. The Sacred Area of Early Bronze Megiddo: History and Interpretation. *Bulletin of the American Schools of Oriental Research* 373: 69–104.

Ussishkin, David. 2018. *Megiddo-Armageddon: The Story of the Canaanite and Israelite City*. Jerusalem: Israel Exploration Society/Biblical Archaeological Society.

Wapnish, Paula, and Brian Hesse. 2000. Mammal Remains from the Early Bronze Sacred Compound. In *Megiddo III: The 1992–1996 Seasons*, edited by Israel Finkelstein, David Ussishkin, and Baruch Halpern, 2:429–62. Tel Aviv: Tel Aviv University.

Watzinger, Carl. 1929. *Tell el-Mutesellim: Bericht über die 1903 bis 1905 mit Unterstüt- zung Sr. Majestät des Deutschen Kaisers und der Deutschen Orient-gesellschaft vom Deutschen Verein zur Erforschung Palästinas veranstalteten Ausgrabungen. Band II: Die Funde.* Leipzig: J. C. Hinrichs.

Weintraub, Pamela. 2015. Rewriting Tel Megiddo's Violent History. *Discover*, 1 Octo- ber, 1–20. Available online at: http://discovermagazine.com/2015/nov/14-witness-to-armageddon.

Wightman, Greg J. 1985. Megiddo VIA–III: Associated Structures and Chronology. *Levant* 17: 117–29.

Wightman, Greg J. 1990. The Myth of Solomon. *Bulletin of the American Schools of Oriental Research* 277, no. 278: 5–22.

Wilson, John A. 1938. The Megiddo Ivories. *American Journal of Archaeology* 42, no. 3: 333–36.

Wilson, John A. 1968–69. "A Jubilee Shall That Fiftieth Year Be unto You" (Lev. 25:11). In *The Oriental Institute Report for 1968/69 (Fiftieth Anniversary, 1919–1969)*, 6–12. Chicago: The Oriental Institute.

Wilson, Scott. 2005. Site May Be 3rd-Century Place of Christian Worship. *Washington*

Post, 7 November. Available online at: http://www.washingtonpost.com/wp-dyn/content/article/2005/11/06/AR2005110600478.html.

Woolman, David C. n.d. "In the Shadow of Armageddon: The Megiddo Memoir of an American Architect in Palestine, 1929–1930." Unpublished manuscript.

Wright, G. Ernest. 1959. Israelite Samaria and Iron Age Chronology. *Bulletin of the American Schools of Oriental Research* 155: 13–29.

Yadin, Yigael. 1960. New Light on Solomon's Megiddo. *Biblical Archaeologist* 23, no. 2: 62–68.

Yadin, Yigael. 1966. Megiddo. *Israel Exploration Journal* 16, no. 4: 178–80.

Yadin, Yigael. 1967. Megiddo. *Israel Exploration Journal* 17, no. 2) 119–21.

Yadin, Yigael. 1970. Megiddo of the Kings of Israel. *Biblical Archaeologist* 33: 66–96.

Yadin, Yigael. 1973. A Note on the Stratigraphy of Israelite Megiddo. *Journal of Near Eastern Studies* 32, no. 3: 330.

Yadin, Yigael. 1976. In Defense of the Stables at Megiddo. *Biblical Archaeology Review* 2: 18–22.

Yadin, Yigael. 1980. A Rejoinder to Ussishkin's Solomonic City Gate. *Bulletin of the American Schools of Oriental Research* 239: 19–23.

Yadin, Yigael, Yigael Shiloh, and Abraham Eitan. 1972. Megiddo. *Israel Exploration Journal* 22, nos. 2/3: 161–64.

Yasur-Landau, Assaf, and Inbal Samet. 2017. Resilience and the Canaanite Palatial System: The Case of Megiddo. In *Rethinking Israel: Studies in the History and Archaeology of Ancient Israel in Honor of Israel Finkelstein*, edited by Oded Lipschits, Yuval Gadot, and Matthew J. Adams, 463–81. Winona Lake, IN: Eisenbrauns.

Zarzecki-Peleg, Anabel. 2005. "Tel Megiddo during the Iron Age I and IIA IIB: The Excavations of the Yadin Expedition at Megiddo and Their Contribution for Comprehending the History of This Site and Other Contemporary Sites in Northern Israel." PhD diss., Hebrew University of Jerusalem (in Hebrew).

Zarzecki-Peleg, Anabel. 2016. *Yadin's Expedition to Megiddo. Final Report of the Archaeological Excavations (1960, 1966, 1967, and 1971/2 Season). Text and Plans*. Qedem 56. Jerusalem: Hebrew University of Jerusalem, Institute of Archaeology.

OTHER RELEVANT PUBLICATIONS CITED IN THE TEXT AND ENDNOTES

Adler, Wolfgang. 1994. *Kãmid el-Lõz: Das "Schatzhaus" im Palastberiech: die Befunde de Königsgrabes*. *SBA* 47. Bonn: Habelt.

Albright, William F. 1932. *The Excavation of Tell Beit Mirsim in Palestine*. Vol. 1, *The Pottery of the First Three Campaigns*. New Haven, CT: Yale University Press.

Albright, William F. 1943. *The Excavation of Tell Beit Mirsim*. Vol. 3, *The Iron Age*. Annual of the American Schools of Oriental Research 21/22. New Haven, CT: American Schools of Oriental Research.

Aleksandrowicz, Or. 2015. "Architecture's Unwanted Child: Building Climatology in Israel, 1940–1977." PhD diss., Vienna: Institut für Architekturwissenschaften.

Armstrong, Karen. 1996. *Jerusalem: One City, Three Faiths*. New York: Alfred A. Knopf.

Barag, Dan. 1966. The Effects of the Tennes Rebellion on Palestine. *Bulletin of the Amer-ican Schools of Oriental Research* 183: 6–12.

Barnett, Richard D. 1982. *Ancient Ivories in the Middle East*. Qedem 14. Jerusalem: Hebrew University of Jerusalem, Institute of Archaeology.

Beevor, Antony. 1991. *Crete: The Battle and the Resistance*. London, J. Murray.

Bethell, Nicholas. 1979. *The Palestine Triangle: The Struggle between the British, the Jews and the Arabs, 1935–48*. New York: G. P. Putnam's Sons.

Black, Ian, and Benny Morris. 1991. *Israel's Secret Wars: A History of Israel's Intelligence Services*. New York: Grove Weidenfeld.

Blenkinsopp, Joseph. 2002. The Babylonian Gap Revisited: There Was No Gap. *Biblical Archaeology Review* 28, no. 3.

Braund, H.E.W. 1975. *Calling to Mind: Being Some Account of the First Hundred Years (1870–1970) of Steel Brothers and Company Limited.* Oxford: Pergamon Press.

Brocker, Jacqueline. 2006. "Popular History and the Desire for Knowledge: An Examination of James A. Michener's *The Source* as a Popular History of Israel." BA honours thesis. Sydney: University of Sydney.

Cantrell, Deborah O. 2011. *The Horsemen of Israel. Horses and Chariotry in Monarchic Israel (Ninth–Eighth Centuries B.C.E.)*. Winona Lake, IN: Eisenbrauns.

Casey, Bart. 2015. *The Double Life of Laurence Oliphant: Victorian Pilgrim and Prophet.* New York: Post Hill Press.

Chapman, Rupert L., III. 2009. Putting Sheshonq I in His Place. *Palestine Exploration Quarterly* 141, no. 1: 4–17.

Chapman, Rupert L., III. 2015. Samaria and Megiddo: Shishak and Solomon. In *Solo- mon and Shishak: Current Perspectives from Archaeology, Epigraphy, History and Chronology. Proceedings of the Third BICANE Colloquium Held at Sidney Sussex College, Cambridge 26–27 March, 2011*, edited by Peter James and Peter G. van der Veen, 137–47. BAR International Series 2732. Oxford: Archaeopress.

Cline, Eric H. 2000. *The Battles of Armageddon: Megiddo and the Jezreel Valley from the Bronze Age to the Nuclear Age*. Ann Arbor: University of Michigan Press.

Cline, Eric H. 2004. *Jerusalem Besieged: From Ancient Canaan to Modern Israel*. Ann

Arbor: University of Michigan Press.
Cline, Eric H. 2007. *From Eden to Exile: Unraveling Mysteries of the Bible*. Washington, DC: National Geographic Books.
Cline, Eric H. 2009. *Biblical Archaeology: A Very Short Introduction*. New York: Oxford University Press.
Cline, Eric H. 2013. *The Trojan War: A Very Short Introduction*. New York: Oxford University Press.
Cline, Eric H. 2014. *1177 BC: The Year Civilization Collapsed*. Princeton, NJ: Princeton University Press.
Cline, Eric H. 2017a. *Three Stones Make a Wall: The Story of Archaeology*. Princeton, NJ: Princeton University Press.
Cohen, Getzel M., and Martha Sharp Joukowsky, eds. 2004. *Breaking Ground: Pioneer- ing Women Archaeologists*. Ann Arbor: University of Michigan Press.
Cohen, Michael J. 2014. *Britain's Moment in Palestine: Retrospect and Perspectives, 1917–1948*. Routledge: Boston.
Conder, Claude R. 1879. *Tent Work in Palestine. A Record of Discovery and Adventure*. Vols. 1–3. London: Richard Bentley & Son.
Conder, Claude R., and Horatio H. Kitchener. 1882. *The Survey of Western Palestine. Memoirs of the Topography, Orography, Hydrography, and Archaeology*. Vol. 2, *(Sheets VII.–XVI. Samaria*. London: Palestine Exploration Fund.
Davis, Miriam C. 2008. *Dame Kathleen Kenyon: Digging Up the Holy Land*. Walnut Creek, CA: Left Coast Press.
Davis, Thomas W. 2004. *Shifting Sands: The Rise and Fall of Biblical Archaeology*. Oxford: Oxford University Press.
Donaldson, James. 2015. The J. H. Iliffe Collection and the Archaeology of Mandate- Era Palestine. *Nova*, July, 7–11.
Drower, Margaret S. 1985. *Flinders Petrie: A Life in Archaeology*. London: Victor Gollancz.
Dunston, Lara. 2016. Revealed: Cambodia's Vast Medieval Cities Hidden beneath the Jungle. *Guardian*, 10 June. Available online at: https://www.theguardian.com/world/2016/jun/11/lost-city-medieval-discovered-hidden-beneath-cambodian-jungle.
Etzioni, Binyamin, ed. 1959. *Tree and Sword: The Route of Battle of the Golani Brigade*. Tel Aviv: Ma'arakhot Publishing (in Hebrew).
Eyal, Gil. 2002. Dangerous Liaisons between Military Intelligence and Middle Eastern Studies in Israel. *Theory and Society* 31, no. 5: 653–93.
Finch, David. 2002. *Field Notes: The Story of the Canadian Society of Petroleum Geologists*. Calgary: Canadian Society of Petroleum Geologists.

Finkelstein, Israel. 1996a. The Archaeology of the United Monarchy: An Alternative View. *Levant* 28: 177–87.

Finkelstein, Israel. 1999. Hazor and the North in the Iron Age: A Low Chronology Perspective. *Bulletin of the American Schools of Oriental Research* 314: 55–70.

Finkelstein, Israel. 2002. The Campaign of Shoshenq I to Palestine: A Guide to the 10th Century BCE Polity. *Zeitschrift des Deutschen Palästina-Vereins* 118, no. 2: 109–35.

Finkelstein, Israel. 2011. Stages in the Territorial Expansion of the Northern Kingdom. *Vetus Testamentum* 61: 227–42.

Finkelstein, Israel. 2013. *The Forgotten Kingdom: The Archaeology and History of Northern Israel*. Atlanta, GA: Society of Biblical Literature.

Finkelstein, Israel, and Eli Piasetzky. 2008. Radiocarbon Dating and the Late-Iron I in Northern Canaan: A New Proposal. *Ugarit-Forschung* 39 (2007; appeared 2008): 247–60.

Fischer, Erika. 2007. *Ägyptische und ägyptisierende Elfenbeine aus Megiddo und Lachish: Inschriftenfunde, Flaschen, Löffel*. AOAT 47. Münster: Ugarit-Verlag.

Fisher, Steven R. 2016. *The Carswell Covenant*. Philadelphia: CreateSpace Independent Publishing Platform.

Forget, Mathilde C. L., and Ruth Shahack-Gross. 2016. How Long Does It Take to Burn Down an Ancient Near Eastern City? The Study of Experimentally Heated Mud-Bricks. *Antiquity* 90, no. 353: 1213–25.

Fosdick, Raymond B. 1956. *John D. Rockefeller, Jr.: A Portrait*. New York: Harper & Brothers, Publishers.

Fosdick, Raymond B. 1962. *Adventure in Giving: The Story of the General Education Board. A Foundation Established by John D. Rockefeller*. New York: Harper & Row.

Fox, Sir Cyril W. 1955. *Offa's Dyke: A Field Survey of the Western Frontier-Works of Mercia in the Seventh and Eighth Centuries A.D.* London: Oxford University Press.

Garfinkel, Yosef. 2016. The Murder of James Leslie Starkey Near Lachish. *Palestine Exploration Quarterly* 148, no. 2: 84–109.

Geere, H. Valentine. 1904. *By Nile and Euphrates: A Record of Discovery and Adventure*. Edinburgh: T. & T. Clark.

Gilbert, Martin. 1996. *Jerusalem in the Twentieth Century*. New York: John Wiley & Sons.

Glatt, Benjamin. 2016. Today in History: James Michener's Visit to the Holy Land. *Jerusalem Post*, 4 February. Available online at: http://www.jpost.com/Christian-News/Today-in-History-James-Micheners-visit-to-the-Holy-Land-443880.

Goldman, Shalom. 2009. *Zeal for Zion: Christians, Jews, and the Idea of the Promised Land*. Chapel Hill: University of North Carolina Press.

Green, John D. M. 2012. Introduction to *Picturing the Past: Imaging and Imagining the Ancient Middle East*, edited by Jack Green, Emily Teeter, and John A. Larson, 13–23. Oriental Institute Museum Publications 34. Chicago: University of Chicago.

Greenfield, Haskel J., Itzhaq Shai, and Aren Maeir. 2012. Being an "Ass": An Early Bronze Age Burial of a Donkey from Tell es-Safi/Gath, Israel. *Bioarchaeology of the Near East* 6: 21–52.

Hachmann, Rolf. 1989. *Kamid-el-Loz 1963–1981: German Excavations in Lebanon. Part I. Berytus* 37.

Hachmann, Rolf. 1993. Kumidi und Byblos. Spatbronzezeitliche Königsgräber im Küstengebiet östlich des Mittelmeers. In *Biblische Welten: Festschrift für Martin Metzger zu seinem 65. Geburtstag*, edited by Wolfgang Zwickel, 1–40. OBO 123. Freiburg and Gottingen: Vandenhoeck & Ruprecht.

Hallote, Rachel. 2006. *Bible, Map, and Spade: The American Palestine Exploration Soci- ety, Frederick Jones Bliss, and the Forgotten Story of Early American Biblical Archaeol- ogy*. New York: Gorgias Press.

Hallote, Rachel. 2011. Before Albright: Charles Torrey, James Montgomery, and American Biblical Archaeology, 1907–1922. *Near Eastern Archaeology* 74, no. 3: 156–69.

Henderson, Philip. 1956. *The Life of Laurence Oliphant: Traveller, Diplomat and Mystic*. London: Robert Hale.

Herzog, Ze'ev. 1997. *Archaeology of the City: Urban Planning in Ancient Israel and Its Social Implications*. Tel Aviv: Emery and Claire Yass Archaeology Press.

Holladay, Jack S. 1986. The Stables of Ancient Israel. In *The Archaeology of Jordan and Other Studies Presented to Siegfried H. Horn*, edited by T. Lawrence Geraty and Larry G. Herr, 103–166. Berrien Springs, MI: Andrews University Press.

Hudson, Michael C. 2000. The Transformation of Jerusalem 1917–2000 AD. In *Jerusalem in History*, edited by Kamil J. Asali, 249–85. New York: Olive Branch Press.

James, Peter, and Peter G. van der Veen, eds. 2015. *Solomon and Shishak: Current Perspectives from Archaeology, Epigraphy, History and Chronology. Proceedings of the Third BICANE Colloquium Held at Sidney Sussex College, Cambridge 26–27 March, 2011*, 137–47. BAR International Series 2732. Oxford: Archaeopress.

Jones, Howard Andrew. 2009. Foreword to Harold Lamb, *Swords in the Desert*, edited by Howard Andrew Jones, vii–x. Lincoln: University of Nebraska Press.

Kahana, Ephraim. 2006. *Historical Dictionary of Israeli Intelligence*. Lanham, MD: Scarecrow Press.

Kantor, Helene J. 1956. Syro-Palestinian Ivories. *Journal of Near Eastern Studies* 15: 153–74.

Kenyon, Kathleen M. 1957. *Digging Up Jericho*. London: Ernest Benn. Kenyon, Kathleen M. 1974. *Digging Up Jerusalem*. London: Ernest Benn.

Khalidi, Walid. 1991. *Before Their Diaspora: A Photographic History of the Palestinians, 1876–1948*. Washington, DC: Institute for Palestine Studies.

Kletter, Raz. 2006. *Just Past? The Making of Israeli Archaeology*. London: Equinox. Kuklick, Bruce. 1996. *Puritans in Babylon: The Ancient Near East and American Intellec-tual Life, 1880–1930*. Princeton, NJ: Princeton University Press.

Laqueur, Walter, and Barry Rubin, eds. 2001. *The Israel-Arab Reader: A Documentary History of the Middle East Conflict*. 6th rev. ed. New York: Penguin Books.

Lephen [Lefen], Asa. 1987. The Shai: The Paramilitary Intelligence Service. In *Intelligence and National Security*, edited by Avi Kover and Zvi Ofer, 93–111. Tel Aviv: Marachot (in Hebrew).

Levin, Yigal. 2012. Did Pharaoh Sheshonq Attack Jerusalem? *Biblical Archaeology Review*, July/August 2012, 42–52, 66.

Liebowitz, Harold. 1986. Late Bronze II Ivory Work in Palestine: Evidence of a Cultural Highpoint. *Bulletin of the American Schools of Oriental Research* 265: 3–24.

Loud, C. Everett. 1980. *300 Years of Louds in America*. Corning, NY: private publication. Loud, Gordon, and Charles B. Altman. 1938. *Khorsabad. Part II: The Citadel and the Town*. Oriental Institute Publications 40. Chicago: University of Chicago.

Macalister, Robert Alexander Stewart. 1906. Gezer and Megiddo. *Palestine Exploration Fund Quarterly Statement* 38, no. 1: 62–66.

Magness, Jodi. 2012. *The Archaeology of the Holy Land: From the Destruction of Solomon's Temple to the Muslim Conquest*. Cambridge: Cambridge University Press.

May, Stephen J. 2005. *Michener: A Writer's Journey*. Norman: University of Oklahoma Press.

McCown, Chester W. 1943. *The Ladder of Progress in Palestine: A Story of Archaeological Adventure*. New York: Harper & Bros.

McNeil, Sam. 2015. At Jordan Site, Drone Offers Glimpse of Antiquities Looting. Archaeologists and Criminologists Use New Technologies to Study Global Trade in Stolen Artifacts. *Times of Israel*, 3 April. Available online at: http://www.timesofisrael.com/at-jordan-site-drone-offers-glimpse-of-antiquities-looting/.

Millar, John F. 2014. *The Buildings of Peter Harrison: Cataloguing the World of the First Global Architect, 1716–1775*. Jefferson, NC: McFarland & Company.

Miller, J. Maxwell, and John H. Hayes. 2006. *A History of Ancient Israel and Judah*. 2nd ed. Louisville, KY: Westminster John Knox Press.

Mitter, Sreemati. 2014. "A History of Money in Palestine: From the 1900s to the Pre-

sent." PhD diss., Cambridge, MA: Harvard University. Available online at: http://nrs.harvard.edu/urn-3:HUL.InstRepos:12269876.

Moran, William L. 1992. *The Amarna Letters*. Baltimore: Johns Hopkins University Press. Negbi, O. 1970. *The Hoards of Goldwork from Tell el-'Ajjul*. Studies in Mediterranean Ar-chaeology 25. Göteborg: Paul Åströms Forlag.

Newton, Frances E. 1948. *Fifty Years in Palestine*. London: Cold Harbour Press. Novacek, Gabrielle V. 2011. *Ancient Israel: Highlights from the Collections of the Oriental Institute, University of Chicago*. Chicago: University of Chicago.

Oliphant, Laurence. 1887. *Haifa; or, Life in Modern Palestine*. 2nd ed. London: William Blackwood and Sons.

Oren, Ram. 2012. Alice, Her Husband, Her Lover and 'Hatikva.' *Ha'aretz*, 9 February. O'Sullivan, Adrian D. W. 2012. "German Covert Initiatives and British Intelligence in

Persia (Iran), 1939–1945." DLitt et Phil thesis. Pretoria: University of South Africa. O'Sullivan, Adrian D. W. 2015. *Espionage and Counterintelligence in Occupied Persia (Iran): The Success of the Allied Secret Services, 1941–45*. London: Palgrave Macmillan.

Ousterhout, Robert G. 2010. Archaeologists and Travelers in Ottoman Lands: Three Intersecting Lives. *Expedition* 52, no. 2: 9–20.

Parcak, Sarah H. 2009. *Satellite Remote Sensing for Archaeology*. Boston: Routledge. Parcak, Sarah H. 2019. *Archaeology from Space: How the Future Shapes Our Past*. New York: Henry Holt and Co.

Parcak, Sarah H., David Gathings, Chase Childs, Gregory Mumford, and Eric H. Cline. 2016. Satellite Evidence of Archaeological Site Looting in Egypt: 2002–2013. *Antiquity* 90, no. 349: 185–205.

Peasnall, Brian, and Mitchell S. Rothman. 2003. Excavating Tepe Gawra in the Archives of the University of Pennsylvania Museum. *Expedition* 45, no. 3: 34–39.

Pickett, Jordan. 2013. Contextualizing Penn's Excavations at Beth Shean. *Expedition Magazine* 55, no. 1: 14–15. Available online (and for pdf download) at: http://www.penn.museum/sites/expedition/?p=9770.

Richelle, Matthieu. 2018. *The Bible and Archaeology*. Peabody, MA: Hendrickson Publishers Marketing.

Robinson, Edward, and Eli Smith. 1841. *Biblical Researches in Palestine, Mount Sinai and Arabia Petraea: A Journal of Travels in the Year 1838, Undertaken in Reference to Biblical Geography*. 3 vols. Boston: Crocker and Brewster.

Robinson, Edward, and Eli Smith. 1856. *Later Biblical Researches in Palestine, and in the Adjacent Regions: A Journal of Travels in the Year 1852*. Boston: Crocker and Brewster. Rothman, Mitchell S. 2002. *Tepe Gawra: The Evolution of a Small, Prehistoric Center in*

Northern Iraq. Philadelphia: University of Pennsylvania Museum of Archaeology and Anthropology.

Running, Leona G., and David N. Freedman. 1975. *William Foxwell Albright: A Twentieth-Century Genius*. New York: Two Continents.

Sachar, Howard M. 1979. *A History of Israel: From the Rise of Zionism to Our Time*. New York: Alfred A. Knopf.

Sagrillo, Troy L. 2015. Shoshenq I and Biblical Šîšaq: A Philological Defense of Their Traditional Equation. In *Solomon and Shishak: Current Perspectives from Archaeology, Epigraphy, History and Chronology. Proceedings of the Third BICANE Colloquium Held at Sidney Sussex College, Cambridge 26–27 March, 2011*, edited by Peter James and Peter G. van der Veen, 61–81. BAR International Series 2732. Oxford: Archaeopress.

Segev, Tom. 2000. *One Palestine, Complete*. New York: Metropolitan Books.

Sharon, Ilan. 2014. Levantine Chronology. In *The Oxford Handbook of the Archaeology of the Levant, c. 8000–332 BCE*, edited by Margreet L. Steiner and Ann E. Killebrew, 44–65. New York: Oxford University Press.

Silberman, Neil A. 1982. *Digging for God and Country: Exploration, Archeology, and the Secret Struggle for the Holy Land 1799–1917*. New York: Alfred A. Knopf.

Silberman, Neil A. 1993. *A Prophet from Amongst You. The Life of Yigael Yadin: Soldier, Scholar, and Mythmaker of Modern Israel.* Reading, MA: Addison-Wesley Publishing Company.

Silver, Minna. 2014. Equid Burials in Archaeological Contexts in the Amorite, Hurrian and Hyksos Cultural Intercourse. *ARAM* 26, nos. 1 and 2: 335–55.

Smith, Charles D. 1996. *Palestine and the Arab-Israeli Conflict*. 3rd ed. New York: St. Martin's Press.

Smith, George Adam. 1894. *The Historical Geography of the Holy Land, Especially in Relation to the History of Israel and of the Early Church*. 1st ed. London: Hodder and Stoughton.

Smith, George Adam. 1931. *The Historical Geography of the Holy Land, Especially in Relation to the History of Israel and of the Early Church*. 25th ed. London: Hodder and Stoughton.

Stern, Ephraim. 2000. The Babylonian Gap. *Biblical Archaeology Review* 26, no. 6: 45–51, 76.

Stern, Ephraim. 2002. The Babylonian Gap Revisited: Yes There Was. *Biblical Archaeology Review* 28, no. 3.

Stiebing, William H., Jr. 1971. Hyksos Burials in Palestine: A Review of the Evidence. *Journal of Near Eastern Studies* 30, no. 2: 110–17.

Taylor, Anne. 1982. *Laurence Oliphant: 1829–1888*. Oxford: Oxford University Press. Templeton, Rosamond Dale Owen Oliphant. 1903 (reprinted 1939). *The Mediators*. Lon-don: Office of Light.

Templeton, Rosamond Dale Owen Oliphant. 1929. *My Perilous Life in Palestine*. New York: Duffield & Company.

Tornede, Silke. 1992. "In Search of Arcadia: The Life of Rosamond Dale Owen Oliph- ant Templeton (1846–1937)." MA thesis. Bloomington: Indiana University.

Trombetta, Lorenzo. 2009. The Private Archive of the Sursuqs, A Beirut Family of Christian Notables: An Early Investigation. *Rivista degli studi orientali* 82, fasc. 1/4: 197–228.

Ussishkin, David. 2019. The Murder of James Leslie Starkey: Addendum to the Paper of Yosef Garfinkel. *Palestine Exploration Quarterly* 151, no. 2: 146–54 (DOI: 10.1080/00310328.2019.1626178).

Vogel, Lester I. 1993. *To See a Promised Land: Americans and the Holy Land in the Nineteenth Century*. State College: The Pennsylvania State University Press.

Wagner-Durand, Elisabeth. 2012. The Treasury of Kamid el-Loz and the Late Bronze Age Settlement History of Kumidi: Creating Collective Memory and Falling Vic- tim to Oblivion. ICAANE Warsaw. Workshop: Continuation and Rupture in the Settlement History of Lebanon. Available online at: https://www.academia.edu/2032243/The_treasury_of_Kamid_el-Loz_and_the_Late_Bronze_Age_settlement_history_of_Kumidi_Creating_collective _memory_and_falling_victim_to_oblivion.

Ward, Alexandra. 2013. "Archaeology, Heritage and Identity: The Creation and Development of a National Museum in Wales." PhD diss., Cardiff University.

Warner, Daniel, and Eli Yannai. 2017. Archaeological Views: One Thing Leads to Another. *Biblical Archaeology Review* 43, no. 3: 26–27, 56–57.

Wasserstein, Bernard. 2001. *Divided Jerusalem: The Struggle for the Holy City*. New Haven, CT: Yale University Press.

Waterhouse, Helen. 1986. *The British School at Athens: The First Hundred Years*. BSA Supplementary Volume 19. Athens: British School at Athens.

Way, Kenneth C. 2013. Assessing Sacred Asses: Bronze Age Donkey Burials in the Near East. *Levant* 42, no. 2: 210–25.

Weber, Jill A. 2008. Elite Equids: Redefining Equid Burials of the Mid- to Late 3rd Millennium BC from Umm el-Marra, Syria. *Archaeology of the Near East* 8: 499–519.

Wilford, Hugh. 2013. *America's Great Game: The CIA's Secret Arabists and the Shaping of the Modern Middle East*. New York: Basic Books.

Willets-Burnham, Anita. 1946. *Round the World on a Penny*. Rev. ed. Private publication.

Wilson, John A. 1972. *Thousands of Years: An Archaeologist's Search for Ancient Egypt*. New York: Charles Scribner's Sons.

Wilson, William E. 1964. *The Angel and the Serpent: The Story of New Harmony*. Bloomington: Indiana University Press.

Worrell, William H. 1920. Report of the Director to the Managing Committee of the American School of Oriental Research in Jerusalem. *Bulletin of the Archaeological Institute of America* 11: 34–37.

Wygnańska, Zuzanna. 2017. Equid and Dog Burials in the Ritual Landscape of Bronze Age Syria and Mesopotamia. *ARAM* 29, nos. 1 and 2: 141–60.

Zertal, Adam. 2003. The Province of Samaria (Assyrian *Samerina*) in the Late Iron Age (Iron Age III). In *Judah and the Judeans in the Neo-Babylonian Period*, edited by Oded Lipschits and Joseph Blenkinsopp, 377–412. Winona Lake, IN: Eisenbrauns.

國家圖書館出版品預行編目 (CIP) 資料

歡迎來到末日戰場哈米吉多頓／艾瑞克・克萊恩（Eric H. Cline）
著；張毅瑄譯－初版－新北市：臺灣商務，2021.10
面；公分－（人文）
譯自：Digging up ARMAGEDDON：The Search for the Lost City of Solomon
ISBN 978-957-05-3355-2（平裝）
1. 考古遺址 2. 以色列 3. 米吉多

798.83353　　110013496

人文

歡迎來到末日戰場哈米吉多頓

原著書名　Digging up ARMAGEDDON：The Search for the Lost City of Solomon
作　　者　艾瑞克・克萊恩（Eric H. Cline）
譯　　者　張毅瑄
發 行 人　王春申
選書顧問　林桶法、陳建守
總 編 輯　張曉蕊
特約編輯　王偉綱
責任編輯　洪偉傑
封面設計　盧卡斯工作室
內文排版　菩薩蠻數位文化有限公司
業務組長　何思頓
行銷組長　張家舜
影音組長　謝宜華
出版發行　臺灣商務印書館股份有限公司
23141 新北市新店區民權路 108-3 號 5 樓（同門市地址）
電話：（02）8667-3712　傳真：（02）8667-3709
讀者服務專線：0800-056193　　郵撥：0000165-1
E-mail：ecptw@cptw.com.tw　網路書店網址：www.cptw.com.tw
Facebook：facebook.com.tw/ecptw

局版北市業字第 993 號
2021 年 10 月初版 1 刷
印刷　鴻霖印刷傳媒股份有限公司
定價　新台幣 620 元

法律顧問　何一芃律師事務所